Wilhelm H. Peterßen

Kleines Methoden-Lexikon

2., aktualisierte Auflage

Oldenbourg

Bibliografische Information Der Deutschen Bibliothek
Die Deutsche Bibliothek verzeichnet diese Publikation in der Deutschen
Nationalbibliografie; detaillierte bibliografische Daten sind im Internet
über <http://dnb.ddb.de> abrufbar.

Das Papier ist aus chlorfrei gebleichtem Zellstoff hergestellt, ist säurefrei und recyclingfähig.

© 1999 Oldenbourg Schulbuchverlag GmbH, München, Düsseldorf, Stuttgart
www.oldenbourg-bsv.de

Das Werk und seine Teile sind urheberrechtlich geschützt. Jede Nutzung in anderen als den gesetzlich zugelassenen Fällen bedarf der vorherigen schriftlichen Einwilligung des Verlages. Hinweis zu § 52 a UrhG: Weder das Werk noch seine Teile dürfen ohne eine solche Einwilligung eingescannt und in ein Netzwerk eingestellt werden. Dies gilt auch für Intranets von Schulen und sonstigen Bildungseinrichtungen.

2. Auflage 2001 R E
Druck 07 06 05
Die letzte Zahl bezeichnet das Jahr des Drucks.

Umschlagkonzeption: Mendell & Oberer, München
Lektorat: Rainer Paetsch
Herstellung: Christa Neukirchinger
Illustrationen: Gisela Vogel, München
Satz: satz & repro Grieb, München
Druck: Peradruck GmbH, Gräfelfing

ISBN 3-486-**03443**-X

Inhalt

Vorwort – sollte man durchaus lesen! 8

1 Notwendige Vor-Bemerkungen
... unbedingt lesen vor Nutzung des Lexikons! 9
1.1 Benutzerhilfen
Unterrichtsmethoden und vollständiges Lernen 9
1.1.1 Vollständiges Lernen: Das Ziel
Methoden und Handlungsfähigkeit 10
1.1.2 Vollständiges Lernen: Der Prozess
Methoden und selbstgesteuertes Lernen 16
1.1.3 Vollständiges Lernen: Methodometer
Ikonische Hilfe 21
1.2 Benutzerhinweise
Zum Umgang mit Unterrichtsmethoden 22
1.2.1 Methoden, Methodenvielfalt, Methodenfantasie
Gegen Methodenmonismus und Methodenmanie! 23
1.2.2 Kurzer Vorschlag für die Unterrichtsplanung
Unterrichts-Arrangement 25
1.2.3 Arrangements, Methoden, Techniken, Prinzipien, Organisation
– *Methoden sind nicht gleich Methoden* – 27
1.2.4 Wider den schönen Schein im Unterricht! 30
1.2.5 Literatur 32

2 Lexikon A–Z
Abteilungsunterricht 34
Advance Organizer 35
Anchored Instruction 36
Aquarium 38
Arbeit 40
Artikulation 42
Aufgabenorientiertes Lernen 44
Blitzlicht 47
Brain-Gym 50
Brainstorming 51
Case-Studies 53
Cognitive Apprenticeship 54
Clustering 56
Darstellendes Spiel 58
Demonstration 60
E-E-E 62
Einstieg 63
Einzelarbeit 64
Entdeckendes Lernen 66

Epochalunterricht	68
Erklären	69
Erkundung	72
Erzählen	75
Exemplarisches Lernen	78
Exkursion	79
Experiment	82
Fächerübergreifendes Lernen	84
Fächerverbindendes Lernen	87
Fallstudie	92
Fantasiereise s. Phantasiereise	226
Feedback	95
Feier	99
Fertigungsaufgabe	100
Figurentheater	101
Fragend-entwickelnder Unterricht	104
Freiarbeit, Freie Arbeit	105
Frontalunterricht	112
Ganzheitliches Lernen	115
Genetisches Lernen	118
Gesamtunterricht	122
Gespräch	124
Gruppengelenkte Einzelarbeit	126
Gruppenpuzzle	127
Gruppenrallye	131
Gruppenturnier	135
Gruppenunterricht	139
Handlungsorientiertes Lernen	142
Hörspiel	151
Ideensalat	155
Impulsreferat	158
Juniorenfirma	160
Klagemauer	163
Klassenfahrt	164
Konstruktionsaufgabe	165
Kugellager	167
Kreisgespräch	168
Lehrervortrag	168
Leittext-Lernen	170
Lernbüro	174
Lerngang	174
Lernkartei	178
Lernstraße	180
Lerntheke	182
Lernwerkstatt	184

Lernzirkel	185
Lernzone	187
Mäeutik	190
Mastery Learning	191
Memory	191
Metakognition	192
Metaplan	197
Methode Glasgow	200
Methode 66	201
Methoden-Mix	203
Mind Mapping	204
Moderationsmethode	205
Morgenkreis	208
Neosokratischer Dialog	211
Netzwerk	213
Neurolinguistisches Programmieren	216
Originale Begegnung	217
Pantomime	220
Partnerarbeit	223
Partnerinterview	224
Phantasiereisen	226
Planspiel	229
Praktisches Lernen	231
Problemunterricht	234
Projektlernen	236
Quiz	246
Räsonieren	249
Rätsel	250
Realbegegnung	251
Rollenspiel	255
Sandwich-Methode	259
Schuldruck	260
Situiertes Lernen	263
Sokratisches Gespräch	265
Sortieraufgabe	266
Spiel	268
Stationenlernen	270
Stillarbeit	274
Struktur-Lege-Technik	275
Suggestopädie	276
Superlearning	277
Team Teaching	278
Tempo-Duett	282
Übungsfirma	283
Vier-Stufen-Methode	284

Vorhaben	285
Wandertag	286
Wochenplanarbeit	287
Zielerreichendes Lernen	288
Zukunftswerkstatt	288

3 Methoden-Literatur
   Eine Auswahl 294

Vorwort – sollte man durchaus lesen!

In systematischen Darstellungen werden Methoden im Allgemeinen stets gebündelt erörtert, wobei es durchaus unterschiedliche Bündelungsgesichtspunkte gibt. Lexikalische Darstellungen hingegen folgen in der Regel dem alphabetischen Prinzip; das soll auch hier beansprucht werden. Für Nutzer bietet dies den Vorteil schneller Auffindbarkeit des gewünschten Textes. Allerdings möchte der Nutzer neben kurzen Beschreibungen auch deutliche Hinweise auf den Wert von Methoden vorfinden. Von Methoden wird zumeist als von Werkzeugen gesprochen, die im Rahmen des Unterrichts eingesetzt und dort wirksam werden sollen. Und so bietet es sich an, die angenommene Wirksamkeit von Methoden im Unterricht zum Wertmaßstab zu machen und deutlich zum Ausdruck zu bringen.

Unter Rückgriff auf die in den *Empfehlungen für zukünftige Schulen in Nordrhein-Westfalen* (1995) verwendete Formel vom *vollständigen Lernen* – das zu *intelligentem* und *verfügbarem*, statt bloß trägem *Wissen* führen soll – soll auch hier *vollständiges Lernen* der Maßstab für die Wertzuschreibung von Unterrichtsmethoden sein. *Vollständiges Lernen* meint, dass Schüler nicht bloß verkürzt einzelne, sondern alle jeweils erforderlichen Schritte eines Lernprozesses gehen. Wenn sie diese zudem auch noch *selbstständig* gehen, verspricht man sich hiervon größtmögliche Förderung der ganzheitlich verstandenen *Handlungskompetenz* von Lernenden. Neben inhaltlich-*fachlicher* werden so auch *soziale* und *methodische* Kompetenz gefördert. Im Unterricht sind solche Methoden vorzuziehen, die Schülern ein *selbstständig vollständiges Lernen* gewähren, wenngleich über weite Strecken sicherlich auf *instrumentelle Methoden* nicht verzichtet werden kann. Grundsätzlich ist *Methoden-Mix* angesagt, d. h. in unterrichtlichen Lernprozessen sollten die ganze Vielfalt methodischer Möglichkeiten und das gesamte Potenzial der Methodenfantasie von Lehrern zur Geltung kommen.

Wann aber ist Lernen vollständig? Vollständig muss Lernen sowohl im Hinblick auf das *Ziel* wie auf den *Prozess* sein, wenn man es einigermaßen zutreffend bewerten will. Die hierfür gewählte Grundvorstellung wird einleitend in den Kapiteln *Benutzerhilfen* und *Benutzerhinweise* dargestellt. Beide sollten vor, wenigstens aber während der Lektüre einzelner Beiträge gelesen werden.

Dies Lexikon ist über weite Strecken hinweg in Zusammenarbeit mit Studierenden für Lehrämter in Seminaren an der Pädagogischen Hochschule Weingarten entstanden. Einige Beiträge stammen von Kollegen aus der eigenen und aus anderen Hochschulen. Ihnen allen danke ich! Wo andere als ich die Erst-Beschreibung von einzelnen Methoden vorgenommen und/oder Beispiele zugeordnet haben, ist jeweils ihr Name am Stichwort angegeben. Die zwar unerlässliche, aber auch unbeliebte Arbeit der Erstkorrektur übernahm CARINA GARCIA; ihr gilt mein besonderer Dank für ihre sorgfältige Arbeit!

Wilhelm H. Peterßen   Weingarten, Juli 1998

1 Notwendige Vor-Bemerkungen
... unbedingt lesen vor Nutzung des Lexikons!

1.1 Benutzerhilfen
Unterrichtsmethoden und vollständiges Lernen

Wer mit einem Lexikon arbeitet, möchte es nach dem üblichen Ordnungsprinzip für die dargestellten Sachverhalte nutzen können, also nach dem alphabetischen Prinzip. Auf diese Weise können die gewünschten Informationen schnell gefunden und eingeholt werden. Deshalb wird auch hier nach demselben Prinzip verfahren; die einzelnen zur Darstellung gelangenden Methoden sind alphabetisch geordnet.

Lexikalische Darstellungen sind in der Regel überaus kurz gehalten, ohne dass dadurch der Informationswert sinken sollte. Auch hier wird versucht, die Einzeldarstellungen – im Unterschied zu Monografien – so kurz zu halten, wie das möglich ist. Allerdings wird kaum jemand in diesem Lexikon nachschlagen um bloße Informationen über die jeweilige Methode zu erhalten. Er wird vielmehr darauf aus sein, Informationen auf solche Weise zu erhalten, dass er die Methode praktizieren kann. Er sucht ausdrücklich nach pragmatischen Informationen, d. h. nach handlungsanleitenden Aussagen. Das ist sein legitimer Anspruch; das ist – von der anderen Seite her betrachtet – auch eine essenzielle Aufgabe der Didaktik. Das führt hier zwangsläufig dazu, dass bei aller Darstellungsgedrängtheit Wert darauf gelegt wird, jede Methode so umfassend und verständlich vorzustellen, dass ihre Umsetzung in die Unterrichtspraxis möglich wird. Aus diesem Grunde werden auch Redundanzen in Kauf genommen; sie können gar nicht ausbleiben, weil einzelne Methoden streckenweise deckungsgleich sind, über dieselbe Struktur – vorzugsweise des Verlaufs – verfügen. Wo aber Wiederholungen vermieden werden können, weil Darstellungen an anderer Stelle die nötigen Informationen bieten, wird – wie in Lexika üblich – darauf verwiesen, und zwar mit einem Pfeil (→) sowie in der Regel auch mit einem kursiv gedruckten Wort: z. B. →*Freiarbeit*. Den meisten Stichwörtern werden kurze anschauliche Beispiele hinzugefügt; sie sind keine Muster für die Praxis, sondern Veranschaulichung der methodischen Konzepte.

Den Einsatz einer bestimmten Methode macht man wohl immer davon abhängig, für wie wirkungsvoll man sie hält. Hier soll die Wirksamkeit am vollständigen Lernen gemessen werden. Vollständigkeit wird deswegen zum einen am Ziel, d. h. dem Produkt des Lernens, gemessen, zum anderen am Prozess auf das Ziel zu. Auf beide Aspekte wird folgend näher eingegangen.

1.1.1 Vollständiges Lernen: Das Ziel
Methoden und Handlungsfähigkeit

Als vollständig kann Lernen nur bezeichnet werden, wenn es das vorgesehene Ziel auch vollständig erreichen hilft. Wenn Methoden – wie gesagt – am *vollständigen Lernen* gemessen werden sollen, dann sind sie demnach daraufhin zu prüfen, ob sie die unterrichtliche Zielsetzung vollständig ermöglichen. Dass nur wenige Methoden dementsprechend beschaffen sind und die vollständige Zielerreichung ermöglichen – wie immer auch das Ziel vorgegeben sein mag – dürfte leicht einzusehen sein. Es wird demnach darauf ankommen, die abgestuften Möglichkeiten der Methoden zu vollständiger Zielerreichung darzustellen. Dies erfordert, das hier vertretene idealtypische Ziel allen Unterrichts nicht in monolithischer Blockform, sondern in differenzierter Art vorzugeben.

Zielvorstellungen für Lernprozesse wurden in deutschsprachiger Didaktik üblicherweise durch die Bildungstheorie entwickelt und vorformuliert. Neuerdings aber treten zunehmend häufiger auch Angaben über Zielsetzungen auf, die sich der Sprache aus qualifikationstheoretischen Ansätzen bedienen. Dann ist von Bildung nicht mehr als unmittelbarem, sondern bloß mittelbarem Ziel unterrichtlichen Lernens die Rede. Lernen gilt grundsätzlich als Voraussetzung für Bildung. Die derzeit wohl bekannteste und verbreitetste bildungstheoretische Didaktik – die *kritisch-konstruktive* Didaktik W. KLAFKIS – arbeitet sogar mit Begriffen aus beiden Sphären: Als Bildungsziel wird die *Emanzipation* genannt, die aber aus sprachlich-pragmatischen Gründen in die qualifikatorische Sprache umformuliert wird. Emanzipation wird ersetzt durch drei Grundfähigkeiten, und zwar *Selbstbestimmungsfähigkeit, Mitbestimmungsfähigkeit, Solidaritätsfähigkeit*, wobei diese drei auch als Voraussetzungen für Bildung begriffen werden können. Solche Unterscheidung erleichtert das Verständnis dafür, was im Unterricht geschieht bzw. geschehen sollte: Durch Lernen sollten unmittelbar bestimmte Zielsetzungen verwirklicht werden, die dann ihrerseits Bestimmungsstücke von Bildung werden können.

Als – lerntheoretisch orientierter – Didaktiker nehme ich als grundlegende Zielsetzung allen Unterrichts ein leitendes Lernziel an, das als umfassende *ganzheitlich-integrative Handlungsfähigkeit* umschrieben wird. Dazu nehme ich aktuell kursierende Ansätze – z.B. in der kognitivistischen Lernpsychologie und in der auf berufliche Erstausbildung bezogenen Didaktik – auf und ergänze sie vor allem aus den von W. HACKER in unseren Raum eingeführten präzisierenden Vorstellungen aus der östlichen Tätigkeitspsychologie.

> **Handlungsfähigkeit**
> Als handlungsfähig gilt, wer imstande ist, selbstständig mit möglichst vielen Situationen fertig zu werden, in die sein Leben ihn hineinführt, weil er die darin vorfindbaren Probleme eigenständig zu lösen fähig ist.

Zur Veranschaulichung der einzelnen Bestimmungsstücke dieser Beschreibung
- *mit Situationen fertig werden,*
- *Probleme lösen,*
- *selbstständig, eigenständig,*

soll ein kleines Beispiel dienen, das phänomenologisch interpretiert wird:

Stellen wir uns jemanden vor, der ein Haus baut und der auch seinen Garten anlegen muss.
Den *Garten anlegen* wird für ihn eine *Situation*, in die er in seinem Leben hineingerät. Wenn er nun mit dieser Situation fertig wird, wenn er sie bewältigt, und zwar wenn er das selbstständig tut, dann gilt er uns als handlungsfähig.

Fragen wir uns: Was setzt ihn denn eigentlich dazu instand, diese Situation so selbstständig bewältigen zu können? Nun, in der Situation trifft er auf eine Anzahl einzelner *Probleme*, wie u. a. das Problem der Grobplanie, das Problem der Grünfläche, das Problem der Bäume und Sträucher, die gepflanzt werden sollen. Wenn er diese Probleme löst, wenn er jedes einzelne und alle zusammen löst, dann wird er mit der Situation insgesamt fertig, erweist sich somit als handlungsfähig.

Aber: Er muss sie selbstständig lösen! Hier halten wir einen Moment inne: Die einzelnen und alle Probleme selbstständig zu lösen, meint nun keinesfalls, dass er sie alle selber oder gar alleine lösen müsste! Selbstständig löst er beispielsweise das Problem der Grobplanie auch, wenn er sich dazu an einen Landschaftsgärtner wendet und diesen beauftragt die Planie durchzuführen. Dann ist immer noch er derjenige, der das Problem angeht und die Steuerung der Gesamtlösung im Griff hat.

Doch fragen wir uns weiter: Was setzt ihn nun eigentlich instand, die Probleme selbstständig lösen zu können? Nehmen wir dazu das Problem der Bepflanzung mit Bäumen und Sträuchern. Um dieses zu lösen, braucht er solide Kenntnisse, über die Pflanzvoraussetzungen, Bodenbeschaffenheit, Pflanzabstand nach geltendem Nachbarrecht usw.; braucht er auch gewisse Fertigkeiten, wie u. a. mit dem Pflanzspaten umzugehen, den einräderigen Karren zu schieben; braucht er auch noch klare Einstellungen und Haltungen, z. B. für heimische oder für exotische Pflanzen, für blühende oder immergrüne Gewächse u. Ä. Ohne ein umfassendes und solides Fundament kognitiver (Kenntnisse), psychomotorischer (Fertigkeiten) und affektiver Informationen (Einstellungen/Haltungen) ist er zu Problemlösungen nicht imstande.

Selbstständig bleibt er auch dann, wenn er zunächst gar nicht weiß, wie er das besondere Problem angehen und an wen er sich wenden kann, sofern er sich nur selbstständig weiterhelfen kann; d. h. wenn er weiß, wie er zu den nötigen – noch nicht vorhandenen – Informationen gelangen kann, z. B. dadurch, dass er die *Gelben Seiten* des Telefonbuchs benutzt oder andere Informationsquellen eigenständig zu nutzen weiß.

Doch muss noch etwas dazu kommen: Allein der Besitz von derartigen Informationen reicht nicht aus, er muss auch – um mit KERSCHENSTEINER zu sprechen – selbstständig Gebrauch von ihnen machen können. Er muss seinen Bestand an Informationen auf die spezifische Situation und darin vorfindbare Probleme anwenden können. In der aktuellen Sprache konstruktivistischer Lernpsychologie: Er darf nicht bloß über träges Wissen verfügen, sondern benötigt intelligentes Wissen, mit dem er produktiv umgehen kann.

Lesen wir unser Beispiel nunmehr von hinten nach vorne, so ergibt das
- Handlungsfähigkeit setzt solide Informationen aller Art voraus,
- zusätzlich aber auch die Fähigkeit zu eigenständigem flexiblen Umgang mit ihnen.
- Dadurch sollte dann die Fähigkeit zu selbstständiger Problemlösung grundgelegt sein,
- sodass man problemhaltige Lebenssituationen meistern, bewältigen kann.

Was trägt dieses Beispiel für ein differenziertes Verständnis unseres Lernziels *Handlungsfähigkeit* bei? Nehmen wir es noch einmal in Augenschein:
- Ohne solide Informationen über die Sachverhalte, auf die ein Mensch in Problemen stößt, kann er sie nicht selbstständig lösen. Handlungsfähigkeit setzt also auf jeden Fall Sachinformationen i. w. S. voraus. Wenn wir die gesamten maßgeblichen Informationen als *Sachkompetenz* bezeichnen, dann wäre eben diese ein essenzieller Bestandteil von Handlungsfähigkeit.
- Da kaum jemand imstande ist, alle auf ihn zukommenden Probleme selber, ohne die Hilfe anderer Menschen, zu lösen, braucht er die Fähigkeit, mit anderen zusammenarbeiten, kommunizieren usw. zu können. Das Gesamt der dazu benötigten Informationen bezeichnen wir als *Sozialkompetenz*, ebenfalls ein essenzieller Bestandteil von Handlungsfähigkeit.
- Kein Mensch ist so vollkommen auf alle Lebenssituationen vorbereitet, dass er die zur Problemlösung benötigten Informationen bereits in sich abrufbar bereithält. Dann aber sollte er über die Fähigkeit verfügen, sich die noch nötigen Informationen selbstständig beschaffen zu können. Das Gesamt einer solchen Fähigkeit wird als *Methodenkompetenz* bezeichnet. Diese ist ein ebenfalls unverzichtbarer Bestandteil von Handlungsfähigkeit. Dieser Teil erhält heute sogar ganz besonders große Bedeutung, wenn man daran denkt, dass die Halbwertzeit menschlichen Wissens (i. w. S. *Kenntnisse* und *Fertigkeiten* und *Einstellungen/Haltungen* umfassend!) immer geringer wird und dass deshalb jeder Mensch gezwungen ist, sich ständig und immer um die aktuelle Vervollständigung seines persönlichen Wissens zu bemühen. Bei der Methodenkompetenz als überfachliches Ziel eines vollständigen Lernens bleiben in der Regel derzeitige Methodenbewertungen stehen; dabei beruft man sich gerne auf die entsprechende Forderung H. GAUDIGs, *Schüler müssten Methode haben*.
- Keine Handlung kann heute ohne vorherige und begleitende Reflexion auf ihre Verantwortbarkeit hin durchgeführt werden. Problemlösungen sind von denen, die sie vorhaben oder ausführen, auf ihre moralische Vertretbarkeit hin zu überprüfen. Ob das in unmittelbarem Bezug zu Menschen oder mittelbarem Bezug – wenn es um Umweltprobleme o. Ä. geht – geschieht, spielt keine Rolle. Das Gesamt der Bereitschaft und Fähigkeit zu solchem Rechtfertigungsdenken wird als *Moralkompetenz* bezeichnet. Auch sie gilt uns als unabdingbarer Bestandteil von Handlungsfähigkeit.

Handlungsfähigkeit ist solchem Verständnis nach eine ganzheitlich-integrative Fähigkeit mit den Komponenten Sach-, Sozial-, Methoden- und Moralkompetenz[1]. Diese Komponenten werden als *integrierende Bestandteile* der ganzheitlichen Handlungsfähigkeit begriffen. Lernen im und durch Unterricht ist auf

Handlungsfähigkeit gerichtet und fördert – wo immer möglich – deren integrierende Bestandteile. Das bedeutet nicht, dass – wie mit einer Waage auszumessen – alle vier Komponenten gleichmäßig verteilt im Unterricht behandelt werden. Je nach besonderer Thematik, nach besonderen Lerninhalten ist danach zu fragen, welche der Komponenten sich beim Unterricht darüber besonders fördern lassen. Und hierfür kommt den Methoden größte Bedeutung zu. Methoden als Werkzeuge für Lernen und Lehren sind von unterschiedlicher Beschaffenheit; sie haben – um ein Wort HEIMANNs über Medien hierauf anzuwenden – eine je besondere *Formqualität*. Und von ihrer Formqualität hängt es ab, welche der Komponenten von Handlungsfähigkeit sie besonders zu fördern vermögen und ob sie bloß eine oder mehrere oder gar alle Komponenten zu fördern imstande sind. Der *Vortrag* beispielsweise wird sicherlich die Sachkompetenz fördern, aber auch die Sozialkompetenz? *Gruppenarbeit* hingegen vermag vielleicht die Sachkompetenz nur mit höherem zeitlichem Aufwand zu fördern, trägt aber sicher zur Steigerung der Sozialkompetenz, in Form von Kooperationsfähigkeit, bei.

Methoden am Maß des vollständigen Lernens zu bewerten, heißt mithin unter dem Gesichtspunkt des Ziels von Lernen:

> Es sind solche Methoden vorzuziehen und nach Möglichkeit der Unterrichtssituation zu praktizieren, die alle oder wenigstens mehr als bloß eine der integrierenden Bestandteile von Handlungsfähigkeit zu fördern imstande sind.

Das lässt eine abgestufte Bewertung von Methoden zu. Dass dabei viel Subjektivität im Spiel ist, versteht sich von selbst.

Methoden sollten ein integratives Lernen ermöglichen, d.h. Informationen zu den vier Komponenten nicht bloß additiv erwerben lassen, sondern in einem integrativ verlaufenden Prozess (vgl. dazu weiter unten). Dafür wird es:

- zum ersten darauf ankommen, die entsprechende *integrative Potenz* einzelner Methoden so gut zu nutzen, wie das möglich ist;
- zum zweiten aber auch den *Methoden-Mix* erfordern, bei dem einzelne Methoden synchron oder auch diachron zusammengefasst werden;
- zum dritten die Notwendigkeit geben, in die einzelnen Methoden *spezielle Techniken* (vgl. zum *Technik*-Begriff weiter unten!) des Lehrens und Lernens inhalts- und zielgerecht einzubauen.

---

[1] Zu dem hier verwendeten Kompetenzbegriff vgl. auch bes. H. ROTH, der in seiner pädagogischen Anthropologie ebenfalls von Sach- und Sozialkompetenz sowie zusätzlich von moralischer Mündigkeit spricht, wohingegen im Umfeld der Berufspädagogik – wo diese Art von Kompetenzdenken verbreitet ist – bloß von Fach-, Sozial- und Methodenkompetenz gesprochen wird (H. ROTH, Pädagogische Anthropologie, Bd. 2, Entwicklung und Erziehung, Hannover 1971, bes. S. 388 ff.). In manchen Konzepten wird auch eine Ich-Kompetenz – als Gegen- bzw. ergänzender Part zur Sozial-Kompetenz – aufgeführt. Ich halte die Ich-Kompetenz als in der Sozialkompetenz aufgehoben; denn auch mit sich selber fertig werden, sich selber organisieren usw. zu können, ist m.E. ein soziales Moment.

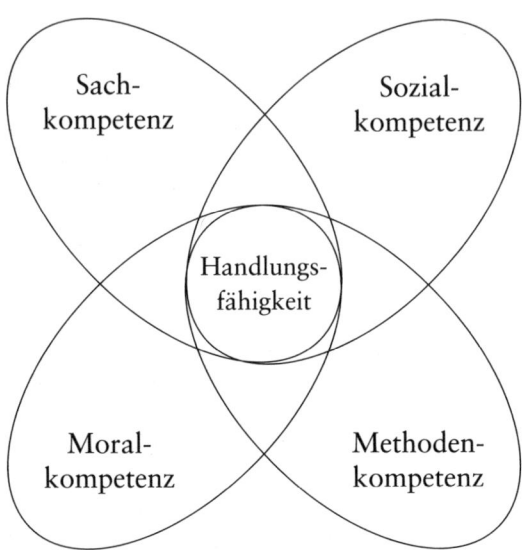

Abb. 1: Ganzheitlich – integrative Handlungsfähigkeit

Dem hier vertretenen Konzept von Handlungsfähigkeit liegt die Vorstellung von Handeln zu Grunde, wie sie in der östlichen Tätigkeitspsychologie nach LEONTJEW u. a. enthalten ist und die von HACKER auf die berufliche Erstausbildung übertragen wurde. Diese Vorstellung kann m. E. für didaktisch-pragmatische Konzeptionen herangezogen werden, so wie dies vom Bundesinstitut für Berufsbildung in Berlin (BIBB) bereits vor über zehn Jahren für die strukturelle Neufassung der Ausbildung in zahlreichen anerkannten Ausbildungsberufen getan wurde. Und meinen Beoachtungen nach hat das dort eingeführte Denken – Zielsetzung: *selbstständiges Handeln* im Beruf –, zusammen mit eigens entwickelten Ausbildungsmethoden (→*Projekt*- und *Leittext*-Ausbildung) zu überaus guter Praxis geführt.

In der begrifflichen Auffassung über Handeln stimmt dies Konzept weitgehend mit anderen Ansätzen überein, u. a. dem der kognitiven Psychologie. *Handeln* wird zumeist definiert als ein *bewusstes und zielgerichtetes Tun*, das sich von bloßer Tätigkeit unterscheidet. M. E. geht aber das hier aufgegriffene Verständnis von Handeln differenzierter damit um, weil es zwar das Merkmal ›zielgerichtet‹ als essenziell begreift, das Merkmal ›bewusst‹ aber in sich aufgliedert: Obwohl anfangs alle Handlungen wegen ihrer Zielgerichtetheit bewusst vorgenommen werden, führen Wiederholungen dazu, dass manches Handeln sich geradezu einschleift und die Ebene der Bewusstheit nicht immer erreicht bzw. erreichen muss. HACKER fasst dies in seiner *Handlungsregulationstheorie* kategorial zusammen.

Handlungsfähigkeit wird dort als die Fähigkeit zur Regulation eigenen Handelns verstanden; und für die Art der Regulation werden drei verschiedene Bewusstseinsebenen unterschieden. Zur Verdeutlichung wird zwischen dem *Anlass* und dem *Vollzug* einer Handlung unterschieden. Beide – Anlass wie Vollzug – können für den Handelnden von unterschiedlicher Bewusstheit sein.

Intellektuelle Regulation des Handelns
Handlungsanlass: bewusstseinsfähig
Handlungsvollzug: bewusstseinspflichtig

Dem Handelnden ist stets bewusst, dass, wo ... usw. er handeln muss, und er handelt auch stets bewusst und zielgerichtet, indem er zunächst in Gedanken ein Modell des beabsichtigten Handelns (ein zielgerichtetes Handlungsschema) entwirft und überprüft, bevor er tatsächlich handelt. Dabei kann er dann auf genügend Handlungsschemata zurückgreifen.

Beispiel:
Im Fußballspiel wird einem Schüler der Ball zugeflankt. Er will ihn ins Tor befördern. Dazu sucht er mit den Augen nach Raumlücken, findet sie nicht, sieht aber seinen Mitspieler in einer freien Position nahe dem Tor und spielt diesem den Ball zu, wozu er sich darauf besinnt, dass eine hochgeschlagene Flanke am ehesten in Frage kommt.

Perzeptiv-begriffliche Regulation des Handelns
Handlungsanlass: bewusstseinsfähig
Handlungsvollzug: nicht unbedingt bewusstseinspflichtig

Dem Handelnden ist stets bewusst, dass, wo ... usw. er handeln muss, doch handelt er zumeist routiniert, d. h. er handelt ohne große Überlegungen aus seinem Erfahrungsschatz heraus. Er verfügt über genügend maßgebliche Handlungsschemata.

Beispiel:
Im Handballspiel erwartet ein Schüler die Ballabgabe, sieht den Ball hoch heranfliegen und weiß, dass er sich bewegen muss um ihn zu bekommen. Er springt ohne weiteres hoch.

Sensumotorische Regulation des Handelns
Handlungsanlass: zumeist nicht bewusstseinsfähig
Handlungsvollzug: nicht bewusstseinspflichtig

Dem Handelnden wird zumeist gar nicht mehr bewusst, dass, wo ... usw. er handeln muss; und er handelt ohne zu überlegen. Er reagiert gleichsam automatisch in einer Situation und aktiviert dabei, ohne Gedanken daran zu verschwenden, sein Repertoire an Handlungsschemata.

Beispiel:
Auf einen Schüler kommt ein Ball zugeflogen; er greift ihn mit einer Hand und lässt ihn fallen.

Die hier vertretene Zielvorstellung *Handlungsfähigkeit* für Lernen im Unterricht meint die *intellektuelle Regulationsfähigkeit*. Sie gilt als das oberste Ziel allen Lernens – von Überhöhungen in Richtung Erziehung, Bildung abgesehen –, aber nicht als das einzige, was die Steuerung eigenen Handelns betrifft. Selbstverständlich muss Lernen im Unterricht Schüler dahin führen, ihr Handeln auch auf den beiden anderen Ebenen regulieren zu können, also sensumotorisch (automatisch) und perzeptiv-begrifflich (routiniert). Es wäre verhängnisvoll, wenn Heranwachsende in der Schule nur darauf vorbereitet würden, alle Situationen, in die das Leben sie hineinstellt, stets und immer intellektuell zu bewältigen; sie wären zeitlich wie auch gedanklich überfordert. Manche Handlungsanlässe werden ihnen im Verlaufe ihres Lebens vertraut, sodass sie sich ihnen gar nicht mehr ausdrücklich und bewusst zuwenden müssen, um sie aufzugreifen und angemessen zu handeln; viele Handlungsvollzüge werden durch oftmalige Wiederholung so internalisiert und verfügbar, dass sie ohne weitere Überlegung verwendet werden. Wo dies nicht von selbst geschieht, ist es eben Aufgabe der Schule darauf hinzuwirken: In Schule und Unterricht ist ein umfangreiches Reservoir an Handlungsschemata, an einzelnen Handlungsvollzügen und -möglichkeiten aufzubauen und durch Übung an variationsreichen Anlässen flexibel und anstrengungslos verfügbar zu machen. Doch lassen sich derartige Handlungsfähigkeiten immer nur über zunächst bewusst und zielgerichtet vollzogenes Handeln erwerben. Daher richtet sich unser didaktisches Augenmerk wieder auf die möglichst unmittelbare Förderung intellektueller Regulationsfähigkeit. Für sie sind die folgenden Modelle entwickelt.

1.1.2 Vollständiges Lernen: Der Prozess
Methoden und selbstgesteuertes Lernen

Wo Handlungsfähigkeit als Ziel unterrichtlich gesteuerten Lernens gilt, muss der Lernprozess entsprechend gestaltet sein, um dieses Ziel so gut wie möglich erreichen zu helfen. Nach den bisherigen Ausführungen bedeutet das: Lernen muss als Vorgang angelegt sein,
- in dem Schüler die für ihr Leben benötigten Informationen umfassend und solide erwerben können;
- in dem sie diese auf möglichst selbstständige Art erwerben können;
- in dem sie dadurch ihre Sach-, Sozial-, Methoden- und Moralkompetenz zusehends ausbauen können;
- in dem diese Kompetenzen als integrierende Komponenten einer ganzheitlich begriffenen Handlungsfähigkeit erworben werden können.

Methoden – als Werkzeuge für produktives Lernen – müssen solchen Anforderungen entsprechen. Welche Prozesse sind nötig, um das Ziel Handlungsfähigkeit zu verwirklichen? Welche Prozessphasen müssen Methoden den Lernenden ermöglichen, damit die Handlungsfähigkeit erreicht wird? Wann können Methoden hinsichtlich eines vollständigen *Lernprozesses* als wirksam betrachtet werden?

Als vollständige *Lernprozesse* fasse ich solche auf, die über die folgend dargestellten Phasen verfügen. Statt auf eines der üblichen in der Lernpsychologie vorhandenen Phasenmodelle für Lernen zurückzugreifen, nehme ich Bezug auf ein Modell, das für die berufliche Erstausbildung aus der östlichen Tätigkeitspsychologie heraus entwickelt wurde. Und zwar ist es besonders dafür konzipiert worden, Auszubildenden die erforderlichen berufsspezifischen Kenntnisse und Fertigkeiten so zu vermitteln, dass sie nach abgeschlossener Lehre selbstständig davon Gebrauch machen können, also beruflich-professionell handlungsfähig sind. Das Ziel Handlungsfähigkeit ist dort – in den Ausbildungsverordnungen – umschrieben als die *Fähigkeit zur selbstständigen Planung, Durchführung und Kontrolle von Tätigkeiten*. Strukturell stimmt diese Zielbestimmung mit der hier vertretenen – Handlungsfähigkeit – für Lernen in Schule und Unterricht überein. Vor allem zwei Ausbildungsmethoden wurden – mit zahlreichen Varianten – entworfen und langjährig überprüft: die →*Leittext-Methode* als eine eigene Entwicklung und die Projekt-Ausbildung (→*Projektlernen*), aus der Allgemeinen Didaktik übernommen. In beiden werden ähnliche Auffassungen über den Phasenverlauf von Lehren und Lernen aktualisiert. Hier werden diese Grundauffassungen leicht variiert unter den Ansprüchen von Unterricht aufgegriffen.

Es sei gleich vorweg deutlich gesagt:

> Es kommt nicht nur darauf an, dass Schüler viele oder auch alle dieser Schritte gehen. Vielmehr kommt es ausdrücklich darauf an, dass Schülern Gelegenheit gegeben wird, die aufgeführten Lernschritte soweit wie irgend möglich selbstständig zu gehen, die Aktivitäten in den einzelnen Phasen selbstständig – wo immer dies möglich ist – zu vollziehen![2]

Prozessphasen

①

INITIATIVPHASE

Alles Lernen muss angestoßen werden. Ob von außen oder innen, ist zunächst einmal unerheblich.

Wo aber die Handlungsfähigkeit ganzheitlich gefördert werden soll, sind von Seiten der Lernenden eingebrachte Initiativen wirkungsvoller. Sie entspringen ihren Bedürfnissen, ihren Befindlichkeiten, statt bloß übergestülpt und aufoktroyiert zu werden. Zusätzlich zum *Kopf* werden möglicherweise *Herz* und *Hand* (PESTALOZZI) angesprochen; verbinden sich kognitives und emotionales Lernen.

---

[2] Die genaue Darstellung des maßgeblichen didaktischen Modells und seine Entwicklung aus der Zielvorstellung findet sich auch im Stichwort →*Handlungslernen*.

② INFORMATIONSPHASE

Das Lernproblem als solches muss von den Lernenden genau erkannt werden: Worum geht es? Was soll gelernt werden? Wo hat es seinen Platz? Worin besteht die Aufgabe? Usw.

Man kann Informationen solcher Art zwar genau vorgeben, aber die Fähigkeit zu eigener Informationsbeschaffung wird durch Eigeninformation eher gefördert, mithin die Methodenkompetenz, etwa im Umgang mit Nachschlagewerken, Quellen aller Art etc.

③ PLANUNGSPHASE

Ein Lösungsvorschlag für das Lernproblem, für die Lernaufgabe muss erstellt werden: Wo liegt das Problem? Wie sieht es aus? Wie will man es angehen? Welche Schrittfolge soll eingehalten werden? Welche Mittel will man einsetzen? Mit wem und auf welche Weise der Zusammenarbeit will man die Lösung vornehmen? Usw.

Die Planungsfähigkeit als so genannte *intellektuelle Regulationsfähigkeit eigenen Handelns* wird auf diese Weise gefördert: Bevor man handelt, entwickelt man zunächst ein gedankliches Handlungsschema, nimmt die Handlung in Gedanken vorweg. Eine ganz wichtige Qualifikation für Handlungsfähigkeit. Doch neben dieser mehr formalen Fähigkeit wird bei entsprechenden Ansprüchen durch die jeweiligen Aufgaben auch die moralische Reflexions- und Entscheidungsfähigkeit gefordert und so gefördert.

④ AUSFÜHRUNGSPHASE

Der Plan wird umgesetzt. Die hier anstehende inhaltliche Aufgabe sowie die konkreten Aktivitäten (welcher Art? in welcher Sozialform?) sind entscheidend dafür, welche Komponenten der Handlungsfähigkeit besonders gefördert werden.

Wichtig ist hier, dass die Erledigung selbstständig erfolgt, dass Lehrende bloß zur Seite stehen, auf Abruf zur Unterstützung bereit. Dass sie beobachten, um späterhin pädagogische Rückmeldungen (Feedback) geben zu können.

⑤ EVALUATIONSPHASE

Soll und Ist der Problemlösung, Aufgabe und Ergebnis sind zu vergleichen. Neben der Fach-/Sachkompetenz kann hier wieder die Methodenkompetenz gefördert werden.

Dies sind die *Lern*-Phasen! Sie durchlaufen zu lassen und den Lernenden den Durchgang selbstständig zu ermöglichen, sodass ein *selbstständiges vollständiges* Lernen gewährleistet wird, das ist die Funktion der Unterrichtsmethoden. Methoden als Werkzeuge für selbstständiges vollständiges Lernen müssen so beschaffen sein, dass sie eben dies so gut wie möglich auslösen und absichern. Mit der Methode rückt neben das Lernen auch das Lehren in unseren Blick. Methode verlangt immer auch von Lehrenden Aktivitäten – wobei man diese dialektisch durchaus auch als Unterlassung, gewollte Inaktivität o.Ä. verstehen kann –, sodass das Phasenmodell noch ergänzt werden muss, um den Anteil der impliziten Lehraktivitäten zu verdeutlichen. Zwei solcher vorwiegend didaktisch notwendigen Phasen sind zu nennen:

BERATUNGSPHASE

Da es sich in Schule und Unterricht um Lernende handelt, die zum einen die Handlungskompetenz erst aufbauen und dafür nötige Informationen erwerben sollen, die zum anderen nicht für ihr Lernen verantwortlich sind, kann man sie nicht ohne weiteres aus der Planungsphase in die Ausführungsphase übertreten lassen. Das Risiko, dass etwas falsch geplant war und unerwünschte Folgen zeitigt, ist u.U. groß. Daher müssen die pädagogisch verantwortlichen Lehrenden zwischen die *Planungs-* und die *Ausführungsphase* eine *Beratungsphase* einschieben. Darin sollten zwar vordringlich die Lernenden mit ihren Vorstellungen und Absichten zu Wort kommen, aber Lehrende haben den Plan zur Umsetzung freizugeben. Wie streng das genommen wird, ob beispielsweise das Wagnis des Scheiterns bewusst zugestanden wird, das kann nur der Lehrer vor Ort – vor seinen Schülern, deren Aufgabe usw. – entscheiden.

und

BEWERTUNGSPHASE

Als didaktisch notwendige Phase soll hier von Lehrenden Rückmeldung (Feedback) über die Art und Weise des Lernverhaltens – während des beobachteten Lernprozesses – gegeben werden, um dieses zu bestärken oder zu verändern. Nicht penetrante Beurteilung von Schülerleistungen in üblicher Manier ist hier gemeint, sondern der behutsame und eher beratende Umgang mit Lernenden, die zu eigenständigen Einsichten über sich und ihre Lernfähigkeit kommen sollen. Die Bewertungsphase bildet den Abschluss und ist an die Evaluationsphase anzufügen.

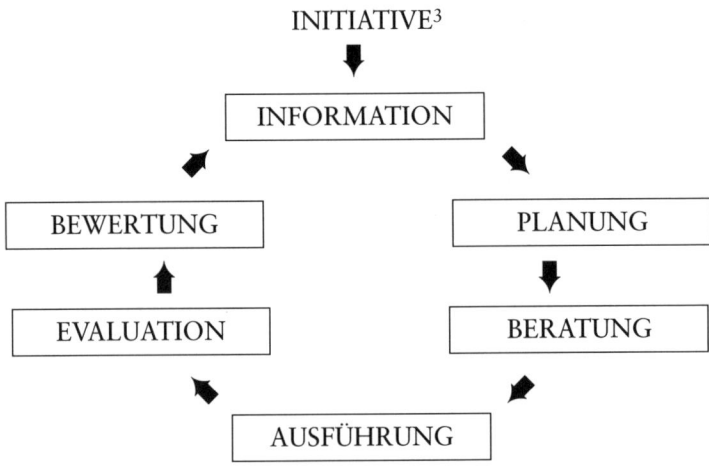

Abb. 2: Vollständiger Lehr- und Lernprozess

Um nicht falsch verstanden zu werden: Selbstgesteuertes Lernen bedeutet im Grunde genommen nie völlig eigenständige Gestaltung der maßgeblichen Vorgänge! Stets ist Lernen – soweit es sich nicht um *funktionale* Prozesse handelt – an ausdrücklich dafür gestaltete Rahmenbedingungen und Vorgaben gebunden, die von seiten der Lehrenden – und der Institutionen usw. – gesetzt werden. Untersuchungen über selbstgesteuertes Lernen durch die sich selbst als *konstruktivistisch* bezeichnende Lernpsychologie haben ergeben, dass alle Selbststeuerung immer der Lenkung bedarf, wenn erfolgreich gelernt werden soll, d.h. wenn Lernen *produktiv* sein und nicht bloß *träge* bleiben soll, wenn Lernende davon eigenständigen Gebrauch machen können sollen (→*Cognitive Apprenticeship*, →*Situatives Lernen*).[4]

---

[3] Die *Initiativ*-Phase wird dem Modell vorangestellt, da ich davon ausgehe, dass unter dem Druck des alltäglichen Unterrichts in der Mehrzahl derartige Initiativen vom Lehrer ausgehen müssen. Wo aber dennoch möglich, sollten Schülerinitiativen unbedingt aufgegriffen und genutzt werden!

[4] Vgl. dazu bes. die Veröffentlichungen um MANDL, so u.a. MANDL, H./REINMANN-ROTHMEIER, G.: Unterrichten und Lernumgebungen gestalten: Forschungsbericht Nr. 60, Ludwig-Maximilians-Universität München, Institut für Pädagogische Psychologie und Empirische Pädagogik, Nov. 1995; DIES.: Wissen und Handeln. Eine theoretische Standortbestimmung. Forschungsbericht Nr. 70, ebenda 1996.

1.1.3 Vollständiges Lernen: Methodometer
Ikonische Hilfe

Bei den meisten hier behandelten Stichworten wird zwar bereits bei der Beschreibung im Einzelnen jeweils eine Bewertung der Methode eingefügt, wobei diese an der oben entwickelten Auffassung vom selbstständig-vollständigen Lernen orientiert ist, doch sollte ein Lexikon auch den Benutzer zu einer Einschätzung der Wirksamkeit anleiten. Das wird hier versucht: Als Hilfe enthält dieses Methodenlexikon ein *Methodometer*! Sie finden es, wenn Sie die Umschlagklappen des Buches herausklappen; auf der Innenseite der linken Klappe ist das Produkt(Ziel)-Methodometer, auf der rechten Seite das Prozess-Methodometer. Benutzern rate ich, zwar nicht in jedem Fall, doch in so vielen Fällen wie möglich, dies Methodometer zur jeweils vorgesehenen oder auch bloß betrachteten Methode hinzuzunehmen und selber zu versuchen, den Wirksamkeitsgrad zu bestimmen. Dass dies überaus subjektiv sein wird, versteht sich. Schließlich ist es der Einzelne, der die eine Methode einsetzen möchte; und für jeden hat eine Methode – bei aller allgemeinen Gültigkeit der Struktur – eine je besondere Bedeutung. Und: Nur der Einzelne kennt die besondere Situation, in der die Methode wirksam werden soll, den Ort, die Zeit, die Schule, die Klasse, den Tag, die Stunde, das Fach, die Ziele, die Inhalte usw., sodass für die Situation auch nur er eine relative Wertschätzung vornehmen kann. Denn Methoden sind letzten Endes von relativer Wirksamkeit, mögen sie auch oftmals einem allgemein vertretenen Anspruch genügen. Damit es möglich wird, die eigene, subjektive Einschätzung einer Methode nach Ihrer Erprobung festzuhalten, finden sich am Ende eines jeden Abschnittes verkleinert die beiden Zeichen des Methodometers. Hier kann man, vielleicht unter Verwendung eines Farbcodes (z. B. grün = Methode sehr geeignet; blau = Methode weniger geeignet; rot = Methode gar nicht geeignet), seine Erfahrungen mit der jeweiligen Methode zum späteren Nachschlagen markieren.

Für das Methodometer werden zwei Zeichen erstellt. Das eine (Kreis-Methodometer) orientiert sich am Ziel selbstständig-vollständigen Lernens, das zweite (Balken-Methodometer) an dessen Prozess. Beide Zeichen sollen ausdrücken, welche Vollständigkeit – des Ziels, des Prozesses – als möglich angenommen wird.

Ich nenne diese ikonische Bewertung *Methodometer*, weil es gleich einem der üblichen …meter anzeigen soll, welcher Wert den Methoden beigemessen wird. Ganz richtig, gemessen werden nicht die Methoden, sondern gemessen wird die Auffassung über die Methoden. Und deshalb Vorsicht: die Methodometer sind nicht geeicht!

① **Produkt-Methodometer**

Welche Komponenten der als ganzheitlich-integrativ verstandenen Handlungsfähigkeit vermag die Methode zu fördern, u. U. ganz besonders zu fördern?

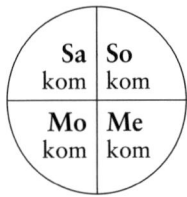

Legende
Sa kom = Sachkompetenz   So kom = Sozialkompetenz
Mo kom = Moralkompetenz Me kom = Methodenkompetenz

② **Prozess-Methodometer**

Welche Phasen des als vollständig verstandenen Lernprozesses vermag die Methode Schüler weitgehend, u. U. sogar ganz selbstständig durchlaufen zu lassen?

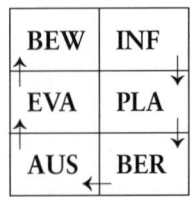

Legende
INF = Information   AUS = Ausführung
PLA = Planung   EVA = Evaluation
BER = Beratung   BEW = Bewertung

Lehrende sollten mithin jeweils die Fragen stellen
- Wie vollständig kann das *Ziel* Handlungsfähigkeit mit gerade dieser Methode verwirklicht werden?
- Welche Komponenten der Handlungsfähigkeit werden gerade durch sie gefördert bzw. zu fördern möglich?
- Wie vollständig kann der *Weg* auf das Ziel von den Lernenden selbstständig gegangen werden?
- Welche der Phasen im Lernprozess können sie eigenständig gestalten?

Wer erst einmal auf die mögliche Förderung aufmerksam geworden ist, kann dann die Einsicht in die folgenden didaktischen Überlegungen einbringen.

1.2 Benutzerhinweise
Zum Umgang mit Unterrichtsmethoden

Methoden sind Werkzeuge in den Händen von Lehrenden und Lernenden. Mit ihnen ist – wie mit Werkzeugen überhaupt – sorgfältig umzugehen, um nicht jenen damit Schaden zuzufügen, für die sie eingesetzt werden. Werkzeuge sind von Lehrenden sorgsam auszuwählen; sie müssen – didaktisch gesprochen – zur

Zielsetzung und den Inhalten *passen*, besonders aber zu den Adressaten, den Schülern also, für die sie in den Unterrichtssituationen zum Einsatz gebracht werden. Das setzt zum einen eine bewusste Einstellung zu ihnen voraus, zum anderen die Fähigkeit zur rechten Einschätzung von Methoden. Einige grundlegende Gedanken hierzu werden nachfolgend angestellt.

1.2.1 Methoden, Methodenvielfalt, Methodenfantasie
Gegen Methodenmonismus und Methodenmanie!

Für die methodische Gestaltung von Unterricht ist wohl nichts schlimmer als ein monistischer und ein manieristischer Gebrauch von Methoden. Das sagt sich leicht und wird auch leicht zustimmend zur Kenntnis genommen. Doch schon ein erster Blick in die alltägliche Unterrichtspraxis zeigt, wie schwer sich offenbar der entsprechende Vorsatz umsetzen lässt. So kamen etwa HAGE u. a. (1985) zu dem Ergebnis, dass Lehrer auf der Sekundarstufe I – unabhängig von der Schulform – trotz der Absicht zu methodischer Vielfalt mehrheitlich einen *Frontalunterricht* überkommener Art praktizierten. Sie stellten sogar eine »›methodische Monostruktur‹ des alltäglichen Unterrichts ... an allen Schulformen und in allen Fächern« (1985, S. 147) fest. Man muss dies wohl als Tatsache anerkennen. Und seinerzeitige Konstanzer Untersuchungen, deren Kernaussage metaphorisch als *Konstanzer Wanne* zusammengefasst wurde, scheinen den Grund für die methodische Monostruktur und das Festhalten am Frontalunterricht erklären zu können. Lehrer scheinen danach ihre methodische Alltagspraxis nicht so sehr an jenen Kenntnissen und Einsichten auszurichten, die sie während ihrer akademischen Ausbildung gewannen, sondern vielmehr fortzuführen, was sie als langjährige Schüler vonseiten ihrer Lehrer am eigenen Leib erfahren haben. In der Ausbildung erworbene unterrichtsmethodische Einsichten führen durchaus zu Vorsätzen, doch gehen diese bei ersten Praxiserlebnissen – eigenständiger und selbstverantwortlicher Praxis – offenbar unter und weichen tief verwurzelten Eindrücken aus der Schülerzeit. Als Erklärung dafür wird vor allem der so genannte *Praxisschock* bemüht, der Lehranfänger ihre kognitiven Absichten jäh über Bord werfen und aus Gründen des intellektuellen Überlebens in die als leicht handhabbar empfundene Frontalunterrichts-Methode zurückfallen lässt. Der tiefe Grund für solchen Rückfall in als Schüler erlittene Methoden liegt wohl darin, dass während der Lehrerausbildung zwar Methoden erworben werden, der Erwerb aber größtenteils bloß auf kognitive Art erfolgt. Lehramtsstudierende kennen Methoden, doch es fehlt ihnen die Fähigkeit, sie begründet in Praxis umzusetzen. Sie besitzen nicht jene pädagogische Grundfähigkeit, die J. FR. HERBART als *pädagogischen Takt* bezeichnete: die zwangsläufig allgemein gehaltene Theorie auf die in jedem Fall besondere Praxis übertragen zu können bzw. umgekehrt den besonderen Praxisfall unter die allgemeine Theorie subsumieren zu können. Auch der dagegen konzipierte Ausbildungsansatz, der den Weg über die verstärkte Ausbildung *subjektiver Handlungstheorien* wählt, hat hier bis heute keine Abhilfe geschaffen (vgl. WAHL u. a. 1983).

Methoden sind – so im allgemein anerkannten *Berliner Modell* der Didaktik ausgedrückt – bloß ein Moment im gesamten komplexen Gefüge des Unterrichts.

Didaktische Aufgabe des Lehrers ist es, über alle vier Komponenten zu entscheiden (genauer: vgl. PETERSSEN 1998, Handbuch Unterrichtsplanung, bes. S. 82 ff.)
- Welche Ziele sollen im Unterricht verfolgt werden?
- Welche Inhalte/Themen sollen behandelt werden?
- Welche Methoden sollen praktiziert werden?
- Welche Medien sollen eingesetzt werden?

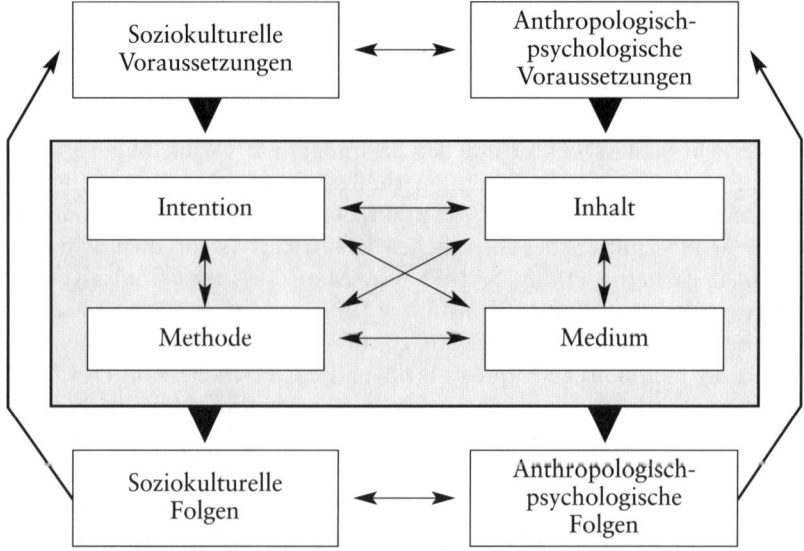

Abb. 3a: Methoden im unterrichtlichen Gefüge nach dem Berliner Modell

Was dieses Modell besonders deutlich vor Augen führt:
- *Unterricht ist methodenabhängig!*
  Es gibt keinen Unterricht ohne eine Methode, ohne eine Art und Weise des Lehrens und Lernens, mithin wird auch immer eine Entscheidung über die Art und Weise, in der gelehrt und gelernt werden soll, notwendig!
- *Methoden sind unterrichtsabhängig!*
  Entscheidungen über Methoden sind immer aus dem Gesamtzusammenhang des Unterrichts zu treffen! Methodenentscheidungen können nicht willkürlich getroffen werden!

Bedeutsamste Aussage des Modells für unsere Fragestellung ist: Methodenentscheidungen können nicht willkürlich getroffen werden! Zum einen sind Methoden in den als interdependent angenommenen Zusammenhang aller Entscheidungen eingebunden. Das heißt, Methodenentscheidungen sind mit Entscheidungen über Ziele, Inhalte und Medien abzustimmen, da sie sowohl von diesen her Einwirkungen erfahren können, als auch sich ihrerseits auf diese auswirken können (vgl. weiter unten: *Implikationszusammenhang* nach BLANKERTZ). Zum anderen sind Methodenentscheidungen von den aktuell wirksamen Bedingungen abhängig zu machen; sie können nicht beliebig getroffen werden, sondern sind auf die je konkrete Unterrichtssituation – mit ihren besonderen Schülern und Lehrern, Fächern und Themen, Schulort und -art, Zeiteinflüssen und Ressourcen usw. – zu beziehen. Beide Abhängigkeiten, die interne und die externe, haben konsequenterweise zur Folge, dass Methoden nicht ein für allemal bestimmt werden können und dass mit einer einzigen Methode nicht aller Unterricht bestritten werden kann, mithin Methodenmanie und Methodenmonismus als geradezu krankhafte Auswüchse didaktischer Methodenpraxis betrachtet werden müssen. Noch einmal: Jeder Unterricht, jede einzelne Unterrichtseinheit verlangt die eigene, besondere methodische Gestaltung!

1.2.2 Kurzer Vorschlag für die Unterrichtsplanung
Unterrichts-Arrangement

Für die Planung von Unterricht hat sich eine Variante des Berliner Modells (Weingartener Planungsmodell/WPM) als besonders handhabbar herausgestellt, die auf drei Hauptentscheidungen von Lehrern verweist:
- auf die Entscheidung über *Zielsetzungen*
- auf die Entscheidung über *Themen* und *Inhalte*
- auf die Entscheidung über das *Arrangement*

Außer dass auf die besondere Aufgabe des *Arrangierens* – als eine von drei Hauptentscheidungen über Unterricht – hingewiesen wird, macht dieses Modell die in sich komplexe Entscheidung deutlich. Wo von Methode gesprochen wird, da werden in der Regel zwar die hier mit Arrangement umfassten Dimensionen mitgedacht; hier werden sie noch gesondert herausgestellt und so der Aufmerksamkeit von Lehrenden zugeführt.

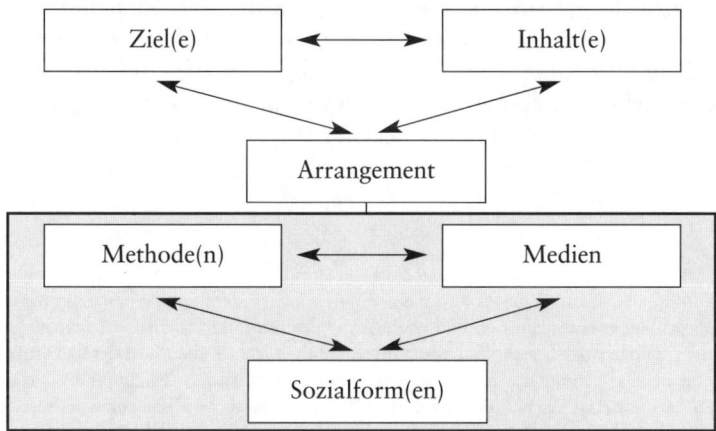

Abb. 3b: Planungsmodell für Unterricht (Weingartener Planungsmodell/WPM)

Damit Methoden tatsächlich stringent – und somit wirkungsvoll – in das beabsichtigte Strukturgefüge von Unterricht eingeordnet werden, schlage ich folgenden Ablauf für die Unterrichtsplanung vor (genauer: vgl. PETERSSEN 1995, Unterrichtsplanung, Grundlegung und Darstellung eines offenen Modells):

BEDINGUNGEN
Erfassung aller sich möglicherweise auf den Unterricht auswirkenden Bedingungen und ihre Analyse auf die möglichen Auswirkungen hin

ZIELE
Bestimmung, Rechtfertigung und Beschreibung der Lernziele

INHALTE/THEMEN
Auswahl, Analyse und Strukturierung der Lerninhalte; Bestimmung des Themas

ARRANGEMENT
Gestaltung des Lehr-Lern-Arrangements, was im Einzelnen erfordert:
- Methoden des Lehrens und Lernens auszuwählen und zuzuordnen[5]
- Medien für Lehr-und Lernvorgänge auszuwählen und für den Einsatz vorzubereiten
- Sozialformen, d.h. Formen der Allein- oder Zusammenarbeit vorzusehen

Das maßgebliche Repertoire eines Lehrers sollte auch nicht nur aus Methoden bestehen, die er von außen übernimmt, gar nur aus den bekannten und bezeichneten Methoden, so wie sie hier behandelt werden. Er sollte Methoden vielmehr auch von innen heraus, aus sich selber heraus entwickeln und in seinen verfügbaren Bestand einreihen. Gefragt sind: Methodenfantasie und Methodenmut!

---

[5] Für die Methodenplanung i.e.S. halte ich es für besonders angebracht, nicht sogleich nach Methoden zu fragen, die zum Einsatz kommen sollen, sondern dem alten Vorschlag W. KLAFKIS zu folgen: Dieser schlägt vor, zunächst einmal nach den – gleichsam natürlichen – Zugängen zu fragen, die jene Schüler zu den anstehenden Sachverhalten, Inhalten u.Ä. haben, um deren Lernprozess im Unterricht es geht. Das ermöglicht bestenfalls nicht nur den nahtlosen Anschluss an den umfassenden aktuellen Lernvorgang der Schüler, sondern hilft auch künstliche Konstruktionen und dadurch manierierten und monistischen Methodengebrauch zu vermeiden. Den Rückgriff auf sein Methodenrepertoire nimmt der Lehrer erst im Anschluss an diese Erkundung vor.

Das Arrangement jedes einzelnen Lehr-Lern-Prozesses kann zwar nicht willkürlich gestaltet werden (vgl. oben), ist aber auch keineswegs auf allgemein bekannte und anerkannte Methoden usw. zu beschränken. Hier findet im Gegenteil die Fantasie von Lehrern ein weites Feld. Niemand schreibt vor, wie Schüler lernen sollen, sofern das Arrangement in Übereinstimmung mit den oben beschriebenen Grundsätzen steht. Ich möchte alle Lehrer ausdrücklich auffordern, ihrer methodischen Fantasie durch nichts und niemand Zügel anlegen zu lassen!

1.2.3 Arrangements, Methoden, Techniken, Prinzipien, Organisation
– Methoden sind nicht gleich Methoden –

Wenn von Unterrichtsmethoden die Rede ist, dann ist durchaus nicht immer derselbe Sachverhalt gemeint. Der Methodenbegriff wird in unterschiedlich weiter Bedeutung verwendet.

- Von tatsächlichen Methoden sollte nur gesprochen werden, wenn sie als solche für sich beschreibbar sind und wenn sie als eigenständige – wenn auch interdependent mit anderen zusammenhängende – Entscheidungen nötig und möglich werden. Eine solche Methode sind z. B. das →*Stationenlernen* oder der →*Frontalunterricht* o. a. Solche Methoden können als eigenständige und deutlich von anderen abhebbare (integrierende) Bestandteile von Unterrichts-Arrangements erkannt werden.
- Es ist alltagssprachlich auch von Methoden die Rede, wenn über diese nicht mehr eigenständig entschieden werden kann, sondern sie als essenziell-methodischer Teil eines viel umfassender aufgefassten didaktischen Konzepts geradezu eingefordert werden. So wird beispielsweise von →*Problemunterricht* als Methode gesprochen. *Problemunterricht* aber ist keine selbstständige Methode, über deren didaktische Zuordnung zu bestimmten Zielen und Inhalten Lehrer noch entscheiden könnten. Er ist vielmehr von Anfang an zum essenziellen Bestandteil eines auf die Erschließung von so genannten *Schlüsselproblemen* gerichteten Unterrichts (W. KLAFKI) erklärt worden. Problemunterricht ist bereits konzeptuell vorbestimmt, schon eingeordnet in ein umfassendes didaktisches Konzept, ist bereits fertiges Arrangement.
- Von Methoden ist weiterhin auch die Rede, wenn bloß kleine Versatzstücke des Unterrichts gemeint sind, wenn es um den Einsatz bloßer Techniken geht, wie beispielsweise beim → *Kugellager*. Das ist eine in vielen methodischen Arrangements zusätzlich verwendbare Technik, die u. a. als →*Einstieg* in ein Thema, zur anfänglichen Auflockerung sozialer Beziehungen benutzt werden kann.
- Auch wenn *Prinzipien* für das Arrangieren von Unterricht gemeint sind, wie z. B. die → *originale Begegnung* nach HEINRICH ROTH, wird kurzerhand von Methoden gesprochen. Prinzipien bezeichnen aber keine Methoden, geben keine klare einheitliche Vorstellung darüber vor, nach welchem Verfahren gelehrt und gelernt werden soll, sondern verlangen Entscheidungen nach einem grundsätzlichen Muster. Wie dann dieses Muster real umgesetzt wird, ist durch Lehrende zu entscheiden und zu aktualisieren.

- Hier werden auch *Organisations*formen von Unterricht stichwortartig behandelt, wie z. B. →*fächerverbindender Unterricht*. Da Organisationsformen nur teilweise zwingend vorgegeben sind, zum großen Teil aber in den Entscheidungsspielraum von Lehrern fallen – wie z. B. ob fachlicher oder überfachlicher Unterricht gehalten werden soll –, werden die bedeutsamsten hier mitbehandelt.

Wenn folgend durchgängig von Methoden gesprochen wird und diese als einzelne Stichwörter behandelt werden, so sollte doch eine mehrfache Unterscheidung getroffen werden:
- *Konzepte*
Methoden sind hier *integrierende Bestandteile* umfassender didaktischer Konzepte, zu denen sie – nach Auffassung ihrer Verfasser – als unabdingbares, geradezu essenzielles Moment – einfach: konzeptuell – hinzugehören. Wer sich für ein derartiges didaktisches Konzept entscheidet, hat damit zugleich auch die Methoden-Entscheidung mitgetroffen. Die Entscheidung für Ziele und/oder Inhalte (je nach Konzept) impliziert auch die für bestimmte Methoden. Weil hier bereits Methoden in das Gesamtkonzept von Unterricht hinein arrangiert wurden, sprechen wir von Konzepten. Lehrer können entsprechende Konzepte übernehmen und damit zugleich auch die vorgesehenen Arrangements.
- *Arrangement*
Arrangement umfasst wie Konzept mehr als nur die Methodenentscheidung, zusätzlich die über Medien und Sozialformen (vgl. S. 27). Wo Lehrer auf vorgefertigte Arrangements treffen, da haben sie zwar nicht mehr über deren innere Struktur zu entscheiden – Methoden, Medien und Sozialformen sind vorgegeben –, wohl aber noch darüber, für welche Zielsetzungen und bei welchen Inhalten sie solche Arrangements einsetzen wollen.
- *Methoden*
Methoden im wahren Sinne des Wortes sind klar umreißbar, lassen sich begrifflich herauslösen und für sich selbst beschreiben. Sie sind *selbstständige* – wenn auch *integrierende* – *Bestandteile* eines Unterrichts, über die Lehrer zu entscheiden haben. Über sie ist – neben über Medien und Sozialformen – zu entscheiden, um das Arrangement eines Unterrichtsverlaufs festzulegen. Sie können mit – als Teil des Arrangements – unterschiedlichen Zielsetzungen und Inhalten zusammengehen, wobei der von Lehrern zu treffenden Zuordnung u. a. Grenzen durch den interdependenten Wirkungszusammenhang aller didaktischen Entscheidungen gesetzt sind. Der von BLANKERTZ als *Implikationszusammenhang* bezeichneten Beziehung ist Rechnung zu tragen: Einerseits gilt es die von der einzelnen Methode ausgehenden strukturellen Einwirkungen auf z. B. Zielsetzungen und Inhalte zu berücksichtigen, andererseits die von diesen ausgehenden Einwirkungen (u. a. als Notwendigkeit sichtbar werdende) auf die Methode zu beachten. So dürfte die Methode isolierter →*Einzelarbeit* wohl kaum in Frage kommen, wenn es um Ziel und Inhalt des Erlernens von *Kooperationsfähigkeit* geht.

Methoden unterscheiden sich besonders auch im Grad ihrer inneren Komplexität voneinander: Es gibt einfache, klar strukturierte Methoden, wie z. B. die →*Vier-Stufen-Methode*, daneben aber auch höchst komplex zusammengesetzte bzw. zusammensetzbare Methoden, wie z. B. die →*Freiarbeit*. Einfach strukturierte Methoden können von Lehrern zumeist ohne weiteres insgesamt aufgenommen und eingesetzt werden, komplexe Methoden hingegen verlangen zusätzlich zur grundsätzlichen Entscheidung für sie auch noch weitere Entscheidungen z. B. darüber, in welcher Reihenfolge die einzelnen inneren Momente aufgestellt werden sollen, welche Einzel-Techniken Verwendung finden sollen u. a.

- *Techniken*
Sie können als *integrative Bestandteile* von Unterricht insgesamt, besonders aber des jeweiligen methodischen Arrangements begriffen werden. Sie haben eine besondere Wirksamkeit von bloß kurzer Reichweite. Anders als bei UHLIG (1953/54), der unter *Techniken* alle zur Geltung kommenden Aktivitäten versteht – z. B. Reden, Schreiben, Vorzeigen u. a. –, sind hier ausschließlich begrenzte Steuerungsmaßnahmen für Lernprozesse gemeint. Sie sind von ihrer Art her in manchen Fällen für bestimmte Phasen des Unterrichts geeignet, wie z. B. das →*Impulsreferat* für →*Einstiege*, sie sind aber in der Mehrzahl entwickelt und umschrieben worden für die Auslösung und Gestaltung von einzelnen Lernaktivitäten, wie z. B. das →*Kugellager* für die soziale Annäherung in Lerngruppen. Dementsprechend sind sie auch vielfältig und vielerorts einsetzbar, und zwar immer dort, wo die einzelne Lernaktivität ausgelöst, angeregt o. Ä. werden soll. Techniken erhalten ihre didaktische und pädagogische Bedeutung allererst durch ihre besondere Einlagerung in den gesamten Unterricht.

Ein Wort über derartige *Techniken* sei hier noch hinzugefügt: Ich beobachte, dass Lehrer, auch Studierende, sich in geradezu euphorischer Art solcher begrenzten Techniken bedienen. Sie haben sie in der Regel wohl in überaus kurzweiligen Veranstaltungen selber erst kennen gelernt, sie für sich selbst als angenehm empfunden, wohl auch im begrenzten Rahmen als überaus wirksam erlebt und neigen deshalb dazu, solche Techniken zu verselbstständigen und zu hypostasieren. Unbedingt notwendige didaktisch-pädagogische Reflexionen über den besonderen Stellenwert in konkret-situativen Unterrichtssituationen unterbleiben oft. Es ist den wenigsten wohl auch bekannt, dass derartige Techniken zumeist zwar für Lernprozesse, nicht aber für darüber hinausgehende Bildungs- und Erziehungsvorgänge beabsichtigt sind. Wer sie als Techniken im hier verstandenen Sinne für die methodische Gestaltung des Unterrichts benutzt, kann solchen Gefahren entgehen, da er sie als integrative Bestandteile von Methodenarrangements zunächst begründet in diese und dann in den Unterricht einzubringen hat. Das →*Kugellager* für sich mag Spaß und Entspannung in den Unterricht bringen, bewirkt aber erst etwas, wenn es sich gerechtfertigt in den Lehr-Lern-Prozess einfügt.

- *Prinzipien*
  Es handelt sich dabei um Grundsätze für die methodische Gestaltung von Unterricht. So wird beispielsweise von →*Freiarbeit* auch oft als einem Unterrichtsprinzip gesprochen. Dadurch wird dazu aufgefordert, allen Unterricht möglichst als freie Arbeit zu arrangieren, wofür dann die Anforderungen und auch die Gestaltungsmöglichkeiten vorgegeben werden, an die sich Lehrer halten sollten. Doch eine genaue Vorgabe der jeweiligen Aktionen von Lehrenden und Lernenden erfolgt nicht; Prinzipien sind von Lehrern situationsgerecht zu aktualisieren.
- *Organisation*
  Für Unterricht sind im Laufe der Jahrhunderte viele Organisationsformen entwickelt worden, so z. B. die Jahrgangsklassen und der Fachunterricht. Einige Organisationsformen sind Lehrern zur Entscheidung aufgegeben: Soll tatsächlich Fachunterricht erteilt werden? Oder soll zeitweise fächerverbindend unterrichtet werden? Die gegenwärtig bedeutsamsten sind hier aufgenommen worden.

1.2.4 Wider den schönen Schein im Unterricht!

Überhaupt: Nur allzu leicht wird über falsche Methodenentscheidungen bloßer falscher Schein im Unterricht erzeugt! Nichts lässt Unterricht nach außen hin so glänzend und gut erscheinen, wie ein glitzerndes Arrangement: Mittel in großer Zahl und gelungener Gestaltung werden eingesetzt (Medien); Schüler sind in Gruppen und allein von der ersten bis zur letzten Minute in Aktion (Sozialform); und an Methoden werden jene praktiziert, die den jeweils größten Zeitwert haben. Wer in Klassenräume mit solchem Arrangement tritt, wird geradezu erschlagen von scheinbarer didaktischer Aktualität und angeblichen Lernaktivitäten der Schüler. Zumeist wird solcher Unterricht dann geboten, wenn es um Lehrproben, Prüfungs- oder Inspektionsunterricht geht. Dann wird in der Regel eine *Feiertagsdidaktik* per excellence geboten. Und – wer wollte es den Prüflingen und Inspizierten übel nehmen?! Doch sollte das keine allgemeine Akzeptanz solcher Praxis andeuten; dem *schönen Schein im Unterricht* muss vielmehr grundsätzlich begegnet werden, und zwar von beiden Seiten aus, sowohl von den Lehrenden wie auch von den Prüfern und Beobachtern. Arrangements können nur dann als gelungen gelten und dementsprechend bewertet werden, wenn sie möglichst lückenlos und stringent in das Strukturgefüge des auf die jeweilige Situation abgestimmten Unterrichts passen und erfolgversprechende Lernvorgänge von Schülern fördern helfen.

Der dem schönen Schein zu Grunde liegende Fehler besteht – auf beiden Seiten – in der bereits erwähnten *Verselbstständigung* und *Hypostasierung* von Methoden. *Verselbstständigung* meint, dass Methoden um ihrer selbst willen eingesetzt werden. Sie werden dann nicht mehr in den strukturellen Zusammenhang aller notwendigen didaktischen Entscheidungen und Maßnahmen eingeordnet, sondern je für sich genommen und praktiziert. Nach meinen Beobachtungen ist den meisten Lehrenden solche Verselbstständigung durchaus bekannt; bei Rückfragen werden zur Begründung alle möglichen Argumente gebracht, aber keine, die sich an den zu initiierenden und zu steuernden Lernvorgängen von Schülern orientieren. *Hypostasierung* bedeutet, dass einzelne Methoden ohne weitere Überlegungen entschieden und praktiziert werden. Die Entscheidung fällt dann zugunsten solcher Methoden aus, die in der allgemeinen Vorstellung als besonders gut gelten. Beispielsweise die →*Freiarbeit* ist gegenwärtig eine solche Methode; sie wird geradezu ›auf Teufel komm' raus‹ eingesetzt, ohne dass sie auch tatsächlich in den umfassenden didaktischen Begründungszusammenhang hineinpasst. Vor Verselbstständigung und Hypostasierung von Methoden ist zu warnen!

Warnen möchte ich abschließend auch davor – was als Trend in entsprechenden Äußerungen in der letzten Zeit sichtbar wird – Methodenentscheidungen (wieder) Priorität einzuräumen. Zweifelsfrei fest steht, dass neben dem *Was* auch dem *Wie* des Lernens große Bedeutung für Lernergebnisse zukommt. Unterricht hat einen ebenso starken und bedeutsamen Methoden- wie Inhaltsbezug, da nicht nur relevant ist, *was* die Schüler lernen, sondern auch *wie* sie es jeweils lernen. Dieser Einsicht folgt ja auch die vorhergehende Darstellung und Erörterung des Zusammenhangs von Methoden und *vollständigem Lernen*. Methodenentscheidungen haben keine bloß sekundäre Bedeutung im didaktischen Begründungszusammenhang für Unterricht, sie sind mit derselben Dignität und Ernsthaftigkeit zu treffen, wie jene über Zielsetzungen und Inhalte (vgl. weiter vorne: *Implikationszusammenhang* und *Interdependenz*). Das gilt, auch wenn von Methoden als von bloßen Werkzeugen die Rede ist und zweckrationale Entscheidungen über sie zu treffen sind. Ich begrüße es sehr, wenn dieser Tatsache dadurch Rechnung getragen wird, dass didaktisches Denken sich von den letzten Resten der ausschließlichen oder auch vorwiegenden Inhaltszentriertheit löst und dem Methodischen gleichen Rang zuweist und im alltäglichen didaktischen Geschäft auch zukommen lässt. Das kann jedoch nicht dazu führen, die Priorität der Zielreflexionen stillschweigend unter den Tisch fallen zu lassen. Didaktisches Denken ist immer zugleich pädagogisches Denken, und dieses ist seit Anbeginn seiner bewussten und wissenschaftlichen Ausrichtung zielorientiert. Ausdrücklich wird die Rechtfertigung und Bestimmung von Zielsetzungen pädagogischer Vorgänge in den Vordergrund gestellt. Allerdings darf diese generelle Priorität nicht dazu führen, den angenommenen *Implikationszusammenhang* von Methoden mit gerade den Lernzielen zu vernachlässigen; immer ist zu beachten, ob und welche Auswirkungen zugeordnete Methoden auf die Verwirklichung vorgesehener Zielsetzungen haben könen. Die derzeitige didaktische Methodenrenaissance kann m.E. dazu führen, solches Grundverständis in Pädagogik und Didaktik aufzuweichen und zu methodischer Beliebigkeit und bloßer modischer Attitude beitragen.

1.2.5 Literatur

BLANKERTZ, HERWIG, Theorien und Modelle der Didaktik, München 1969

HACKER, WINFRIED, Arbeitspsychologie – Psychische Regulation von Arbeitstätigkeiten, Bern, Stuttgart u. Toronto 1986

HAGE, KLAUS u.a., Das Methodenrepertoire von Lehrern. Eine Untersuchung zum Schulalltag der Sekundarstufe I, Opladen 1985

HEIMANN, PAUL, Didaktik als Theorie und Lehre, in: Die Deutsche Schule, 54. Jg. 1962, H. 9, S. 407 ff.

KLAFKI, WOLFGANG, Didaktische Analyse als Kern der Unterrichtsvorbereitung, in: ders., Studien zur Bildungstheorie und Didaktik, 3./4. durchgeseh. Aufl., Weinheim 1964, S. 126 ff.

MANDL, HEINZ/REINMANN-ROTHMEIER, GABI, Unterrichten und Lernumgebungen gestalten, Forschungsbericht Nr. 60, Ludwig-Maximilians-Universität München, Institut für Pädagogische Psychologie und Empirische Pädagogik, München 1995

MEYER, HILBERT, Schulpädagogik, Bd. 1: Für Anfänger, Bd. 2: Für Fortgeschrittene, Berlin 1997

PETERSSEN, WILHELM H., Handbuch Unterrichtsplanung, 8., erw. u. akt. Aufl., München 1998

REINMANN-ROTHMEIER, GABI/MANDL, HEINZ, Wissen und Handeln. Eine theoretische Standortbestimmung, Forschungsbericht Nr. 70, Ludwig-Maximilians-Universität München, Institut für Pädagogische Psychologie und Empirische Pädagogik, München 1996

UHLIG, ALBERT, Zum Begriff und zur Unterscheidung der Lehrmethoden, in: Wissenschaftliche Zeitschrift der Friedrich-Schiller-Universität Jena, 3. Jg. 1953/54, S. 497–507

WAHL, DIETHELM u.a., Naive Verhaltenstheorie von Lehrern. Abschlußbericht eines Forschungsvorhabens zur Rekonstruktion und Validierung subjektiver psychologischer Theorien, Universität Oldenburg: Zentrum für pädagogische Berufspraxis, 1983

2 LEXIKON A – Z

▶ **Abteilungsunterricht (AU):** AU ist ein bei großen Lerngruppen bewährtes Organisationsprinzip, bei dem die große Gruppe in kleinere Abteilungen mit je eigenen Lernaufgaben unterteilt wird. Der Lehrer arbeitet mit einer Abteilung, während die übrigen selbstständig ihren Aufgaben nachgehen (→*Stillarbeit*). Unterstützen lassen Lehrer sich dabei gerne von *Schulhelfern*, das sind von ihnen besonders dafür, mit jüngeren Schülern arbeiten zu können, ausgebildete Schüler. Früher wurde AU vor allem in der Volksschuloberstufe eingesetzt, in der Schüler vom 5. bis zum 8. Schuljahr zusammen unterrichtet wurden. Bei größer werdenden Schulklassen bietet sich AU auch heute noch dafür an, es als grundsätzliches Organisationsprinzip für Unterrichtsdifferenzierung zu nutzen und auf diese Weise auch solidarisches Lernen zu begründen, durch das zugleich sozialerzieherische Ziele und selbstständige Handlungsfähigkeit gefördert werden können. Neuere Einsichten in die Bedeutung von Tutoren für schulisches Lernen legen AU ausdrücklich nahe. Mit AU liegt ein einfaches und wenig aufwendiges Konzept für die methodische Variation von Unterricht vor.

Wo Teamwork Schule macht

Der rote Zeiger hüpft auf 9:30 Uhr. »Kurze Pause.« Bücher-Klappen, Stühle-Rücken, Fuß-Trippeln, Stimmen Gewirr aber kein Klingelzeichen. »Das würde nicht zu unserer ›Schule im Grünen‹ passen.« Josef Mütz ist seit 27 Jahren Lehrer und Rektor an der Grundschule Fleischwangen im Landkreis Ravensburg und Schulamtsbezirk Tettnang. Eine »Zwergenschule«, doch der 61jährige sagt lieber »Schule mit kombiniertem Unterricht«. Eine Mini-Schule trotzdem mit 44 Schülern, zwei Klassen, einem Vollzeit- und zwei Teilzeitlehrern plus einem Referendar. Ein kleiner Lehrkörper mit begrenztem Stundendeputat – deshalb werden die Jahrgangsstufen eins und zwei sowie drei und vier gemeinsam und gleichzeitig unterrichtet.

Der rote Zeiger springt auf 9:40. Teamwork ist angesagt, gemeinsamer Unterricht für die Klassen drei und vier. Ein Kniff aus der Trickkiste von Rektor Mütz: kollektive Einführung in einen Lehrstoff, danach nach Klassen getrenntes Arbeiten. Die Viertkläßler bekommen Kärtchen mit Wörtern – die müssen sie ordnen, mit Oberbegriffen versehen und diese ins Heft schreiben. Den Drittkläßlern diktiert der Rektor die einzelnen Begriffe.

Eine von drei Lehrmethoden in Fleischwangen. Manchmal zieht Josef Mütz ein Thema gleichzeitig mit beiden Klassen über die ganze Schulstunde durch. Ein Lesestück zum Beispiel. Oder die einzelnen Jahrgangsstufen machen während der ganzen Schulstunde verschiedene Dinge. Die einen erhalten dann Frontalunterricht geballt, die anderen grübeln über einer Stillarbeit. Ganz wichtig: Das Timing muß stimmen. Nach etwa zehn Minuten wird gewechselt. In Nebenfächern wie Heimat- und Sachunterricht, Bildende Kunst, Sport oder Technisches Werken werden die Klassen immer gemeinsam unterrichtet, in Mathematik und Deutsch halb kollektiv, halb getrennt.

Simone Weiß
WOCHENBLATT
Donnerstag, 23. Oktober 1997

Abb. 4: Abteilungsunterricht heute

Literatur

KLINGBERG, L./PAUL, H.-G./WENGE, H./WINKE, G., Abriß der Allgemeinen Didaktik, Berlin 1965, bes. S. 174 ff.; ROLOFF, E. M., Helfersystem, in: Lexikon der Pädagogik, hrsg. v. ROLOFF, E. M., Bd. 2, Freiburg i. Br. 1913, Sp. 1121–1122

Sa kom	So kom	BEW	INF
Mo kom	Me kom	EVA	PLA
		AUS	BER

▶ **Advance Organizer (AO):** Warum eigentlich gerieren sich so viele Lehrer immer noch als die großen Zampanos, ziehen Informationen aus der Tasche, lassen Schüler von Schritt zu Schritt unvorbereitet in neue Unterrichtsphasen tappen? In der Erwachsenenbildung sind AO selbstverständlich; durch sie werden Lernende vor Eintritt in den Lernprozess über diesen aufgeklärt: über Ziele, Inhalte, Arbeitsabschnitte und -weisen. Es ist ein Leichtes, solche Angaben vor jedem Unterricht durch Notizen an der Wandtafel oder auf Plakatpapier – oder in Ausnahmen auch bloß mündlich – vorzugeben. Wenn Schüler ihre Lernprozesse schon nicht selber bestimmen dürfen, so werden sie durch AO zumindest über die ihnen abverlangten Lernschritte vorinformiert. Im Rahmen von →*Wochenplanarbeit* ordnen sich AO wie selbstverständlich in methodische Maßnahmen ein. AO sind keine Spielerei, sondern stellen im Rahmen der Theorie des bedeutsamen Lernens (AUSUBEL u.a.) entwickelte *Organisationshilfen* für Lernen dar, deren Hauptfunktion darin besteht, Schüler auf den bevorstehenden Lernprozess einzustimmen und »die Kluft zwischen dem, was der Lernende schon weiß, und dem, was er wissen muss, zu überbrücken.« Angepasst an die jeweilige Lernsituation, vor allem die Lernenden und die besonderen Lerninhalte, unterstützen AO den eigenständigen Strukturierungsprozess der Wissensakkumulation bei den Schülern. Für selbstgesteuertes oder wenigstens weitgehend selbstgesteuertes Lernen nach aktuellen konstruktivistischen Vorstellungen in der Lernpsychologie sind AO unverzichtbar (→*Cognitve Apprenticeship*).

Erdkunde, Thema: Nord-Amerika

Donnerstag, 13. Nov. 1997
1. Std.: 07.30 – 08.15 Uhr

1. Geografischer Überblick über Lage usw. an Hand von Wandkarte
2. Impulsreferat (Lehrer): Entfernungen! Entfernungen!
3. Gruppenarbeit(en):
   Gruppe Rainer = Entfernungen Nord-Süd + Ost-West feststellen + auf Europa übertragen
   Gruppe Erika = 3 größtflächige Staaten der USA feststellen + mit BRD vergleichen
   Gruppe Swantje = BRD in Fläche USA legen – wie oft?
   Gruppe Konrad = Gesamtlänge der Eisenbahnlinie USA berechnen + mit BRD vergleichen
   Gruppe Jan = Fläche USA vergleichen mit Kanada, China, GUS
4. Anheften der Gruppen-Arbeits-Ergebnisse an Seiten-Heft-Tafel

---

Abb. 5: Tafelanschrieb vor Unterrichtsbeginn

Literatur
AUSUBEL, D.P./NOVAK, J.D./HENESIAN, H., Psychologie des Unterrichts, Bd. 1, 2. völlig überarb. Aufl., Weinheim u. Basel 1980, S. 209 ff.

Sa kom	So kom
Mo kom	Me kom

BEW	INF
EVA	PLA
AUS	BER

▶ **Anchored Instruction (AI):** Die AI ist von MANDL u. a. nach Deutschland hineingeholt worden, und zwar als eine in den USA entwickelte Methode für →*situiertes Lernen*. Situiertes Lernen ist eine auf die subjektive Konstruktion von Wissen ausgerichtete Konzeption. Von der subjektiven Konstruktion, die an die Stelle bloßer Vermittlung von Wissen, von Instruktion tritt, wird erwartet, dass erworbenes Wissen nicht bloß gespeichert und allenfalls auf starken Abruf hin reproduziert wird, – man spricht hierfür von *trägem Wissen* –, sondern dass es von *intelligenter* Art ist, mit dem der Lernende selbstständig umgehen, von dem er flexibel Gebrauch machen kann.

Solches Lernen setzt Lernumgebungen voraus,
- in denen Lernende *aktiv* lernen können,
- in einem Mindestmaß *selbstgesteuert* lernen können,
- subjektiv *konstruktiv* lernen können,
- *situativ* in ihren eigenen Kontexten und
- *interaktiv* lernen können.

AI wird als eine Konzeption gewertet, die solche Lernumgebungen schaffen kann.

AI löst Lerninteresse dadurch aus, dass die Lernenden mit einer ihnen biografisch nahen und echten Situation konfrontiert werden. In dieser Situation müssen reale Probleme beschlossen sein, auf deren Lösung sich das Interesse richten kann. Sind die Probleme erst einmal erkannt und für sich – für die Lernenden – auch anerkannt, dann geht es über die eigenständige Problembeschreibung zu Problemlösungen. An die Gestaltung von Lernumgebungen werden vor allem sieben Forderungen gestellt (MANDL u. a. 1995, S. 39):

»(1) Die Präsentation der authentischen Problemsituationen erfolgt per Video oder Bildplatte, damit die Lernenden ein mentales Situationsmodell aufbauen können und zudem motiviert werden (videobasiertes Format).
(2) Das Problem wird in einen bedeutungsvollen Kontext eingebettet, damit die Lernenden die Zweckmäßigkeit der erlernten Fertigkeiten erkennen und ihr Vorwissen aktivieren können (narratives Format).
(3) Die Geschichten sind so konstruiert, dass Kompetenzen zum Definieren von Problemen gefördert werden (generatives Lernformat).
(4) Alle Daten, die die Lernenden zur Lösung des Problems brauchen, sind in die Geschichte eingebaut (eingebettete Daten).
(5) Die Problemsituation ist so komplex wie reale Situationen, um die Kompetenz der Lernenden zu fördern, mit Komplexität umzugehen (Problemkomplexität).
(6) Den Lernenden werden jeweils zwei ähnliche Geschichten präsentiert, damit sie unter verschiedenen Perspektiven lernen und die erworbenen Kenntnisse flexibel anwenden (Paare verwandter Abenteuer).
(7) Es werden Verknüpfungen von verschiedenen Inhaltsgebieten hergestellt, um zu vermeiden, dass Wissen in unterschiedlichen ›Schubladen‹ abgespeichert wird (Integration von Fächern).«

Beispiel: Jasper und der Adler
(Quelle: MANDL u. a. 1995, S. 39/40)

Erläuterungen: Jasper ist Jasper Woodbury. Über ihn sind Abenteuergeschichten per Video zusammengestellt worden, die Schulen als Bildplatten angeboten werden. In jeweils etwa 15 bis 20 Minuten wird Jasper durch ein Abenteuer an ein Problem herangeführt. Dabei bricht die Geschichte dann ab, wenn das Problem zu erkennen ist. Die Lernenden müssen also das Problem Jaspers erst einmal selber identifizieren, bevor sie sich an die Lösung machen können. In der Regel sind alle für die Lösung nötigen Informationen in der Geschichte präsentiert; allerdings werden die Lernenden genötigt, vorher erworbenes Wissen aus verschiedenen Bereichen zu aktivieren.

Ein Wildhüter findet in einem Reservoir einen verletzten Adler (ein in den USA besonders symbolträchtiges Tier), der dringend medizinische Versorgung braucht. Zum Transport von der Fundstelle im Urwald zur Tierklinik kommt nur ein Ultralight-Drachen in Frage. Die Geschichte endet ohne Auflösung.

Die Lernenden haben die Aufgabe herauszufinden, wie man den Adler mit dem Ultralight-Drachen retten könnte, über den in der Rahmengeschichte bereits einiges beiläufig mitgeteilt wurde. Dabei stellen sich jedoch zahlreiche Probleme wie etwa die sehr begrenzte Ladekapazität und der kleine Tank des Ultralight-Drachens, sowie die weiten Strecken im Dreieck zwischen dem Standort, dem Fundort des Adlers und der Tierklinik. Um den Adler im Film zu retten, müssen die Lernenden etliche mathematische Kenntnisse und Fertigkeiten, u. a. den Pythagorassatz, erwerben und anwenden.

Zwar wirkt die Präsentation solcher Problemgeschichten durch Video oder Film sicher motivierender auf Lernende, sich auch tatsächlich den impliziten Problemen zuzuwenden, doch halte ich erste Anfänge auch mit vom Lehrer erzählten Geschichten für möglich und sinnvoll. Wenn dabei die oben aufgeführten sieben Merkmale eingehalten werden, sollte es eigentlich klappen.

Literatur

COGNITION AND TECHNOLOGY GROUP AT VANDERBILT, Technology and the design of generative learning enviroments, in: Educational Technology, 31. Jg. 1991, Nr. 5, S. 34–40; DIES., The Jasper series as an example of anchored instruction: Theory, program, description, and assessment data, in: Educational Psychologist, 27. Jg. 1992, S. 291–315; DIES., Anchored instruction and situated cognition revisited, in: Educational Technology, 33. Jg. 1993, Nr. 3, S. 52–70; MANDL, H./REINMANN-ROTHMEIER, G., Unterrichten und Lernumgebungen gestalten, Forschungsbericht Nr. 60, Ludwig-Maximilians-Universität München, Institut für Pädagogische Psychologie und Empirische Pädagogik, Nov. 1995; REINMANN-ROTHMEIER, G./MANDL, H., Wissen und Handeln. Eine theoretische Standortbestimmung, Forschungsbericht

Nr. 70, Ludwig-Maximilians-Universität München, Institut für Pädagogische Psychologie und Empirische Pädagogik, 1996

Sa kom	So kom
Mo kom	Me kom

BEW	INF
EVA	PLA
AUS	BER

▶ **Aquarium (AQ):** AQ ist eine Methode, die vor allem im Bereich der Gesprächserziehung (→*Gespräch*) und beim →*Darstellenden Spiel* eingesetzt werden kann, die aber auch als Grundform des →*Rollenspiels*, dort auch *Fischteich* genannt, bekannt ist. Das AQ soll es einer kleineren Gruppe von SchülerInnen ermöglichen eine fruchtbare Diskussion zu führen, die im größeren Klassenverband für nicht möglich gehalten wird. Durch die Zweiteilung der Klasse in eine agierende und eine beobachtende Gruppe – die erstere bildet den *Innenkreis*, die zweite den *Außenkreis* – lernen die SchülerInnen den Wechsel zwischen Agieren und nur Beobachten kennen. Die Teilnehmer des *Außenkreises* – also der beobachtende Teil der Klasse – können die Diskussion verfolgen und anschließend ihre Meinung darüber abgeben. Somit können sich besonders introvertierte und schüchterne SchülerInnen zunächst in die Rolle des Beobachters begeben und später immer noch ihren Beitrag zum Unterricht leisten. Auf der anderen Seite kann das Verhalten der handelnden Schüler im *Innenkreis* auch Vorbildcharakter haben.

Für diese Methode müssen keine großen Vorbereitungen getroffen werden. Der Lehrer hat die Aufgabe, eine Gesprächsgrundlage für alle und einen besonderen Gesprächsanlass für den *Innenkreis* zu schaffen. Falls es den SchülerInnen zu Beginn noch schwerfällt, sich bei der starken Beobachtung durch die MitschülerInnen auszudrücken, sollte er die Teilnehmer des *Innenkreises* durch zusätzliche Maßnahmen ausdrücklich zur Gesprächsbereitschaft anregen.

Die Klasse ist in zwei ungleiche Teilgruppen gespalten: eine kleinere Gruppe (zwischen 6 und 8 SchülerInnen) sitzt in einem kleinen Kreis in der Mitte, umgeben von einem weiteren Kreis, in dem sich die restlichen MitschülerInnen befinden. Im *Innenkreis* wird eine Diskussion zu einem bestimmten Thema, über einen Film, über ein aktuelles Problem etc. geführt. Dies kann auch in Form der Übernahme von bestimmten Rollen (→*Rollenspiel*) geschehen. Der *Innenkreis* kann zweifach gestaltet werden: Entweder ist er geschlossen, d.h. die Zuschauer im *Außenkreis* können nicht eingreifen und müssen dem Gespräch ihren Lauf lassen, oder der *Innenkreis* ist geöffnet, d.h. es kann von außen eingegriffen werden, was durch einen freien Stuhl markiert werden sollte. Dann kann sich ein Zuschauer aus dem *Außenkreis* auf den freien Platz setzen, sich zeitweise in die Diskussion einschalten, indem er seinen Beitrag abgibt und dann wieder in die Beobachtungsposition zurückkehrt.

Aquarium

Die Gruppe im *Außenkreis* kann während der Diskussionszeit unterschiedliche Aufgaben haben:
- Verfolgung der Diskussion mit dem Ziel, gleichzeitig selbst Argumente zu sammeln, um diese später in einem Gespräch mit der gesamten Klasse vorbringen zu können: der Inhalt der Diskussion steht im Mittelpunkt, ein offener *Innenkreis* ist möglich.
- Verfolgung der Diskussion im Hinblick auf die Diskussionsfähigkeit der Teilnehmer des *Innenkreises*, d.h. auf Einhalten von Diskussionsregeln, Sozialverhalten, Sachlichkeit der Beiträge usw.: die Gesprächserziehung steht im Mittelpunkt, es wird ein geschlossener *Innenkreis* empfohlen.

Je nach Aufgabe der Außengruppe gestaltet sich auch das anschließende Gespräch im Plenum: Bei der ersten Möglichkeit kann im Plenum weiter diskutiert werden, man kann die Standpunkte noch einmal verdeutlichen oder ausbauen. Liegt das Hauptaugenmerk auf der Gesprächserziehung, so wird gemeinsam erörtert, wie sich die agierenden Mitschüler verhalten haben und wie die Diskussion verlaufen ist.

Beispiel: Geschlossener Innenkreis – Beliebiges Thema/ Gemeinschaftskunde

Im Fach Gemeinschaftskunde wird über Diskussionsfähigkeit gesprochen. Die Methode Aquarium soll dabei als Trainingsmöglichkeit dienen.

Gemeinsam mit der Klasse wird ein Thema ausgewählt, über das die Klasse gerne diskutieren möchte und zu dem es unterschiedliche Meinungen gibt. In einer Einführungsstunde wird über das gewählte Thema informiert, um eine sachliche Diskussionsgrundlage zu schaffen und den Schülern die Möglichkeit zur Sammlung von Argumenten zu geben.

Es können nur wenige Schüler an der Diskussion aktiv teilnehmen. Diese Schüler setzen sich in den Innenkreis und beginnen nun über das Thema zu sprechen, zu diskutieren.

Die Schüler im Außenkreis bekommen Beobachtungsaufgaben, die auf einen bestimmten Bereich des Diskussionsverhalten beschränkt sind, um eine möglichst effektive Beobachtung zu gewährleisten. Die Zuschauer beachten den inhaltlichen Aspekt der Diskussion nicht, sondern haben ein Auge auf die Auswahl der Argumente (Sachlichkeit), Gesprächsregeln, Umgang der Diskussionsteilnehmer untereinander usw. Sie dürfen sich auch nicht in das Gespräch einmischen.

Die Beobachtungen werden im Plenum besprochen und gemeinsam ausgewertet. Die agierenden Schüler bekommen Rückmeldungen über ihr Verhalten und ihre Diskussionsfähigkeit. Aus dieser Bewertung können eventuell neue Diskussionsregeln abgeleitet und für die Klasse festgelegt werden.

Literatur

KNOLL, JÖRG: Kurs- und Seminarmethoden: Ein Trainingsbuch zur Gestaltung von Kursen und Seminaren, Arbeits- und Gesprächskreisen, 3. Aufl., Weinheim u. Basel 1991; WAHL, DIETHELM (Hrsg.): Erwachsenenbildung konkret: Mehrphasiges Dozententraining; eine neue Form erwachsenendidaktischer Ausbildung von Referenten und Dozenten, Weinheim 1991

SONJA SCHAPPERT

Sa kom	So kom	BEW	INF
Mo kom	Me kom	EVA	PLA
		AUS	BER

▶ **Arbeit (AB):** Lernen als AB zu verstehen, ist heute selbstverständlich. Lernen als AB zu begreifen und zu bezeichnen, geht auf die Zeit der *Reformpädagogik* zurück. G. KERSCHENSTEINER beispielsweise sah im Lern- grundsätzlich einen ABs-Prozess. AB war ihm nicht auf bloß handwerklich-manuelle Tätigkeiten beschränkt, sondern alle *selbstständige geistige Auseinandersetzung mit Bildungsinhalten* bedeutete ihm AB, beispielsweise auch die Übersetzung einer Ode von HORAZ. Solche AB wirkt sich seiner Auffassung nach bildend aus, weil einerseits jedem Inhalt ein objektiver Bildungswert innewohnt und sich so erschließen lässt und weil vor allem die selbstständige Auseinandersetzung mit Lerninhalten bei Lernenden Einsicht in Sachzusammenhänge und -zwänge schafft, denen sie sich freiwillig unterwerfen.

Neben solch weiter Auffassung von AB war es aber auch KERSCHENSTEINER, der handwerklich-manuelle Tätigkeiten in Schule und Unterricht hereinholte; er

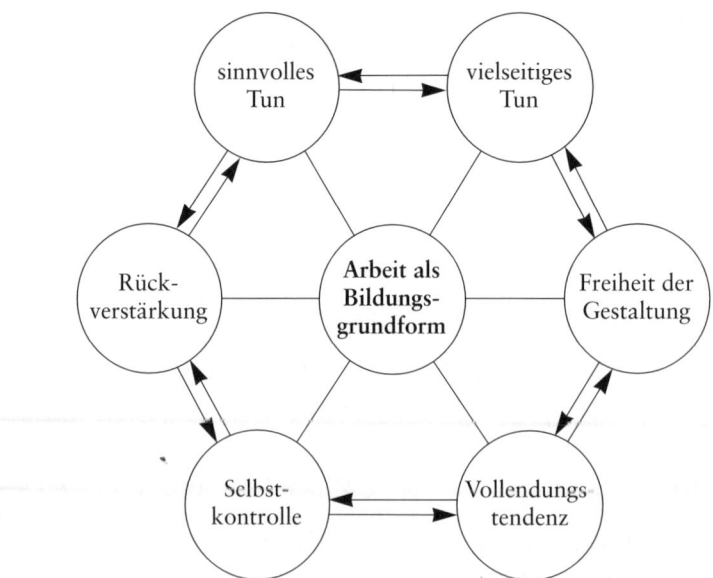

Abb. 6: Arbeit als Bildungsgrundform bei KERSCHENSTEINER (nach: SCHMITT 1997, S. 65)

begründete den Werkunterricht und die Schulgärten. In seinerzeitiger Konkurrenz und auch hartem Streit mit ihm vertrat H. GAUDIG den Standpunkt, AB dürfe nur als *freie geistige AB* begriffen und müsse so zum Kernprinzip allen Unterrichts werden. Seine Absicht war, Schülern Techniken eigenständiger geistiger Auseinandersetzung mit allen nur denkbaren Inhalten in allen Schulfächern zu vermitteln und sie so durchgängig selbstständig zu machen (GAUDIG: *Schüler müssen Methode haben!*). Heute wird im Hinblick auf solche Zielsetzung von *Methodenkompetenz* gesprochen, als der grundsätzlichen Fähigkeit, sich selbstständig alle bisher noch nicht bekannten, aber benötigten Informationen beschaffen zu können. Als eine Form bildenden Unterrichts neben drei weiteren – →*Spiel*, →*Gespräch* und →*Feier* – wertete – unter Rückgriff auf eine entsprechende Kategorisierung bei PH. HÖRDT – in der Konsolidierungsphase der Reformpädagogik P. PETERSEN AB: jede Form streng auf Lernen besonderer Inhalte bezogenen eigenständigen und gemeinsamen Tätigkeiten von Schülern.

Heute sollte AB als eine überaus bildungswirksame Form des Lernens in Schule und Unterricht aufgefasst werden, die unterschiedlich organisiert sein kann (→*Projektlernen*; →*Vorhaben*; →*Leittext-Lernen*). AB sollte dabei als *problemhaltige, selbstständige, ganzheitliche (mit Kopf, Herz, Hand und Bauch), möglichst vollständige Lernprozesse* (→*vollständiges Lernen*, vgl. Einleitung!) umfassende Auseinandersetzung von Schülern mit Lerninhalten begriffen werden. Eine entsprechende Beschreibung findet sich auch bereits beim reformpädagogischen ABs-Pädagogen OTTO SCHEIBNER:

»1. Es wird ein *Arbeitsziel* gesetzt oder eine gestellte Arbeitsaufgabe in den Willen aufgenommen und erfaßt.
2. Es werden die *Arbeitsmittel* aufgesucht, bereitgestellt, auf ihre Verwendbarkeit geprüft, ausgewählt und geordnet.
3. Es wird ein *Arbeitsweg* als Plan entworfen und in Arbeitsabschnitte gegliedert.
4. Es werden die einzelnen Arbeitsteile und *Arbeitsschritte* als in sich selbständige Teile ausgeführt und in Verbindung gehalten.
5. Es wird das *Arbeitsergebnis* erfaßt, besehen, geprüft, beurteilt, gesichert, eingeordnet, ausgewertet.«
(zit. nach: GEPPERT, KLAUS/PREUSS, ECKARDT (Hrsg.), Selbständiges Lernen, Bad Heilbrunn 1980, S. 35)

Solche AB sollte alle nur denkbaren Techniken der Eigentätigkeit nutzen, wie u. a. Lesen, Schreiben, Reden, Nachschlagen, Zeichnen, Messen, Hämmern usw., die jeweils sachgerecht angebracht sind, und so zu selbstständigem Gebrauch von erworbenen Techniken erziehen, was vor allem auch die Techniken eigenständigen Lernens (*Methoden*- bzw. *Lernkompetenz*) betrifft. Und auch die *Sozialform* sollte je nach Themenmöglichkeit variiert werden, →*Einzelarbeit* und Gruppenarbeit (→*Gruppenunterricht*), →*gruppengesteuerte Einzelarbeit* und →*Partnerarbeit* usw.

Literatur
Vgl. auch Literaturangaben zu den Stichworten *Projektlernen, Vorhaben, Leittext-Lernen.* BAUER, EVA-MARIA, Mehr Lust am Lernen, Wege zu einer menschenfreundlichen Schule, München 1997; KERSCHENSTEINER, G., Begriff der Arbeitsschule, 5. Aufl., Leipzig u. Berlin 1922; GAUDIG, H., Freie geistige Schularbeit in Theorie und Praxis, Leipzig 1922; PETERSEN, P., Führungslehre des Unterrichts, 7. Aufl., Weinheim 1963, bes. S. 103 ff. SCHMITT, HUBERT, Persönlichkeiten bilden – »Arbeit« als Bildungsgrundform, in: Grundschulmagazin, H. 12, 1997, S. 63–66

Sa kom	So kom
Mo kom	Me kom

BEW	INF
EVA	PLA
AUS	BER

▶ **Artikulation (A):** Solange es durch Lehren gestaltete Lernprozesse gibt, gibt es auch die Auffassung, Lernen spiele sich so ähnlich rhythmisch ab, wie z. B. Ebbe und Flut oder Ein- und Ausatmen und es käme darauf an, solchen Rhythmus des Lernens durch entsprechendes Lehren zu gewährleisten. Man begab sich von alters her im Rahmen *mathetischer* (bei COMENIUS: auf das Lernen der Schüler bezogener) Überlegungen auf die Suche nach dem natürlichen Lernrhythmus. Aber alle aus angeblich gefundenen natürlichen Lernverläufen abgeleiteten Verlaufsschemata für Lernen in Schule und Unterricht sind künstliche Konstruktionen. Sie haben ihren Wert, da sie Ordnung in Lernverläufe – mehr aber noch in die Gedankenwelt und Entscheidungsvorgänge von Lehrenden, also in die Lehre – bringen können, doch sollte nie vergessen werden, dass sie bloß Verlaufsschemata auf Widerruf sind, d. h. nur solange genutzt werden sollten, als nicht bessere und lernwirksamere Verlaufsmuster angeboten werden (→*E – E – E*).

Von A wird besonders seit J. FR. HERBART (1776–1841) gesprochen. Er meinte den natürlichen Gang des Lernens in zwei Phasen ausdrücken zu können: *Vertiefung* und *Besinnung*. Alles Lernen vertiefe sich zunächst in den Lerngegenstand, worauf anschließend eine Besinnung auf den Zusammenhang des Neuerworbenen mit dem schon Bekannten und auf künftige Verwendungsmöglichkeiten erfolge. Und daraus entwickelte er die Empfehlung, Lehren sollte in allen Fällen in vier aufeinanderfolgenden Phasen oder Stufen erfolgen:

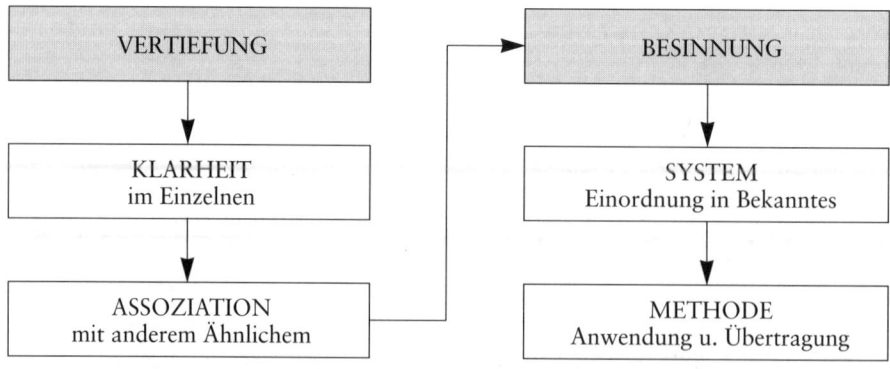

Artikulation

Den verhängnisvollen Fehlschluss aus seiner As-theorie zogen seine Schüler, die so genannten *Herbartianer*. Sie bezogen das As-schema auf die Unterrichtsstunde, obwohl HERBART es für Lernprozesse schlechthin für gültig hielt. So zwangen sie im letzten Jahrhundert allen Unterricht – jede einzelne Stunde in jedem einzelnen Fach an jeder einzelnen Schule! – in das Korsett vorgegebener Verlaufsschemata. Beispielsweise gab es im Einflussgebiet des überaus einflussreichen W. REIN (1847–1929) keinen Lehrer, der gewagt hätte, seine *Formalstufen* unberücksichtigt zu lassen:

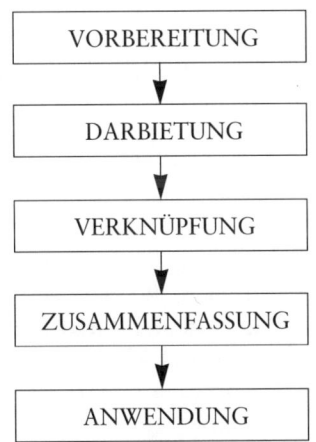

Was heute aus verschiedenen lernpsychologischen Ansätzen heraus als Verlaufsschemata für Lernen in Schule und Unterricht vorgeschlagen wird, so z.B. die *Lernstufen* durch H. ROTH, weist dieselben Schwächen auf: Sie sind keine positiven Ablichtungen tatsächlicher Lernverläufe, sondern bloße Konstrukte; sie bringen sichtbar zum Ausdruck, was einzelne Lernpsychologen für Lernen halten, nicht, was Lernen ist! Von Lehrern werden sie oftmals kurzerhand auf die Unterrichtsstunde von 45 Minuten angewendet, obwohl Lernvorgänge in der Regel sicher nicht gerade 45 Minuten dauern, sondern kürzer oder länger sind. Dennoch kann m. E. kein Lehrer darauf verzichten, mit Verlaufsschemata von Lernvorgängen im Unterricht zu arbeiten: Nur so bekommt er die vielen von ihm in verschiedenen Klassen und Fächern zu gestaltenden Unterrichtseinheiten in den Griff, kann die Lernbedürfnisse von Schülern mit den besonderen Bedingungen abstimmen. Aber Lehrer sollten sich vor der Hypostasierung und Verselbstständigung solcher Schemata hüten, sollten variabel sein und durchaus mehrere Schemata nutzen, sollten offen für künftige Einsichten in Lernvorgänge und bereit zu Revisionen ihrer Schemata sein. Ein für Anfänger – und m. E. auch für Routiniers – gutes As-schema kann das →*E-E-E* sein.
Beispiel: *vgl. unter* →*E-E-E*

Literatur
HERBART, J. FR., Allgemeine Pädagogik, hrsg. v. H. HOLSTEIN, 3. Aufl., Bochum o.J., bes. S. 80 ff. REIN, W., Die formalen Stufen des Unterrichts, in: DERS., Pädagogik in

systematischer Darstellung, Bd. 2, Die Lehre von der Bildungsarbeit, Langensalza 1906, S. 506 ff. ROTH, H., Pädagogische Psychologie des Lehrens und Lernens, 4. Aufl., Hannover 1960, S. 228 ff. MEYER, H. L., UnterrichtsMethoden, Bd. I, Theorieband, Frankfurt a. M. 1987, S. 156 ff.

Sa kom	So kom	BEW	INF
Mo kom	Me kom	EVA	PLA
		AUS	BER

▶ **Aufgabenorientiertes Lernen (AfL):** Von *Aufgaben* ist in der Regel als von Schul- und Hausaufgaben die Rede, die Schülern zumeist zur bloßen Wiederholung und Übung von Ersterlerntem gestellt werden. AfL hingegen bezeichnet ein Konzept, das ausdrücklich zur Förderung der Selbstständigkeit und Handlungsfähigkeit von Lernenden geschaffen wurde. Dabei sollen Aufgaben die Schüler zu möglichst selbstständig-vollständigem Lernen anregen. Ausgehend von der psychologischen Auffassung (GALPERIN, HACKER), ein Handeln sei vollständig, wenn es *Planung und Ausführung und Kontrolle* beinhalte, und selbstständiges Handeln liege vor, wenn jemand solche *Planung und Ausführung und Kontrolle* auch selbstständig vollziehe, sollen Schüler durch Aufgaben dazu angeleitet werden, ihr jeweiliges Handeln zusehends stärker selbstständig zu *planen und auszuführen und zu kontrollieren*. Mithin kommt es darauf an, solche Aufgaben zu stellen, die ihnen für alle Lernphasen einen hohen Grad an Selbstständigkeit abverlangen. Die Fähigkeit zu *intellektueller Regulation* (HACKER)[6] des eigenen Handelns wird durch ein didaktisches Phasenmodell zu fördern versucht, das dem hier zu Grunde gelegten Modell *vollständigen Lernens* (vgl. Einleitung!) entspricht und das u. a. auch beim →*Leittext-Lernen* wieder auftaucht:

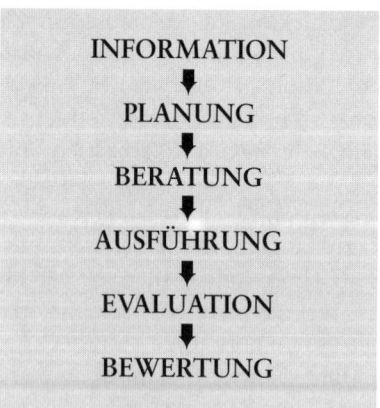

---

[6] Bei intellektueller Regulation des eigenen Handelns nimmt der Handelnde sowohl den *Anlass* wie den *Vollzug* des Handelns bewusst und ausdrücklich wahr. Wenn er den Handlungsanlass wahrnimmt, handelt er nicht sofort, sondern entwirft in Gedanken zuerst ein Handlungsschema – nimmt also in Gedanken den Handlungsvollzug voraus – und handelt erst, wenn sein Schema Erfolg durch das Handeln verspricht. Handeln dieser Art ist somit stets zielorientiert und bewusst.

Statt den Schüler durch Lehrervorgaben Schritt für Schritt durch die anstehende Aufgabe zu führen, erfolgt der Durchlauf jeweils – so gut das in der Situation möglich ist! – nach dem pädagogisch-didaktischen Selbstständigkeitsprinzip: *Wer Selbstständigkeit will, muss Selbstständigkeit gewähren!*

Aufgaben sind so anzubieten, dass die Lernenden
- sich bereits selbstständig über die Aufgabe (als Aufgabe) informieren,
- ihre Lösung selbstständig planen,
- deren Ausführung selbstständig vollziehen,
- die Kontrolle (Evaluation) selbstständig vornehmen können.

Um unerwünschte Risiken zu vermeiden, wird zwischen *Planung* und *Ausführung* eine Freigabe (*Beratung*) durch Lehrende eingeschoben. Und für die pädagogisch notwendige Rückmeldung (→*Feedback*) – als eine über die Stärkung des Selbstwertgefühls die persönliche Selbstständigkeit fördernde Maßnahme – wird die *Bewertung* durch Lehrende angefügt. AfL kann bei zunächst einfachen Aufgaben beginnen und sie nach dem Lernstand der Schüler zunehmend komplexer und schwieriger gestalten. Aufgaben sollten zwar realitätsnah strukturiert, können aber durchaus auch simulativer Art sein, wenn dies durch den Lernstand einerseits und den Gefährdungsgrad der Anforderungen andererseits nahegelegt wird. Neben der Steigerung fachlicher Selbstständigkeit werden die methodische, die soziale und moralische Kompetenz von Schülern gefördert, wobei die soziale Kompetenz durch abwechslungsreiche Formen von Einzel- und Teamarbeit angeregt werden sollte (→*Leittext-Lernen*; →*Einzelarbeit*; →*gruppengelenkte Einzelarbeit*; →*Gruppenunterricht*). Wichtig ist, dass Lehrer den Willen haben, Schülern soweit wie möglich ein selbstgesteuertes Lernen durch handlungsanleitende Aufgaben zu gewähren. Die Konsequenz allerdings ist: Neben einer sorgfältigen Planung wird die hinreichende Vorbereitung von Unterricht – es wird umfangreiches und genaues Material erforderlich! – Lehrer stärker als üblich belasten. Hinzu kommt noch: Die Arbeit des Lehrers verschiebt sich stärker in die Phasen vor der eigentlichen Unterweisung, wohingegen Lehrer sich im Unterricht selbst stark zurückhalten müssen! Statt des Instrukteurs ist der Berater und Moderator von schülereigenen Lernprozessen gefragt!

Beispiel: Bau eines Starennistkastens/Technik
TILLMANN KUST/ULI WEISHAUPT

Initialtext
wird per Overhead-Projektor an Wand projiziert (Text unter Trennlinie bleibt zunächst abgedeckt)

Zeitungsmeldung (SZ/Ausgabe Bad Waldsee)
... In Neubaugebieten wird zwar an Halfpipes und Skaterbahnen gedacht, doch wo bleiben unsere kleinen Mitbewohner, die man heute kaum noch

kennt? Die Rede ist von der einst so zahlreichen Vielfalt der Singvögel. Die Population der Stare hat seit 1985 beängstigend abgenommen.

Abhilfe schafft die Bereitstellung von Starennistkästen. NABU hat daher die Hausbesitzer aufgerufen, selbst solche Nistkästen zu bauen und an geeigneten Plätzen aufzuhängen.

Aufgaben
a) Text bis zur Trennlinie aufnehmen und bedenken
  Mache es dir zur Aufgabe, eine Lösung für das geschilderte Problem zu finden.
  Formuliere deine Aufgabe aus.
b) Gesamter Text
  Überdenke deine Aufgabe noch einmal und formuliere sie nun endgültig (mit deinen eigenen Worten).

Planung
(Gruppen-/Partner-/Einzelarbeit, je nach Entscheidung der einzelnen Schüler)

Für noch Ungeübte in der selbstständigen Bearbeitung von Aufgaben werden Hilfen gegeben:
Überlege dir, über was du dich im Einzelnen informieren musst, damit du deine Aufgabe möglichst vollständig lösen kannst, und woher du am besten die Informationen erhalten kannst. (Informationen aus Biologe und Technik; Informationen über Brutverhalten der Stare, Lebensraum der Stare, Größe der Stare, Schutzmaßnahmen für Stare; Jahreszeitfragen usw.)
Überlege dir genau, wie du Schritt für Schritt vorgehen möchtest und wieviel Zeit du dafür wohl benötigen wirst. Schreibe deinen Plan mit der vorgesehenen Schrittfolge deiner Arbeiten auf und zeige ihn mir, bevor du mit der Arbeit beginnst.

Für Fortgeschrittene in der selbstständigen Bearbeitung von Aufgaben:
Entwirf einen Arbeitsplan, der alle notwendigen Arbeitsmaßnahmen schrittweise und dafür erforderliche Materialien und Werkzeuge zugeordnet auflistet!
Besprich deinen Plan mit mir, bevor du mit der Arbeit beginnst.

Für bereits zur selbstständigen Bearbeitung von Aufgaben Fähige:
Stelle einen genauen Arbeitsplan auf und besprich ihn mit mir.

Beratung
Für Ungeübte sehr ausführlich, für Fortgeschrittene so weit wie im Gespräch als notwendig erkennbar wird, für Fähige bloß das Notwendigste.

Ausführung
Zurückhaltung des Lehrers, doch aufmerksame Beobachtung, besonders des Arbeitsverhaltens auf Sicherheit und auf Richtigkeit, aber auch des So-

zialverhaltens, sodass später Rückmeldungen mit Bezug auf die je konkrete Arbeit möglich werden. Lehrer macht sich dementsprechende Notizen.

Evaluation
Schüler stellen ihren Starennistkasten der gesamten Klasse vor, gehen auf Fragen usw. ein.
Die Kästen werden im Anschluss an den Unterricht aufgehängt.

Bewertung
Der Lehrer gibt – Einzelnen wie Gruppen, nicht im Klassenverband – nach seinen Beobachtungen Rückmeldungen, lobt mit Bezug auf konkretes Verhalten, schlägt begründet Veränderungen im Verhalten vor u. Ä.

Literatur
FEIKS, DIETGER, Aufgabe in Schule und Unterricht, München 1992; HACKER, WINFRIED, Allgemeine Arbeits- und Ingenieurpsychologie, Berlin 1973; SEEBER, SUSAN, Entwicklung von beruflicher Handlungskompetenz durch den Einsatz tätigkeitsorientierter Aufgaben komplexen Charakters in der beruflichen Erstausbildung von Industriekaufleuten, Päd. Diss., Berlin 1992 (Humboldt-Universität)

▶ **Blitzlicht (BL):** Das BL ist ein einfach zu gebrauchendes Instrument zur Verbesserung von Kommunikation und Lernklima in Gruppen. Es wurde im Bereich der Erwachsenenbildung entwickelt und baut auf folgender Beobachtung auf:
Teilnehmer an Arbeitsgruppen haben Erwartungen und Wünsche hinsichtlich der Arbeitsweise, des Themas, des Leiter- und Teilnehmerverhaltens. Sieht der Einzelne seine Wünsche von der Gruppe nicht genügend berücksichtigt, entsteht bei ihm Unzufriedenheit, die aber oft nicht direkt artikuliert wird. Statt dessen zieht er sich aus der Gruppe zurück oder ist gereizt, unkonzentriert u. Ä. Die Qualität der Zusammenarbeit und des Arbeitsergebnisses wird dadurch vermindert.
Mit dem BL wird nun versucht, solchen Zuständen vorbeugend entgegenzuwirken oder ein bereits entstandenes ungünstiges Lernklima zu verbessern. Durch das BL werden Erwartungen und Befindlichkeit jedes einzelnen Gruppenmitglieds für alle anderen sichtbar. Solche Transparenz ist Ausgangspunkt für die (Neu-)Gestaltung des Arbeitsprozesses.

Bei der Durchführung sind Regeln zu beachten
- Am BL sollen höchstens 25 Personen teilnehmen.
- Das BL kann jederzeit, beliebig oft und von jedem Teilnehmer angeregt stattfinden.

- Alle kommen der Reihe nach zu Wort und nehmen Stellung zu einer vorher vereinbarten Frage, z. B.: »Wie interessiert bin ich im Moment am Gesprächsthema?«.
- Jeder spricht nur ganz kurz (1–2 Sätze) und äußert seine persönlichen Vorstellungen, Erwartungen in Ichform, z. B.: »Mir geht das hier zu schnell« oder: »Das Thema interessiert mich nicht mehr«.
- Niemand beruft sich nur auf den Vorredner. Wiederholungen werden persönlich formuliert.
- Alle anderen Teilnehmer sind genaue Zuhörer. Sie geben keine Kommentare ab. Verständnisfragen dürfen gestellt werden.
- Es findet keine Diskussion statt, bevor nicht jeder seine Stellungnahme abgegeben hat.

Nach dem BL ...
... hat jeder einen Einblick in Ansichten und Gefühle des anderen erhalten. Sind hierbei verdeckte Wünsche, Konflikte oder neue Interessen sichtbar geworden? Dann findet jetzt eine Diskussion zur Auswertung des BL statt. Mögliche Fragestellungen:
- Was ist mir bei der BL-Runde besonders aufgefallen?
- Gibt es Störungen, die wir besprechen müssen?
- Sind wichtige Interessen, Bedürfnisse vernachlässigt worden?
- Was soll geändert werden?
- Wie können widersprüchliche Wünsche in der Gruppe am besten realisiert werden?

BL in der Schule
Als *Anfangs-BL* kann es eingesetzt werden, um ...
... Wünsche und Erwartungen der Schüler in Bezug auf ein neues Thema abzufragen.
... Erwartungen an die kommende Unterrichtsstunde festzustellen.
... etwas über die Befindlichkeit der Klasse zu erfahren.

Mögliche Fragestellungen
- Was erwarte ich von der heutigen Unterrichtsstunde?
- Was erwarte ich von der angekündigten Unterrichtseinheit?

Lehrende gehen auf die Mitteilungen ein, sagen, was sie vorhaben und wie sich das mit den deutlich gewordenen Wünschen deckt. Gegebenenfalls müssen sie kurzfristig ihre Planung für die Stunde verändern. Geht es um eine umfassendere Unterrichtseinheit, können sie vor der Planung die Schüler mit dem BL nach deren Erwartungen und Ideen befragen (→*Brainstorming*). Die Schüler können auf diese Weise in die Planung mit einbezogen werden.

Als *Zwischen-BL* während eines Lernvorgangs kann es benutzt werden, wenn ...
... Störungen vermutet werden.

Blitzlicht

... Passivität und Aggression spürbar sind.
... nicht mehr klar ist, auf welches Ziel die Klasse hinarbeitet.

Mögliche Fragestellungen
- Was nehme ich im Augenblick an mir selbst wahr?
- Wie zufrieden bin ich mit der momentanen Arbeit?

Mit dem Zwischen-BL können ungünstige Zustände aufgedeckt und ggf. verändert werden.

Als *Schluss-BL* kann es verwendet werden, um ...
... festzustellen ob sich die anfangs formulierten Erwartungen erfüllt haben.
... zu erfahren, wie sinnvoll der vergangene Lernprozess von den Schülern eingeschätzt wird.

Mögliche Fragestellungen
- Was hat mich heute gefreut, was hat mich geärgert?
- Habe ich heute etwas für mich Bedeutungsvolles gelernt?
- Was hat mir am Lehrerverhalten gefallen/nicht gefallen?

Auf diese Weise erhalten Lehrende ein →*Feedback* und können künftige Stunden gegebenenfalls angepasst gestalten. In der Schule erleben Schüler:»Ich bin gegebenen Zuständen nicht ausgeliefert, sondern kann sie mitgestalten!« und fühlen sich nicht bloß als *Pawn* (auf dem Schachbrett hin- und hergeschobener Bauer), sondern als *Origin* (als Steuermann ihrer selbst).

Probleme
In größeren Klassen ist das BL zeitaufwendig, und man verliert leicht den Überblick über die vielen Meinungen. Günstiger erscheint daher sein Einsatz bei der Arbeit in Kleingruppen. Ein weiteres Problem ist zweifellos der ›Sprechzwang‹: *Jeder soll etwas sagen!* Daraus folgt eine pädagogische Ambivalenz: Der Sprechzwang wird von denjenigen, die nichts sagen möchten, als unangenehm empfunden. Folgende Vereinbarung ist denkbar: Nur derjenige sagt etwas, der auch wirklich sprechen möchte. Andererseits liegt gerade im Zwang eine Stärke des BL: *Jeder* – der ›Vielredner‹ und der ›Schweiger‹ – sagen kurz etwas.

Variationen
1. Mehrere BL-Runden:
   Es gibt Themen, die sich nicht mit einer einzigen Fragestellung abdecken lassen. Bsp.: Auswertung einer Unterrichtseinheit: Dazu werden nacheinander mehrere Fragen gestellt. Jede bekommt eine eigene BL-Runde.

2. BL-Runde mit schriftlicher Vorarbeit:
   Mehrere Fragen werden schriftlich ausgehändigt. Jeder bearbeitet sie zunächst einzeln. Im anschließenden BL äußert sich jeder nur kurz zu der Frage, die ihm am wichtigsten ist.

Literatur
KNOLL, JÖRG, Kurs- und Seminarmethoden, Ein Trainingsbuch zur Gestaltung von Kursen und Seminaren, Arbeits- und Gesprächskreisen, 5., überarb. Aufl., Weinheim u. Basel 1993; MÜLLER, PETER, Methoden in der kirchlichen Erwachsenenbildung, München 1982; RABENSTEIN, REINHOLD, Lernen kann auch Spaß machen, Einstieg, Aktivierung, Reflexion: Themen bearbeiten in Gruppen, 2. Aufl., Münster 1987; SCHWÄBISCH, LUTZ/SIEMS, MARTIN, Anleitung zum sozialen Lernen für Paare, Gruppen und Erzieher, Reinbek 1974
ANSELM SCHULIN

▶ **Brain-Gym (BG):** Statt von BG ist auch die Rede von *Edukinestetik* oder *Kinesiologie*. Alle drei Begriffe bezeichnen dasselbe: Ein geradezu dogmatisch vertretenes Konzept der Beeinflussung des Lernens durch körperliche Aktivitäten. Von den DENNISONs ursprünglich für die Lernarbeit mit gehirngeschädigten Kindern entwickelt, hat es sich – wenn auch in noch geringem Umfang – bis in Schule und Unterricht ausgebreitet. Vor allem zwei Grundannahmen bestimmen dies Konzept: Zum einen wird angenommen, dass Lernen bloß effizient sein kann, wenn beide Gehirnhälften von Menschen in gleicher Weise aktiviert und dabei aufeinander bezogen werden. Hier greift es auf neurodidaktische Vorstellungen über →*ganzheitliches Lernen* zurück, nach denen es darauf ankommt, beide Gehirnhemisphären in einem stets ausgewogenen Verhältnis zueinander in Lernaktivitäten zu versetzen. Zum zweiten geht es davon aus, dass solche Gehirnbalance vorzüglich dadurch erreicht werden kann, dass äußere körperliche Bewegungen angestellt werden. Dabei geht es aber nicht um irgendwelche körperlichen Bewegungen, sondern vor allem um solche, bei denen Arme und Beine von Lernenden *Überkreuz-Bewegungen* vollziehen. Man spricht auch vom *Kreuzdiagonalmuster* der Bewegungen.

Abb. 7: Brain – Gym – Bewegungen: Über-Kreuz-Bewegung, Elefant, Liegende Acht

Vorsicht ist geboten, wo bestimmte kreuzhafte Bewegungsabläufe für Unterricht vorgeschlagen werden. Zwar bisher ohne reliable Überprüfungen, aber aus den zahlreich vorliegenden Erfahrungsberichten scheint mir hervorzugehen: Bestimmte Kreuzbewegungen bringen nicht immer dasselbe hervor, also nicht immer das, was beabsichtigt wird. Wie sich Kreuzbewegungen auswirken, hängt u.a. davon ab, in welchem Balance-Zustand sich beim Lernenden die beiden Gehirnhälften zueinander befinden. M.a.W.: Muskuläre Kreuzbewegungen nach Vorstellung der DENNISONs sind bloß individuell als lernförderlich bestimmbar, nicht aber generell. Daher verlangen sie auch in allen Fällen vorhergehende Tests, um individuelle Muskelbewegungsmaßnahmen bestimmen zu können. Gerade dies aber können Lehrer wohl kaum leisten; einerseits sind sie hierfür nicht ausgebildet, andererseits lässt der unterrichtliche Alltagsdruck das in der Regel nicht zu. Die Aufnahme des Stichworts BG ist hier vor allem in der Absicht vorgenommen worden, didaktische Skepsis zum Ausdruck zu bringen und vor voreiliger Praxis zu warnen, zumal BG den Eindruck einer Heilslehre erweckt, sowohl was an Erwartungen damit verknüpft wird, als auch die Art der Verbreitung.

Literatur
DENNISON, PAUL U. GAIL, Braingym, 5. Aufl., Freiburg 1994; DIES., Lehrerhandbuch Braingym, 5. Aufl., Freiburg 1995; DIES., Das Handbuch der Edu-Kinestetik für Eltern, Lehrer und Kinder jeden Alters, 11. Aufl., Freiburg 1995; MEYENBURG, CL. (Hrsg.), Die Sache mit dem X. Brain-Gym in der Schule, 2. Aufl., Freiburg 1995

Sa	So
kom	kom
Mo	Me
kom	kom

BEW	INF
EVA	PLA
AUS	BER

▶ **Brainstorming (Bs):** Bs ist als Problemlösetechnik an Arbeitsstätten entwickelt worden und als eine Technik u.a. in Lernvorgänge eingeführt, um dort als Starthilfe bei schwierigen Lernsequenzen oder auch als Kreativierungsmaßnahme vor inhaltlichen Einzelproblemen wirksam zu werden. Grundannahme ist, dass man unter vielen Ideen wählen können muss, um eine gute Idee zu finden; dazu dient Bs. Im Bild gesprochen: Es ist wie Fotografieren. Da beim Fotografieren selbst noch niemand weiß, ob ein Foto gut sein wird, macht man vorsichtshalber zahlreiche Aufnahmen, aus denen dann später die tatsächlich guten ausgewählt werden können. Bs soll wie ein Wind durch das Hirn der Beteiligten blasen und dort die möglicherweise vorhandenen Ideen herauslösen.

Bs wird durch eine Aufforderung, eine Problemstellung, ein Stichwort o.Ä. ausgelöst. Dazu sollen dann alle spontan assoziierten Gedanken und Einfälle geäußert werden. Dabei kann man es bei einer Antwort bewenden lassen, kann aber die Antwortzahl auch bis zu i.d.R. fünf erweitern. Jeder muss Gelegenheit erhalten, seine Antwort(en) auch zu äußern. Und zwar dürfen dabei keine üblichen Formulierungen, wie: »Meine ich auch«, »Das hat ... schon gesagt« u.Ä. anerkannt werden; jeder muss – auch wenn sein Gedanke bereits von anderen geäußert wurde – seine Antwort wie von ihm vorgesehen einbringen. Wichtig ist auch, dass keinerlei Wertung vorgenommen wird; ernsthafte wie witzig-scherzhafte Äußerungen werden in gleicher Weise akzeptiert, keine Antwort darf durch Kommentare – wie Lachen, Seufzen o. Ä. – gestört werden. Die Gedanken können kurz und verbal vorgetragen werden, man kann sie aber auch stichwortartig auf Karteikarten festhalten. Auf jeden Fall sind sie zu sammeln; werden sie wörtlich vorgetragen, so muss i. d. R. der Lehrer sie als Stichworte an der Tafel festhalten, bei Karteikarten lassen sich diese leicht anheften o. Ä. Bereits beim Sammeln oder auch in einer anschließenden Phase sind die Antworten systematisch auszuwerten, d. h. in gegenseitige Zusammenhänge zu bringen (→*Clustering*).

Bs erfolgt zwar zumeist in Lerngruppen, kann aber durchaus auch dem einzelnen Lerner helfen, gedankliche Schwellen zu überwinden oder seine Gedankenwelt zu animieren.

Beispiel: Klassenfahrt (Finanzierung)/9. Schuljahr
- Lehrer erläutert Schülern, dass noch ziemlich große Finanzierungslücken für die Klassenfahrt bestehen und fordert dazu auf, sich – jeder für sich – zwei/drei Minuten intensive Gedanken darüber zu machen, wie man die Finanzierung absichern könnte
- Lehrer erklärt Spielregeln:
Alle Gedanken und Vorschläge sind zugelassen; sie sind stichwortartig auf Karten zu schreiben; sie werden ohne weiteren Kommentar – auch von anderer Seite – vorgetragen und die Karten an die Tafel geheftet, und zwar möglichst schon ähnliche zu ähnlichen usw.
- Schüler denken nach und notieren
- Lehrer lässt Schüler sich nacheinander äußern und ihre Karten an Seitentafel heften
- Vorschläge werden erörtert, abgewogen, argumentativ aufgenommen und behandelt; einige werden gleich verworfen (die Karten entfernt), andere als akzeptabel, sehr akzeptabel bewertet (Karten zusammengeordnet)

Übriggeblieben sind von den ursprünglich etwa zwanzig Karten noch:
Glühwein auf Weihnachtsmarkt; Kegelspiel auf Schulfest; Umwelt-Taschen mit Logo/Bild versehen und an Bäckereien/Metzgereien usw. verkaufen; Eltern nach zusätzlicher Hilfe fragen.

Literatur
BUZAN, TONI, Kopftraining. Anleitung zum kreativen Denken. Tests und Übungen, 5. Aufl., München 1988; FRANK, ANDREA, »Clustering« und »Mindmapping«, in: Lernbox. Tips und Anregungen für Schülerinnen und Schüler zum Selberlernen, entw. u. verf. v. AUTORENTEAM D. OBERSTUFENKOLLEGS BIELEFELD, Seelze 1979, S. 14; RICO, G. L., Garantiert schreiben lernen, Reinbek 1984

Sa kom	So kom	BEW	INF
Mo kom	Me kom	EVA	PLA
		AUS	BER

▶ **Case-Studies (CS):** CS – im Deutschen: →*Fallstudien* – haben ihren Ursprung in der akademischen Ausbildung von Kaufleuten in den USA. Wie einst auch Projekte (→*Projektlernen*) die bloß akademisch-theoretische zu Gunsten einer auch praktischen Ausbildung durch Einbeziehung relativ realitätsgerechter Aufgaben in den Unterricht auflockern sollten, so auch *Fälle (cases)*. Statt konstruierter Aufgaben werden reale Vorgänge aus dem Leben, – d.h. im besonderen aus dem Tätigkeitsbereich, auf den die Ausbildung vorbereiten soll – in unterrichtliche Aufgaben umgestaltet. Dabei kommt es darauf an, sowohl die Realität möglichst unverfälscht zu bewahren, als auch zugleich so zu modellhaft-strukturierten Aufgaben umzuformen, dass die Lernenden sie selbstständig lösen können: Tatsächliches Handeln soll zugleich Lernhandeln sein. Wo länger mit CS gearbeitet wird, entsteht in der Regel eine Reihe von *reinen Fällen*, die exemplarisch die komplexe Wirklichkeit erschließbar machen. Typische Fälle stehen dabei für die bedeutsamsten Aufgaben im späteren Lebens- oder Tätigkeitsbereich. Gelernt wird am Modell.

KAISER (1973) hat ein Sechs-Phasen-Lernmodell für CS entwickelt (vgl. näher u. auch Beispiel →*Fallstudien*):

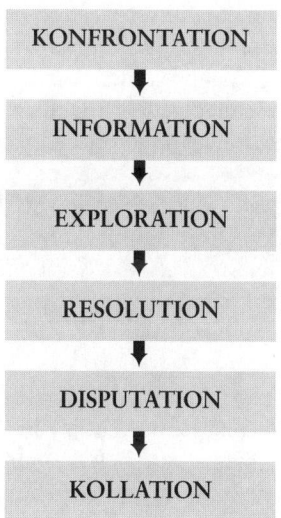

Literatur
KAISER, F.-J., Die Fallstudie, Bad Heilbrunn 1983; DERS., Entscheidungstraining, Bad Heilbrunn 1973

▶ **Cognitive Apprenticeship (CA):** CA ist eine in den USA populäre und empirisch gut untersuchte Methode der Unterrichtsgestaltung. Sie knüpft an das traditionelle Verhältnis zwischen Meister und Lehrling oder Meister und Famulus an. Hierin wird eine besonders ursprüngliche und natürliche Form der Aneignung von Wissen gesehen, nicht zuletzt weil Vertretern dieses Konzepts auch das Verhältnis von Mutter und Kind u. a. als solch eine Beziehung erscheint. Die Charakterisierung »learning through guided experience« kennzeichnet den Kern dieser Methode. Das Grundprinzip ist: Ein Experte macht modellhaft etwas vor; die Lerner versuchen probeweise, das, was ihnen vorgemacht wird, nachzumachen. Hierdurch sollen sie eine spezifische Handlungskompetenz erwerben (→*Vier-Stufen-Methode*). Die komplexe Ausgestaltung dieses Vorgangs beschäftigt Theorien und Modelle des CA.

Im Wesentlichen lassen sich sechs prinzipienhafte Phasen bei der Ausgestaltung des gerade skizzierten Vorgangs erkennen:

Modellierung: Der Lehrer modelliert durch sein Vormachen ein spezifisches Handeln. Die Funktion des Modellierens ist einerseits die Vermittlung grundlegender Begriffe zum Ausführen der Expertenhandlung, andererseits zugleich, ein Muster zu bieten, welches immer wieder zum Vergleich und als Qualitätskriterium herangezogen werden kann. Wenn es nicht um Expertenhandlungen geht, kann auch eine Modellierung von Prozessen in der Welt stattfinden – etwa die Bewegung von Elektronen in elektrischen Schaltungen.

Neben der Modellierung, die sich auf kognitive Aspekte bezieht, soll der Lehrer auch Modell für den Umgang mit Gefühlen und Einstellungen beim Problemlösen sein. Dies heißt z. B., dass der Lehrer nicht als Allwissender auftritt, sondern Schwierigkeiten, mögliche Ängste vor einer Blamage und ähnliches artikuliert und die ›Normalität‹ solcher Schwierigkeiten und Ängste demonstriert.

Coaching: Der Lehrer beobachtet Lerner während des Ausführens ihrer Handlungen und gibt bei real auftretenden Problemen entweder direkte Hinweise oder macht Probleme nur bewusst und fordert die Lerner auf, Lösungen hierfür zu entwickeln. Er kann auch gut gelöste Schritte hervorheben. Funktion des Coaching ist es, die Lernerleistungen den Leistungen der Experten anzunähern.

Aufgabenübernahme und Zurückziehen (»scaffolding und fading«): Sind die Lerner noch nicht in der Lage bestimmte Aufgaben zu übernehmen, nimmt ihnen dies der Lehrer ab, zieht sich aber mit zunehmender Erfahrung auf Seiten der Lerner zurück. Die Funktion der Übernahme und des Zurückziehens ist es, den Lernprozess einerseits nicht stocken zu lassen, weil Voraussetzungen fehlen, und andererseits weitgehend Selbstständigkeit zu gewährleisten.

Artikulation: Hiermit sind vor allem jene Mittel gemeint, die Lerner dazu bewegen können, ihr Wissen, Schlussfolgern und ihre Problemlösungs-

schritte zu artikulieren. Hierzu gehören Aufforderungen, wie laut zu denken, Fragen nach Gründen ihres Handelns oder die Zuweisung einer »Wächterrolle« (»monitor«) an Lerner, welche kritisch zu Abläufen oder Aussagen Stellung nehmen sollen.
Reflexion: Hier geht es vor allem um den gemeinsamen Rückblick über die ausgeführten Handlungen. Der Lehrer kann hierfür die Handlungen der Lerner imitieren; er kann die Lernerhandlungen wiederholen lassen oder eine z.B. durch den Videorecorder vorgenommene Aufzeichnung wieder abspielen; er kann ausgewählte problematische Abschnitte wiederholen oder wieder aufführen lassen; er kann Handlungen in anderen Repräsentationsformen wiederholen, z.B. Abläufe grafisch darstellen. Funktion der Reflexion ist der Vergleich von Lernerhandlung und Expertenhandlung zum Zwecke der Korrektur und der weiteren Annäherung.
Exploration: Hier geht es darum, die Lerner dazu zu bewegen, ihre Kenntnisse auszuprobieren und den ursprünglichen Problemkontext möglichst zu verlassen. So könnten etwa Lerner aufgefordert werden, das in der Gruppe Gelernte in Einzelstudien anzuwenden oder auf andere Fächer zu übertragen usw.

Die Kontextbezogenheit (→*situiertes Lernen*) des CA und die Konzentration auf Strukturen und Handlungsprinzipien lassen es als wichtige Methode erscheinen, um Heurismen für grundlegende Verfahren oder Techniken zu entwickeln, die dann auch tatsächlich immer wieder angewendet werden können. Es trainiert die Aufmerksamkeit und übt den Umgang mit metakognitivem Wissen. Gut beschriebene Unterrichtseinheiten des CA gibt es zum Verfassen oder Verstehen von Texten, zur Analyse historischer Quellen, zum mathematischen Problemlösen oder zur Elektrizitätslehre (vgl. Literaturangaben).

Da die Anforderung an Lehrer und Lerner, ihre Denkwege zu artikulieren (→*Räsonieren*), eher ungewohnt ist und ganz besonders am Anfang zu Stress und Angst führen kann, bedarf die Einführung des CA einer längeren Eingewöhnungsphase. In Lerngruppen, die sich nicht kennen, oder in Lerngruppen mit gruppendynamischen Schwierigkeiten kann dies zu Problemen führen. Eine weitere Schwierigkeit des CA liegt im Mechanischen des Verfahrens. CA in langen Unterrichtseinheiten oder gleichzeitig in mehreren Fächern kann schnell eintönig wirken.

Literatur

AESCHBACHER, URS, Reziprokes Lernen. Eine amerikanische Unterrichtsmethode zur Verbesserung des Textverstehens, in: Beiträge zur Lehrerbildung. Zeitschrift zu theoretischen und praktischen Fragen der Didaktik der Lehrerbildung, 7. Jg. 1989, Heft 2, S. 194–204; COLLINS, A. Cognitive Apprenticeship and Instructional Technology, in: Idol, L./Jones, B.F.(Hrsg.), Educational Values and Cognitive Instruction: Implications for Reform, Hillsdale 1991, S. 121–138; COLLINS, A./BROWN, J.S./NEWMAN, S.E., Cognitive Apprenticeship: Teaching the Crafts of Reading, Writing and Mathe-

matics, in: RESNICK, L. B. (Hrsg.), Knowing Learning and Instruction. Essays in Honor of Robert Glaser, Hillsdale 1989, S. 453–494; MANDL, H./REINMANN-ROTH-MEIER, G., Unterrichten und Lernumgebungen gestalten, Forschungsbericht Nr. 60, Ludwig-Maximilians-Universität München, Institut für Pädagogische Psychologie und Empirische Pädagogik, Nov. 1995; REINMANN-ROTHMEIER, G./MANDL, H., Wissen und Handeln. Eine theoretische Standortbestimmung, Forschungsbericht Nr. 70, Ludwig-Maximilians-Universität München, Institut für Pädagogische Psychologie und Empirische Pädagogik, 1996
EWALD KIEL

Sa kom	So kom		BEW	INF
Mo kom	Me kom		EVA	PLA
			AUS	BER

◆ **Clustering (Cl):** Cl ist dem →*Mindmapping* verwandt; beide Techniken basieren auf dem Versuch zur Visualisierung von Gedanken. Dabei ist Cl weniger anspruchsvoll und verlangt nicht unbedingt – durch zeichnerische Verbindungslinien – bereits systematische Darstellungen. Cl wird in der Regel vor Schreibübungen eingesetzt, vor Aufsätzen beispielsweise, um situative Schreibhemmungen und -störungen überwinden zu helfen. Doch kann Cl durchaus auch vor anders gearteten Unterrichtssequenzen verwendet werden, um auf diese inhaltlich vorzubereiten, um Lernende inhaltlich zu diesen hinzuführen; wobei neben Hemmungsabbau immer auch die individuelle Verklammerung gefördert wird, dadurch, dass jeder einzelne Schüler sich von seinem besonderen Vorwissen aus inhaltlich einlässt. Angenommen wird für Cl, dass Gehirne offensichtlich in vielen Fällen bildhaft arbeiten und dass gespeicherte Informationen oftmals bloß bildlich, nicht ausschließlich begrifflich, reproduzierbar und so für Lernende wieder verfügbar werden. Neuere Untersuchungen über so genannte *mentale Modelle* stützen diese Auffassung. Beim Cl sollen Bilder Begriffsblockaden aufweichen und überwinden helfen.

FRANK schlägt Lehrern für Cl eine wiederkehrende Phasenfolge vor (1997, S. 14):

- »Schreibe ein Wort, einen Begriff, einen Aussagesatz in die Mitte eines weißen Blattes und male einen Kreis darum herum. Dies ist der Kern des Clusters.
- Lasse nun die Gedanken kommen, wie sie kommen, und verknüpfe sie, wie sie kommen, konzentriere Dich nicht und versuche nicht, eine Struktur zu entwickeln. Jeder Einfall wird wiederum selbst mit einem Kreis umgeben und durch einen Strich mit dem Kern oder dem vorherigen Gedanken verbunden. Wenn eine Assoziationskette nicht weitergeht, fange eine neue an.
- Assoziiere so lange, bis dir nichts mehr einfällt; erzwinge keine Weiterführung und übe keine Selbstzensur, indem du die Logik deiner Assoziation überprüfst.
- Wenn dir nichts mehr einfällt, beginne einen Fließtext zu schreiben. In diesem Text können die Begriffe oder Satzfragmente aus dem Cluster vorkommen,

müssen es aber nicht. Es ist keine bestimmte Textsorte vorgegeben. Im Übergang von der Visualisierung von Assoziationen zur Textinterpretation kann ganz Verschiedenes entstehen – und es ist immer wieder überraschend, was dabei herauskommt.«

FRANK rät auch,
- zu Beginn des Einsatzes von Cl den jeweiligen Ausgangsbegriff stets vorzugeben;
- die Assoziation nie länger als sieben Minuten und das Fließtextschreiben etwa zehn Minuten dauern zu lassen;
- keinerlei Kommentare zu den vorgelegten Texten abzugeben, da es nicht um den richtigen, sondern um einen Text schlechthin als Anfangstext gehe.

In Abwandlung des ursprünglichen Cl kann man es auch verwenden, um beim Einstieg in neue inhaltliche Themenbereiche bereits bekanntes Vorwissen von Schülern zu erkunden und für alle offensichtlich zu machen. Dazu können die je individuell angefertigten Cl an eine Wand o. Ä. geheftet und dort in einem freien Gespräch verglichen werden. Es kann daraus dann u. a. auch ein Kollektiv-Cl entwickelt werden, das während der folgenden Behandlung des Themas erhalten bleibt und u. U. von den Schülern weiter bearbeitet wird: einzelne Begriffe werden gestrichen, andere hinzugefügt, manche farbig hervorgehoben usw.

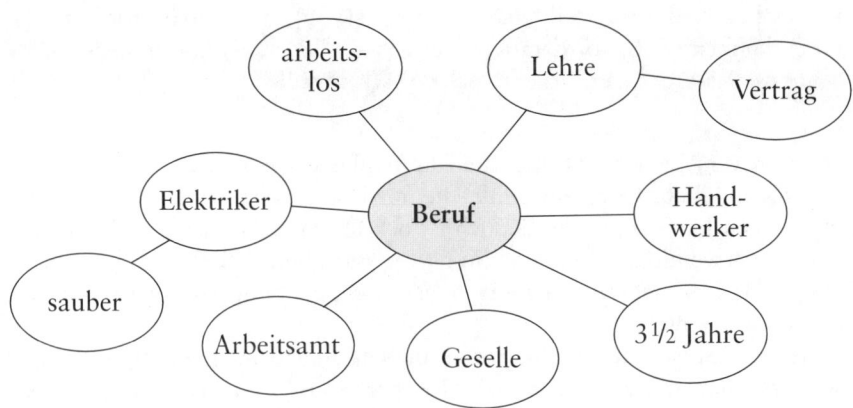

Abb. 8: Cluster(ing)

Literatur
BUZAN, TONI, Kopftraining. Anleitung zum kreativen Denken. Tests und Übungen, 5. Aufl., München 1988; FRANK, ANDREA, »Clustering« und »Mindmapping«, in: Lernbox, Tips und Anregungen für Schülerinnen und Schüler zum Selberlernen, entw. u. verf. v. AUTORENTEAM D. OBERSTUFENKOLLEGS BIELEFELD, Seelze 1979, S. 14; RICO, G. L., Garantiert schreiben lernen, Reinbek 1984

▶ **Darstellendes Spiel (DSp):** DSp wurde zur Zeit der Reformpädagogik in Schule und Unterricht übernommen. Es handelt sich um eine Form des Theaters mit einer »eher lockeren Anbindung an die Spielvorlage« (H. MEYER, S. 349). Im weitesten Sinne ist DSp Spielen und Darstellen von Situationen oder Szenen zum Veranschaulichen von Sachverhalten, wobei Spielen dabei nach MEYER als »lustbetonte, kreative, körperliche Umsetzung einer Spielidee« zu begreifen ist (S. 349).

Für DSp benötigt man mindestens
1. ein Thema/Sachverhalt
2. Darsteller
3. Requisiten/Bühne
4. Zuschauer (die gegebenenfalls auch als Darsteller fungieren können).

DSp lässt sich dreiphasig in den Unterricht einbauen:

> Die Klasse erfasst unter Anleitung der Lehrkraft das ausgewählte Thema.
>
> ⬇
>
> Die Schüler und Schülerinnen schreiben entweder selbst die Spielvorlage oder sie studieren eine schon fertige Vorlage/Regieanweisung.
>
> ⬇
>
> Die Rollen werden verteilt und im Hinblick auf eine Präsentation in der Öffentlichkeit (z. B. vor dem Rest der Klasse, bei einem Elternabend, beim Schulfest, während der Projektwoche o. Ä.) eingeübt.

Es können verschiedene Themen und Lernanlässe szenisch dargestellt werden. Durch die mögliche Themenvielfalt, die mit DSp erfasst werden kann, ist es in beinahe allen Fächern, hauptsächlich jedoch in den geisteswissenschaftlich orientierten, verwendbar. Doch auch in naturwissenschaftlichen Fächern, wie z. B. Biologie, lässt es sich zur lebendigen Veranschaulichung von problematischen Sachverhalten einsetzen.

Ziele des DSp sind neben der Förderung der allgemeinen Handlungsfähigkeit besonders auch die Förderung von Kooperations- und Teamfähigkeit durch Zusammenarbeit in Spielgruppen.

Das DSp motiviert Schüler in der Regel stark und unterstützt durch Anforderungen an die gesamte Person →*ganzheitliches Lernen*. Es darf jedoch nicht fälschlicherweise für ein Rezept gegen Langeweile in Schule und Unterricht gehalten werden. Erfahrungsgemäß sollte es auch nicht zu häufig, sondern an sorgfältig ausgewählten Themen und zu bestimmten Zeiten praktiziert werden, zumal es keineswegs als zeitsparende Methode gelten kann, sondern im Gegenteil fast immer übermäßig viel Zeit erfordert. Außerdem ist es oft schwierig, einen konkreten und in die Lernsituation passenden Spielanlass zu finden, an dem sich die ganze Klasse, also oftmals über 30 Schüler, beteiligen können. Probleme ergeben sich bei der Zuteilung von Rollen; dabei müssen Lehrer be-

Darstellendes Spiel

sonders sorgfältig vorgehen, um nicht immer dieselben extrovertierten den zurückhaltenden Schülern vorzuziehen. Das gilt grundsätzlich, besonders jedoch für die Aufteilung von Haupt- und Nebenrollen.

An Formen des DSp bieten sich an (vgl. MEYER)
- Stegreifspiel
- Pantomimisches Spiel
- Standbild
- Statuentheater
- Clownspiel
- Zauberei, Gauklerei
- Tanz
- Rollenspiel
- Schattenspiel u. a.

> **Beispiel: Schattenspiel als Stegreifspiel: Der Fuchs und der Ziegenbock (Fabel nach ÄSOP)/Deutsch/5. Schuljahr/Realschule**
>
> In der vorhergehenden Deutschstunde wurde die ÄSOP-Fabel »Der Fuchs und der Ziegenbock« in der Klasse gelesen. Erste Eindrücke der SchülerInnen werden gesammelt und das Vorverständnis geklärt. In der anschließenden Deutschstunde werden die Schüler – in Bezug auf die gelesene Fabel – dazu aufgefordert, die Tiere dieser und anderer Fabeln auf Pappe zu zeichnen und diese auszuschneiden. Dabei wird darauf hingewiesen, dass die SchülerInnen oft mehrere Figuren desselben Tieres, z.B. einen sitzenden Fuchs und einen tanzenden Fuchs brauchen. Die Schüler sollen am Fuß der Figuren einen Griff aus Holz oder Pappe ankleben. Dann sollen sie ebenso eine Landschaft mit einem Brunnen, wie sie ihn für das Spiel brauchen, aufzeichnen und ausschneiden. Dabei kommt es vor allem auf die deutlichen Umrisse der Gegenstände an, da nur sie beim Schattenspiel erkennbar sind. Als Bühne dient ein umgekippter Tisch. Am oberen Tischrand wird die Kulisse mit Reißwecken befestigt. Vor der »Bühne« hängt ein durchscheinendes weißes Tuch etwa von einem Kartenständer herab. Es wird von einer Lampe hinter dem Tisch in Höhe der Kulisse angestrahlt. Nun muss der Raum verdunkelt werden. Die Spieler ducken sich hinter die senkrechte Tischplatte und lassen die Figuren über dem Tischrand in der Landschaft (oder einer anderen »Kulisse«) erscheinen, spielen und sprechen.
> Soll dieses darstellende Schattenspiel als »Stegreifspiel« gestaltet werden, so schreiben die SchülerInnen den Text ihres Spiels nicht auf. Sie merken sich die Erzählschritte und den Höhepunkt genau und spielen nach ihrem Gedächtnis. Diese Methode hat den großen Vorteil, dass die SchülerInnen den Inhalt der Fabel mit allen Sinnen begreifen und wirklich verstehen lernen. Denn nur so sind sie in der Lage, die Handlung frei und sicher vorzuführen und die bedeutenden Stellen hervorzuheben.
> Sollten die Vorbereitungen zum DSp sehr komplex sein oder besondere künstlerischen Fähigkeiten der SchülerInnen verlangen, dann können auch andere Kollegen, z.B. Kunsterzieher oder Eltern, um Hilfe bei der Vorbereitung gebeten werden.
>
> (Frei nach: Lesen, Darstellen, Begreifen, A5, Frankfurt/Main 1982)

Abb. 9: Schattenspielbühne

Literatur

BOHN E., SCHROEDER, S. (Hrsg.), Theater des Zorns und der Zärtlichkeit, Bielefeld 1988; KLEIN, H., Hier spielt die Rolle eine Rolle, in: paed extra, 19. Jg. 1991, H. 4, S. 18–21; ROLF, R./VASSEN, F., Spiel und Theater, in: paed. extra, 19. Jg. 1991, H. 4, S. 5–9; MEYER, H., Unterrichtsmethoden, Bd. 2, Praxisband, Frankfurt a. M. 1987

MARGOT HEROLD/EVA MÖSSMER

✗ ▶ **Demonstration (D):** D ist →*Erklären* auf höchstmögliche anschauliche Art. Auf jeden Fall verlangt D, dass nicht bloß mit Worten erklärt wird, sondern dass dabei so viele Sinne der Lernenden wie nur möglich angesprochen werden. D darf nicht mit Vorführen gleichgesetzt werden, bei dem Lernende bloß rezeptiv tätig werden können. Vielmehr sollte D durchaus auch Aktivität von Lernenden einfordern, sie zu *enaktivem* Lernen (BRUNER) anleiten. D wird zu leichterem und besserem Begreifen des zu erlernenden Sachverhalts eingesetzt.

D muss verschiedene Grundforderungen erfüllen, wenn sie wirksam werden soll:
- D muss *attraktiv* erfolgen:
  Sie muss die Aufmerksamkeit und das Interesse der Lernenden auslösen und auf den Lerngegenstand lenken
- D muss *eindeutig* erfolgen:
  Sie darf nicht vom Thema ablenken, sondern muss Lernende auf die intendierten Lernsachverhalte ausrichten

Demonstration

- D muss *isomorph* erfolgen:
  Sie darf den Sachverhalt nicht verfälschen, sondern muss ihn unverbogen einsichtig machen
- D muss *valide* erfolgen:
  Sie darf nicht an den Lernenden vorbei zielen, sie muss deren Beobachtungs- bzw. Verständnisfähigkeiten entsprechen
- D muss *aktivierend* erfolgen:
  Sie sollte, wo immer dies möglich ist, zu aktivem Lernen anleiten und die gesamte Lernperson ansprechen

> **Beispiel: Wasserstoff ist leichter als Luft**
> HANS H. HÄRLE
>
> Der Lehrer füllt vor den Augen der Schüler einen blauen Luftballon mit gewöhnlicher Luft, einen zweiten roten mit Wasserstoff aus der gekennzeichneten Flasche. Ein Schüler nimmt beide Ballons in eine Hand und lässt sie auf Zuruf los.
> Zu beobachten: Der blaue Ballon sinkt langsam nach unten, der rote steigt in die Luft bis zur Decke hinauf. Die Schüler beginnen Vermutungen zu äußern; wenn nicht, regt der Lehrer sie dazu an.

Abb. 10: Demonstration mit Ballons

Literatur
PETERSSEN, WILHELM H., Anschaulich unterrichten, München 1994

Sa kom	So kom	BEW	INF
Mo kom	Me kom	EVA	PLA
		AUS	BER

▶ **E-E-E (E):** Besonders Lehranfängern ist sehr daran gelegen, ein einfaches und verständliches Modell für den Lern- und Lehrverlauf in Unterrichtsstunden zu haben, ein Modell, an dem sie sich gleichsam wie an einem Seil durch die Zeit hindurchhangeln können (→*Artikulation*):

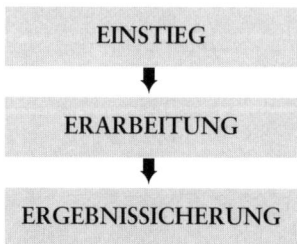

- In der *Einstiegsphase* (→*Einstieg*) geht es darum, *die Lernenden dort abzuholen, wo sie stehen, und sie dorthin zu führen, wohin sie sollen.* Maßnahmen sollten an den je besonderen Schülern in ihren je besonderen Befindlichkeiten orientiert sein, ohne dass die Dignität des Themas, an das sie herangeführt werden, darunter leidet! Künstlich überhöhte, eher an Gameshows orientierte Maßnahmen sollten unterbleiben.
- In der *Erarbeitungsphase* geht es darum, Schüler (Subjekte) so zur Auseinandersetzung mit der Sache (Objekte) anzuleiten, dass sie lernwirksame Erfahrungen machen. Vor allem sollten →*handlungsorientierte* Formen der Auseinandersetzung eingesetzt werden, bei denen Schüler die einzelnen Phasen des besonderen Lernprozesses möglichst vollständig und selbstständig gestalten können!
- In der *Ergebnissicherung* geht es darum, das erstmals Erlernte dauerhaft und leicht abrufbar zu speichern (Merken und Erinnern). Dabei sollten ganzheitliche und vernetzende Verfahren bevorzugt Verwendung finden!

Grundsätzlich gilt: In allen drei Phasen sollten Schüler soweit wie nur möglich selbstständig tätig sein.

Beispiel: Verfassen einer Kurznachricht (Unterrichtsentwurfsskizze)

E   An der Wandtafel hängt ein großer   *Bin weg! Komme wieder!*
↓   Zettel aus: *Heini*

E   Schüler erarbeiten in Gruppen: Was ist falsch, unzureichend usw.
↓   an dieser Mitteilung? Wie sollte eine richtig verfasste Nachricht aussehen? Was sollte sie enthalten?

E   Schüler entwerfen einzeln eine richtig verfasste Nachricht:

Bin mit Hans auf dem Bolzplatz.
Komme gegen vier Uhr nach Hause.
Heini

Literatur
KLAFKI, W., Zur Unterrichtsplanung im Sinne kritisch-konstruktiver Didaktik, in: Neue Studien zur Bildungstheorie und Didaktik, 2., erw. Aufl., Weinheim u. Basel 1991, S. 251 ff. MEYER, H. L., Unterrichtsmethoden, Bd. I, Theorieband, Frankfurt a. M. 1987, S. 156 ff. bes. S. 191 ff. PETERSSEN, WILHELM H., Handbuch Unterrichtsplanung, 8., überarb. u. erw. Aufl., München 1998

Sa kom	So kom
Mo kom	Me kom

BEW	INF
EVA	PLA
AUS	BER

▶ **Einstieg (Est):** Der Est – gemeint ist in eine umreißbare Lernsequenz, zumeist (irrtümlicherweise) mit einer Unterrichtsstunde identifiziert – hat die Funktion, Lernende dort abzuholen, wo sie stehen, und dorthin zu führen, wo sie den Lernprozess beginnen sollen. Dabei geht es um mehr als bloß darum, die psychische Bereitschaft – Motivation – zum Lernen des je Besonderen zu erwecken. Man muss sich vor Augen führen, dass die Lernzeit in der Schule für Schüler bloß einen kleinen – wenn auch durchaus wichtigen – Bestandteil ihres jeweiligen Lebens darstellt, dass sie räumlich dorthin geführt werden müssen, dass sie aus ihren ganzheitlichen Lebensbezügen, die sie in jenen Momenten möglicherweise an ganz anderes binden, an die besondere Lernaufgabe herangeleitet werden müssen, dass sie von einem auf den anderen Moment ihre persönlichen Freuden und Sorgen hintan stellen sollen, dass sie – mit einem Wort – zugunsten der schulischen Lernabsicht auf sich fast völlig verzichten sollen. Sieht man das in dieser Weise, so erhält der Est eine mehr als bloß didaktische, erhält er eine bedeutsame pädagogische Funktion.

Lange Zeit war der Est geradezu verpönt, weil man ihn metaphorisch mit dem Bild des Einsteigens in eine Straßenbahn o. ä. unterlegte. Solche Bildhaftigkeit – alle Schüler werden zu gleicher Zeit durch einen festen Eingang in den Wagen geordert – geht wohl auf die →*Formalstufen*-Auffassung der Herbartianer und die damit verbundene Erstarrung allen Unterrichts in ein festes → *Artikulations*-Schema zurück. Heute hingegen sieht man den Est als notwendige und bedeutsame methodische Aufgabe der Lehrer an. Zum einen ist das wohl auf motivations- und interessenpsychologische Aussagen zurückzuführen, nach denen Lernmotivationen ein essenzielles Moment aller Lernprozesse sind. Zum anderen hat die Didaktik längst den einst sozialpädagogischen Grundsatz übernommen, Kinder müssten dort abgeholt werden, wo sie gerade stehen, wenn Erziehung erfolgversprechend abgesichert sein soll. Und: In Schulen hat man es mit Klassen, mit Lerngruppen, nicht mit einzelnen Lernern zu tun. Und da diese nicht homogen sein können, sondern – in vielerlei Hinsicht – überaus heterogene Lernvoraussetzungen in jede Lernsituation einbringen, muss man die Lerngruppe auf den denkbar bestmöglichen gemeinsamen Nenner für den Lernstart bringen. Das soll der Est leisten.

Den Auftrag des Est bloß auf die intellektuelle Leistungsfähigkeit von Schülern zu beziehen und sich dementsprechend darum zu bemühen, hierfür eine alle ansprechende Ausgangsbasis für Lernsequenzen zu schaffen, ist falsch; dieser Ansatz greift zu kurz. Schüler sind Menschen, sind ganzheitliche Wesen – mit Emotionen, Bedürfnissen, Interessen usw., sind Kinder, sind auf eine ganz besondere Weise auf Lernen und Lerninhalte bezogen. Este sollten – so gut das im Alltagsgeschäft von Schule und Unterricht möglich ist – alle Kinder einer Lerngruppe unter allen Aspekten ihres Daseins aufnehmen und führen. Aufnahme und Führung können auf vielfältigste Weise geschehen; Lehrer sollten gerade hier ihrer Fantasie keinerlei Zügel anlegen lassen. Loslösung aus dem Bisherigen und Interesse und Aufmerksamkeit für das Kommende können mit allen Mitteln geleistet werden, sofern sie die Beteiligten nicht verletzen. An anderen Stellen sind zahlreiche Techniken dafür beschrieben, u. a. →*Brainstorming*, →*Gruppen-Puzzle*, →*Kugellager*, →*Klagemauer*, →*Rollenspiel* usw. Dabei sind gar nicht immer und überall besondere und dazu noch aufwendige Verfahren erforderlich; in vielen Situationen reicht erfahrungsgemäß ein kurzer sprachlicher Hinweis aus, wie beispielsweise : »Wir wollen uns jetzt näher mit den Osnabrücker Verträgen befassen!« Schüler haben sich in der Regel bald an ihre besondere Schülerrolle gewöhnt und wissen, dass sie zum Lernen in Schule und Unterricht sind. Kaum etwas kann sich auf Dauer frustbringender auf Schüler auswirken als das immer wieder erkennbare krampfhafte Bemühen um Showeffekte; Lehrer sollten gar nicht erst versuchen, mit Showmastern zu konkurrieren, wie seinerzeit schon POSTMAN feststellte. Die Aufgabe Est besteht, aber ihre Lösung kann innerhalb einer weiten Bandbreite von situativen Möglichkeiten gefunden werden. Deshalb wird hier auch auf ein Beispiel verzichtet.

Literatur
GREVING, JOHANNES/PARADIES, LIANE, Unterrichts-Einstiege, Berlin 1996

Sa kom	So kom
Mo kom	Me kom

BEW	INF
EVA	PLA
AUS	BER

ϰ ▶ **Einzelarbeit (EA):** Schon lange ist eingesehen worden, dass es leistungshomogene Lerngruppen allein auf Grund lebensaltersgleicher Zusammensetzung von Schulklassen gar nicht geben kann; zu unterschiedlich beeinflussen genetische Faktoren und Milieueinflüsse die Lernfähigkeit von Individuen. Konsequenterweise wird deshalb, wo dies möglich und angebracht ist, die große in kleine Lerngruppen und sogar in Einzellernende aufgeteilt, wird differenziert. EA: Jeder Schüler geht allein für sich den Lernaufgaben nach. Das kann nach WEISS in *atomärer Saalarbeit* geschehen, wobei die Schüler im Klassenraum nebeneinander arbeiten, oder in *isolierter Klausurarbeit*, wobei jeder für sich arbeitet, beispielsweise bei Hausaufgaben.

In der didaktischen Diskussion scheint mir diese Lernform gegenwärtig vernachlässigt, ja sogar zu gering eingeschätzt zu werden. Denkt man an die *Sozialkompetenz*, so wird hier zwar keine Teamfähigkeit gefördert, wohl aber die Fähigkeit zu konzentrierter EA, die m. E. nach auch heute unerlässlich ist. Bedeutung erhält dies Ziel vor allem, wenn man daran denkt, wie wenig unse-

Einzelarbeit 65

re Heranwachsenden heute zu längerer und intensiver Alleinarbeit imstande sind, wie sehr aber gerade diese Fähigkeit durch computerunterstützte Arbeitsplätze u. Ä. erfordert wird. Sich selber längere Zeit aushalten zu können, ist eine bedeutsame sozialerzieherische Zielsetzung. Deshalb sollte EA in einen abwechslungsreich gestalteten Unterricht aufgenommen werden, wo dies möglich ist und sozialerzieherisch angebracht erscheint (z. B. →*gruppengelenkte Einzelarbeit*).

Beispiel: Bericht über Besuch in der Weinkellerei

INFORMATION ↓	Während des Besuchs weist Lehrer darauf hin, dass darüber doch Berichte im Klassen-Jahrbuch erscheinen könnten.
PLANUNG ↓	Schüler erörtern in Stammgruppen, wie sie den gestrigen Besuch im markgräflichen Weinkeller empfinden, was daran gut und was weniger gut war, worüber man für das Klassen-Jahrbuch berichten sollte/müsste/möchte und wie die Berichte abzufassen sind. Verteilung der Einzelberichte.
BERATUNG ↓	Gruppen stellen Lehrer ihre Absichten vor und gehen sie im einzelnen durch, holen sich das Plazet.
AUSFÜHRUNG ↓	Jeder Schüler arbeitet seinen Bericht aus.
EVALUATION ↓	Die Einzelberichte werden zwischen je zwei Schülern ausgetauscht und mit Hilfe von Lexika usw. korrigiert, überarbeitet usw. Bei Rückgabe wird darüber gesprochen.
BEWERTUNG	Schüler legen ihre Berichte dem Lehrer einzeln vor, der sie mit ihnen hinsichtlich künftiger Berichterstattung u. Ä. durchsieht.

Literatur
GUDJONS, H./TESKE, R./WINKEL, R. (Hrsg.), Unterrichtsmethoden: Grundlegung und Beispiele, Braunschweig 1982; KÖSEL, Edmund, Sozialformen des Unterrichts, Ravensburg 1973; WEISS, C., Pädagogische Soziologie, Bd. II, Bad Heilbrunn 1964, bes. S. 122 ff.

Sa kom	So kom
Mo kom	Me kom

BEW	INF
EVA	PLA
AUS	BER

▶ **Entdeckendes Lernen (EL):** Lernen bedeutet heute im Wesentlichen, dass Individuen sich ein subjektives Wissen aus dem ungeheuren objektiven Wissensvorrat der Menschheit aneignen. M. a. W. Wissen basiert nicht mehr auf eigenen und Primärerfahrungen, sondern – besonders bei unterrichtlich organisiertem Lernen – fast ausschließlich auf Sekundärerfahrungen. Lernpsychologische Untersuchungen haben ergeben, dass subjektives Wissen besser behalten wird und wirkungsvoller ist, wenn es nicht bloß paketartig, fix und fertig geschnürt erworben wird, sondern wenn Lernende es sich in einem individuellen Prozess Stück um Stück aufbauen. Dabei geht es nicht darum, Lernende an den Nullpunkt menschlicher Erkenntnisgewinnung zurückzuversetzen, sondern sie vorliegende Erkenntnisse nach-vollziehen, nach-entdecken zu lassen, sie einen persönlichen Prozess der Wissenskonzeption (→*genetisches Lernen*) durchlaufen zu lassen.

Methodisch kommt es darauf an, die zu vermittelnden Informationen von ihrer Statik zu befreien, sie so aufzulösen, dass sie Aufgabencharakter annehmen, die Lernende zunächst zu Fragen, Vermutungen reizen, bevor sie über Planungen und Lösungsversuche zu endgültigem Wissen gelangen (→*Originale Begegnung*). Das in der konstruktivistischen Lernpsychologie entstandene Konzept →*situierten Lernens* gründet auf der Forderung, Lernende ihr Wissen nach und nach selbstständig strukturiert aufbauen zu lassen, sie zur eigenständigen Wissenskonstruktion anzuleiten. Als bekannte neuere Verfahren kommen die →*Cognitive Apprenticeship* und die →*Anchored Instruction* in Frage.

EL ist in bestem Sinne vollständiges Lernen, wenn Lernende möglichst alle nötigen Schritte selbstständig gehen können. Vor allem Selbst- und Rollenverständnis von Lehrern müssen sich dafür ändern: An die Stelle des alles besserwissenden Informators tritt der Lernberater und Moderator von eigenständigen Lernprozessen. Planung und Vorbereitung des Unterrichts gewinnen noch stärker an Bedeutung.

- Zu planen ist: wie und unter welchen Umständen Lernende sich *so selbstständig wie möglich* über die anstehende Lernaufgabe informieren können, die Lösung so selbstständig wie möglich *planen* und deren Umsetzung *ausführen* können.
- *Vorzubereiten* sind dann: eben die geplanten Umstände, unter denen sich Lernen selbstständig gesteuert vollziehen kann.

Während der eigentlichen Neulernphase im Unterricht halten Lehrer sich zurück und stehen bloß beratend zur Verfügung.

Eigenartigerweise wird EL als Gestaltungsprinzip für den Sachunterricht in der Grundschule bereits lange anerkannt und auch umfassend praktiziert, ansonsten aber vernachlässigt, obwohl es in pragmatischer Form und ohne hypostasierende Ansprüche für (fast) alle Lerninhalte und auf allen Schulstufen in Frage kommt. Wie wirkungsvoll ein zwar vorbereitet-geordnetes, doch im Vollzug weitgehend selbstständig (nicht: allein!) gestaltetes Lernen ist, wird neuerdings durch maßgebliche Aussagen der so genannten konstruktivistischen Lernpsychologie (vgl. oben) untermauert.

Entdeckendes Lernen

Beispiel: Judenverfolgung im 3. Reich/Geschichte
(Im Fach Geschichte soll das Schicksal einer jüdischen Familie am Fall Anne Franks erarbeitet werden) NICOLE ELSER/KARIN SCHWEIKART

Lehrer zeigt den Schülerinnen und Schülern kommentarlos den Film »Anne Frank«.

Durch den Film tauchen bei den Schülerinnen und Schülern Fragen auf, die sie in einem Fragenkatalog zusammenstellen.
Dieser könnte folgende Fragen enthalten:
    Ging es anderen Juden auch so?
    Wie sah es in Deutschland/anderen Ländern aus?
    Wie sieht so ein Leben im Versteck aus?
    Wie sah das Leben von Miep bzw. den Helfern aus?
    Was ist heute noch an dem Thema Anne Frank aktuell?
    ...

Die Schülerinnen und Schüler überlegen sich, wie sie nun weiter vorgehen und fangen an zu planen (eventuelle Einbeziehung des Lehrers).

Auf Grund des Fragenkatalogs bilden sich Interessengruppen. Diese versuchen in selbstständiger Arbeit Antworten zu finden.
Dabei gibt es verschiedene Strategien:
    In Bibliotheken steht den Schülerinnen und Schülern genügend Literatur zum Thema zur Verfügung.
    Spezielles Informationsmaterial erhalten die Schülerinnen und Schüler durch Anschreiben des Anne-Frank-Hauses.
    Weitere (eher emotionale) Informationen bekommen die Schülerinnen und Schüler durch die Befragung von Zeitzeugen.
    Besichtigungen von Museen/Ausstellungen/Konzentrationslagern dienen als weitere Informationsquelle.
    Eine Klassenfahrt nach Holland mit einem Besuch des Anne-Frank-Hauses bietet sich als geeigneter Erfahrungsaustausch an.

Der Lehrer steht bei allen genannten Punkten beratend zur Verfügung.

Die Vorstellung der Ergebnisse kann auf verschiedene Arten erfolgen:
    Referate
    Ausstellungen
    Rollenspiele
    Hörspiele
    selbst hergestellte Filme
    Diskussion
    ...

Lehrer gibt Schülern ausführlich und begründet Rückmeldungen (Feedback), besonders über ihr Arbeits- und Sozialverhalten während der Lerneinheit.

Literatur
NEBER, H. (Hrsg.), Entdeckendes Lernen, Weinheim u. Basel 1973; PETERSSEN, W. H., Lehrerwissen – Schülerwissen, Die Aufgaben des Lehrers bei der Planung von ›Lerninhalten‹, in: Lehren und Lernen, 19. Jg. 1993, H. 7, S. 8–41

		BEW	INF
Sa kom	So kom	EVA	PLA
Mo kom	Me kom	AUS	BER

▶ **Epochalunterricht (EPU):** EPU ist eine Antwort auf den üblicherweise durch Fächer in Einzelstunden zergliederten Unterricht und die daraus resultierenden Lernnachteile (→*fächerverbindender Unterricht*). Zu einem grundlegenden Prinzip für die Lernorganisation wurde er in den *Waldorf-Schulen* nach RUDOLF STEINER gemacht. Zum EPU werden die verfügbaren Unterrichtsstunden verwandter Fächer – z. B. sachkundlicher – zusammengefasst und für eines der Fächer über eine thematisch notwendige Zeit-Epoche verwendet.

Schüler erfahren auf diese Weise die Fachthemen nicht stundenweise zerstückelt nebeneinander, sondern in thematisch sinnvollen Blöcken in aufeinander folgenden Epochen. Solche Zeitverwendung lässt vollständige Lernprozesse mit aufwendigen Methoden für selbstständiges und intensives Lernen (→*Projektlernen*; →*Leittext-Lernen*; →*Freiarbeit* u. a.) zu. Probleme ergeben sich dort, wo Fachlehrer unterrichten; zwischen ihnen sind immer wieder Absprachen erforderlich. Lehrer – als Einzelkämpfer ausgebildet und erstarrt – schrecken zumeist davor zurück; ihnen kann man nur empfehlen, es einfach einmal und dann immer wieder zu versuchen, es lohnt sich! Allerdings hört man des öfteren Schüler darüber klagen, dass sie wegen der langen Pausen zwischen einzelfachlichen Einheiten vieles Erlernte vergessen würden, was sich für sie besonders nachteilig in Klassenarbeiten u. Ä. auswirkt. Um solches Vergessen aufzufangen, sollte bereits während der Epoche durch entsprechende methodische Maßnahmen auf das Merken und Speichern von Informationen besonderer Wert gelegt werden; zudem sollte ein Übungsplan dafür sorgen, dass Wiederholungen kontinuierlich stattfinden, unabhängig davon, welche Fachinhalte gerade anstehen.

Beispiel: Epochenplan/8. Schuljahr/Hauptschule (zur Verfügung stehen wöchentlich 6 Stunden) SILKE JETHON/PATRIZIA MAUCHER

WOCHEN	FACH	THEMA
15.09.97 – 26.09.97	Chemie	Wasser und Wasserstoff
29.09.97 – 24.10.97	Biologie	Reizaufnahme und Informationsübermittlung im Körper
03.11.97 – 21.11.97	Physik	Der Stromkreis
24.11.97 – 19.12.97	Chemie	Kohlenstoffverbindungen

Erklären

Literatur
KRETSCHMANN, J., Natürlicher Unterricht, neubearb. v. O. HAASE, Wolfenbüttel u. Hannover 1948

	Sa kom	So kom
	Mo kom	Me kom

BEW	INF
EVA	PLA
AUS	BER

▸ **Erklären (EK):** EK gehört zu den alltäglichsten Handlungen im Unterricht. Sowohl Lehrer als auch Schüler sind damit befasst: Sie geben einander Erklärungen, sie entwickeln Erklärungen gemeinsam oder in Gruppen, sie handeln Erklärungen miteinander aus. Anders als in der analytisch orientierten Wissenschaftstheorie, wo es um das Produkt, um die fertige Erklärung geht, meint EK didaktisch betrachtet: besonders den Prozess des EK, der zwischen Lehrern, Schülern, dem Stoff und anderen kontextuellen Rahmenbedingungen stattfindet.

Der Wunsch nach einer Erklärung entsteht aus einem ›Nichtwissen‹, welches in einer Frage artikuliert wird. Das Spezifische der EKs-frage liegt darin, dass man nach den Bedingungen für die Existenz oder die Eigenschaften eines Sachverhalts fragt (»Warum hat Wasser bei 4 °C seine größte Dichte?« »Weshalb brach der Zweite Weltkrieg aus?«). Das, was erklärt werden soll, bezeichnet man als ›Explanandum‹, und die Bedingungen, die als Erklärung gefunden werden sollen, als ›Explanansbedingungen‹ bzw. ›Explanans‹.

Für den Unterricht lassen sich folgende didaktisch sinnvolle Schritte des Verknüpfens von Explanandum und Explanansbedingungen konstatieren:

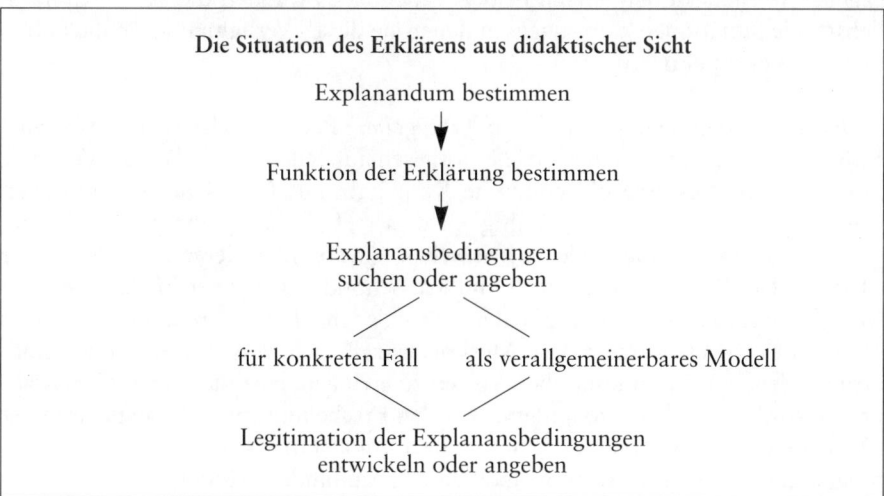

Abb. 11: Die Situation des Erklärens aus didaktischer Sicht

1. *Explanandum bestimmen:* Eine allgemeine Frage sollte zunächst immer in eine konkrete Frage überführt werden. D.h. man beginnt nicht mit der Frage »Warum brechen Kriege aus?«, sondern betrachtet einen oder mehrere konkrete

Kriege, um dann späterhin zu verallgemeinern. Das konkrete Explanandum sollte präzise begrifflich und in seinem Kontext charakterisiert werden. Es reicht also nicht aus zu fragen, warum gegen Mitte dieses Jahrhunderts ein Krieg ausbrach. Zur begrifflichen Bestimmung gehört hier u. a.: Wann war der Krieg genau? Wer war an ihm beteiligt? Gab es bestimmte Phasen? Usw. Es lohnt sich also erst dann, etwas zu erklären, wenn genau feststeht, was erklärt werden soll.

Zur begrifflichen Bestimmung gehört es ebenso, sich zu fragen, innerhalb welchen Bezugssystems eine EK gefunden werden soll. Wenn ein Ehepaar etwa nach einer EK für die bevorstehende Scheidung sucht, kann diese innerhalb einer psychologischen Theorie erfolgen. Dabei entwickelt der Psychoanalytiker vielleicht eine andere EK als der Gestalttherapeut. Eine EK kann allein in alltagssprachlichen Begriffen der Eheleute erfolgen, oder sie findet auf einer zwischen Disziplinen und Alltagswelt vermittelnden Ebene statt, wenn die Eheleute mit einem professionellen Eheberater sprechen. Gleichzeitig muss in einer Unterrichtssituation gefragt werden, welcher Aufwand betrieben werden soll, um eine EKs-Frage zu beantworten. Reicht es nur im Lehrbuch nachzuschauen, sollen Befragungen oder Experimente durchgeführt werden usw?

2. *Funktion der Erklärung bestimmen:* Die Funktion einer EK im Unterricht kann sehr unterschiedlich sein. Man kann mit einer EK nur die Informationsverarbeitung von Lernern verändern, indem man ihren Wissensstand verändert; oder man nutzt EK nur dazu, Kommunikation zu verbessern. Man kann aber auch versuchen, mit EK individuelles oder soziales Verhalten zu verändern – z. B. wenn Erklärungen für bestimmte Formen kooperativen Diskussionsverhaltens gegeben werden. In den letzten beiden Fällen ist es wichtig, die Lerner in möglichst viele Situationen zu bringen, in denen sie dieses Verhalten tatsächlich üben und darüber reflektieren.

3. *Explanansbedingungen suchen oder angeben:* Bei der Suche nach Explanansbedingungen kann man einerseits Hypothesen aufstellen (etwa: Der 2. Weltkrieg brach aus, weil es eine ökonomische Krise gab, auf Grund der dämonischen Gestalt Hitlers usw.) und die Gültigkeit dieser Hypothesen überprüfen (in diesem Fall an mündlichen oder schriftlichen Quellen). Andererseits besteht die Möglichkeit, über Beobachtungen und Klassenbildung zu einer EK zu kommen: Man beobachtet verschiedene Fälle (verschiedene Kriege bzw. Quellen über einen Krieg), sucht gemeinsame Merkmale (z. B. den Versuch, ein Territorium abzurunden, einen ökonomischen Vorteil zu erringen, eine Ideologie zu verwirklichen usw.), abstrahiert von allem, was den Erscheinungen nicht gemeinsam ist (Aspekte, die nur in einer einzigen Quelle auftauchen), bildet Klassen und dann möglicherweise auch Gesetzmäßigkeiten oder zumindest Modelle.

Beim Suchen oder Angeben von Explanansbedingungen sollte der ursprünglich konkrete Fall möglichst in Beziehung zu einem allgemeinen Fall gesetzt werden (d. h. nicht nur fragen, warum ein bestimmter Krieg ausgebrochen ist, sondern sich auch fragen, ob man hieraus etwas Allgemeines über den Ausbruch von Kriegen ableiten kann).

4. *Legitimationen der Explanansbedingungen entwickeln oder angeben:* Zum kritischen Umgang mit einer Erklärung gehört die Überlegung, weshalb es legitim ist, die angeführten Explanansbedingungen als gültige erklärende Bedingungen zu betrachten. Die häufigsten Formen von Legitimationen unterstreichen die Gültigkeit einer Erklärung durch die Übereinstimmung der Explanansbedingungen mit:
- einem *Gesetz* (einem deterministischen oder probabilistischen Gesetz wie in der Physik);
- einer *allgemeinen Regel*, wie etwa der Berufung auf das Naturrecht oder auch auf eine allgemeine Konvention;
- einem *Paradigma*, wie etwa dem Paradigma des Interaktionismus;
- einem *realen Beispiel* oder einem *der Realität angenäherten Beispiel*, wie einem konkreten Fall, einem Experiment, einer Simulation oder spezifischem Expertenhandeln;
- einem *ausgedachten Beispiel*, wie einem Gedankenexperiment;
- der *Aussage einer Autorität* oder als Autorität geltenden Schrift.

Eine weitere Klasse von Legitimationen ergibt sich aus den verschiedenen Überlegungen, die davon ausgehen, dass eine EK dann akzeptabel ist, wenn in einer Gruppe Konsens über sie erzielt wurde. Dabei gilt Konsens nur dann als Legitimation, wenn vor dem Erzielen des Konsenses ein rationaler Bearbeitungsprozess vorangegangen ist, wie etwa beim →*Neosokratischen Dialog*.

Wenn aufbauend auf einer EK Handlungen geplant sind, ergibt sich eine zusätzliche Legitimationsform dadurch, dass diejenige EK besonders akzeptabel erscheint, welche Handlungszielen nicht widerspricht und eine geplante Handlung möglichst weitgehend möglich macht.

5. *Erklärungen anwenden:* Grundsätzlich gibt es zwei große Kontexte von Anwendungen, nämlich die Anwendung in *Realkontexten* und die in *Schulkontexten*. In Realkontexten gibt es je nach Bezugssystem die Anwendung im Hinblick auf disziplinäre, professionelle, interaktionelle und subjektiv bedeutsame Fälle. In Schulkontexten gibt es die Übung in der Schule und die Hausaufgabe. In Realkontexten und in Schulkontexten ist das primäre Ziel die Anwendungssicherheit von EKn. Diese Anwendungssicherheit ist erreicht, wenn es nicht mehr zu Zuordnungsfehlern kommt und wenn Übergeneralisierungen, Untergeneralisierungen sowie Fehlkonzeptionen vermieden werden. Idealerweise sind bei komplexen Aufgaben die Erklärungen früherer Lerntätigkeit Teil der neu übertragenen, neu zu entwickelnden oder neu auszuhandelnden Erklärungen. Hierdurch wird eine größere Anwendungssicherheit erreicht und die Entwicklung isolierter ›Wissensinseln‹ vermieden.

In den nach wie vor häufigen frontalen Unterrichtssituationen in der Schule werden Erklärungen vielfach vom Lehrer einfach nur gegeben oder von den Lernern zur Lernkontrolle gefordert. Das selbstständige Entwickeln von Erklärungen sowie das gemeinsame Aushandeln etwa wie im →*Neosokratischen Dialog* ist weniger verbreitet. Dies führt dazu, dass die Fähigkeit, selbstständig und im Vertrauen auf die eigenen Fähigkeiten mit Erklärungen umzugehen, eher unterentwickelt bleibt.

Das reale Problem besteht darin, dass der hier geschilderte EK-Prozess einen erheblichen Aufwand an geistiger Arbeit, Zeit und Disziplin erfordert. Meist sind weder Lerner *noch* Lehrer in der Lage, den gerade skizzierten Prozess des EKs ohne vorbereitendes Training oder vorbereitende Übungen zu durchlaufen.

Literatur
GAGE, N.L. u.a., Explorations of the Teacher's Effectivencess in Explaining, Stanford Center For Research and Development in Teaching. Technical Report, December 1968, No. 4; BROWN, G.A./ARMSTRONG, S., Explaining Explanations, in: WRAGG, E.C. (Hrsg.), Classroom Teaching Skills, London u. Sydney 1984, S. 121–148; CRUICKSHANK, D.R./METCALF, K.K., Explanation in Teaching and Learning, in: HUSÉN, T./POSTLETHWAITE, T.N. (Hrsg.), The International Encyclopedia of Education, Vol. 10, 1994, S. 6143–6149; KIEL, E., Erklären als didaktisches Handeln, 1999
EWALD KIEL

Sa kom	So kom		BEW	INF
			EVA	PLA
Mo kom	Me kom		AUS	BER

X ▶ **Erkundung (ED):** EDen führen Lernende i.d.R. aus dem Klassenraum heraus und in/an die jeweilige Wirklichkeit heran. Bereits bei AUGUST HERMANN FRANCKE (1663 bis 1727) findet sich die Forderung nach ED, bei denen sich die Schüler vor Ort über einen Beruf anschaulich und praxisnah informieren sollten. EDen stellen den Versuch dar, die Trennung von schulischer und außerschulischer Realität und abgeschottetem Schullernen und Lernen an der unmittelbaren Wirklichkeit wenigstens zeitweise zu überwinden.

EDen haben ihre didaktische Funktion in verschiedenen Phasen einer Unterrichtseinheit:
- zur ersten Einführung in ein neues Unterrichtsthema,
- zur Vertiefung und Veranschaulichung der im Unterricht aufgearbeiteten Themenkomplexe,
- zur Ergebnissicherung am Schluss einer Unterrichtsphase.

ED meint die unmittelbare Begegnung von Lernenden mit der außerschulischen Wirklichkeit (Natur, aktuelle Lebensprobleme, Betriebe, Kulturdenkmäler usw.); dabei werden vor allem folgende didaktische Ziele vordringlich angestrebt:
- ganzheitlich-sinnliche Anschauung zu schaffen (Schüler können – nach BRUNER – enaktiv mit den Lerngegenständen umgehen, können sie fassen und sehen, riechen, hören, schmecken, wenn das die Gegenstände zulassen),
- gründliche Informationen vor Ort zu ermöglichen (der ganze Schüler begegnet der ganzen Sache, Schüler können sich insgesamt den Sachen zuwenden, die Sachen stehen ihnen in ihrer Gesamtheit gegenüber),

- Erfahrungen an der Wirklichkeit (Primärerfahrungen) und unmittelbare Erweiterung eigener Kompetenzen in Bezug auf
  a) Sachwissen,
  b) Fertigkeiten,
  c) Einstellungen/Haltungen (wozu auch soziales Verhalten, soziales Klima in der Klasse, Selbsterfahrung in neuen Situationen zählen).

Synonym für ED werden verwendet: →*Lerngang*, →*Exkursion*, z. T. auch →*Klassenfahrt* und →*Wandertag*, Rallye, Betriebserkundung usw.

ED ist nach KLAFKI bloß eine Aspekterkundung, keine Totalerkundung. Sie hebt sich seiner Auffassung nach von der *Besichtigung* dadurch ab, dass etwas ganz Bestimmtes, Vorausbedachtes gezielt erkundet, erforscht werden soll. Es ist daher bei einer ED eine sorgfältig-langfristige Planung, eine solid-konkrete Vorbereitung und eine gemeinsame Auswertung mit den Schülern notwendig, wobei aktuelle Anlässe durchaus auch zu *Spontanerkundungen* anregen können.

ED können folgenden Verlauf nehmen:

1. Vorbereitung
- Bei evtl. nötigen Unterrichtsverschiebungen ist eine langfristige Planung und u. U. eine Absprache mit Kollegen notwendig.
- Eine Vorauserkundung durch Lehrer ist oft empfehlenswert. Sie dient
  a) der genauen Abstimmung des Unternehmens auf die Lerngruppe,
  b) der Festlegung von Lernzielen (z. B. Wahl der Beobachtungsschwerpunkte),
  c) dem Organisieren von Fachleuten am Erkundungsort und
  d) der Abklärung der benötigten Zeit, der Beförderungsart, der Ausrüstung und der Vermittlung vor Ort.
- Die Schüler sind über den Zweck und Inhalt der Erkundung aufzuklären und durch die Vermittlung notwendiger Grundkenntnisse und/oder Fragestellungen und Arbeitstechniken (Beobachten, Befragen, Notieren, Dokumentieren ...) auf eine effektive Durchführung vorzubereiten.

⬇

2. Durchführung
- Ein inhaltlicher ›Fahrplan‹ (Erkundungsaufgaben) und organisatorischer ›Fahrplan‹ (zeitliche Abmachungen) können sinnvoll und hilfreich sein.
- Gruppen- oder Partnerarbeit und arbeitsteiliges Vorgehen sind für die Durchführung gut geeignet.
- Der Lehrer achtet als Berater darauf, dass sich die Lerngruppen nicht in Nebensächlichkeiten verlieren, Schwierigkeiten bei der Materialbeschaffung und Erkenntnisgewinnung überwinden lernen, Ergebnisse sichern, über gruppendynamischen Problemen nicht das eigentliche Ziel der Erkundung aus den Augen verlieren.

- Aufgrund des erhöhten Wahrnehmungsdruckes ist zu beachten, dass genügend Pausen eingeplant werden und auch Raum für spontane Aktivitäten bleibt.

    ↓

3. *Auswertung (ausgewählte Möglichkeiten)*
- Freies Berichten über das Erlebte
- Vorstellen der Ergebnisse der Arbeitsgruppen
- Einordnen in den umfassenden Themenbereich
- Festhalten der Arbeitsergebnisse durch schriftliches Fixieren oder aufwendigere Verfahren, wie (Foto-) Dokumentationen, Wandbilder, Beitrag für die Schülerzeitung
- Bearbeiten gruppendynamischer Probleme, die während der Erkundung aufgetreten sind

Beispiel: ›Wie unterscheiden sich die Lebensbedingungen im Laub-, Misch- und Nadelwald?‹/Biologie/9. Schuljahr/Realschule

Zur Vorbereitung
- Bei der Vorauserkundung klärt der Lehrer die benötigte Zeit für einen Fußmarsch mit den Schülern von der Schule zum nahegelegenen Wald ab, sucht geeignete Waldstücke als Untersuchungsgebiete aus, legt Untersuchungsschwerpunkte fest und überprüft, welche Materialien benötigt werden (z.B. Lupen, Bestimmungsbücher, Indikatorpapier, Spaten, Luxmeter, Thermometer usw.).
- Für die Durchführungsdauer wird eine Doppelstunde eingeplant.
- Das Unterrichtsvorhaben wird wegen des Verlassens des Schulgeländes mit der Schulleitung abgesprochen.
- Die Schüler werden über den Zweck und Inhalt der Erkundung informiert und aufgefordert, zur nächsten Biologiestunde mit wetterfester Kleidung und festem Schuhwerk ausgerüstet zu sein.

Zur Durchführung
- Vor Ort (am Sammelplatz vor dem Wald) werden bestimmte Arbeitstechniken, wie z.B. Untersuchung des Säuregehaltes des Waldbodens oder der Lichtmessung vermittelt.
- Danach werden die Schüler in 3 Gruppen (Laub-, Misch- und Nadelwaldgruppe) eingeteilt.
- Die Schülergruppen erkunden arbeitsteilig ihr spezielles Waldgebiet.
- In einem vorgegebenen zeitlichen Rahmen gehen sie hierbei nach einem inhaltlichen »Fahrplan« vor. Dieser besteht aus einem Blatt mit Erkundungsaufgaben, einem Blatt mit Tabellen zum Eintragen der Erkundungsergebnisse und 2 Blättern mit einem Bestimmungsschlüssel als Hilfe zur Bestimmung von Bäumen und Sträuchern.

Beispiele für Erkundungsaufgaben
- Die Schüler sollen ihr Erkundungsgebiet mit allen Sinnen wahrnehmen und beschreiben und eine Liste der bestimmten *Bäume und Sträucher* anfertigen.
- Die Schüler sollen durch Ausheben des *Waldbodens* mit einem Spatenstich die Schichtung des Bodens untersuchen und die Anzahl der Schichten, ihre Dicke und Zusammensetzung durch eine Skizze und Beschreibung festhalten.
- Die Schüler sollen die ungefähre Anzahl und Art der *Tiere* in einem festgelegtem Stück Waldstreu bestimmen und aufschreiben.
- Außerdem sollen die Schüler die *Bodentemperatur*, die *Sonneneinstrahlung* und den *Säuregehalt* des Bodens messen und festhalten.
- Für diese Erkundungsaufgaben benötigen die Gruppen ca. 45 Minuten. Danach besprechen die Schüler ihre Ergebnisse innerhalb der Gruppe.

Zur Auswertung
- Anschließend treffen sich die Gruppen zur vereinbarten Zeit am Sammelplatz, wo die einzelnen Gruppen ihre Ergebnisse vortragen. Die anderen Schüler notieren das Wichtigste auf einem Protokollblatt. So werden die Ergebnisse noch vor Ort gesammelt und im schülerzentrierten Unterrichtsgespräch ausgewertet.
- In den weiteren Unterrichtsstunden werden die Ergebnisse in den umfassenden Themenbereich eingeordnet.

Literatur
BÖNSCH, MANFRED, Variable Lernwege – Ein Lehrbuch der Unterrichtsmethoden, Bd. 1617, Paderborn 1991; KÖCK, PETER/OTT, HANS, Wörterbuch für Erziehung und Unterricht, 5. Auflage, Donauwörth 1994; MEYER, HILBERT, Unterrichtsmethoden, II: Praxisband, 6. Auflage, Frankfurt a. M. 1994, S. 327–334; PETERSSEN, WILHELM H., Anschaulich unterrichten, München 1994
CLAUDIA KAUFMANN/SUSANNE WEIHING

Sa kom	So kom
Mo kom	Me kom

BEW	INF
EVA	PLA
AUS	BER

▶ **Erzählen (EZ):** Mit Ausweitung der allgemeinen Schriftfähigkeit trat seit dem 18. Jahrhundert das mündliche EZ im Unterricht immer mehr in den Hintergrund und wurde meist nur noch als Vorstufe zum Schreiben betrachtet. Durch die Reform des Deutschunterrichts Ende der 60er-Jahre unseres Jahrhunderts, zurückgehend auf maßgebliche Vorstellungen in der europäischen Reformpädagogik um die Jahrhundertwende, wurde der Eigenwert des EZ neu entdeckt. FREINETs Forderung, den *»Kindern das Wort (zu) geben«*, sollte praktische Umsetzung erfahren. Dies führte zu zahlreichen Publikationen und vielen Fortbildungsangeboten zum Thema EZ. EZ sollte dadurch aus seinem unbewussten Gebrauch herausgelöst und die Notwendigkeit zu gezielter und bewusster Betrachtung und intentionalem Einsatz erkannt werden. Erst wo das gesamte Potenzial von EZ erkannt ist, kann es auch unterrichtlich sinnvoll genutzt werden.

Die vielen und vielfältigen Facetten des EZ machen es einsetzbar in durchaus allen schulischen Fächern und auf allen Klassenstufen – auch über die Grundschule hinaus. Nicht zuletzt erweist sich EZ als bedeutsames Moment vieler anderer bekannter Unterrichtsmethoden, so z.B. des →*Rollenspiels* und des →*Frontalunterrichts*. Erzählen kann in unterschiedlichen Weisen geschehen:

ERZÄHLEN

| erzählen | berichten | mitteilen | schildern |
| beschreiben | wiedergeben | darstellen | |

Der EZ-Anlass kann aufgrund seiner Vielfältigkeit nicht allgemein festgelegt werden, sondern wird vor allem durch die Erzählabsicht und durch die verschiedenen Erzählgegenstände bedingt. So unterscheidet OEHLMANN:
- Gestaltetes Erzählen
    Erzählen von Märchen
    Erzähltheater
- Pädagogische Erzählaspekte
    Erzählanlässe schaffen und fördern
    Erzählanalyse
- Therapeutische Erzählaspekte
    Heilendes Kraftfeld des Wortes
    Erzählen aus Betroffenheit

Ausschlaggebend für Verlauf und Erfolgsaussicht von EZ ist die EZ-Atmosphäre, die dadurch gekennzeichnet sein kann, dass eine vertraute Situation z.B. auf Grund gemeinsam erstellter Regeln geschaffen wird und Raum für freies EZ gewährleistet. Die Aufgabe des Lehrers besteht immer auch darin, die jeweiligen Voraussetzungen für eine passende EZ-Atmosphäre zu schaffen. Diese soll Schüler ermutigen und Anreize zum eigenen EZ geben, sodass sie selber statt des Lehrers erzählen und der Unterricht seine übliche Lehrerzentrierung verliert. Lehrer setzen Akzente, wie z.B. durch eigene persönlich-emotionale Erzählungen, unterstützt durch Mimik und Gestik, oder durch bewusstes Schweigen und aufmerksam-konzentriertes Zuhören auf Schüler-EZ. EZ sollte – wo immer möglich und nicht als darstellende Methode vom Lehrer verwendet – zu einer *Lern*methode werden, d.h. in die Hand, besser: den Mund, von Schülern gegeben werden.

Erzählende Schüler bringen persönliche, individuelle Erlebnisse, aber auch Gefühle und Erfahrungen in die Gruppe ein und stellen sich – mehr oder weniger bewusst – der Spiegelung ihres eigenen Empfindens durch die gesamte Klassengruppe. Neben solch ganzheitlicher Rückmeldung werden durch EZ auf jeden Fall die Sprach- und Ausdrucksfähigkeit und die Erzählkunst gefördert, wobei zu Worten auch Mimik und Gestik treten können und wozu zusätzlich die Vielfältigkeit von Intonationen und Artikulationen zu nutzen ist. Zuhörende Schüler tragen zum erfolgreichen EZ bei, indem sie den Erzähler durch aufmerksames Zuhören unterstützen und durch sichtbares Mitfühlen und Miterleben Anteil an der EZ und somit auch am Erzählenden nehmen. Aus dieser Anteilnahme heraus, die sich in unmittelbaren zwischenmenschlichen Reaktionen äußern kann, werden Sozialkontakte in der Lerngruppe entwickelt und die Fähigkeit zur aktiven Stellungnahme und Vertiefung der sozialen Kontakte bei den Schülern gefördert.

Beispiel: Erzählkreis/Grundschule
Alle Sch und L sitzen in einem Kreis zusammen

L.: »Da habe ich heute morgen in der Zeitung gelesen, dass wieder Hunderte von Tieren – Hunde und Katzen – an den Autobahnen ausgesetzt worden sind.«

L.: ... (wartet)

Sch.: »Das hat mein Papa uns auch vorgelesen.«
»Als wir in Ferien fuhren, da haben wir auch eine Katze gefunden.«

L.: »Ach, Susanne, erzähl' uns das doch bitte einmal ganz ausführlich!«

Susanne: ... erzählt ihre Geschichte über das Auffinden und Mitnehmen der Katze vom Rande der Autobahn

L.: »Lasst uns das doch noch einmal alle nachvollziehen. Was ist da geschehen? Warum setzen Leute ihre Tiere am Rande der Autobahn aus? Was könnte man Eurer Meinung nach dagegen tun?«

Usw.

Literatur
CLAUSSEN, C./MERKELBACH, V., Erzählwerkstatt, Mündliches Erzählen, Braunschweig 1995; OEHLMANN, CHRISTEL, Garantiert erzählen lernen – ein Übungsbuch, Reinbek b. Hamburg 1995; WANNER, W., Erzählen kann jeder, Berlin 1982; SANDERS, W./WEGENAST, K. (Hrsg.), Erzählen für Kinder – Erzählen von Gott, Stuttgart 1983; DEHN, W., Der Deutschunterricht – Erzählen, Jahrgang 32, Heft 2, Stuttgart 1980
MICHAELA BAIKER/CORNELIA STEMMLER

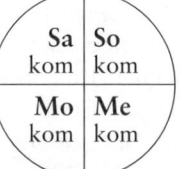

▶ **Exemplarisches Lernen (ExL):** ExL ist ein verbreitetes Konzept, das aber vor allem mit dem Namen von WAGENSCHEIN in Verbindung steht. Dem bloßen Begriff nach meint es, an einem Lerninhalt stellvertretend eine grundlegende Einsicht zu gewinnen, die für viele ähnliche Inhalte zutrifft, also z. B. an der einen Wüste, an der Sahara zu lernen, was eine Wüste schlechthin ausmacht. Damit verbunden wird die Erwartung, dass die einmal gewonnene Einsicht sich übertragen lässt, wenn die Lernenden später auf ähnlich strukturierte Inhalte stoßen, also z. B. die Wüste Namib eben als Wüste erkennen. Solche lernökonomische Hoffnung auf Transferierbarkeit einmal erworbener Kenntnisse wird aber durch psychologische Befunde bisher kaum gestützt.

Anders bei WAGENSCHEIN: Nicht aus lernökonomischen, sondern aus bildungstheoretischen Gründen forderte er ExL. Nicht der einzelne Inhalt, sondern das einzelne Phänomen soll zum Ansatz für exemplarische Einsichten werden. Unterricht soll nicht die bereits festen Systemvorstellungen korrespondierender Wissenschaften zum Ausgangspunkt haben; solche gleisähnlichen Systeme sollen zwar am Ende als Ergebnis kindlichen Bemühens um ein angemessenes Wirklichkeitsverständnis stehen, nicht aber den Anfang bilden (→*Genetisches Lernen*). Den Anfang muss Unterricht – allerdings streng als Fachunterricht genommen – mit solchen Phänomenen machen, dem Kinder sich interessiert zuwenden. In mehrfacher Stufung ist dabei exemplarisch zu verfahren:

- Auf einer ersten Stufe soll wie üblich an einem konkreten Inhalt eine übergreifende Einsicht gewonnen werden, die sich auch möglichst zum Verständnis anderer Phänomene auf diese übertragen lassen soll. *Schüler lernen am Beispiel Sahara, was eine Wüste ist, welche Merkmale, welche Qualitäten eine Landschaft kennzeichnen, die als Wüste bezeichnet wird. Sie werden das maßgebliche Begriffssystem auf andere Wüstenerscheinungen übertragen können.*
- Auf einer zweiten Stufe soll die je besondere Art des fachwissenschaftlichen Zugriffs auf die Wirklichkeit erkannt werden, also in der Tat wissenschaftliches Lernen grundgelegt werden. *Schüler erkennen, dass Geografie – in der dies inhaltliche Lernen vor sich geht – stets auf den Wechselwirkungszusammenhang von Landschaft und Mensch schaut, also: Wegen der Wüstenmorphologie usw. sind Menschen zum Herumziehen gezwungen, sind Nomaden geworden, andererseits sind es eben die Nomaden, die der Wüste durch ihre Zeltbauten usw. einen gewissen Stempel aufdrücken.*
- Auf einer dritten Stufe soll dann die je besondere fachwissenschaftliche Erkenntnis als bloß eine Erkenntnismöglichkeit eingesehen werden, die der Ergänzung durch andere Wissenschaften bedarf. *Schüler sehen ein, dass, um Wüste vollständig zu erkennen, es noch weiterer Wissenschaften mit ihren je besonderen Zugriffs- und Erkenntnisarten bedarf, also z. B. noch der Biologie, die nach allgemeinen Lebensvorgängen sucht und fragt.*
- Auf einer vierten Stufe schließlich soll die grundlegende Einsicht in die Relativität menschlicher Erkenntnismöglichkeiten überhaupt erfolgen. *Letzten Endes vermögen die Schüler einzusehen, dass Menschen bloß Stückwissen über die Wirklichkeit gewinnen können und dass dieses zudem noch bloß auf Zeit gewonnen wird.*

Exkursion

Das verlangt – methodisch gesehen – ein grundsätzlich genetisches Vorgehen (*induktives Verfahren*): vom einzelnen Phänomen zu den exemplarischen Gewinnen. Allerdings ist das WAGENSCHEINsche Prinzip nicht unumstritten; so gibt es zahlreiche Didaktiker, die für ihre Fächer behaupten, es gäbe keine exemplarischen Ansatzmöglichkeiten, sondern bloß Einzelphänomene. Diesen Fachdidaktikern muss man entgegenhalten, dass sie das exemplarische Lernen wahrscheinlich nur auf die erste Stufe eingeschränkt sehen.

Literatur
WAGENSCHEIN, M., Verstehen lehren, Weinheim/Berlin 1968; ders., Ursprüngliches Verstehen und exaktes Denken, Stuttgart 1965; PETERSSEN, Wilhelm H., Handbuch Unterrichtsplanung, 8., akt. u. erw. Aufl., München 1998, bes. S. 380 ff.

Sa kom	So kom
Mo kom	Me kom

BEW	INF
EVA	PLA
AUS	BER

▶ **Exkursion (Ex):** Seit der reformpädagogischen Bewegung wird versucht, Unterricht verstärkt realitäts- und praxisbezogen zu gestalten. Außerschulische Lernorte dienen dazu, den überwiegend theoretischen Schulunterricht durch konkrete praxisbezogene Erfahrungen zu ergänzen und ganzheitliches Lernen zu ermöglichen. Eine Möglichkeit dazu bietet die Ex. Sie vermittelt u.a. in den naturwissenschaftlichen Fächern ein besseres Verständnis durch erlebte Sacherfahrungen und -erkenntnisse. Eine Ex muss sorgfältig geplant und durchgeführt werden. Wichtig ist, dass die folgenden Phasen in gleichberechtigter Zusammenarbeit zwischen Schüler und Lehrer stattfinden:

Zielfestsetzung
(Thema, konkrete Arbeitsaufträge, Planung der Durchführung)

Praktische Durchführung
(Realisierung)

Aufarbeitung und Reflexion
(Darstellung der durchgeführten Arbeit, Ergebnissammlung,
Einordnung in den thematischen Gesamtzusammenhang)

Eine Ex kann innerhalb einer Unterrichtseinheit in verschiedenen Phasen eingesetzt werden:
- →*Einstieg*, Hinführung zum Thema;
- *Erarbeitung*, weitere Erarbeitung des Themas nach einer vorbereitenden Phase;
- *Ergebnissicherung*, Abschluss, zur Festigung der Unterrichtsinhalte.

Durchführung und Auswertung einer Ex verlangen vom Schüler genaues Beobachten und die Fähigkeit, Erlebtes mit theoretischen Fakten in Bezug zu setzen, Argumente in die Diskussion einzubringen, daraus Schlussfolgerungen zu ziehen und zu werten. Parallel dazu werden Selbstständigkeit, Kollektivität, Sorgfalt, Eigenverantwortlichkeit und Ausdauer gefördert.

Beispiel: 4-tägige Großexkursion auf die Wacholderheide mit einer 11. Klasse
SUSANNE BOKA/SABINE BRAUN/SILVIA SULZBERGER

Vorbereitung
Die Anregung einer Schülerin, eine Exkursion auf die Wacholderheide durchzuführen, wurde vom Lehrer aufgegriffen und auf ihre Realisierbarkeit hin überprüft. Schnell war klar, dass ein sinnvolles Kennenlernen der Wacholderheide nicht an einem Tag zu bewerkstelligen ist, der Gedanke an eine Großexkursion wurde deutlich.
- Ein Teil der SchülerInnen und der Lehrer formierten sich zur Planungsgruppe, von der die organisatorische und inhaltliche Vorgehensweise grob skizziert wurde. Weiterhin folgte eine Ortsbegehung, die in Form einer Vorexkursion durchgeführt wurde, um das Exkursionsgebiet und seine Gegebenheiten kennen zu lernen. Daraus ergaben sich weitere inhaltliche und organisatorische Möglichkeiten und Notwendigkeiten. Es folgte die konkrete Planung durch die Planungsgruppe sowie die Verteilung langfristiger organisatorischer Aufgaben, wie z.B. das Vorbestellen der Hütte, das Bestellen einer Museumsführung im Urzeitmuseum, die Einladung des Schäfers und des Naturschutzbeauftragten zu einem Diskussionsabend, Informationsbeschaffung für die Anreise mit dem Zug.
- Rechtzeitig vor der Großexkursion folgte die Vorbesprechung mit der gesamten Klasse. Der organisatorische Ablauf wurde vorgestellt, es bildeten sich Gruppen, die die verschiedenen organisatorischen Bereiche übernehmen wollten, um einen reibungslosen Ablauf zu gewährleisten. Dies waren z.B.
    der Kochdienst,
    Spüldienst,
    Einkaufsdienst,
    die Frühgymnastikgruppe und
    die Verantwortlichen für die Musik und das Abendprogramm.
- Zu den verschiedenen von der Planungsgruppe vorgeschlagenen thematischen Schwerpunkten bildeten sich Gruppen, die während der Exkursion folgende Themen bearbeiten sollten:
    Geschichte und Entstehung der Wacholderheide – ein Kulturgut und seine Zukunft
    Vermarktung der Wacholderheide
    Sinn und Probleme der Erhaltung der Wacholderheide

Artenkenntnis der auf der Wacholderheide lebenden Tiere und Pflanzen
  Ökologie der Wacholderheide: Pflanzen- und Tiergesellschaften
  Wacholderheide und Kunst (Musik, Malerei)
  Fotografische Dokumentation der Exkursion
- Die SchülerInnen bekamen die Aufgabe, bis zur Exkursion Material zu ihrem Schwerpunkt zu beschaffen und Fragestellungen zu ihrem Thema zu entwickeln sowie die übernommenen organisatorischen Aufgaben soweit nötig zu erfüllen (z. B. Einkauf).

Durchführung
- Nach der Anfahrt wurde zunächst die Hütte bezogen, wo alle sich einrichten konnten. Danach wurden gruppendynamische Spiele durchgeführt, um die Zusammenarbeit und das ständige Zusammensein zu erleichtern. Es wurden gemeinsam Regeln für die kommenden Tage aufgestellt. Der organisatorische und inhaltliche Plan und die allgemeine Vorgehensweise wurden nochmals durchgesprochen.
- Am Nachmittag folgte ein erstes Kennenlernen der unmittelbaren Umgebung und die grobthematische und emotionale Hinführung zum Thema Wacholderheide durch eine Fantasiereise und naturpädagogische Spiele (z. B. *die Wacholderheide barfuß erleben*).
- An den nächsten beiden Tagen folgte die Arbeit in den einzelnen Gruppen anhand der vorbereiteten Fragestellungen. Der Lehrer stand als Beratungsperson und bei auftauchenden organisatorischen Notwendigkeiten zur Verfügung. Abends stellten die einzelnen Gruppen kurz vor, was sie am Tag gemacht hatten, und erläuterten, wie sie weiter vorgehen wollten. Die Vorgehensweise der Gruppen sowie der allgemeine Ablauf der Exkursion wurden reflektiert, das Kursprogramm wurde an notwendige und gewünschte Änderungen angepasst.

Präsentation
- Am letzten Tag präsentierten die Themengruppen ihre Fragestellungen sowie die wesentlichen gewonnenen Erkenntnisse und Entdeckungen: Kartierung der Gegend nach Gesichtspunkten der vorkommenden Pflanzen und Tiere mit Naturmaterialien, Präsentation von Pflanzen und ihrer Besonderheiten auf einem Pflanzentisch, Darstellung der Merkmale von Pflanzen anhand eines selbstgebauten Modells, Vorstellung alter und neuer (eigener) Lieder zur Wacholderheide, mit Illustrationen von SchülerInnen, Podiumsdiskussion mit Experten zum Thema wirtschaftliche Bedeutung der Kulturlandschaft Wacholderheide usw.

Reflexion
Ein Gruppenfoto wurde gemacht. Danach wurde über die Gruppenprozesse und die Erfüllung der organisatorischen Aufgaben reflektiert. Der Arbeitsablauf, die Ergebnisse und die Präsentation wurden bewertet, negative und positive Kritik wurde angebracht.

Es folgten das gemeinsame Aufräumen, Einpacken und Putzen der Hütte und der Umgebung, die Verabschiedung und Abreise.
Im Unterricht des laufenden Schuljahres wurde an passenden Stellen im Unterricht immer wieder auf die Wacholderheide Bezug genommen, z.B. Vergleich von Kulturlandschaften, Artenkenntnis der Pflanzen und Tiere anhand von Wacholderheidedias, Gedichte im Deutschunterricht, Ökologie und Ökonomie (Biologie und Gemeinschaftskunde) usw.

Literatur
JÜRGENS, EIKO, Außerschulische Lernorte – Erfahrungs- und handlungsorientiertes Lernen außerhalb der Schule, in: Grundschulmagazin, Juli/August 1993, H.7/8, S. 4–6; LAABS, H.-J. (Hrsg.), Pädagogisches Wörterbuch, Berlin 1987, S.121; Lexikon der Pädagogik, Freiburg, Basel, Wien 1970, Bd.1, S. 431–432
ANGELA BEUTER/IRIS MATSCHER

▶ **Experiment (Ep):** Ep – aus dem Lateinischen – meint soviel wie: Versuch. In die Wissenschaft wurde das Ep erstmals durch FRANCIS BACON als eine strenge Methode eingeführt, während bis dahin Ep mehr in Form von lockeren Beobachtungen künstlich geschaffener Tatbestände praktiziert wurde. Das Ep gilt heute als methodisch-planmäßige Herbeiführung von meist variablen Umständen zum Zwecke wissenschaftlicher Beobachtung. Es ist wichtiges Mittel aller Erfahrungswissenschaften, in denen sich Ep-Bedingungen künstlich herbeiführen und in genügender Anzahl reproduzieren lassen. Für die Psychologie begriff WILHLEM WUNDT das Ep als Verfahren zur systematischen Beobachtung eines Vorgangs, das charakterisiert ist durch die Eigenschaften *Willkürlichkeit, Wiederholbarkeit, isolierende Bedingungsvariationen*.

Strukturmerkmale des Ep:
- *Willkürlichkeit* wird auch als Künstlichkeit bezeichnet, denn das Ep ist immer ein Vorgang, der gestaltet – also in keinem Fall natürlich – verläuft.
- *Wiederholbarkeit* hängt mit der Planmäßigkeit zusammen. Die Bedingungen, die für das jeweilige Ep entscheidend sind, müssen wiederholt und reproduziert werden können. Die Nachprüfbarkeit eines Ep ist am überzeugendsten, wenn das Ep (Versuch) beliebig oft wiederholt werden kann.
- Erst das Merkmal der *Variierbarkeit* oder der *isolierenden Bedingungsvariation* unterscheidet das Ep völlig von nicht experimentellen Maßnahmen.

Im Ep wird jeweils mindestens eine Bedingung – es können auch mehrere sein – planmäßig variiert um festzustellen, ob sich mit der variierten Bedingung auch das Ergebnis ändert.

Im Unterricht kann das Ep entweder
- nur vom Lehrer (Frontalunterricht)
- oder Lehrer und Schülern
- oder Schülern allein

durchgeführt werden (Experimentatoren).

Dabei gilt es immer die drei Phasen:

zu durchlaufen, bei denen dann allerdings die Aktivitäten unterschiedlich verteilt sind. Das Ep kann vollständiges Lernen fördern, wenn es bei minimaler Aktivität von Lehrern Schülern weitgehend alle Aktivitäten in allen drei Phasen überlässt. Außer der Fähigkeit selbstständigen fachlichen Experimentierens werden die Selbstständigkeit und das Selbstwertgefühl von Heranwachsenden allgemein stark gefördert. Die didaktische Tätigkeit von Lehrern verschiebt sich dabei stärker aus dem eigentlichen Unterricht – Instruktion – in die Vorphasen *Planung* und *Vorbereitung*. Denn Epe müssen sorgfältig geplant werden, um zum einen Gefährdungen von Schülern auszuschließen, zum anderen sie nicht in uferlosen Aktionismus ausarten zu lassen. Und dass der gedanklichen Planung die entsprechenden konkretisierenden Vorbereitungen der Ep-Umstände zu folgen haben, versteht sich wohl von selbst. Dafür, dass Epe intensiv geplant und vorbereitet sein sollten, sprechen auch die Erkenntnisse der neueren so genannten konstruktivistischen Lernpsychologie, wonach auch selbstgesteuertes Lernen der ständigen und guten Anleitung bedürfe. Epe sind besonders für die naturwissenschaftlichen (Sekundarstufe I und II) und sachkundlichen Fächer (Grundschule) geeignet, also Chemie, Physik, Biologie, Geografie und Heimat- und Sachunterricht.

Beispiel: Wasserkraft und Erosion/Heimat- und Sachunterricht/ 3. Schuljahr

Im Sandkasten wird das Modell eines Flußlaufes vorbereitet (vgl. Abb. 11).

Schüler gießen Wasser in das Modell und beobachten, welche Wirkungen das abfließende Wasser auslöst, besonders auch, was mit den im Flußbett verteilten Kieselsteinen zwischen den Punkten 1 und 2 geschieht.

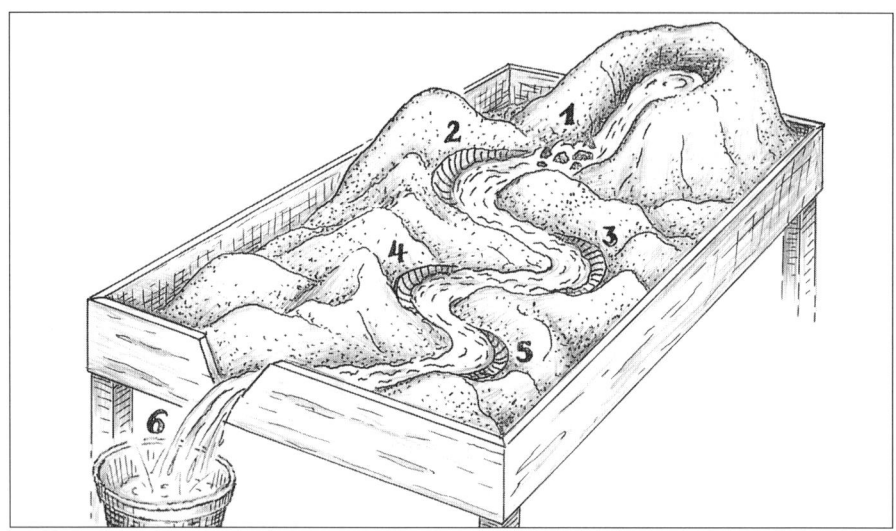

Abb. 12: Experiment Fluss

Literatur

KUNKEL, P., Experiment in der Schule, in: Lexikon der Pädagogik, hrsg. v. ROLOFF, E. M., Bd. 1, Freiburg i. Br. 1913. Sp. 1186–1189; ROSSA, E., Experiment – experimentelle Methode – Persönlichkeitsentwicklung, in: Chemie in der Schule, 1976, S. 449–461

MARGARETHE GRUNWALD/CLAUDIA KANT

Sa kom	So kom
Mo kom	Me kom

BEW	INF
EVA	PLA
AUS	BER

✗ ▶ **Fächerübergreifendes Lernen (FüL):** Für die Behandlung und Klassifizierung von FüL gilt, was weiter unten über →*fächerverbindendes Lernen* (= FvL) gesagt ist. FüL ist – anders als FvL – ein überaus zaghafter Versuch, die beim Fachunterricht empfundenen Nachteile zeitweise zu überwinden, indem mehrere Fächer an ein Thema gebunden werden.

Die Beteiligung mehrerer Fächer geschieht – wenn FüL im Sinne des Wortes praktiziert wird – in aller Regel auf bloß additive Art. Es gibt stets ein *Leitfach*, dem das zentrale Thema entnommen ist und in dem auch dies Thema vorrangig mit den Schülern behandelt wird. Metaphorisch ausgedrückt, geht es beim FüL um den *Blick über den Gartenzaun*. Um nicht Schülern die schwierige Aufgabe zu überlassen, auf ein reales und komplexes Lebensthema hin zusammenschauen und zusammenfügen zu müssen, was sie an Kenntnissen und Fertigkeiten isoliert und in getrennten Einzelfächern erworben haben, wird das in einem Fach zentral behandelte Thema zeitgleich auch von anderen themenaffinen Fächern mit behandelt. Und das führt nicht selten zu pädagogischen Donquichotterien, wenn – ohne eingehende Absprachen zwischen beteiligten Lehrern – bloße Assoziativ-Didaktik waltet oder Fachegoismen nicht abgebaut worden sind.

Das Beispiel Öl (Vorsicht! Satirisch-ernstgemeint!)

»Bei der Suche nach ›fächerübergreifenden‹ Unterrichtsinhalten ist das Kollegium beim ›Öl‹ fündig geworden, und der Unterricht kann nun wie geschmiert laufen.
- Am Montag stehen Physik und Kunst auf dem Stundenplan, und es geht zuerst um die Verminderung der Gleitreibung durch Schmieröl und danach um das Malen mit Ölfarben.
- Am Dienstag folgen der Geografie- und Mathematikunterricht mit der Suche nach erdölfördernden Ländern und der Berechnung prozentualer Förderquoten.
- Weiter geht es am Mittwoch mit Biologie und Deutsch und der Bestimmung von Pflanzen mit hohem Ölgehalt sowie der unterschiedlichen Bedeutung zusammengesetzter Nomen mit ›Öl‹ (Ölfarbe – Farbenöl).
- Am Donnerstag folgen die Ölsynthese in Chemie und die vom Olivenöl mitbestimmte griechische Kolonisation 750 v. Chr.
- Am Freitag thematisiert der Religionslehrer schließlich die Bedeutung der so genannten Ölung.«

Quelle: REKUS, J., Lernen in Bezügen, Vom Sinn fachüberschreitend-fächerverbindenden Unterrichts, in: Schulmagazin 5–10, 9. Jg. 1994, H. 9, S. 8

Beispiel: Leitfach Geschichte – Der Themenbaum

Fächerübergreifendes Lernen, 6. Jgst.
Themen

Geschichte Passau – eine Salzhandelsstadt im Mittelalter	L E I T F A C H	Deutsch (Erzählen) Die Salzschiffahrt auf Salzach und Inn
Mathematik rechnen mit Geldwerten, Gewichten und Hohlmaßen		Erdkunde Der Salzbergbau in Hallein
Deutsch (Lesen) Der »Salzheilige« St. Rupert	G E S C H I C H T E	Mathematik Salzhandel in Passau, Transport – Verkauf – Gewinn
Kunsterziehung Wir zeichnen das Wappen der Passauer Salzfertiger		Biologie Unser Körper braucht Salze
Religionslehre (kath./ev.) Die Bedeutung des Salzes im Alten Testament		Deutsch (Beschreiben) Ein Säumerzug auf dem »Goldenen Steig«

Quelle: HEITZER, HORST W., Fächerübergreifendes Lernen im Geschichtsunterricht, in: Pädagogische Welt, 1996, H. 1, S. 6–10, hier: S. 7

Beispiel: Fächerbeteiligung – Thema Drogen/9. Schuljahr
KERSTIN BERTSCH/NATASCHA RATHKE

1. Woche

	Montag	Dienstag	Mittwoch	Donnerstag	Freitag
1.	Deutsch – Benennung der Drogen – Unterteilung in legale u. illegale Drogen	Englisch	Bild. Kunst	Biologie – Regelkreis	Mathematik
2.	Mathematik	Geschichte – Geschichtliche Bedeutung von Drogen	Bild. Kunst	Deutsch	Physik
3.	Musik	Deutsch	Physik	Sport	Deutsch
4.	Erdkunde	Chemie	Englisch	Englisch	Erdkunde – Wo werden Drogen angebaut?
5.	Biologie – Wirkungsweise der Drogen	Mathematik	Politik	Politik – Alkohol als Gesellschaftsdroge?	Englisch
6.	Französisch	Religion	Mathematik	Chemie	Religion
7.		Sport	Französisch		
8.		Sport	Französisch		

2. Woche

	Montag	Dienstag	Mittwoch	Donnerstag	Freitag
1.	Deutsch	Englisch	Bild. Kunst	Biologie	Mathematik
2.	Mathematik	Geschichte	Bild. Kunst	Deutsch	Physik
3.	Musik	Deutsch	Physik	Sport	Deutsch
4.	Erdkunde	Chemie – Destillation von Alkohol – Vorbesprechung	Englisch	Englisch	Erdkunde
5.	Biologie	Mathematik	Politik – Was für einen Stellenwert haben Drogen in unserer Gesellschaft?	Politik	Englisch
6.	Französisch	Religion – Wie kann man helfen?	Mathematik	Chemie – Destillation von Alkohol – Versuch	Religion – Weitere Hilfsorganisationen (z.B. Bahnhofsmission) – Film: »Wir Kinder vom Bahnhof Zoo«
7.		Sport	Französisch		
8.		Sport	Französisch		

Literatur

DUNCKER, Ludwig/POPP, WALTER (HRSG.), Über Fachgrenzen hinaus. Chancen und Schwierigkeiten des fächerübergreifenden Lehrens und Lernens, Bd. 1, Heinsberg 1997; DIES., Bd. 2, Anregungen und Beispiele für die Grundschule, Heinsberg 1998; DIES., Fächerübergreifender Unterricht in der Sekundarstufe I und II, Bad Heilbrunn 1998; GÖTZE, B., Zur Problematik des fächerübergreifenden Unterrichts, Bad Heilbrunn 1973; WOLTERS, A., Fächerübergreifender Unterricht: Erziehungswissenschaftliche und bildungspolitische Aspekte – Versuch einer didaktischen Standortbestimmung, in: Lehren und Lernen, 15. Jg. 1989, H. 12, S. 48 ff.

Sa kom	So kom	BEW	INF
		EVA	PLA
Mo kom	Me kom	AUS	BER

▶ **Fächerverbindendes Lernen (FvL):** FvL ist im Grunde genommen keine Unterrichtsmethode, sondern mehr ein *Organisationsprinzip* für Unterricht. Da es aber von Lehrerseite aus zur Unterrichtsgestaltung eingesetzt werden kann um Lernen zu optimieren, wird es hier behandelt. Für die Organisation von Unterricht sind im Verlaufe der Zeit mehrere Prinzipien entwickelt worden, u. a. das *Fach*prinzip. Und eben hier setzt FvL ein, indem es als *mittleres Prinzip* versucht Unterricht zwischen fachlicher und nicht-fachlicher Anbindung zu organisieren. Machen wir uns das mit Hilfe eines bewährten geisteswissenschaftlichen Denkmusters einmal deutlicher: In den Geisteswissenschaften bedient man sich dafür des Begriffs *aufheben*. Aufheben meint immer ein Zweifaches: zum einen *bewahren*, was sich bewährt hat, zum anderen *überwinden*, was sich nicht bewährt hat. In unserem Fall bedeutet das: *Den Fachunterricht aufzuheben, verlangt zum einen, seine Vorteile zu bewahren, sie beizubehalten, zum anderen, seine Nachteile zu überwinden, ihn an solchen Stellen zu verändern.*

An Vorteilen des Fachunterrichts (= FU) werden i. d. R. stets vier aufgeführt:
- FU ist eine *historisch gewachsene Organisationsform* von Unterricht. Und was lange gewachsen ist und gegolten hat, sollte man nicht so ohne weiteres über Bord werfen. Es hat seine Bedeutung gehabt und kann sie u. U. immer noch haben.
- FU sichert *systematisches Lernen* ab. In der Tat vollzieht sich Lernen im FU in systematischen Bahnen, wobei diese zumeist einseitig an den systematischen Vorstellungen der korrespondierenden Wissenschaften orientiert sind. Ein solchermaßen systematisches Lernen schafft Vergleichbarkeiten, gewährleistet in gewissen Maßen, dass Schüler trotz der Zugehörigkeit zu verschiedenen Schulen und Klassen vergleichbar und Vergleichbares lernen.
- FU schafft *Kontinuität des Wissens*. Gemeint ist: In unseren Schulen wird im Grunde genommen dasselbe gelernt, was auch in den Wissenschaften vermittelt wird. Dass es dabei bedeutsame Unterschiede sowohl in qualitativer wie quantitativer Hinsicht gibt, muss nicht besonders betont werden. Dahinter steht m. E. aber noch ein weiteres Argument, das seinerzeit besonders zur

Begründung *wissenschaftsorientierten Lernens* herhalten musste: Die Wissenschaften haben sich als ein Organisationsprinzip für den Erkenntnisgewinn der Menschheit insgesamt als überaus wirksam erwiesen. Und warum sollte es sich für den einzelnen Menschen nicht als ebenso wirksam erweisen? Dort Prinzip für den Erkenntnisgewinn, hier als Prinzip für das Lernen (den subjektiven Erkenntnisgewinn)!?
- FU ist unter Umständen sehr *bildungswirksam*. Das wird jedenfalls von einigen Seiten behauptet. So sehe ich solche Argumentation, und zwar überzeugend, bei WAGENSCHEIN. Dieser hat mit seinem Konzept des →*exemplarischen* und →*genetischen Lehrens und Lernens* Fachunterricht nicht beseitigen, sondern überhöhen wollen.

Diese vier angenommenen Vorteile sollen beim FvL bewahrt bleiben, wohingegen als nachteilig und überwindenswert angesehen werden:
- FU ist nicht imstande, die ungeheure *Komplexität der Wirklichkeit* an die Schüler heranzubringen. Diese wird ihnen vielmehr scheibchenweise vor Augen geführt, oftmals auch ohne dass ihnen dann begleitend Hilfen für die spätere Zusammenführung der Einzelerkenntnisse gewährt werden. Hier ist die zweite Seite der Ganzheit des Lernens angesprochen, die m. E. in der aktuellen Diskussion ganzheitlichen Lernens nicht genügend berücksichtigt wird. Es ist immer bloß vom ganzheitlichen Erfahren die Rede, wobei in der Regel nichts anderes gemeint ist, als was PESTALOZZI mit der Formel vom Lernen mit Kopf, Herz und Hand ausdrücken wollte. Aber im Lernprozess gibt es nicht nur den Schüler, das lernende Subjekt, sondern immer auch das zu lernende Objekt, dem der Schüler gegenübertritt. Und auch dieses hat eine Ganzheit. Im Leben steht den Kindern solche Ganzheit gegenüber; im Fachunterricht wird aus der Ganzheit Teil für Teil herausgelöst, vom Schüler aber erwartet, dass er späterhin wieder alles zusammenschauen kann.
- FU ist nicht imstande, die *Sicht- und Erfahrensweise der Wirklichkeit durch Schüler* einzunehmen. Hier ist nunmehr von der auf der Subjektseite gegebenen Ganzheit der Erfahrung die Rede. Heranwachsende erfahren die Wirklichkeit ganzheitlich, mit allen Sinnen, als ganze Personen, denen sich die wirklichen Phänomene darbieten. Sie haben noch nicht gelernt, Wirklichkeit systematisch, durch Ausblendung einzelner Sinne oder gar in abstrakter Weise zu erfahren und dadurch über sie zu lernen.
- FU kann *kindliche Lebensinteressen und -bedürfnisse* nicht wahrnehmen. Wo Wissenschaften und daran orientierte Schulfächer bloß auf Erkenntnisse und deren objektive Fassung aus sind, haben Schüler ganz ureigene und subjektiv von sich auf die Wirklichkeit bezogene Interessen und Bedürfnisse. Es bedarf einer vorsichtig-langsamen Anleitung, um aus solch subjektiver Betrachtungsweise heraus zu einer mehr objektiven geführt zu werden.

FvL soll einen *themenzentrierten und mehrfachlichen Unterricht* begründen. Der Fachunterricht wird nicht zugunsten eines völlig ungefächerten Unterrichts, nach Maßstab des →*Gesamtunterrichts*, aufgegeben; an die Stelle der Behand-

Fächerverbindendes Lernen **89**

lung von Themen durch ein Fach tritt vielmehr die gleichzeitige und gleichgewichtige Behandlung von Themen durch mehrere Fächer. Wenn eine solche grundsätzliche Organisation aber die erwünschte Wirkung erzielen soll, dann muss vor allem ein weiteres essenzielles Prinzip berücksichtigt werden. Wo an die Stelle mehrerer Themen in mehreren Fächern nunmehr bloß die Behandlung eines Themas durch mehrere Fächer träte, also bloße Summation von Fachbeiträgen vorgenommen würde, da würde der Forderung nach Ganzheit nicht Genüge getan. Das FvL darf nicht bloß additiver Art, es muss grundsätzlich *integrativer Art* sein. D.h. die Beiträge der je beteiligten Fächer zur Behandlung eines einzigen Themas müssen zwar fachspezifischer Art sein und der Dignität und Solidität des Faches entsprechen, aber sie dürfen nicht als vereinzelte begriffen werden, die additiv zusammengefügt werden, sondern müssen als *integrierende Bestandteile einer auf das Thema bezogenen Behandlung durch mehrere Fächer* verstanden werden. Was ein Fachbeitrag sein und für das Thema leisten kann, ist stets nur mit Blick auf das Thema, besser: seine ihm verliehene pädagogische Zielsetzung, zu entscheiden. Und das verlangt: FvL ist nicht ein existenzial einem Thema verpflichteter Unterricht, sondern muss der Behandlung eines Themas einen pädagogisch verantwortbaren Sinn unterlegen. Und dessen Legitimation wiederum kann nur mit Blick auf die lernenden Schüler erreicht werden. Das verlangt von den beteiligten Lehrern besonders eine überaus sorgfältige Planung, die mit einer Vereinbarung über das je spezifische Ziel beginnen muss, das erreicht werden soll, und bis in eine den Unterrichtszeitraum organisierende Planung und Vorbereitung fortgeführt wird.

Für den Planungs- und Vorbereitungsprozess hat sich folgender Phasenverlauf als günstig erwiesen:

INITIATIV-PHASE

Da FvL von mehreren Lehrern über ein Thema bestritten wird, muss zunächst einer von ihnen die Initiative ergreifen: Er muss die in Frage kommenden Kolleginnen/Kollegen zusammenrufen, ihnen ein Thema vorschlagen, die Einigung auf ein Thema herbeiführen, den zeitlichen Umfang und die Terminierung der Unterrichseinheit sowie die Beteiligung daran vereinbaren. Diese Initiative sollte möglichst der jeweilige Klassenlehrer ergreifen, kann aber auch vom Lehrer eines beteiligten Faches geleistet werden.

PLANUNGSPHASE: BEDINGUNGEN

Die beteiligten LehrerInnen bemühen sich darum, alle für die beabsichtigte Unterrichtseinheit bedeutsamen Bedingungen und Voraussetzungen zu erkunden und – wo schon möglich – auf ihre potenzielle Wirksamkeit hin zu analysieren. Dabei geht es vor allem um die Erkundung von: Lehrplanvorgaben, räumlichen und zeitlichen Ressourcen, Lernvoraussetzungen auf Seiten der Schüler. Hinweis: Es sollten hier nicht nur die vorhandenen Bedingungen ins Auge gefasst werden, sondern auch jene, die es allererst noch zu schaffen gilt, damit man für weitere Verhandlungen mit dem Schulleiter usw. gerüstet ist.

PLANUNGSPHASE: ZIELE

Alle am Thema beteiligten LehrerInnen einigen sich in einem intensiven Diskurs auf das am vereinbarten Thema zu verfolgende übergeordnete Ziel (Lern-, Erziehungs-, Bildungsziel). Wenn FvL erfolgreich sein soll, dann ist besonders hier die Grundlage zu legen: Das eine übergeordnete Ziel wird gerechtfertigt, näher bestimmt und so formuliert, dass alle Beteiligten es stets und ständig vor Augen haben, wenn sie ihren – als integrierenden Beitrag zu begreifenden – Fachunterricht einbringen. Es muss gleichsam zu einer Art Vertrag der Beteiligten über den gelegten Begründungszusammenhang für die Einheit kommen.

PLANUNGSPHASE: THEMEN/INHALTE

Die Planung hier kann in Fachgruppen oder auch von einzelnen Fachlehrern allein erfolgen; vorausgesetzt: die Planung orientiert sich eng an dem vereinbarten Ziel. Es geht im einzelnen darum: das Thema so zu strukturieren (durch Auswahl und Anordnung der einzelnen Inhalte), dass die Lernenden auch tatsächlich lernen können, was sie lernen sollen. Jeder Fachbeitrag muss die Schüler schrittweise auf das Ziel zuführen. Auch methodische Überlegungen sollten hier bereits angestellt werden; dabei sollte allerdings zunächst mehr von den Schülern her auf die Inhalte zugefragt werden, welche Arten des Zugangs sie bisher schon haben und pflegen.

PLANUNGSPHASE: ARRANGEMENT

Absicht ist hier, die Vereinbarung über das fächerverbindende Arrangement zu treffen: Die für die einzelnen Fächer vorgesehenen Beiträge sind in synchroner und diachroner Weise zu ordnen (Was sollte Bezug zueinander innerhalb einzelner Zeitblöcke haben? Was ist nacheinander und in welcher Folge zu behandeln? Einordnung in die verfügbaren Unterrichtsstunden!). Absprachen über methodische Prinzipien (z. B. Selbsttätigkeit), methodische Konzeptionen (z. B. Projektlernen) und Interaktionsformen/Sozialformen sind zu treffen. Medien sind vorzusehen. Ein Plan des Verlaufs muss das Ergebnis sein: Wer macht was, wo, wie ...?

Fächerverbindendes Lernen

Das große Problem FvL besteht in der unbedingt herbeizuführenden Teamarbeit von Lehrern. Dabei spielt nicht nur die Tatsache eine bedeutsame Rolle, dass Lehrer gewohnt sind, alleine in *windstillen Klassenzimmern* (G. GRASS) mit Schülern zu arbeiten, und dass es ihnen überaus schwer fällt, solche einsame Arbeitsform aufzugeben. Vielmehr häufen auch die realen Arbeitsbedingungen Hürden auf, die nur schwer zu nehmen sind: die Aufteilung der Lehrerarbeit auf zahlreiche verschiedene Klassen, die Einzwängung in feste Stundenpläne und Zeitrhythmen, die Verpflichtung auf Lehrpläne usw. Aber es lohnt sich, die Mühen des Zusammenfindens auf sich zu nehmen, um den andersartigen Unterricht abzusichern.

Beispiel: »Europa auf dem Weg zur Einheit«
(zit. nach: BOSANIS, ANTON/LEHMANN, DIETER, in: Schulintern, H. 3, 1995, S. 10 ff.)

Woche	Geschichte	Gemeinschafts-kunde	Erdkunde	Deutsch	Musik
27	Versöhnung nach dem Krieg – Dt.-Frz. Beziehungen (Vertrag 1963)	Wahrung von Frieden und Freiheit	❷ Mitgliedsstaaten: *Wer ist in der EU? Wer will in die EU?*	❶ Einführung in die Problemstellung *Neuaufnahme von Mitgliedsstaaten*	
28	❹ Der Weg zu einem vereinten Europa *Wie und warum entstand die EU?* ❺ Wirtschaftliche und politische Integration – *Warum wollen diese Staaten in die EU? Welche Interessen beeinflussen die (Aufnahme-)Entscheidung? Welche Voraussetzungen sollten für eine Aufnahme gegeben sein?*	Wirtschaftliche Einigung – *Ergänzungen zu: Wie und warum entstand die EU?*	❸ Unterschiedliche Lebensbedingungen – *Welche Unterschiede bestehen zwischen den Staaten?* Hilfen für benachteiligte Gebiete – *Ergänzungen zu: Welche Unterschiede bestehen zwischen diesen Staaten? Warum wollen diese Staaten in die EU?*	Die Themen »Referat«, »Diskussion«, »Erörterung« und »Sachtexte« werden in Absprache und nach Bedarf der Sachfächer innerhalb des Gesamtzeitraumes zugeordnet	Über den gesamten Zeitraum: Lieder aus verschiedenen Sprachräumen und Kulturkreisen
29		❻ Probleme bei der Verwirklichung der politischen Union – *Welche Interessen beeinflussen die (Aufnahme-)Entscheidung? Welche Voraussetzungen sollten für eine Aufnahme gegeben sein?* ❼ Organe der EU *Wer entscheidet über die Aufnahme?*	Umweltschutz *Ergängzungen zu: Welche Voraussetzungen sollen für eine Aufnahme gegeben sein?*	❾ Diskussion/Erörterung: *Welche Vorteile erhoffen sich die Befürworter? Welche Nachteile befürchten die Gegner?*	
30	❽ KSZE: Sicherheitspolitische Bestrebungen – *Welche übernationalen Ziele und Interessen verfolgt die EU?*	Zentralistische oder föderative Ausrichtung	Die EU und die Welt – *Ergänzungen zu: Welche übernationalen Ziele und Interessen verfolgt die EU?*	Erörterungsaufsatz *(im Zusammenhang mit dem Thema Europäische Union)*	

Vernetzte Stundenthemen: ❶ bis ❾ = Reihenfolge der »vernetzten« Stundenthemen. Übrige – nicht direkt in die Vernetzung eingebundene – Lehrplaninhalte/-themen innerhalb der Fächereinheiten

Abb. 13 : Der Stundenplan für die fächerverbindende Einheit

```
                    MUSIK
              Lieder aus verschiedenen
                Sprachräumen und
                  Kulturkreisen
```

```
  GESCHICHTE                                    GEMEINSCHAFTS-
  Wie und warum                                     KUNDE
  entstand die EU?        Problemstellung:     Wer entscheidet über die
  Warum wollen diese         Aufnahme                Aufnahme?
  Staaten in die EU?         von neuen         Welche Interessen beein-
  Welche übernationalen    Mitgliedstaaten     flussen die Entscheidung?
  Ziele und Interessen        in die EU        Welche Voraussetzungen
  verfolgt die EU?                             sollten für eine Aufnahme
                                                    gegeben sein?
```

```
       ERDKUNDE                            DEUTSCH
     Wer will in die EU?           Kurzreferat – Diskussion –
     Wer ist in der EU?             Erörterung – Sachtexte
   Welche Unterschiede              Welche Vorteile erhoffen
  bestehen zwischen den              sich die Befürworter?
    einzelnen Staaten?              Welche Nachteile befürchten
                                         die Gegner?
```

Abb. 14 : Ausgangsproblemfrage(n) – Zuordnung der »vernetzten« Fragestellungen zu einzelnen Fächern

Literatur

DUNCKER, L./POPP, W. (Hrsg.), Über Fachgrenzen hinaus, Chancen und Schwierigkeiten des fächerübergreifnden Lernens, Bd. 1, Grundlagen und Begründungen, Heinsberg 1997; DIES., Bd. 2, Anregungen und Beispiele für die Grundschule, Heinsberg 1998; DIES., Fächerübergreifender Unterricht in der Sekundarstufe I und II, Bad Heilbrunn 1998; MILLER, R., Fächerverbindender Unterricht. Eine Herausforderung an die Kommunikations- und Kooperationsfähigkeit von Lehrerinnen und Lehrern, in: Die Unterrichtspraxis, H. 5, Februar 1996; PETERSSEN, W. H., Fächerverbindender Unterricht: Begriff und Konzept, in: Lehren und Lernen, 22. Jg. 1996, H. 4, S. 22 ff.; DERS., Zur Planung fächerverbindenden Unterrichts, in: DERS., Handbuch Unterrichtsplanung, 8., überarb. u. erw. Aufl., München 1998, S. 321 ff.

Sa kom	So kom
Mo kom	Me kom

BEW	INF
EVA	PLA
AUS	BER

▶ **Fallstudie (FS):** FSen entsprechen →*Case Studies*, haben aber in der deutschsprachigen Unterrichtspraxis einen nicht ganz so hohen Anspruch und lassen sich dementsprechend einfacher einsetzen. Durch Simulation soll ein Höchstmaß sowohl an Realität als auch an Risikolosigkeit für die Lernenden erreicht werden. Für FS werden reale Einzelvorkommnisse durch Vereinfachung, Reduzierung, Strukturierung so auf ihren spezifischen Einsatzort im Unterricht zugeschnitten, dass Lernende mit größtmöglicher Selbstständigkeit die dem Fall inhärente(n) Aufgabe(n) lösen können. Gefördert werden sollen vor allem die Fähigkeiten zur eigenständigen Problemlösung – selbstständige Informationsbeschaffung, Planung, Überprüfung – sowie zu Entscheidungen. Lehrer sollten sich im Laufe der Zeit eigene Textmappen mit allen zum jeweiligen Fall gehörenden Unterlagen zusammenstellen, statt auf käufliche FSen zurückzugreifen. Solche Textmappen können nach Art der →*Freiarbeit* bereitgestellt und verwendet werden.

KAISER (1973) hat ein Sechs-Phasen-Lernmodell für FS entwickelt:

KONFRONTATION
Schüler müssen das anstehende Problem als solches für sich anerkennen, müssen es umgrenzen und erkennen, worum es geht, was es zu lösen gilt. Dazu müssen sie eine Analyse der je besonderen Situation, in der das Problem angesiedelt und für die es zu lösen ist, anstellen. Von Lehrerseite aus sind dafür die erforderlichen Daten zu liefern, und zwar einerseits nicht bereits einzeln und sortiert, sondern noch derart zusammenhängend, wie sie das in der Realität sind, andererseits dergestalt, dass sie nicht bloß geboten werden, sondern dass sie von Schülern allererst noch erarbeitet werden müssen.

INFORMATION
Alle noch nicht bereits in der problematischen Situation liegenden Informationen, die zur Lösung benötigt werden, sind nunmehr noch zu sammeln und auszuwerten. Und auch hier gilt: Soweit wie möglich sollten Schüler das eigenständig tun. Es kommt mithin vor allem darauf an, entsprechendes Material und maßgebliche Quellen zur Verfügung zu stellen; sie müssen erreichbar sein, müssen für die Schüler erschließbar und verständlich sein, wobei der Schwierigkeitsgrad im Umgang mit ihnen zunehmend erhöht werden sollte.

EXPLORATION
Nicht schon die eine Lösung gilt es hier auszubreiten, sondern vielmehr kommt es darauf an, alle möglichen Lösungen aufzufinden und sie als Alternative darzustellen, wobei auch Überschneidungen der einzelnen Möglichkeiten sichtbar zu machen sind. Diese Phase bestreiten Schüler eigenständig, unterstützt bloß von bereitgestellten Dokumentationen, Quellen usw.

RESOLUTION
Die Entscheidung für die eine als beste von den ins Auge gefassten Lösungen gilt es herauszufinden, durch Erörterungen, Diskussionen usw. Begründungen sind hier gefragt, keine bloßen Zufalls- oder Emotionalentscheidungen.

DISPUTATION

Die bisher in kleiner Gruppe o.Ä. entschiedene Lösung ist auf den Prüfstand zu bringen, wo sie im Plenum der gesamten Lerngruppe disputiert, also verteidigt werden muss. Hier haben Lehrer dafür Sorge zu tragen, dass es auch tatsächlich zur Disputation kommt, dass nicht – aus Ahnungslosigkeit oder Faulheit o.Ä. – vorzeitig zugestimmt wird. Die Schüler müssen dafür alle verwendeten Argumente – für diese Lösung – vortragen, aber auch alle für die Verwerfung anderer Lösungen verwendeten auf Abruf bereithalten.

KOLLATION

Abschließend wird die gefundene, erörterte, disputierte und erfolgreich verteidigte Lösung mit jener verglichen, die in der Realität gefunden und u.U. praktiziert wurde.

Beispiel: Katharina und die Tänzer

Zu ihrem 31. Geburtstag erhält Katharina von einer ihrer Freundinnen ein ganz besonderes Geschenk: Eine Anzeige in der regionalen Zeitung, die am Tage des Geburtstages erscheint.

Anzeige:
Single, 31, sportlich u. tanzbegeistert. Welcher flotte Tänzer möchte mit mir an Tanzausbildungen u. Tanzabenden teilnehmen. Antw. m. Bild unter SZ FN 9364

Katharina erhält auf diese Anzeige sechs Antworten.
Diese (Kopien) werden den Schülern zugänglich gemacht.

Aufgabe: Wie würdet ihr anstelle von Katharina nun handeln?

Gruppenarbeit

Die von den Gruppen favorisierte(n) Lösung(en) werden vorgestellt, begründet und erörtert.
Ohne Versuch zu einer allgemeinen, von der gesamten Klasse anerkannten Lösung wird die Entscheidung Katharinas vorgestellt und von da aus noch einmal in die vergleichende usw. Erörterung mit den eigenen Entscheidungen eingestiegen.

Lernziele: Im Rahmen besonders angesetzten sozialen Lernens sollen die Schüler sich in die Lebenssituation von Singles versetzen können sowie sensiblen Umgang mit entsprechenden Annoncen entwickeln.

Literatur
KAISER, F.-J., Die Fallstudie, Bad Heilbrunn 1983; DERS., Entscheidungstraining, Bad Heilbrunn 1973

Sa kom	So kom
Mo kom	Me kom

BEW	INF
EVA	PLA
AUS	BER

▶ Fantasiereise s. Phantasiereise, Seite 226 ff.

▶ **Feedback (Fb):** Der Begriff Fb [engl.: Rückkopplung, -meldung] stammt aus den Bereichen Nachrichtentechnik bzw. Kybernetik und bezeichnet die Korrektur von Eingangsgrößen durch Rückmeldung von Ergebnissen. In Bezug auf Unterricht bedeutet Fb, dass Lehrende und Lernende einander Rückmeldung über einzelne Faktoren geben, die den Unterricht beeinflussen. Daher werden Fb und Rückmeldungen häufig auch synonym verwendet. Erstes Ziel des Fb ist die technische Optimierung von Lernprozessen.

Grundsätzlich wird zwischen *positivem* und *negativem* Fb unterschieden, einfachste Formen sind Lob und Tadel. GRELL (1994, S. 132 ff.) unterscheidet – allerdings vor allem hinsichtlich der Rückmeldungen aus der Lerngruppe an Lehrende – weiterhin zwischen *primärem* und *sekundärem* Fb. Rückmeldungen, die ein Lehrer unspezifisch und eher zufällig erhält, nennt man primäres Fb. So kann ein Lehrer die Auswirkungen seines Verhaltens z.B. an den Gesichtsausdrücken oder Worten der Schüler beobachten. Die Wahrnehmung dieser Reize ist aber unsystematisch, da sie nach subjektiven Auswahlkriterien aufgenommen werden, somit auch eingeschränkt, weil nur jene Daten zur Kenntnis genommen werden, die die eigenen Hypothesen bestätigen. Primäres Fb bewirkt deshalb oft nur, dass bestehende Ansichten und Einstellungen verfestigt werden. Im Gegensatz dazu werden beim sekundären Fb Informationen planmäßig gesammelt, um sie einem Lehrer zu präsentieren. Neben der ummittelbaren Beobachtung des Unterrichts durch anwesende Beobachter ist die Befragung von Schülern ein wichtiges Verfahren zur Erhebung von Fb-Informationen.

Man geht von der Erkenntnis aus, dass beispielsweise Fertigkeiten schneller erlernt werden, wenn Lernende möglichst unmittelbar Fb über Ergebnisse und auftretende Fehler erhalten (vgl. →*Cognitive Apprenticeship*). Dies gilt umgekehrt auch für Verhaltensweisen und Methoden von Lehrenden, die diese umso leichter korrigieren können, je schneller sie den Lernenden ein Fb darüber erhalten. Das Fb von Lernenden gibt in der Regel Auskunft darüber, wie diese sich im Unterricht fühlen, ob sie z.B. der Stoffvermittlung folgen können und wie sie den Erfolg des Lernprozesses oder die Lehrmethoden beurteilen. Bei Lehrenden stehen hingegen meist Lernerfolg und Sozialverhalten von Schülern im Mittelpunkt des Fb, aber auch sie können den Schülern Rückmeldungen darüber geben, wie sie sich in bestimmten Situationen fühlen, z.B. über ›Ich-Botschaften‹ in Konfliktsituationen zwischen Lehrer und Schülern.

Fb ist eine gute Möglichkeit, den Unterricht auf eine bestimmte Gruppe von Lernenden abzustimmen und dabei eine optimale Förderung Einzelner zu erreichen. Dazu ist allerdings beiderseitige Bereitschaft für diese Kommunikationstechnik ebenso nötig wie gegenseitiges Verständnis und Vertrauen. Ohne dies wird die Offenheit, die besonders für das Gespräch über Gefühle vonnöten ist, nicht zu erreichen sein. Neben den erwähnten Vorteilen gibt es aber auch mögliche nachteilige Folgen des Fb: So kann *negatives* Fb gegenüber Schülern zu Schwächung des Selbstbewusstseins, Ausschluss aus der Klassengemeinschaft oder Störungen in der Beziehung zwischen Lehrer und Schüler führen.

Eine große Zahl möglicher Fb-Verfahren ist fast schon selbstverständlich. So erhält ein Schüler z. B. durch die Korrektur einer Klassenarbeit Rückmeldung über seinen persönlichen Lernerfolg; Lob und Tadel geben ihm bei einzelnen Aufgaben oder Verhaltensweisen ein Fb. Zudem gibt es zahlreiche komplexere Verfahren, die ein umfassenderes Fb ermöglichen. Diese können in der Regel leicht modifiziert und an die individuellen Bedürfnisse angepasst werden. Die folgenden Beispiele können dem Lehrer dazu dienen, zu einer einzelnen Stunde oder einer Unterrichtseinheit ein Fb von Seiten der Schüler einzuholen:

3 mal 3 – Feedback
Die Schüler werden aufgefordert zu einem bestimmten Gegenstand (Unterrichtsinhalt, Methode, usw.) ein Fb zu geben. Dazu schreiben sie jeweils drei positive Dinge, drei negative Dinge und drei Verbesserungsvorschläge auf einen kleinen Zettel.

Zur letzten Unterrichtsstunde nenne bitte

   3 positive Dinge:

   3 negative Dinge:

   3 Verbesserungsvorschläge:

Abb. 15: 3 mal 3 – Feedback (Quelle: THANHOFFER/REICHEL/RABENSTEIN, S. 118 f.)

Feedback-Zielscheibe
Die Schüler bekommen eine Kopie der Zielscheibe, deren Sektoren sich auf Fragen zu Unterrichtsgegenstand, Methodik oder Befinden der Lernenden beziehen. Je positiver die Schüler die Frage beurteilen, desto näher am Zielpunkt machen sie eine Markierung. So erarbeitet jeder seinen momentanen Stand. Im Anschluss an die Einzelarbeit können alle Schüler ihre Bewertung in ein großes Zielscheibenplakat oder auf eine OHP-Folie übertragen.

Feedback **97**

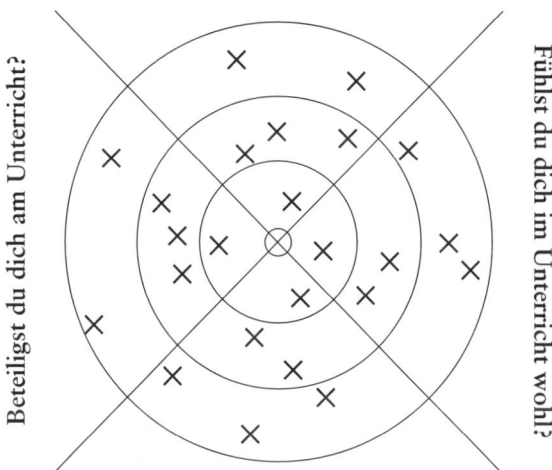

Abb. 16: Feedback-Zielscheibe (Quelle: THANHOFFER/REICHEL/RABENSTEIN, S. 118 f.)

Als Alternative zu diesen Verfahren bieten sich auch Fragebogen der unterschiedlichsten Art an, die anschließend vom Lehrer ausgewertet werden können.

Auch um den Schülern ein Fb über ihre Leistungen und Fähigkeiten zu geben, gibt es über die übliche Praxis hinausgehende Verfahren.

Schüler-Selbsteinschätzung
Lehrer und Schüler erarbeiten gemeinsam Kriterien für die Selbsteinschätzung in Bezug auf Lernbeurteilung, Mitarbeit und Verhalten. Daraus wird ein Fragebogen entwickelt, mit dessen Hilfe sich die Schüler zunächst selbst einschätzen, anschließend die Einschätzung von drei Mitschülern und dem Lehrer einholen. Zum Abschluss findet ein Gespräch über das Ergebnis, besonders im Hinblick auf Bestätigungen und Abweichungen, statt.

Schüler-Selbsteinschätzung
1. Arbeitet selbstständig an den Lernaufgaben   hoch ☐☐☐☐☐ niedrig
2. Bringt Interesse für Unterrichtsinhalte auf   hoch ☐☐☐☐☐ niedrig
3. Beteiligt sich am Unterricht, meldet sich, fragt, gibt Anregungen, macht Vorschläge   hoch ☐☐☐☐☐ niedrig
4. Geht auf andere ein, spricht sie direkt an, arbeitet mit ihnen zusammen   hoch ☐☐☐☐☐ niedrig
5. Äußert sich kritisch über Schwierigkeiten und Störungen, verändert ungünstige Lernbedingungen   hoch ☐☐☐☐☐ niedrig

Abb. 17: Schüler-Selbsteinschätzung (Quelle: vgl. THANHOFFER/REICHEL/RABENSTEIN, S. 119)

Beispiel: Feedback zum *Laufspiel*/Englisch

Ein Realschullehrer hat im Fach Englisch schon mehrmals ein Laufspiel mit Schülern durchgeführt:

Jeder Schüler erhält ein Kärtchen, das mit einem Teilsatz versehen ist. Daraus soll eine Frage gebildet werden. Enthält ein Kärtchen z.B. den Teilsatz »surf the Internet« kann daraus die Frage »Do you often *surf the Internet?*« enstehen. Die Schüler suchen sich einen Partner, indem sie sich frei im Klassenzimmer bewegen und befragen bzw. antworten sich gegenseitig (»No, I don't./Yes, I often surf the Internet.«). Danach werden die Kärtchen getauscht und jeder sucht sich einen neuen Partner. Die Fragen und Antworten können mit verschiedenen Adverbien konstruiert werden; statt »often« z.B. auch *regularly, sometimes, always, never, every now and then* und so weiter. Das Laufspiel dauert etwa 10 Minuten.

Das Laufspiel versteht sich hier als Übung, d.h. die Schüler müssen in diesem Fall das Fragen, das Antworten und das nötige Vokabular beherrschen.

Allerdings ist sich der Lehrer über die Wirkung auf die Schüler und die Effektivität des Laufspiels noch nicht ganz sicher. In Gesprächen mit Kollegen wurde die geringe Kontrolle durch den Lehrer z.B. bei Aussprache- oder Grammatikfehlern kritisiert. Der Lehrer selbst sieht im Laufspiel aber eindeutige Vorzüge: Es bietet seiner Meinung nach die Möglichkeit eines Durchbrechens der frontalen Situation, es ist eine lebendige Art Sprache zu üben und gibt die Gelegenheit zur Bewegung im Klassenzimmer. Der Lehrer möchte außerdem, dass die Schüler den Unterricht mitbestimmen können. Deshalb entschließt er sich, Fb-Informationen von den Schülern mittels eines 3 mal 3 – Fb einzuholen. Er wählt anonymes Fb, weil er die Klasse noch nicht lange genug kennt und das gegenseitige Vertrauen noch nicht groß genug ist. Die Schüler der betreffenden Klasse kennen das Laufspiel noch nicht.

Zu Beginn der Stunde kündigt der Lehrer das Laufspiel und die anschließende Befragung an: »Heute werden wir ein Laufspiel machen. Ich werde euch gleich erklären, was das ist und wie es geht. Danach möchte ich euch bitten aufzuschreiben, was euch daran gefallen hat und was nicht. Diese Befragung ist für mich eine Methode, um den Unterricht zu verbessern. Ihr könnt mitentscheiden, ob wir in Zukunft öfter Laufspiele machen werden oder nicht.«

Die Ergebnisse wertet der Lehrer anschließend selber aus und diskutiert die häufigsten Aussagen später gemeinsam mit den Schülern. Bei der Diskussion stellt sich z.B. heraus, dass manche Schüler sich nicht an die Vereinbarung hielten, während des Laufspiels nur Englisch zu sprechen, anderen waren die vorgegebenen Texte zu langweilig. Grundsätzlich ergab die Befragung jedoch ein überwiegend positives Echo. Der Lehrer wird das Laufspiel noch mehrmals mit den Schülern üben und auf die Vereinbarungen hinweisen müssen. Er bittet ein paar Schüler, selbst einige Kärtchen zu entwerfen.

Bei späteren Fbs mit derselben Klasse lässt er die Ergebnisse von den Schülern selbst als Hausaufgabe in Kleingruppen auswerten. Dabei sollen die Schüler wiederkehrende Aussagen zusammenfassen und auszählen. Die Ergebnisse werden dann den Mitschülern und dem Lehrer vorgestellt.

Literatur
EINSIEDLER, W., Lehrmethoden: Probleme und Ergebnisse der Lehrmethodenforschung, München/Wien/Baltimore 1981; NOLTING, H.-P./PAULUS, P., Pädagogische Psychologie (Grundriß der Psychologie, Bd. 20, hrsg. v. H. SELG und D. ULICH), Stuttgart/Berlin/Köln 1992; SCHÜLERDUDEN »Die Pädagogik«, Mannheim/Wien/Zürich 1989, Stichwort »Feedback«; THANHOFFER, M./REICHEL, R./RABENSTEIN, R., Kreativ unterrichten: Möglichkeiten ganzheitlichen Lernens – Ein Handbuch mit Gedanken und Methoden, Münster 1992; NIGGEMANN, W., Der emanzipatorische Anspruch auf Weiterbildung, in: TWELLMANN, W. (Hrsg.), Handbuch Schule und Unterricht, Bd. 2: Die Schule als Institution und Organisation, Düsseldorf 1981; GRELL, J., Techniken des Lehrerverhaltens, 15. Aufl., Weinheim/Basel 1993
STEFAN MEINKE/JOACHIM NENNING

Sa kom	So kom	BEW	INF
Mo kom	Me kom	EVA	PLA
		AUS	BER

▶ **Feier (F):** Die F ist wie viele Gestaltungsformen für Lernen im Unterricht in der Reformpädagogik aufgekommen. PH. HÖRDT fasste sie systematisch zusammen als *Grundformen der Bildung*. PETERSEN übernahm sie in seiner Jenaplan-Schule neben →*Gespräch*, →*Spiel* und →*Arbeit* als eine der vier Grundformen bildenden Unterrichts. Fn werden in ausdrücklichen Gegensatz zu den anstrengenden unterrichtlichen Lernformen gestellt; sie sollen den Gedanken der Zusammenführung von *Leben und Lernen in der Schule* verwirklichen helfen. Sie sind aber nicht nur Stücke echten Lebens in der Schule und als solche möglicherweise von entspannender Wirkung, sondern sie sind unerlässliche Bestandteile, oftmals sogar von ganz besonderer Lernwirksamkeit, vor allem was die Sozial- und Methodenkompetenz von Schülern betrifft. Anlässe und Möglichkeiten zu Fn gibt es genügend: Geburtstage von Mitschülern, allgemeine Feiertage, Tagesbeginn, Wochenbeginn- und -schlussfeiern u. Ä. Doch Vorsicht: Feiern lassen sich nicht aufoktroyieren, sie müssen von allen Beteiligten gewollt und dann auch gestaltet werden! Feierkultur braucht Wachstumszeit.

Literatur
BAUER, EVA-MARIA, Mehr Lust am Lernen, München 1997; BICHLER, ALBERT, Feste und Bräuche, Mit Kindern feiern, München 1997; NEF, M., Die Bedeutung von Fest und Feier in Erziehung und Heilerziehung, 1969

Sa kom	So kom	BEW	INF
Mo kom	Me kom	EVA	PLA
		AUS	BER

▶ **Fertigungsaufgabe (FEA):** Die FEA ist ein wichtiges Unterrichtsverfahren des *Technikunterrichts*. Die Schüler fertigen planvoll und gezielt einen Gegenstand nach einem vorgegebenen Entwurf. Dabei steht die technische Handlung ›Produzieren‹ im Vordergrund. WILKENING ordnet die FEA neben der →*Konstruktionsaufgabe* dem Oberbegriff *Werkaufgabe* zu. HENSELER/HÖPKEN bezeichnen die FEA als *Herstellungsaufgabe*.
Die FEA besteht aus drei Phasen:

Die ersten beiden bilden dabei den zeitlichen Schwerpunkt, wobei die praktische Ausführung im Mittelpunkt stehen soll und nicht die Planung des Arbeitsablaufes. Es sollte nicht Planung mit Problemlösung verwechselt werden; die Problemlösung steht bei der →*Konstruktionsaufgabe* im Mittelpunkt.

- *Didaktisches Ziel des Planens*
  Der Schüler soll technische Mittel (Werkstoffe, Maschinen, Fertigungsverfahren ...) zielbezogen auswählen und einen Plan zur geeigneten zeitlichen Reihenfolge aufstellen können.
- *Didaktisches Ziel der praktischen Ausführung*
  Der Schüler soll operative Fertigkeiten im Umgang mit den technischen Mitteln (s.o.) ausbilden.

Die Schüler müssen für die FEA schon einige Fertigkeiten und Fähigkeiten ausgebildet haben:
»– bestimmte Materialkenntnisse
 – Vorstellungen über die Dauer der in Frage kommenden Verfahren
 – Fertigkeiten im Umgang mit bestimmten Werkzeugen, Geräten und Maschinen
 – Sicherheitsbewusstsein« (HENSELER/HÖPKEN)

WILKENING gliedert die FEA in:

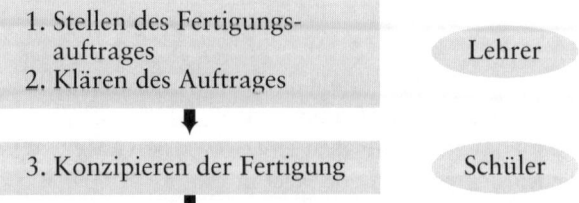

| 4. Vorbereiten der Fertigung
5. Ausführen der Fertigung | Schüler |

↓

| 6. Auswertung der Fertigung | Schüler | Lehrer |

Beispiel: »Bau eines Drachens oder eines Gleiters nach Plan«
(nach HENSELER/HÖPKEN)

Durch die Vorgabe des Modells ist seine Funktionsfähigkeit gewährleistet, somit werden von der konstruktiven Seite Frustrationen bei den Schülern vermieden. Wenn sie in der Lage sind, eine technische Zeichnung zu lesen, können sie sich ganz auf die Herstellung konzentrieren. Durch Beobachtung während des Herstellungsvorganges und anschließend am funktionsfähigen Modell können Erkenntnisse über die Wirkungsweise gewonnen werden. Zusätzlich erwerben die Schüler handwerkliche Fertigkeiten und notwendige Materialkenntnisse, die sie für die Lösung anderer Aufgaben einsetzen können. Je nach Organisation der Herstellung werden Vorteile und ggf. Nachteile der Kooperation und Zusammenarbeit erfahren und reflektiert.

Literatur
SCHMAYL, W./WILKENING, F., Technikunterricht, überarb. und erw. Aufl., Bad Heilbrunn 1995; HENSELER, K./HÖPKEN, G., Methodik des Technikunterricht; Bad Heilbrunn 1996
MARKUS AUER

Sa kom	So kom
Mo kom	Me kom

BEW	INF
EVA	PLA
AUS	BER

▶ **Figurentheater (Fth):** Fth ist eine Form des →*Darstellenden Spiels*. Es handelt sich um ein Spiel mit Puppen oder anderen mechanisch bewegten Figuren. Das Spiel findet auf einer für die Puppen oder Figuren passenden Bühne statt. Entweder wird es mit menschlichen Stimmen unterlegt oder von einem Kommentator begleitet; häufig ist es auch musikalisch untermalt. Es gibt verschiedene Puppenarten *(Abb. 18)*, die in drei Grundformen des Fths zum Einsatz gelangen:
- im *Puppenspiel*, bei dem die Puppen verschiedene Rollen verkörpern und auf unterschiedlich gestalteten Bühnen agieren,
- im *Schattenspiel*, bei dem die Zuschauer nicht die Figuren selbst, sondern deren Schatten auf einer Leinwand o. Ä. zu sehen bekommen,
- im *Maskenspiel*, aufgesetzte oder auch aufgemalte Gesichter machen Menschen zu Spielfiguren auf unterschiedlichen Bühnen.

Das Fth ist allen Dramen und den verschiedensten Stoffen zugänglich, wobei oft die Tendenz zur Vereinfachung in Personenzahl, Dialog und Problematik besteht. Charakteristische Stoffe sind z.B. alles Volkstümliche (Märchen), Improvisationen, die das Publikum in das Spiel einbeziehen (Fragen beantworten, Aufpasserrolle) und auf Aktuelles anspielen. Dadurch wird das Fth zu einer pädagogischen Methode. Heute steht beim Fth das Bildhafte und das Spiel mit Objekten im Vordergrund. Es gibt Hinweise, dass es das Fth schon im alten Griechenland gab.

Puppenarten:
- *Handpuppe:* Die Hand bildet den Körper der Puppe. Der Zeigefinger trägt den Puppenkopf in Form einer Styropor- oder Holzkugel, bemalten Streichholzschachtel etc. Daumen und Mittelfinger (u.U. mit kleinem und Ringfinger zusammen) bilden die Arme. Die Hand(puppe) kann mit einem Handschuh, Stoff o.Ä. bekleidet sein.
- *Fingerpuppe:* Einzelne Finger verkörpern Figuren, indem Gesichter auf die Fingerspitzen gemalt werden, oder Püppchen (Pappe, Filz u.a.) aufgesetzt werden.
- *Stockpuppe:* Sie besteht aus einem ›eingekleideten‹ Stock als Körper, auf den eine Holz- oder Styroporkugel, Käseschachtel o. ä. gesteckt ist.
- *Marionette:* Eine plastische Figur, meist mit beweglichen Gelenken, die an Kopf bzw. Körper und Extremitäten mit Fäden in einem Spielkreuz aufgehängt ist. Durch Hochziehen der einzelnen Fäden können die Glieder der Puppe bewegt werden.
- *Klappmaulfigur:* In der Regel eine Tier- oder Fabelfigur (vgl. ›Kermit‹ aus der Muppetshow). Oft wird sie aus einem Strumpf hergestellt, der an der Spitze eingeschnitten ist. Dort wird das ›Klappmaul‹ in Form einer nach innen geknickten, stärkeren Pappe eingefügt. Indem man den Strumpf als Körper über den Arm zieht, Daumen unten und restliche Finger oben in die Maulhälften steckt, kann die Puppe zum ›Sprechen‹ gebracht werden.
- *Flachfigur:* Zweidimensionale, silhouettierte Figur aus Papier, Pappe, Holz oder Leder, die an einem Stab befestigt ist. Sie kann durch Gliederteile beweglich gemacht werden und hat dann zusätzliche Führungsstäbe.
- *Stabpuppe:* Plastische Figur, oft mit beweglichen Gelenken (vgl. Marionette), die auf einem Stab befestigt ist und mit zusätzlichen Führungsstäben bewegt werden kann.

Beispiel: Schattenspiel »Der Feuervogel« nach Igor Strawinsky

Als fächerübergreifendes Thema soll »Der Feuervogel« bearbeitet werden. In diesem Fall wird Figurenspiel in Form von *Schattenspiel* einbezogen.
- Als Einstieg erfahren die Kinder das Wechselspiel von Licht und Schatten, indem sie mit ihren Händen Bilder an eine angestrahlte Wand werfen. Dann fertigen sie in Partnerarbeit Charakterköpfe (Scherenschnitte) an (einer umzeichnet die Silhouette des anderen auf einem Plakat an der Wand).

Figurentheater

- In einer weiteren Stunde lernen die Kinder das russische Märchen vom *Feuervogel* (F. AFANASJEW) kennen, gliedern es in einzelne Szenen und fassen diese in Gruppenarbeit in Dialogform zusammen.
- Die dritte Stunde gibt Raum zur Auseinandersetzung mit der Ballettmusik »Der Feuervogel« von I. STRAWINSKY. Die Schüler befassen sich mit der Gliederung der Musik, indem sie diese ausschnittweise hören und vergleichen mit ihrer zuvor erarbeiteten Einteilung des Textes.
- In zwei bis drei Stunden werden Spielfiguren (Flachfiguren), Kulissen und Schattenbühne von den Kindern in Gruppenarbeit gefertigt.
- Weitere zwei bis drei Stunden werden zum Einüben des Spiels, richtiges Handhaben der Beleuchtung und der Kulissen, Sprechen des Textes und Einspielen der Musik benötigt. Jedes Kind hat dabei eine spezielle Aufgabe.
- Eine Aufführung oder Aufzeichnung auf Video als Ziel der Arbeit ist eine zusätzliche Motivation für die Kinder.

Abb. 18: Flachfigur, Fingerpuppen, Klappmaulfigur

Literatur
BURKHARDT, H., Schulpädagogik. Musisch-Ästhetische Erziehung in der Grundschule. Figurentheater und Schattenspiel, Tübingen 1987; NOLD, W./SPASS-NOLD, W., Spass am Spiel mit Stabfiguren, in: Lehrmittel Aktuell, 10. Jg. 1984, H. 2, S. 29; DIES., Großfiguren, in: Lehrmittel Aktuell 15 Jg. 1989, H. 4, S. 16–18; DAS FIGURENTHEATER – KOLLEG IN BOCHUM, in: Informationen Weiterbildung in NW, 1982, H. 8, S. 15–16

MIRJAM BOONEKAMP/MARGOT HEROLD/ DANIELA JOCHAM

Sa kom	So kom	BEW	INF
Mo kom	Me kom	EVA	PLA
		AUS	BER

✗ ▶ **Fragend-entwickelnder Unterricht (FEU):** FEU ist in meinen Augen eine methodische Mogelpackung. Vorgeblich können hier Lernende aus sich selbst heraus ihren Lernzuwachs leisten, wobei Lehrer bloß die sprachliche Führung übernehmen (→*Sokratisches Gespräch*). Tatsächlich aber werden ihnen dabei durch die Lehrer Inhalte und Formulierungen auf geradezu suggestive Weise in den Mund gelegt. Nicht Schüler, sondern Lehrer haben nach meinen Beobachtungen bei dieser Methode größte Erfolgserlebnisse (weil Schüler in der Tat sagen, was Lehrer sich vorher gedacht haben, das sie sagen sollten!). Besonders schöne Beispiele für FEU finden sich in den Planungsbeispielen und Protokollen aus der Zeit der HERBARTIANER (→*Artikulation*). FEU sollte dort, wo es um Einsicht in Sachverhalte geht, nicht verwendet werden. Wo es aber um Sprachfähigkeit und begrifflich schärfere Fassung geht, sollte man ihn einsetzen; allerdings sollten Lehrer sich klar darüber sein, dass hier keine neuen Informationen erworben werden, sondern bloß der sprachlich-begriffliche Umgang mit ihnen gefördert wird.

Beispiel: Aussteigen Noahs aus der Arche/Religionsunterricht
von TUISKON ZILLER
(zit. nach: DIETRICH, THEO, Unterrichtsbeispiele von Herbart bis zur Gegenwart, 3., erw. Aufl., Bad Heilbrunn 1969, S. 9 ff.)

Aussteigen Noahs aus der Arche

Ob wohl Noah mit den Tieren immer in der Arche – auf dem Alpengebirge Asiens geblieben sein wird? – Nachweis der Unmöglichkeit.
  Wann wird er wohl ausgestiegen sein? – Sobald die Niederungen frei von Wasser geworden sind; denn auf den höchsten Höhen des Alpengebirges wohnt man nicht.
  Wie war aber zu erfahren, daß die Niederungen frei seien? – Vom Schiffe aus konnte man es nicht sicher erkennen wegen der Entfernung, der Wolken, der Bäume – durch menschliche Boten war es auch nicht zu erkunden; denn unbekannte Alpengegenden kann man nicht ohne Führer durchstreifen.
  Es gibt allerdings noch viel schnellere Boten. – Durch Brieftauben wäre jedoch die Kunde auch nicht zu erlangen gewesen; denn –.
  Aber durch das Wandern und Streichen der Vögel kann man in der Tat mancherlei Kunde erhalten. Z. B. wenn die Nebelkrähen im Herbste zu uns kommen, was läßt sich daraus schließen? – Oder wenn zu Anfang des Winters die Waldvögel den Städten, den menschlichen Wohnungen näher kommen? –
  Selbst der größte und stärkste der in unserer Nähe lebenden Vögel (eventuell kein Sing- oder Zugvogel, sowie andere determinierende Bestimmungen) kommt uns zu Anfang des Winters näher – der Rabe.
  Und gerade diesen schickte Noah aus; denn wenn er wieder kommen sollte, was ließ sich daraus schließen? –
  Aber er kam nicht wieder. Daraus folgte? – Er hatte Nahrung gefunden, da ihm selbst verwesende, verfaulende Stoffe genügen. Er konnte sich ferner auf Bergeshöhen aufhalten, die schon frei von Wasser waren, aber für menschliche Wohnungen sich nicht eigneten; er lebt ja auch auf solchen Höhen.

Ist daraus ein Schluß auf Trockenheit des Bodens und auf tiefer gelegene Niederungen zu ziehen? – Wird also Noah ausgestiegen sein? –

Deshalb hat er einen Vogel ausgeschickt, der auf unseren Feldern, Straßen alle Arten von Körnern sucht (schreitend, mit nickendem Kopfe und nötigenfalls andere nähere Bestimmungen) – die Taube. Wenn sie nicht wiederkommt, so folgt daraus? –

Aber sie kam wieder, und zwar mit einem Zweig im Schnabel, fast wie von einem Weidenbaum, aber von einem Baume, aus dessen Früchten Öl gewonnen wird (und eventuell noch andere nähere Bestimmungen) – mit einem Ölzweige. Daraus folgte? – Das Land in den Tälern und Tiefebenen war noch nicht trocken, es war da für die Taube noch nicht genügende Nahrung zu finden, wenn auch die Bäume – Wird also Noah jetzt ausgestiegen sein? –

Aber der Versuch wurde nach einiger Zeit wiederholt, d. i.? –

Und der Erfolg hinsichtlich des Zurückkommens war der entgegengesetzte, also? – Was folgt daraus in bezug auf die Beschaffenheit des Bodens? – Und in bezug auf die Frage des Aussteigens? –

Darnach richtete sich dann auch Noah, d. i? –

Literatur
HAGE, K./BISCHOFF, H./DICHANZ, H./EUBEL, K.-D./OEHLSCHLÄGER, H.-J./SCHWITTMANN, D., Das Methoden-Repertoire von Lehrern, Opladen 1985

Sa	So
kom	kom
Mo	Me
kom	kom

BEW	INF
EVA	PLA
AUS	BER

▶ **Freiarbeit, Freie Arbeit (FA):** Die Bedeutung von FA wird in letzter Zeit immer stärker betont. Vor allem im Grundschulbereich wird FA zunehmend im Unterricht eingesetzt. Sie wird als Differenzierungs- und Individualisierungsverfahren angesehen; mit FA ist auch die Hoffnung verbunden, Lernende wieder stärker zum Lernen motivieren und gezielt auf ihre Interessen eingehen zu können. Obwohl Gedanken über freiere Lernformen – mehr als üblicherweise praktiziert werden – zu allen Zeiten angestellt wurden, finden sich die unmittelbaren Wurzeln gegenwärtigen Verständnisses und gegenwärtiger Praxis in der Reformpädagogik um die Jahrhundertwende. In dieser Zeit erwuchsen entsprechende Vorschläge aus Kritik an der überkommenen Schule, aus der Kritik an deren Buch- und Stofforientierung, an deren Lehrerzentriertheit und nicht zuletzt ihrer Massenhaftigkeit, wenn sie übergroße Lerngruppen zusammenfaßte und gleichförmig und im Gleichschritt zu unterrichten suchte.

Die Reformpädagogen setzten eine *Schule der Freiheit* dagegen; Schule sollte zum Ort der Menschenbildung werden, in der sich in angstfreier Atmosphäre Lern- und Erziehungsprozesse vollziehen konnten. In einer ersten Phase stand die freie selbstbestimmte Entwicklung des Individuums im Mittelpunkt pädagogischer Überlegungen, woraus sich dann die pädagogische Bewegung *vom Kinde* entwickelte. Als Vertreter dieser Bewegung sind hier vor allem ELLEN KEY, BERTHOLD OTTO und MARIA MONTESSORI zu nennen. Bei MONTESSORI wird FA als Unterrichts*prinzip* verstanden, das den Bedürfnissen nach selbstständigem Erwerb von Fertigkeiten und Übung von Fähigkeiten am ehesten entspricht. In einer vorbereiteten Lernumgebung und durch Auswahl verschiedener vorbereiteter didaktischer Materialien können Lernende aktiv Bildung erwerben. Solch eigenständiger Bildungserwerb entspricht nach MONTESSORI auch dem von Gott gegebenen inneren Bauplan eines jeden Individuums. Lern- und Aktivitätsbedürfnis des Kindes äußern sich in der *Polarisation der Aufmerksamkeit* und verschiedenen sensiblen Phasen im menschlichen Leben. In diese Zeit fallen aber auch die *Kunst- und Landerziehungsheimbewegung* von LICHTWARK und LIETZ und die *Arbeitsschulbewegung* mit den Spielarten von KERSCHENSTEINER und GAUDIG. Bei GAUDIG spielt das Individuum als werdende Persönlichkeit eine wichtige Rolle; Persönlichkeit entwickelt sich unter sachgerechter Anleitung zur Selbsttätigkeit im Lernprozess. GAUDIG prägt den Begriff »der freien geistigen Schularbeit«. Bei ihm wird FA verstanden als selbstständige Bearbeitung eines Unterrichtsgegenstands. Diese Bearbeitung kann im freien *Unterrichtsgespräch*, in der freien Arbeitsstunde oder der freien Hausaufgabe geschehen.

Eine zweite und renaissancehafte Phase reformpädagogischer Bewegung stellte sich nach dem Zweiten Weltkrieg ein. Verschiedene Versuchsschulen wurden eingerichtet, in denen einzelne pädagogische Konzepte zur Erprobung anstanden. Hier müssen vor allem die *freien Waldorfschulen* nach R. STEINER, die *Jena-Plan-Schulen* nach P. PETERSEN und die an C. FREINETs Gedankengut ausgerichteten Schulen genannt werden. Im Jena-Plan steht der Gemeinschaftsgedanke im Vordergrund, das Lernen wird über weite Strecken als FA organisiert. Lernende können in freier Kooperation und selbstständig ein Rahmenthema bearbeiten. Gegen Ende der Woche können Lernende nach ihren individuellen Interessen arbeiten oder bis dahin unvollständige Arbeiten fertig stellen. Bei FREINET wird FA als allgemeines Unterrichtsprinzip verstanden. Sie vollzieht sich meist im Rahmen eines →*Wochenplans*, in dem zwischen Pflicht- und Wahlaufgaben unterschieden wird. In all diesen reformpädagogischen Konzepten stehen das Kind und seine *Selbsttätigkeit* im Mittelpunkt. Auf Grund der Annahme, dass es von sich aus bereit sei zu lernen, wird ihm viel Vertrauen entgegengebracht. Allerdings handelt es sich in allen Konzepten durchaus um eine *gebundene Freiheit*, die wiederum zwischen den einzelnen Konzepten nochmals stark variiert begriffen wird. Es darf auch nicht vergessen werden, dass die damaligen Ideen und Konzepte unter besonderen historischen, sozialen und gesellschaftlichen Bedingungen entstanden sind, die nicht ohne weiteres auf heute übertragen werden können. Deshalb lassen sich nur einzelne Momente aus diesen Ansätzen übernehmen, um eine FA für unsere Zeit und unsere spezifischen Bedingungen zu schaffen. Und hier gibt es bereits erste Widersprüche: Einzelne Vertreter reformpädagogischer Konzepte sehen in einer Mischung mit den je anderen Konzepten große Probleme; andere halten gerade eine solche Mischung für notwendig. Dieser Widerspruch und die große Variationsbreite von FA in reformpädagogischen Konzepten füht auch heute zu einem sehr uneinheitlichen FA-

Begriff. Um den ›Begriffswirrwarr‹ nicht noch größer werden zu lassen, werden die Begriffe *Freiarbeit* und *Freie Arbeit* hier synonym verwendet, auch wenn es einige Autoren gibt, die beide Begriffe nochmals unterscheiden.

Die Begriffsproblematik von FA fängt bereits in der didaktischen Einordnung als Unterrichtsprinzip, -konzept oder -methode an. Diese unterschiedliche Einordnung hat vor allem Auswirkungen auf den Umfang des Einsatzes von FA in der Schulpraxis. Als Unterrichts*prinzip* verstanden, sollte FA durchgängig den gesamten Unterricht bestimmen; als *Konzept* sollte zu bestimmten Gelegenheiten maßgeblichen didaktischen Postulaten gefolgt werden; als *Methode* meint sie eine *Realisierungsform selbstgesteuerten Lernens*. Trotz solcher Unterscheidungen bleiben Zielsetzung, Begründungszusammenhang und Grundverständnis von FA gleich.

Umfassende *gesellschaftliche Veränderungen* (Stichwort: *veränderte Kindheit*) verändern auch die Ansprüche an Unterricht. FA scheint eine Möglichkeit zu sein, auf aktuelle gesellschaftliche Veränderungen schulisch zu reagieren. Durch FA können Primärerfahrungen gemacht werden, die Kindern im Leben fehlen; eigene Lösungswege können gesucht und gefunden werden, und Verantwortung für das eigene Tun muss übernommen werden. Auch soziale Verhaltensweisen lassen sich in der FA gut einüben, durch die Zusammenarbeit mit anderen, die Vereinbarung von Regeln und gegenseitige Hilfestellung. Neben inhaltlichem Lernen können Werte vermittelt werden, und die Heranwachsenden finden sich in einer Gesellschaft, die sie durch pluralistische Strömungen verstört, besser zurecht.

FA kann allen Anforderungen an die Förderung einer →*ganzheitlich-integrativen Handlungsfähigkeit* gerecht werden, da durch sie in zwar wechselnder, doch durchgängiger Weise Fach-, Methoden-, Sozial- und Moralkompetenz von Heranwachsenden gefordert und gefördert werden. FA bietet die Möglichkeit, im Unterricht zu *differenzieren* und zu *individualisieren*. In der FA können Lernende ihrem Lerntyp gemäß eigene Lernstrategien entwickeln und eigene Arbeitstechniken anwenden. Außerdem vermögen sie eigene Interessenschwerpunkte zu setzen und ihr Arbeitstempo selbst festzulegen. Obwohl in vielem Übereinstimmung über das Konzept von FA besteht, wäre es falsch, von *der* FA zu sprechen. Von einer sehr starken Anlehnung an die →*Wochenplanarbeit* oder das →*Stationenlernen* bis hin zur völligen Freiheit des Lernens gibt es eine große Bandbreite an FA-Auffassungen.

FA gilt auf jeden Fall allgemein als eine Form möglichst selbst organisierten Lernens. Zu deren Verwirklichung bedarf es eines vielseitigen Unterrichts, der sowohl Formen angeleiteten, als auch völlig selbstgesteuerten Lernens ermöglicht. *FA beschreibt eine bestimmte Zeitphase des Unterrichts, die dem weitgehend selbstgesteuerten Lernen vorbehalten bleibt. In dieser Zeit planen die Lernenden ihre Arbeit selbst, teilen sich Arbeit und Zeit ein und führen diese Arbeit auch eigenverantwortlich durch.* Dazu wählen sie didaktisch aufbereitete Materialien aus, die in einer vorbereiteten Lernumgebung von den Lehrkräften zur Verfügung gestellt werden. Meist sind an der FAs-Phase mehrere Fächer beteiligt, sodass die Auswahl unabhängig von dem im Stundenplan vorgesehenen

Fach erfolgen kann. Innerhalb des Materialangebotes können die Lernenden – frei bezüglich der Inhalte – nach eigenen Interessen ein Material auswählen. Dabei kann es sich um Inhalte mit Bezug zum Unterricht handeln, die dann vertiefend bearbeitet oder weiter ausgebaut werden können. Materialien können aber auch dem Zweck der Festigung, Vertiefung und Wiederholung auf unterschiedlichen Schwierigkeitsstufen dienen. Es können aber auch Interessen abgedeckt werden, die über schulische Themen hinausreichen. Hierzu gehören auch Lernspiele (→*Spiel*) oder Materialien mit kreativem oder experimentellem Charakter. Freiheit haben Lernende auch in der Wahl der Sozialform, der Zeiteinteilung und der Methode bzw. Arbeitstechnik, mit der sie das Material bearbeiten wollen. Frei sind die Lernenden weiterhin hinsichtlich des Faches, das sie wählen wollen. Hier können auch →*fächerverbindende* oder fachunabhängige Themen bearbeitet werden. Allerdings beschränkt sich die Freiheit auf die Auswahl unter den Materialien, die in der Klasse vorhanden und bereitgestellt worden sind. In der FA sind die Lernenden selbst tätig, ohne direkte Anweisung durch die Lehrperson. Anweisungen werden höchstens mittelbar mit dem Material mitgeliefert. Das Material sollte didaktisch so aufbereitet werden, dass stets die Möglichkeit zur Selbstkontrolle besteht.

In der *Prozesshaftigkeit* von FA liegt ein wichtiger Grund für die große Definitionsvariation. Es kann nicht mit allen Klassen auf der gleichen Stufe mit FA begonnen werden. Je nach Voraussetzungen, die die Lernenden bezüglich der *Sozial-, Methoden- und Gesprächskompetenzen* bereits mitbringen, muss auf unterschiedlichen Stufen mit FA begonnen werden. Der Beginn richtet sich nicht nach Alter oder Reife der Lernenden, sondern nach ihrer bisherigen Schulbiografie. Beherrschen sie bereits viele Lern- und Arbeitstechniken, fühlen sie sich in verschiedenen Sozialformen zu Hause, dann kann FA gleich anfangs mit mehr Freiraum eingeführt werden als bei Klassen, die bisher stark lehrerzentriert geführt wurden und die somit ein geringes Repertoire an Techniken im methodischen und sozialen Bereich mitbringen. Für solche Klassen bietet sich ein Einstieg über andere und einfacher zu handhabende Methoden an, z.B. →*Lernzirkel*, →*Wochenplan* u.a. Außerdem müssen bei derartigen Voraussetzungen einzelne Lern- und Arbeitstechniken sowie Sozialformen im Unterricht zunächst eingeführt und geübt werden.

In der Anfangsphase von FA sind die Materialien sehr stark didaktisch aufbereitet, beinhalten möglichst genaue Arbeitsanweisungen und auch Hinweise bezüglich der Wahl der Sozialform oder der anzuwendenden Methode. In diesem Stadium wird häufig auch noch eine geringe Anzahl von Pflichtmaterialien vorgegeben. Erst mit zunehmender FAs-Erfahrung werden die Aufbereitung zurückgenommen und der Freiraum der Lernenden vergrößert. FA sollte von Lehrern immer als ein aufgegebener Prozess betrachtet werden, nie bloß als eine monolithische Methode, die auf einmal eingeführt werden könnte. Lernende und Lehrende müssen langsam in die FA hineinwachsen, nur dann kann sie sinnvoll und gewinnbringend eingesetzt werden. Auch Lehrende müssen lernen, mit ihrer neuen Rolle darin zurechtzukommen. Sie müssen sich zurückhalten, ihren Schülerinnen und Schülern Vertrauen entgegenbringen und sich bewusst werden,

Freiarbeit, Freie Arbeit

dass sie nicht mehr das gesamte Unterrichtsgeschehen in Händen halten. Sie übernehmen während des Unterrichts nur noch Rollen als Beobachter und Berater ihrer Schüler. Die verschiedenen Ausgangsbedingungen müssen bei der Entwicklung eines eigenen FA-Konzepts berücksichtigt werden. FA muss auf einzelne Situationen abgestimmt werden.

FA dient zwar vor allem dem Üben, Festigen und Wiederholen von Inhalten, aber auch das selbstständige Weiterverfolgen bestimmter Interessen gehört dazu. Schülerinnen und Schüler lernen durch methodisch-didaktisch aufbereitete Materialien auf individuellen Wegen. Sie können z. B. Themengebiete, die sie noch nicht verstanden haben, wiederholen, sich nochmals erklären lassen oder zusätzliche Aufgaben dazu anfertigen. Zusätzliche Themen können eigenständig vorbereitet und später den Mitschülerinnen und Mitschülern präsentiert werden. FA darf nicht als Heilmittel, sondern bloß als eine aktuelle und potenziell überaus förderliche Methode bewertet werden, neben die im →*Methoden-Mix* weitere Methoden je nach situativen Bedingungen hinzutreten müssen.

Statt eines Beispiels – Strategie zur Einführung von FA
(Hier wird kein konkretes Beispiel vorgestellt, sondern einige Punkte aufgezählt, die bei einer Einführung von FA für mich besonders wichtig sind. Die hier beschriebene Art der FA ist von mir selbst über lange Zeit in der Realschule erprobt worden. Untersuchungen haben gezeigt, dass auf diese Art FA in der Realschule praktiziert werden kann. Es handelt sich hierbei um *eine Möglichkeit*, FA in die Praxis umzusetzen, daneben gibt es sicher weitere Möglichkeiten, die aber hier nicht mehr vorgestellt oder diskutiert werden.)

FA soll in einer Schulklasse eingeführt werden. Ist dieser Vorsatz einmal gefasst, müssen die Lehrkraft oder das Kollegium verschiedene Schritte unternehmen.

1. Zunächst einmal muss geprüft werden, welche Voraussetzungen für FA die Klasse mitbringt.
- Bei gar keinen Voraussetzungen bietet es sich an, im Unterricht Lern-und Arbeitstechniken zu vermitteln und in Sozialformen einzuführen.
- Bei geringen vorhandenen Voraussetzungen sollte ein Pflichtmaterialienteil gegeben werden, sodass die Lernenden in der FA eine Orientierung haben. Außerdem müssen die Materialien mit genauen Arbeitsanweisungen versehen werden. Es können in der FA nur solche Arbeitstechniken und Sozialformen angeboten werden, die auch bei den Lernenden bekannt sind. Parallel dazu sollte im Unterricht das Methodenrepertoire weiter vergrößert werden.
- Bei guten Voraussetzungen kann den Lernenden viel Freiheit bezüglich der Wahl der Inhalte, der Zeiteinteilung, der Methode und der Sozialform gelassen werden. Die Materialien bedürfen keiner ganz konkreten Arbeitsanweisung mehr, die Schülerinnen und Schüler wissen selbst, wie sie am besten mit diesem Material arbeiten können.

(Hier gibt es selbstverständlich viele Zwischenformen, die je nach Situation angebracht sind.)

⬇

2. Die Lehrkraft oder das Kollegium müssen sich über Freiarbeit informieren, über ihren didaktischen Einsatz Konsens herstellen und die eigene Rolle in der FA festlegen.

⬇

3. Die Schulleitung, das Gesamtkollegium und die Eltern müssen über das Vorhaben informiert werden.

⬇

4. Mit den Lernenden muss über Chancen und Grenzen der FA diskutiert werden. Eine Einführung von FA lohnt nur dann, wenn alle Beteiligten Interesse daran haben. Gemeinsame Regeln für die FA werden festgelegt.

⬇

5. Die Lehrenden stellen Materialien für ihr Fach her oder bereiten vorhandenes Material entsprechend auf. Besonders günstig ist hierbei, wenn sich alle beteiligten Lehrerinnen und Lehrer treffen und gemeinsam Materialien herstellen. Der Informationsaustausch an dieser Stelle ist sehr wichtig. Bei der Herstellung der Materialien muss darauf geachtet werden, wie stark sie didaktisch aufbereitet werden müssen. Die hergestellten Materialien sollten gekennzeichnet und in einer Inventarliste aufgeführt werden. Diese Inventarliste sollte jeder Lernende erhalten.

⬇

6. Mit einem bestimmten Konzept von FA kann nun begonnen werden. Es wird eine bestimmte Stundenanzahl für Freiarbeit festgelegt. Die beteiligten Lehrerinnen und Lehrer geben entsprechend Unterrichtszeit in den FAs-Pool, z.B. aus den Fächern Deutsch, Englisch und Mathematik jeweils eine Stunde pro Woche. Es wird genau festgelegt, welche Stunden für FA reserviert sind. Diese Stunden müssen dann auch unbedingt für FA genutzt werden. Die Anzahl der Stunden richtet sich meist nach dem Kenntnisstand der Lernenden (bei erprobten Klassen eher mehr, bei Anfängern zunächst eher weniger FA) und nach der Anzahl der beteiligten Fächer. Nebenfächer können z.B. auch nur alle 14 Tage eine Stunde in den Pool geben. In der FAs-Zeit können dann die Lernenden Materialien aus allen Fächern wählen, unabhängig davon, welches zu diesem Zeitpunkt laut Stundenplan unterrichtet werden würde.

⬇

7. Die Lehrkräfte stellen die Materialien kurz den Lernenden vor. Die Lernenden erhalten die Inventarliste, sodass sie eine Übersicht über alle Materialien haben. Die Materialien werden in einem FA-Schrank oder -Regal aufbewahrt.

⬇

Freiarbeit, Freie Arbeit

8. Die Lernenden wählen im rotierenden Verfahren ein Material aus und bearbeiten es. Die Ergebnisse werden in einem FA-Ordner festgehalten, der durch die Lehrkräfte ab und zu eingesammelt und kontrolliert werden kann. In diesen Ordner kommen auch Kommentare über Materialien oder insgesamt über den Ablauf der FA. Die Lehrpersonen übernehmen in der FA die Rolle des Beobachters bzw. des Helfers, wenn die Lernenden sich selbst nicht helfen können. Bei der FA anwesend ist immer die Lehrperson, die laut Stundenplan zu dieser Zeit Unterricht in der Klasse hätte.

⬇

9. Nach Abschluss der FA stellen die Lernenden die Materialien an ihren Platz zurück.

⬇

10. Regelmäßig durchzuführende Reflexionsgespräche runden die FA ab. Sie dienen einmal zur Besprechung bestimmter Probleme, zur Reflexion des eigenen Verhaltens in der FA, aber auch zur gegenseitigen Präsentation einzelner FA-Ergebnisse, die der Gesamtklasse vorgestellt werden sollen.

Literatur

AKADEMIE FÜR LEHRERFORTBILDUNG DILLINGEN, Freies Arbeiten: Realschule-Hauptschule-Gymnasium, Donauwörth 1994; BÖNSCH, MANFRED, Differenzierung in Schule und Unterricht. Ansprüche, Formen, Strategien, München 1995; CLAUSSEN, CLAUS (Hrsg.), Handbuch Freie Arbeit: Konzepte und Erfahrungen, Weinheim 1995; HOEFS, HARTMUT, Offenheit macht Schule: Ein anderer Schulalltag: Bausteine für Freies Lernen in Projekten, Mühlheim an der Ruhr, 1996; KRIEGER, CLAUS GEORG, Mut zur Freiarbeit. Praxis und Theorie für die Sekundarstufe, Hohengehren 1994, SCHULZE, HERMANN, »...und morgen fangen wir an!«, Bausteine für Freiarbeit und offenen Unterricht in der Sekundarstufe, 2. Auflage, Lichtenau 1993; SEHRBRUCK, PETER, Freiarbeit in der Sekundarstufe I, 2., akt. Aufl., Berlin 1995

Video: KASPERCZYK-BÖHM, ELISABETH/MEINKE, GREGOR/SCHNEIDER, HASKO, Freiarbeit, Waxmann Video, 1994, 23 min. (49,90 DM); RAMSEGER, JÖRG/SEELIGER-MÜHL, HERBERT, Individualisierung, Freie Arbeit und Wochenplanunterricht, Waxmann Video 1994, 45 min. (59,00 DM)

SILKE TRAUB

Sa kom	So kom	BEW	INF
Mo kom	Me kom	EVA	PLA
		AUS	BER

▶ **Frontalunterricht (FU):** Als FU wird der übliche Klassenunterricht bezeichnet, bei dem ein Lehrer – vor der Klasse stehend, also in Front von ihr – der (fast) ausschließliche Informator und Steuerer ist, über den alle Aktionen laufen. Er beginnt und schließt den Unterricht, die einzelnen Phasen und Aktivitäten, er nimmt entgegen und vergibt, nichts geht ohne ihn, nichts entgeht ihm, er ist der große *didaktische Bruder*. Nach empirisch gewonnenen Befunden sollen fast 80% des alltäglichen Unterrichts als FU erteilt werden. Wofür ist dieser hohe Anteil Ausdruck? Mit Sicherheit drückt er nicht die tatsächliche Effizienz dieser Methode aus; mit Sicherheit auch nicht die Auffassung von Lehrern über eine entsprechende Effizienz. M.E. ist das Ausdruck von strukturellen Zwängen unseres Schul- und Unterrichtssystems: Lehrer haben Unterricht zu gestalten, auf den der unaufhörliche Druck von großen Lerngruppen, fachlicher und zeitlicher Zerstückelung, stofflicher Häufung und Vorschriften für alles und jedes einwirkt, und fliehen in ein Lehrverhalten, das ihnen seit ihrer eigenen Schulzeit nur zu gut bekannt ist.

FU erweist sich als durchaus effizient, wenn es um formalen Unterricht geht, wenn Selbstverständliches schnell und in großem Umfang erlernt werden soll, zumal wenn dem FU die üblichen Hausaufgaben angehängt werden. Doch trägt er nur wenig, wenn überhaupt, zur Förderung der ganzen Person von Lernenden bei; soziale, methodische und moralische Kompetenzen kann er nur schwer fördern. Auf FU kann heutzutage leider nicht verzichtet werden, doch sollte er nur dort praktiziert werden, wo er tatsächlich von Zielsetzungen und Themen her einsetzbar ist, und nur so viel verwendet werden wie unbedingt nötig.

- FU heißt nicht, dass der Lehrer alles und alles selber machen muss! In ihn können viele Aktionen eingebaut werden, die von Schülern eigenständig geleistet werden.
- FU heißt nicht, dass der Lehrer ständig reden und darstellen muss! Er kann durch variationsreiche Gestaltung der Medien aufgelockert werden.
- FU muss sich nicht über die gesamte Unterrichtszeit erstrecken! Er kann für kurze Zeiten und im Wechsel mit anderen methodischen Phasen auftreten.
- FU verlangt keine starr-strengen oder gar unfreundlichen Lehrer! Lehrer können ihn humorvoll anlegen, ein freundliches Gesicht dabei zeigen, können suggestopädische Anstrengungen unternehmen.
- FU muss nicht von vornherein einengen! Lehrer können breit angelegte Gespräche initiieren, können weite Fragen stellen, Impulse statt Fragen vorgeben.

Frontalunterricht: Allgemeine Struktur (beispielhaft) BEATE RECK

Zeit	Schüler/innen – Lehrer/innen – Interaktion
0'	Begrüßung
2'	Der Lehrer konfrontiert die Schüler mit einem dem Lerninhalt und Lernziel angepassten Problem. (Hierzu kann der Lehrer

Frontalunterricht

	unterschiedlichste Medien verwenden.) Er stellt dem Problem entsprechende Aufgaben/Fragen und gibt den Schülern Material, das ihnen hilft diese zu bearbeiten und zu beantworten.	Frontale Situation
5'	Die Schüler bearbeiten die Aufgaben in einer dazu geeigneten Sozialform (z. B. Einzel-, Partner- oder Gruppenarbeit)	
20'	Sicherung des 1. Teilergebnisses in einem Unterrichtsgespräch	
30'	Aus einer Geschichte, die vom Lehrer vorgetragen wird, ergeben sich weitere Problemstellungen zum Thema. Diese werden in einem Unterrichtsgespräch herausgefiltert und von den Schülern formuliert. Für die Bearbeitung der neu formulierten Fragen vermittelt der Lehrer ausgewählte Lerninstruktionen. (Ich meine hier Aufgaben, Methoden oder Sozialformen, die der Lehrer in diesem Fall für die geeignetsten hält. Auch die Anweisung, dass die Schüler Sozialform und/oder Methode selbst wählen, wäre denkbar.)	Frontale Situation
	PAUSE	
45'	Die Schüler bearbeiten die neuen Aufgaben nach den Anweisungen des Lehrers.	
65'	Im Plenum stellen/tragen die Schüler ihre Ergebnisse vor. (Auch hier können verschiedenste Medien eingesetzt werden.) Die anderen Schüler vergleichen und ergänzen ihre Lösungen.	Frontale Situation
88'	Der Lehrer spricht einige Abschlussworte und verabschiedet sich.	

Beispiel: Stress/Biologie BEATE RECK

Zeit   Schüler/innen – Lehrer/innen – Interaktion

0'	Begrüßung	
2'	Mit einem Zitat führt der Lehrer die Schüler zum Thema (hier: Stress) der Stunde. »Beim Stress ist es wie bei einer Geige: der beste Klang entsteht, wenn die Saite weder zu straff noch zu lasch gespannt ist.« (KENNETH GREENSPAN) Mit diesem Zitat führt der Lehrer die Schüler zum Thema (Konfrontation mit dem Thema) und eröffnet ein Unter-	Frontale Situation

	richtsgespräch, in dem sich die Schüler zum Zitat äußern oder von eigenen Erfahrungen erzählen.
15'	Die Begriffe Stress, Stressoren, Distress und Eustress werden von den Schülern in Gruppen erarbeitet. Dazu stellt der Lehrer entsprechende Aufgaben, die die Schüler mit Hilfe verschiedenster Artikel aus Zeitschriften, kleinen Broschüren der Krankenkassen, Fachaufsätzen zum Thema etc. bearbeiten.
30'	Im Klassenplenum stellen die Gruppen ihre Ergebnisse vor (Schülervortrag und evtl. Unterrichtsgespräch, das von der vorstellenden Gruppe geleitet wird). Die Ergebnisse werden an der Tafel festgehalten und ins Heft übertragen. **Frontale Situation**
	PAUSE
45'	In Form eines Lehrervortrags erklärt der Lehrer die Vorgänge, die sich bei Stress im Körper abspielen. Die Schüler wiederholen in Partnerarbeit den Inhalt des Lehrervortrags und tragen die wichtigsten Punkte auf einem Arbeitsblatt ein. Im Unterrichtsgespräch werden die Ergebnisse der Partnerarbeit verglichen und evtl. korrigiert. **Frontale Situation**
65'	Zur Vertiefung des Wissens über Stress zeigt der Lehrer einen Film (Filmvortrag), der u.a. auch Maßnahmen bei bzw. zur Vorbeugung gegen Stress beinhaltet. **Frontale Situation**
75'	Im Stuhlkreis besprechen Schüler und Lehrer, was man bei oder gegen »Schulstress« tun kann (Unterrichtsgespräch). Exemplarisch führt der Lehrer mit den Schülern eine Entspannungsübung durch (Bsp.: Muskelrelaxation nach JACOBSEN).
88'	Nach einigen abschließenden Worten verabschiedet sich der Lehrer.

Literatur

ASCHERSLEBEN, K., Moderner Frontalunterricht. Neubegründung einer umstrittenen Unterrichtsmethode, 3. Aufl., Frankfurt 1985; GUDJONS, HERBERT (Moderation), Frontalunterricht – gut gemacht, in: Pädagogik, 50. Jg. 1998, H. 5, S. 6–37 (7 verschiedene Beiträge); MEYER, HILBERT L., UnterrichtsMethoden, Bd. II, Praxisband, Frankfurt a.M. 1987, S. 182 ff.; MEYER, HILBERT L./MEYER, MEINERT A., Lob des Frontalunterrichts, Argumente und Anregungen, in: Friedrich Jahresheft XV, Lernmethoden – Lehrmethoden, Wege zur Selbstständigkeit, Seelze 1997, S. 34–37; MEYER, E./OKON, W., Frontalunterricht, Frankfurt 1983; SCHOLZ, G., Frontalunterricht. Plädoyer gegen einen (mißverständlichen) Begriff und für eine (wohlverstandene) Sache, in: HINTZ, P./REKUS, J. (Hrsg.), Zum Beispiel: Schule. Beiträge zur pädagogischen Besinnung, Hildesheim 1987, S. 45–55, VORSMANN, N., Frontalunterricht – vergessene Chancen in der Sozialerziehung, in: BIERMANN, R./WITTENBRUCH, W. (Hrsg.), Soziale Erziehung. Orientierung für pädagogische Handlungsfelder, Heinsberg 1986, S. 196–207

Sa kom	So kom
Mo kom	Me kom

BEW	INF
EVA	PLA
AUS	BER

▶ **Ganzheitliches Lernen (GaL):** GaL ist keine Methode, sondern eher ein Prinzip für die grundsätzliche Gestaltung von Lernprozessen im Unterricht. Prinzipiell gefordert wird, dass der *ganze Lernende* und die *ganze Sache* in Lernvorgängen zusammengeführt werden. GaL ist weitaus mehr, als im schulischen Alltag und zumeist auch in der didaktischen Theorie unter dieser Bezeichnung subsumiert wird. Leichtfertig wird in der Regel PESTALOZZI mit seiner Formel vom *Lernen mit Kopf, Herz und Hand* bemüht, wenn GaL veranschaulicht werden soll. Oder es ist von *vielkanaligem Lernen* nach VESTER oder ganz grob von *Viel-* bzw. *Allsinnesunterricht* die Rede. Dabei wird bloß eine kontrastreiche Abhebung vom üblichen Schulunterricht erreicht, dessen (fast) ausschließlicher Kopforientierung eine auf viele oder gar alle Sinne ausgerichtete Art und Weise des Lernens entgegengestellt werden soll. Doch liegt bereits im Begriff GaL ein weitaus umfassenderes Verständnis: Der Mensch ist mehr als bloß fünf Sinne. Wenn menschlich ganzheitliches Lernen gemeint ist, sollte zumindest auch in der Tat der ganze Mensch in den Blick genommen werden.

GaL ist daher immer ein Lernen, bei dem der ganze Mensch tätig werden kann, nicht unbedingt auch tätig werden muss. Doch würde auch solche Auffassung noch zu kurz greifen: Lernen bedeutet immer die Auseinandersetzung eines Menschen (Subjekt) mit der Wirklichkeit (Objekte). GaL ist die Auseinandersetzung des lernenden Subjekts mit dem zu lernenden Objekt auf solche Weise, dass dabei das ganze Subjekt mit dem ganzen Objekt umgehen kann. GaL muss konsequenterweise immer beide Aspekte von Ganzheit bedenken: die *subjekthafte Ganzheit* und die *objekthafte Ganzheit*. Wer GaL praktizieren möchte, sollte demnach stets fragen, wie es möglich werden kann, dass die Schüler als ganze Personen den Sachen in ihrer Ganzheit begegnen können.

Das erfordert zuallererst, Schüler nicht bloß als Schüler, in ihrer Rolle, sondern als (ganze) Menschen zu sehen. Statt sie gewohnheitsmäßig zu ›bloß Lernenden‹ zurechtgestutzt zu sehen, sollten sie als Menschen betrachtet werden. Das wird für Lehrer ein ständiger didaktischer Balanceakt: Die Anrechte ihrer Schüler auf menschliche Berücksichtigung sind in Übereinstimmung zu bringen mit dem Lehrauftrag von Schule und Unterricht, der Heranwachsende vor allem in ihrer Schülerrolle begreift. Mit anderen Worten: Lehrer werden stets Kompromisse schließen müssen. Es wäre schon viel erreicht, wenn Lehrer GaL als ein *regulatives Prinzip* für ihre didaktischen Entscheidungen begreifen würden, wenn sie sich ihm verpflichtet fühlten und sich ihm, so gut das möglich ist, zu nähern trachteten.

GaL bedeutet in letzter Konsequenz, Schüler durch *Primärerfahrungen* lernen zu lassen. Das würde erfordern, solche Lernsituationen einzurichten, in denen Lernende die ihre Dispositionen verändernden Erfahrungen am eigenen Leib machen können, in denen sie unmittelbar mit den Sachen umgehen können. Nicht die Weitergabe von Erfahrungen von fremder Seite, von Dritten an Schüler, die bloße Instruktion und Unterweisung über Sachen kommen hier in Frage. Schüler sind an Sachen heranzulassen, damit sie ihre ureigenen Erfahrungen machen können. Damit aber ist es noch nicht getan: Auch die Sache muss letzten Endes in ihrer ureigenen Erscheinung an die Schüler herangebracht werden, in ihren inneren Beziehungen wie ihren äußeren Bezügen zur umgebenden Wirklichkeit. Wenn systematisierende Zerlegungen erforderlich werden, müssten sie eigentlich die Lernenden selber vornehmen.

Solches Prinzip trägt seine Grenzen in sich selbst: In der Schule sind die Schüler nun einmal Schüler. Das soll nun aber nicht heißen, sie seien grundsätzlich auf diese spezifische Rolle hin zu behandeln. Ganz im Gegenteil, von den vielen Rollen, in denen sie leben, genießt jene der Schüler Priorität, was meint, ihr Anspruch auf Lernen ist maßgeblich zu beachten, doch heißt es auch stets und ständig, ihre Persönlichkeit zu achten. Wo immer möglich, sind bei der Vor-Gestaltung von Lernvorgängen die Schüler als ganze Personen zu berücksichtigen. In der Schule geht es nun einmal um das Erlernen gesellschaftlich für wichtig gehaltener und bereits ausgelesener und mit Prioritäten versehener Sachen, um bereitgestellte Inhalte. Das erschwert für Lehrer den Rückgang auf die ursprüngliche Sache in ihrer ganzen Erscheinungsweise. Wo aber möglich, dort sollte Schülern der Zugang auf die Sache unverändert und unverstellt gewährt werden.

Konzepte, die diesem Prinzip folgen, sind in meinen Augen u. a. das →*exemplarische Lehren und Lernen* (WAGENSCHEIN), das methodische Prinzip der →*Originalen Begegnung* (ROTH), der →*praktische Lernen* (z. B. Hibernia-Schule). Dazu könnte man – zumindest als Ansatz dazu – auch das *enaktive Lernen* nach BRUNER zählen. Als *enaktives Lernen* bezeichnet er jene Lernvorgänge, in denen Schüler als ganze Personen tätig werden können, in denen sie nicht bloß mit dem Kopf, sondern mit ihrem ganzen Körper und in ihrer gesamten Befindlichkeit in die Auseinandersetzung mit den Lerninhalten eintreten können.

BRUNERS Konzept bezieht sich zugleich auch auf die Objektseite des Lernens. Er unterscheidet neben dem *enaktiven* noch das *ikonische* und das *symbolische Lernen*, und zwar an Hand der Art, in der Lernenden die Inhalte präsentiert werden:
- *Enaktives Lernen* bringt die Lerninhalte so an Schüler heran, dass sie mit ihnen umgehen können, sie nicht nur intellektuell, sondern mit Hand, Fuß usw. angehen können (wenn z. B. Bauklötzchen zu Dreier-Reihen gelegt werden). Hier könnten, ja sollten nicht bloß zu enaktivem Lernen auffordernde Präsentationen verwendet werden, sondern – wo das möglich ist und sinnvoll erscheint – die Sachen in ihrer originalen Verfassung und Erscheinungsweise.
- *Ikonisches Lernen* bringt die Lerninhalte bildhaft an Schüler heran, als Modelle, Zeichnungen u. a. mit noch großem Erkennungsgrad. Sie lernen also nicht an den gegenständlichen Inhalten selbst, sondern anderen bildhaften Ikonen (wenn z. B. bunte Kreise an der Wandtafel zu Dreier-Reihen gelegt werden).

Ganzheitliches Lernen

- *Symbolisches Lernen* bringt bloß noch symbolhafte Präsentationen der gemeinten Lerninhalte an Schüler heran. Sie können sich bloß noch via Symbolen mit den Inhalten auseinandersetzen (wenn z.B. die Aufgabe lautet: 4 x 3er-Reihen legen).

Seine hohe Zeit hatte GaL Anfang des Jahrhunderts, als die Ganzheits- und Gestaltpsychologie – im Anschluss an DILTHEY, KRUEGER u. a. – in die Didaktik ausstrahlte und WITTMANN sein Konzept von dem Grundsatz aus entwickelte, »dass nämlich alles seelische Leben sich in Ganzheiten bekundet, als Ganzheit verläuft, zur Bildung neuer Ganzheiten hinstrebt, dabei aber durch früher gebildete und reproduktiv in der Gegenwart wirksame seelische Ganzheiten bestimmt wird« (1967, S. 14/15). Unterricht führte Schüler zunächst an Ganze (Sachen) heran (Erste Ganzheit), ließ sie damit umgehen, bis sie diese zergliedern, analysieren konnten (Gegliedertheit), um die Teile dann wieder zu Ganzen zusammensetzen zu lassen (Zweite Ganzheit). Von dieser auf die Ganzheits- und Gestaltpsychologie zurückgehenden Didaktik ist heute m.W. nur noch die so genannte *Erlebnispädagogik* übrig geblieben. Diese spielt zwar nur eine periphäre Rolle, hat aber überaus großartige Konzepte entwickelt, Schülern Erlebnisse zu bieten, durch die sie fundamentale Änderungen ihrer Person vollziehen können, wie z.B. durch Segelreisen u.a. Die in einzelnen Fällen offenbar erfahrene große erzieherische Wirksamkeit solcher Erlebnispädagogik hat u.a. dazu geführt, sie für die Rehabilitation von Jugendlichen, die kaum noch auf andere Einflußversuche reagieren, zu verwenden.

Für die hier vertretene mehr pragmatische Auffassung von GaL kommen besonders das →*Projektlernen*, das →*aufgabenorientierte Lernen* und alle →*handlungsorientierten* Methoden in Frage (vgl. dort auch die Beispiele).

Literatur
BRUNER, J.S., Der Prozeß der Erziehung, Berlin u. Düsseldorf 1970; ROSE, G., Ganzheitsunterricht und Elementenunterricht, in: DERS., Grundriß einer allgemeinen Unterrichtslehre, Bonn 1953, S. 97 ff.; RUMPF, H., Die künstliche Schule und das wirkliche Lernen, München 1986; WITTMANN, J., Theorie und Praxis eines ganzheitlichen Unterrichts, 4. Aufl., Dortmund 1967

Sa kom	So kom	BEW	INF
Mo kom	Me kom	EVA	PLA
		AUS	BER

▶ **Genetisches Lernen (GL):** Es ist eng mit dem Konzept WAGENSCHEINs vom →*exemplarischen Lernen* und dem →*entdeckenden Lernen* verbunden. Kenntnisse sollen nicht wie schon fest Verpacktes und systematisch Geordnetes weitergereicht werden, sondern von den Lernenden in einem individuell geprägten Prozess erworben werden. Am Beginn steht die Auseinandersetzung mit der Wirklichkeit, mit Sachen und Erscheinungen, die schrittweise zum systematischen Aufbau von Wissen führen soll. Im Unterricht kommt es darauf an, →*Originale Begegnungen* im Sinne H. ROTHs zu ermöglichen: Schüler werden mit Problemen statt mit Lösungen konfrontiert und zu eigenen Lösungen angeregt. Methodisches Geschick wird von Lehrern erwartet, wenn festes Wissen in Fragen, Bekanntes in Unbekanntes, Selbstverständliches in Fragenswertes, Ergebnisse in Aufgaben umgeformt werden müssen, sodass Lernende ihren je eigenen Lösungsweg gehen können. Genese darf hier nicht missverstanden werden: Darunter ist nicht die Historie von etwas zu verstehen, sondern die geistige Entstehung menschlicher Informationen über Welt und Wirklichkeit.

MUCKENFUSS/LÜFTNER haben für GL (= *entdeckendes Lernen*) ein Vier-Phasen-Modell praktiziert, das unten von ihnen auf das Beispiel »Schall« angelegt wird (in: NEFF, S. 174 ff.):

Beispiel: Schall/Heimat- und Sachunterricht/Grundschule
(nach: MUCKENFUSS/LÜFTNER, S. 196 ff.)

In der *Identifikationsphase* des Unterrichts konnten sich die Schüler wieder ohne eine Zielvorgabe mit den Gegenständen auseinandersetzen. Die Schüleraktivitäten verliefen in so divergenter Weise, dass es kaum möglich ist, sie in ihrer Gesamtheit zu beschreiben. Einige Beispiele genügen, um einen Eindruck von dieser unterrichtlichen Situation zu vermitteln.
Claudia S. nahm die Orgelpfeife aus der Schachtel und schaute sie befremdet an. Dann hielt sie die Pfeife wie ein Fernrohr vor die Augen und versuchte durchzublicken. Roland B. holte sich das Holzbrett heraus, legte einen Gummiring über die Nägel und spannte den Holzstab wie einen Pfeil dazwischen. Einige Schüler fanden die Luftballons in den Kisten und begannen sie aufzublasen. Ein Luftballon wurde zerstochen, was allgemein Erheiterung hervorrief. Wolfgang M. stülpte einen Luftballon über den Hals einer Flasche und erwärmte sie mit den Händen. Als sich nach einiger Zeit der Luftballon mit erwärmter Luft füllte und aufrecht stand, lief Wolfgang von Tischgruppe zu Tischgruppe, um sein gelungenes Experiment vorzuführen. Christian P. knüpfte eine Schnur zwischen die Nägel auf dem Holzbrett und strich mit dem Holzstab darüber. Auf die Frage, was er gebaut ha-

Genetisches Lernen

be, war seine erste Antwort: »eine Säge«. Er verbesserte sich aber sogleich und meinte: »Nein, es ist eine Geige«. Einen Ton brachte er allerdings nicht hervor. Karl S. versuchte mit dem Flötenmundstück einen Luftballon aufzublasen. Überrascht stellte er fest, dass die Luft gar nicht am Ende des Mundstückes entwich. Erst als er das Labium mit dem Daumen verschloss, gelang ihm der Versuch. Ein hervorstechendes, von uns nicht erwartetes Phänomen war bezeichnend für die gesamten Bemühungen der Schüler. Sie waren bestrebt, die einzelnen Gegenstände nicht isoliert zu sehen, sondern auf verschiedene Art konstruktiv miteinander zu verbinden. So verdrillte Karin W. einen zwischen die Stimmgabel gespannten Gummiring mit Hilfe einer Stricknadel. Wurde die Nadel losgelassen, schnellte sie an eine bereitgestellte Flasche und erzeugte einen Ton.

Da von den Schülern keine autonome Reduzierung des thematischen Differenzierungsgrades erfolgte, wurde für kurze Zeit das freie Arbeiten der Schüler unterbrochen, um mit ihnen die Zielsetzung der Stunde zu erörtern. Eine Demonstration des letzten Versuchs half die neue Aufgabenstellung, Töne zu erzeugen, in das Bewusstsein der Schüler zu rücken. Die Aufmerksamkeit der Schüler sollte sich dabei nicht nur darauf richten, was zu tun ist, um Töne zu erzeugen, sondern auch darauf, was an den Gegenständen während des Tönens zu beobachten ist.

Während der *Problemlösephase* stieg der Geräuschpegel stark an, da jeder Schüler versuchte, mit den ihm zur Verfügung stehenden Mitteln Geräusche und Töne zu erzeugen. Als erstes griffen viele Schüler zu den Sticknadeln bzw. Holzstäben, um damit mehr oder weniger rhythmisch auf allen möglichen Gegenständen, wie Flaschen, Resonanzkästen, Tischen und Bänken herumzuklopfen. Zwei Jungen gelang es, einen aufgeblasenen Luftballon mit dem Einblasschlauch über die Lufteintrittsöffnung der Orgelpfeife zu ziehen. Als die aus dem Luftballon strömende Luft die Orgelpfeife ertönen ließ, war die Begeisterung groß. Es bedurfte einer nochmaligen Lenkungsmaßnahme, da sich die Schüler immer noch darauf zentrierten, beim Erzeugen von Tönen mehrere Gegenstände gleichzeitig einzusetzen. Sie wurden aufgefordert, mit möglichst vielen Gegenständen Töne zu erzeugen, ohne dabei einen zweiten Gegenstand zu Hilfe zu nehmen.

Klaus K. brachte daraufhin eine Flasche zum Tönen, indem er mit dem Mund über die Flaschenöffnung blies. Viele Schüler, die das beobachtet und gehört hatten, folgten seinem Beispiel. Gerhard probierte mit dem offenen Glasrohr aus, wie die Luft über die Flaschenöffnung strömen muss, während ein anderer dazu einen aufgeblasenen Luftballon benützte. Ein Schüler stellte fest, dass eine große Flasche viel dumpfer tönt. Weiterhin wurde bei gespannten Drähten und Schnüren erkannt, dass die Tonhöhe von der Spannung abhängt. Von keinem Schüler wurden jedoch spontan die Holzleisten bzw. Stricknadeln zu Blattfederschwingungen angeregt. Erst nachdem der Lehrer diese Art der Tonerzeugung an einem Beispiel vorgeführt hatte – ein Ende der Leiste bzw. der Stricknadel wird an der Tischkante festgehalten, das lose Ende angeschlagen – wurde der Versuch von den Schülern nachvollzogen. Am Ende der *Problemlösephase* konnten wir davon ausgehen, dass bei allen Schülern eine homogene Erfahrungsbasis vorhanden war, da jeder Schüler die typischen Möglichkeiten der Tonerzeugung an unterschiedlichen Gegenständen erfahren hatte.

In der *Evaluationsphase* wurden die prägnantesten Erfahrungen der Schüler gesammelt und im Tafelanschrieb festgehalten. Einzelne Schüler demonstrierten, die von ihnen erkannten Möglichkeiten die Gegenstände zum Tönen zu bringen. Die Ergebnisse wurden von den Schülern selbst qualitativ beurteilt, woraus sich praktisch von selbst die Unterscheidung von Tönen und Geräuschen ergab. Die Benennung der Gegenstände selbst. Der Tafelanschrieb *(Abb. 19)* zeigt beispielhaft die von den Schülern verwendeten Begriffe und Formulierungen.

Gerade im Hinblick auf die Begriffserweiterung war die Ergebnisevaluation besonders wertvoll. Weniger geläufige Begriffe, wie anschlagen, anblasen, vibrieren, schwingen, usw. konnten hier mit Bedeutungsinhalt gefüllt werden. Am Ende dieser Phase ergab sich die offene Problemsituation: Was bewegte sich bei den Gegenständen, die durch Blasen zum Tönen gebracht wurden? Die im Tafelanschrieb formulierte Vermutung wurde von den Schülern zwar geäußert, sie waren jedoch skeptisch gegenüber ihrer eigenen Transferleistung, da der gedanklichen Extrapolation keine Beobachtung entsprach. Dieses Problem war Ausgangspunkt für die Weiterführung der Thematik. Die nachfolgenden Stunden wurden in stärkerem Maße gelenkt und erforderten einen erheblichen experimentellen Aufwand. Das aufgebaute hohe Motivationsniveau hielt jedoch bis zum Abschluss der Einheit vor.

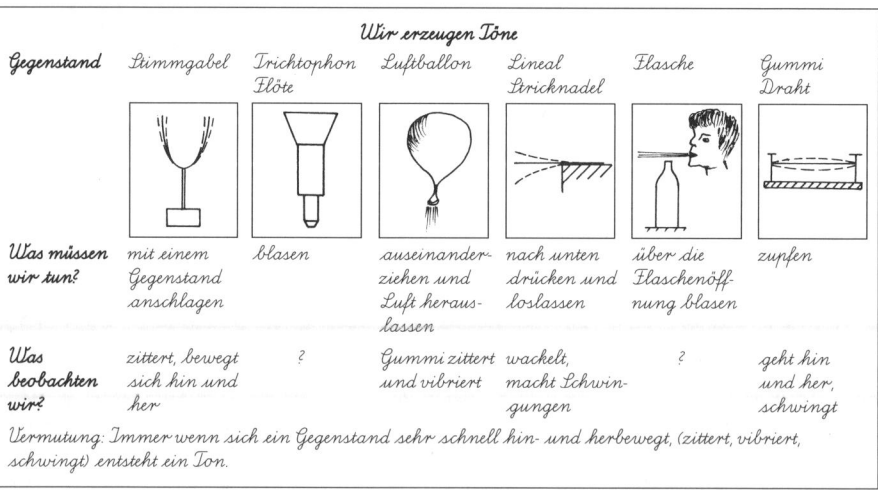

Abb. 19: Tafelbild – Wir erzeugen Töne

Sie interpretieren es:

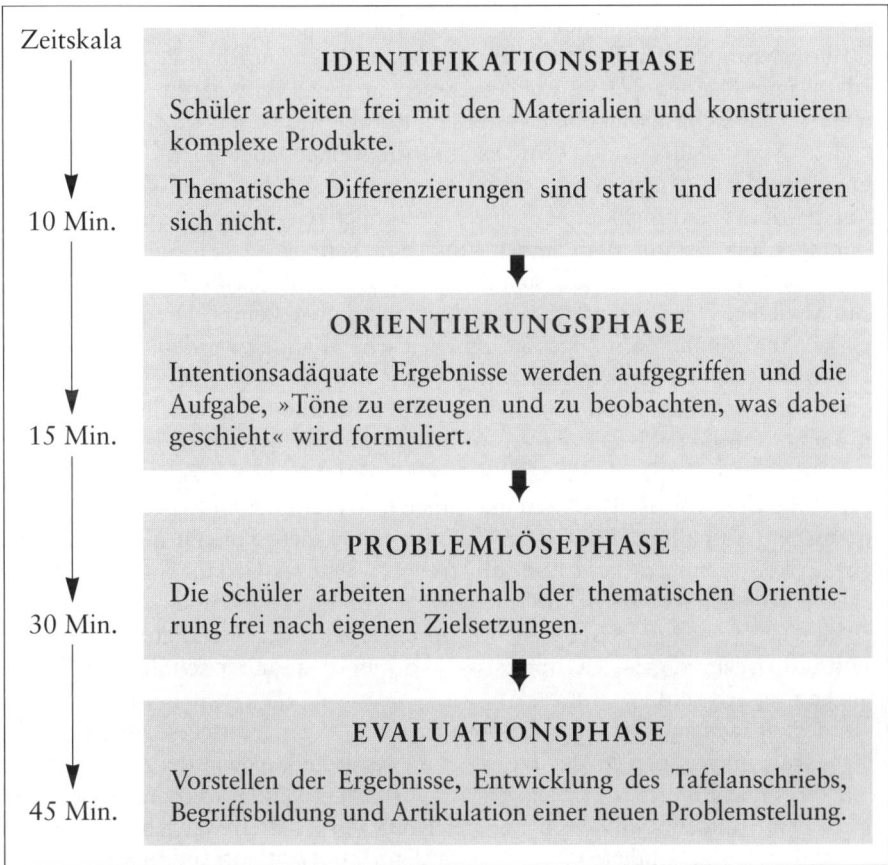

Abb. 20: Interpretation des Unterrichts über Schall (MUCKENFUSS/LÜFTNER, S. 199)

Weitere überaus anschauliche Beispiele für das originäre Verstandnis von GL finden sich bei WAGENSCHEIN selber: Erdgeschichte (S.60 ff.); Erdrotation (S. 69 ff.)

Literatur
NEFF, G. (Hrsg.), Praxis des entdeckenden Lernens in der Grundschule, Kronberg/Ts. 1977; WAGENSCHEIN, M., Zum Problem des Genetischen Lehrens, in: DERS., Verstehen lehren, 2./3. Aufl., Weinheim u. Berlin u. Basel 1970, S. 55 ff.

▶ **Gesamtunterricht (GS):** Bei GS ist zwischen *freiem* und *gebundenem* zu unterscheiden. Freier GS ist – so auch seinen Ursprüngen bei B. OTTO nach – von allen üblichen Unterrichtszwängen befreit. Die Lernenden sitzen nach dem Vorbild von Familien bei Tisch zusammen, ohne Alterszuordnung, greifen ihnen bedeutsame Themen auf und gehen diesen in freier Assoziation nach. Lehrer greifen in das sich entwickelnde Gespräch nur überaus behutsam ein, etwa wenn es allzu weit ausufert und wenn Sachinformationen angebracht sind. Solches Lernen wird als natürlich vor allem deswegen angesehen, weil die Schüler in ihrer ganzen Persönlichkeit, aus ihrer Befindlichkeit heraus, von ihren Interessenlagen aus und mit allen Sinnen – also ganzheitlich – an die Sachen herangehen. Diese Form des GS findet sich als *Morgen-* oder *Erzählkreis* in der heutigen Schule wieder. Der gebundene GS verläuft stets über Lehrer. Diese geben Themen vor und sorgen dafür, dass sie ganzheitlich behandelt werden. Dabei taucht ein zweiter Aspekt von Ganzheit auf: Nicht nur die Lernenden (Subjekte des Lernprozesses) sollen in ihrer Ganzheit, ihrer ganzen Person, beteiligt sein, auch die Sache (Objekt) soll Lernenden in ihrer originären Ganzheit entgegentreten, zwar durchaus an einzelnen Erscheinungen und Vorgängen erfasst werden, nicht aber in der durch Wissenschaften und ihnen korrespondierenden Fächern vorgenommenen Aufteilung. Das ist im Grunde genommen nämlich nicht mehr die Wirklichkeit, sondern die schon von fremder Seite in Gedanken und Begriffe gefasste Wirklichkeit; Lernende erwerben bloß Wissen, erkennen aber nicht die Wirklichkeit (→*exemplarisches Lehren und Lernen*). Das verlangt ganzheitliche – mithin: vollständige! – Lernprozesse, wo immer sie unter schulischen Bedingungen möglich sind.

In der Grundschule haben sich Varianten des GS eingebürgert. Ich sehe nicht ein, warum nicht auch in der Haupt- und Realschule sowie dem Gymnasium trotz ihres Fachunterrichts Gelegenheiten für GS geschaffen werden, etwa indem durch den Stundenplan Zeiten für freien GS vorbehalten werden oder indem mehr als bisher gebundene GS-Phasen in den Unterricht aufgenommen werden.

**Beispiel: Gesamtunterrichtsprotokoll vom 8. August 1928 (Auszug)
(Freier Gesamtunterricht nach: KRETSCHMANN, 1951, S. 27 ff.)**

»Im Zoologischen Garten in Rom ist neulich ein Unglück passiert, ein Elefant hat seinen Wärter getötet.« Mit diesen Worten reiche ich dem mir zunächst sitzenden Knaben die Bilderbeilage der Zeitung. Da ist der Elefant abgebildet. Das Blatt zirkuliert nachher während des Gesprächs. »Wie ist 'n das gekommen?« (Ewald.) »Der Wärter hat ihn vielleicht gehauen.« (Irene.) »Oder vielleicht ist er beim Abbürsten tückisch geworden. In Berlin im Zoo war es ja auch so. (Im Juni waren wir da.) Da hat ein Mann auch den Elefanten festhalten müssen.« (Lenchen.) »An dem einen Käfig bei dem ganz großen war ein Schild dran: ›Vorsicht! Sehr böse!‹« (Erich.) »Da werden sich wohl die Wärter auch vorsehen müssen, wenn sie den Käfig reinmachen.« (Irene.) »Vielleicht war das in Rom auch solch böser.« (Dieselbe.)

Überraschenderweise wird nicht darüber gesprochen, ob der Elefant den Mann mit dem Rüssel hochgehoben und dann zerschmettert oder ob er ihn mit den Beinen zerstampft hat. Auch die Stoßzähne werden nicht erwähnt. Es wäre für mich ein leichtes gewesen, das Gespräch in dieser Richtung zu beeinflussen. Was hätte sich hier nicht alles wunderschön »anschließen« lassen! Mit dieser Bemerkung will ich das »Anschließen« nicht lächerlich machen, es ist unter Umständen unterrichtlich wertvoll. Aber in der Idee des freien Gesamtunterrichts liegt es nicht.
»Wo gibt es eigentlich überall Zoologische Gärten? Bloß in Berlin und in Rom?« (Ewald.) »In Deutschland ist z. B. in Halle noch einer, und einer ist in Hamburg. Richtiger muss es heißen bei Hamburg. Das ist der große Tierpark, der Hagenbeck gehört.«
»Wem gehört der Zoologische Garten in Berlin?« (Ewald.) »Einer Aktiengesellschaft. Der Direktor heißt Dr. Heck.« – »Einer allein kann sich schwer einen Zoologischen Garten einrichten.« – »Das kostet sehr viel Geld; erst die Tiere alle anschaffen, und dann vor allen Dingen das Futter alle Tage!« (Lenchen.) »Die brauchen doch eine Menge Pferdefleisch jeden Tag für die Raubtiere.« (Erich.) Hedwig erzählt nun ziemlich genau von der Fütterung der Tiere im Zoologischen Garten. Sie war nach unserem Ausflug noch einmal mit ihrem Vater da, und da hat sie die Fütterung miterlebt. »Manche Tiere kriegen nur frisches Wasser.« (Hedwig.) Das wird von einigen bezweifelt. »Was frisst 'n eigentlich der Seehund?« (Ewald.) (Der hat ihn wahrscheinlich bei unserem Besuch sehr interessiert.) Hedwig kann auf Grund ihrer Beobachtungen nichts darüber mitteilen. Deswegen werden vorläufig nur Vermutungen ausgesprochen. »Vielleicht Fische.« »Vielleicht Muscheln und Schnecken.« Die Frage bleibt vorläufig noch offen. Ich erzähle einiges über den »Robbenschlag«. »Warum schlagen sie denn die Seehunde tot?« (Lenchen.) »Die werden wohl das Fleisch essen.« (Martha.) »Oder sie verkaufen das Fell?« (Dora.) »Manchmal tötet man aber auch Tiere bloß darum, weil sie so sachlich sind. Beim Habicht ist es so.« (Erich.) Kinder, denen das Erarbeiten des Stoffes angewöhnt worden ist, müssten jetzt selber in irgendeinem Buche nachlesen. Wenn die Gewöhnung noch nicht sicher funktioniert, so hätte der Lehrer jetzt zu sagen: »Ja, wie sollen wir das denn nun herauskriegen, warum sie den Seehund totschlagen und was er frisst?« Er hätte das unter Umständen auch dann zu sagen, wenn er es selber genau wüsste und ohne Mühe die Auskunft erteilen könnte.
Ich nehme selbst den SCHMEIL, der auf dem Tisch liegt, in die Hand und schlage nach, was über den Seehund darin geschrieben steht. Gleichzeitig fordere ich Erich und Ewald auf, sich auch ihrerseits in einem andern Buch, der REICHELTSCHEN Tierkunde, über den Seehund zu belehren. Zwanglos teilt jeder von uns den andern laut mit, was er beim Lesen für wichtig hält, z. B.: »Da der Seehund eine ungeheure Menge von Nutzfischen verzehrt sowie die ausgelegten Netze vielfach plündert und zerreißt, ist er sicher das schädlichste Tier unserer Küsten, dem daher die Fischer unablässig nach-

stellen.« (SCHMEIL.) u.s.w. Durch solche bruchstückartig mitgeteilten Sätze aus dem Text der beiden Bücher – das meiste wird nur still gelesen und nicht mitgeteilt, wird das weitere Interesse am Seehund sichtlich erregt. Die Kinder stehen von ihren Stühlen auf, stellen sich hinter und neben mir auf, um die Bilder vom Seehund im Buch besser sehen zu können, und machen mich nun fortgesetzt auf allerhand Eigentümlichkeiten seines Körperbaus aufmerksam. Usw.

Literatur

EITZE, Franz, Die Gesamtunterrichtsbewegung. Ein Querschnitt durch die Lösungsversuche im In- und Auslande, Breslau 1933; KRETSCHMANN, J., Natürlicher Unterricht, neubearb. v. O. HAASE, Wolfenbüttel, Hannover 1948; OTTO, B., Gesamtunterricht, Neudruck 1951; DERS., Die Pädagogik vom Kinde aus, Weinheim 1952

Sa kom	So kom
Mo kom	Me kom

BEW	INF
EVA	PLA
AUS	BER

▶ **Gespräch (G):** G bezeichnet – wie so viele didaktische Begriffe – zugleich ein Ziel und eine Methode des Unterrichts; Gs-Fähigkeit ist nur durch die Gs-Methode zu erreichen. G soll hier in engem Sinne bloß für solche Verständigungsformen im Unterricht verwendet werden, bei denen alle, wenigstens aber viele Schüler zumindest Gelegenheit haben, sich durch eigene Worte einzubringen.

In dieser Fassung dürfte G im realen Unterricht nur selten als Methode Verwendung finden, obwohl es wie kaum eine andere geeignet ist, über fachliche Ziele hinaus auch die Sozial- und Methodenkompetenz von Schülern zu fördern. Allein oder auch in Verbindung mit allen anderen Methoden kann G mehrfache Lernfunktionen erfüllen: Es fördert über die eigene sprachliche Codierung die vernetzende Speicherung erworbener Informationen und so zugleich auch deren Abrufbarkeit, insgesamt also das Behalten als letztes Moment im Lernprozess; es vermag das eigene Handeln auf das eigene Denken – und umgekehrt – zu beziehen und so eine ganzheitliche Bildung grundzulegen (→*Räsonieren*); es fördert die Sprach- und Ausdrucksfähigkeit und somit die gesamte Kommunikations- und Interaktionsfähigkeit; es zwingt zu sozialer Einordnung (das Ich ist ständig auf das Du zu beziehen) und fördert so die Soziabilität usw.

G kann in vielen und unterschiedlichen Formen Eingang in den Unterricht finden: als *Diskussion* oder *Debatte*, als *Kreisgespräch* zur Eröffnung oder zum Abschluss von Schulwoche oder -tag, als *Anklage-* oder *Verteidigungsrede*, als →*Kugellager*, →*Klagemauer* u.Ä. Letzten Endes sind der Lehrerfantasie hier keine Grenzen gesetzt. Von vielen Gs-Konzepten haben sich besonders die von R. COHN im Rahmen ihrer *themenzentrierten Interaktion* entwickelten Gs-Regeln ihren Weg in den Unterricht gebahnt; es lohnt sich, diese Regeln in die Klasse einzuführen, da sie Gs-Fähigkeit und somit die Kommunikationsfähigkeit von Schülern überaus stark fördern können.

Gespräch

Funktion im Unterricht	Gesprächstyp	Sozialform	Dim
Entwurf eines gemeinsamen Handlungskonzeptes für den Umgang miteinander im Unterricht	Erwartungsgespräch	Plenum	Bez
zur Planung von Unterrichts- und Arbeitsabläufen	Planungsgespräch	Plenum Gruppe	Vm kI
zur Schaffung kognitiver Klarheit über Sachverhalte	Sachklärungsgespräch	Plenum Gruppe, Partner	Aufg
zur Lösung von Sach-, Tätigkeits- oder Handlungsproblemen	Problemlösungsgespräch	Plenum, Gruppe, Partner	Aufg Vm Bez
Sinnverstehen und Handlungsorientierung	Interpretationsgespräch	Plenum	Aufg
zur Meinungsbildung und Handlungsorientierung	Offene Diskussion	Plenum, Gruppe	Aufg Vm Bez
Verständigung über Vermittlungselemente (Methoden) und über Kommunikations- und Interaktionsformen sowie über die soziale Beziehung	Metagespräch	Plenum	Aufg Vm Bez kI
über die Beurteilung von Lernleistungen und deren Verbesserung	Beurteilungsgespräch	Lehrergespräch	—

Legende:
Aufg = Aufgabenfeld; Bez = Beziehungsdimension; Dim = Dimension (in der Matrix); kI = kommunikative Interaktion als Grundfigur des Unterrichts; Vm = Vermittlungsdimension.

Abb. 21: Gesprächstypen in Schule und Unterricht (nach: LÜSCHOW/MICHEL, 1996, S. 85)

Verlauf/Phasen
1. *Einstieg*
   - Eindeutige Formulierung der Fragestellung und/oder
   - Klare Umschreibung der zur Rede stehenden Sache
   - Eventuell Beschreibung möglicher oder erwarteter Ergebnisse
   - Erinnerung an oder Vorstellung von Diskussionsregeln
2. *Diskussion*
   - Freies und offenes Argumentieren
   - Lehrer oder Schüler: Zwischenzusammenfassung
   - Freies und offenes Argumentieren
   - Lehrer oder Schüler: Zwischenzusammenfassung
     usw.
3. *Beendigung*
   - Lehrer oder Schüler: Schlusszusammenfassung
   - Lehrer: Hinweis auf individuelle Auswertung zur Bildung einer eigenen Meinung

Abb. 22: Verlauf und Phasen von Diskussionen im Unterricht (nach: LÜSCHOW/MICHEL, 1996, S. 115)

Literatur

COHN, Ruth, Von der Psychoanalyse zur Themenzentrierten Interaktion, Stuttgart 1975; LÜSCHOW, F./MICHEL, G., Das Gespräch – Ein Weg zum mündigen Lernen, Anleitung für Schule und Erwachsenenbildung, München 1996; VAN MENTS, M., Diskussion(en) – aktiv, München 1992; POTTHOFF, U./STECK-LÜSCHOW, A./ZITZKE, E., Gespräche mit Kindern. Gesprächssituationen, Methoden, Übungen, Kniffe, Ideen, Frankfurt a. M. 1995; THIELE, H., Lehren und Lernen im Gespräch. Gesprächsführung im Unterricht, Bad Heilbrunn 1981; WATZLAWICK, P./BEAVIN, J. H./JACKSON, D.D., Menschliche Kommunikation, Bern 1969

Sa kom	So kom	BEW	INF
Mo kom	Me kom	EVA	PLA
		AUS	BER

▶ **Gruppengelenkte Einzelarbeit (GEA):** Dieses soziale Arrangement für Lerngruppen ist in der beruflich-betrieblichen Erstausbildung entwickelt worden. Dort geht es darum, das Arbeitshandeln zugleich zum Lernhandeln werden zu lassen, wobei die Herstellung von Produkten eine große Rolle spielt. Um die Fähigkeit zur Zusammenarbeit zu fördern, wird den Auszubildenden oft Gelegenheit gegeben, eine Tätigkeit, ein Produkt gemeinsam – in der Gruppe – zu planen, sie hingegen in Einzelarbeit auszuführen bzw. es zu fertigen, wenn dies berufsspezifisch üblich ist. GEA lässt sich auch im Unterricht organisieren, zumeist in Verbindung mit anderen methodischen Konzepten, z. B. mit →*Projektlernen*. Auch dort kann die Sozialkompetenz von Schülern auf diese Weise gezielt in der einen oder anderen Richtung gefördert werden.

Beispiel: Schilderung »Christkindlesmarkt in der Stadt«/Deutsch/ 7. Schuljahr

INFORMATION

Im üblichen Gespräch zum Wochenanfang wird mit Sicherheit auch auf den bevorstehenden Christkindlesmarkt eingegangen; wenn nicht, lenkt der Lehrer darauf hin. Die bestehenden Stammgruppen in der Klasse erhalten den Auftrag, sich alle Daten usw. über den Markt zu beschaffen und einen Besuch zu organisieren. Schilderungen des Eindrucks beim abendlichen Bummel über den Markt sollen danach einzeln angefertigt werden.

PLANUNG

Die Gruppen planen den Besuch, treffen Absprachen dazu und vereinbaren Schwerpunkte für den Besuch sowie auch für die Schilderung.

Gruppenpuzzle

BERATUNG

In Einzelgesprächen mit den Gruppen werden deren Besuchs- und Schilderungsvorschläge erörtert und ggf. präzisiert, korrigiert u. Ä.

AUSFÜHRUNG

Der Besuch findet zwar gemeinsam statt, man macht sich dabei auch gegenseitig auf Besonderheiten aufmerksam; der Bericht hingegen wird von jedem einzeln als Hausarbeit verfasst (1 Woche Zeit) und abgegeben (vorher nimmt jeder die eigene *Kontrolle* – auf Rechtschreibung usw. – vor).

BEWERTUNG

Der Lehrer nimmt in Einzelgesprächen mit jedem Schüler Stellung zu dessen Schilderung, lässt dabei aber vor allem auch Beobachtungen über das Arbeitsverhalten des Schülers einfließen, die er während aller Phasen gemacht hat. Der Schüler notiert die Rückmeldungen und hat beim nächsten Aufsatz o. Ä. darauf Bezug zu nehmen.

Literatur

BUNDESINSTITUT FÜR BERUFSBILDUNG (Hrsg.), Leittexte – ein Weg zu selbständigem Lernen, Berlin 1987

Sa kom	So kom	BEW	INF
		EVA	PLA
Mo kom	Me kom	AUS	BER

▶ **Gruppenpuzzle (GP):** GP ist der Versuch einer geeigneten Übersetzung der Methode *Jigsaw*, die in den 70er Jahren von ARONSON entwickelt wurde. Veröffentlicht wurde diese Idee 1978 in seinem Buch »The Jigsaw Classroom« (ARONSON et. al). Sie wurde von SLAVIN 1980 noch einmal überarbeitet. In der Literatur gibt es immer wieder kleine Abweichungen, was den genauen Verlauf der Methode betrifft, die von ARONSON entworfene Grundstruktur lässt sich aber auch heute noch in der Literatur finden. Ich beziehe mich bei meinen Ausführungen hauptsächlich auf den Text von A. HUBER (1996).

Zielsetzung des GP ist vor allem die Steigerung teamorganisierten Wissenserwerbs. Die Gruppenmitglieder erarbeiten sich ein gemeinsames Wissen; die Effektivität des Wissens und seines Erwerbs hängt von den einzelnen Gruppenteilnehmern und ihrer Zusammenarbeit als Team ab. Deshalb spricht man beim GP auch vom Merkmal der *sozialen Interdependenz* der Schüler. Sie sind aufeinander angewiesen, da sie sich gegenseitig den Stoffinhalt vermitteln sollen. Je besser dies gelingt, desto besser schneidet die Gruppe im anschließenden Test ab.

Das GP ist besonders für die Einführung neuer Themenbereiche oder Unterrichtseinheiten geeignet. Dabei kommt es für alle Fächer in Frage, besonders natürlich diejenigen, »in denen es mehr um Verstehen von Zusammenhängen und Aufbau von begrifflichen Strukturen ankommt als auf den bloßen Erwerb von Fertigkeiten und Faktenwissen.« (HUBER, G. L., Studienbrief) Das GP ist weniger geeignet zur Durchführung von Übungsaufgaben u. Ä., denn ein schwacher Schüler kann leistungsstarken Schülern in diesem Bereich oft nichts mehr erklären, auch wenn er vorher in der *Expertengruppe* eine Zeit lang dafür geübt hat.

In der Literatur geht man bezüglich der Gruppengröße von max. 6 *Stammgruppen* mit je 4 Schülern aus. Da der Klassenteiler inzwischen bei über 30 Schülern liegt, ist es oft nicht möglich, diese Vorgabe einzuhalten. Dann empfiehlt es sich, die Anzahl der Gruppenmitglieder bei 4 zu belassen und dafür mehr Gruppen zu bilden. Sollten die *Expertengruppen* – in denen sich je ein Mitglied aus jeder *Stammgruppe* befindet – zu groß werden, besteht immer noch die Möglichkeit, diese zu trennen und zweigleisig zu fahren.

In der Vorbereitung des GP müssen die Expertenaufgaben gestellt werden. Diese können sich alle auf einen gemeinsamen Text beziehen, somit hat später jeder den gesamten Text vor Augen. Es können auch Aufgaben aus Einzeltexten sein, die zwar alle zum Thema gehören, jedoch unabhängig voneinander bearbeitet werden können. Des weiteren muss der abschließende Test vorbereitet werden. Hierbei gibt es verschiedene Möglichkeiten:
- herkömmlicher Test mit Fragen zu den jeweiligen Expertengruppen, die von allen SchülerInnen beantwortet werden müssen
- Veröffentlichung der Ergebnisse der Gruppenarbeit in Form einer Wandzeitung oder eines Infobriefes
- Zusammenfassung des Gelernten mit Hilfe der →*Struktur-Lege-Technik*, eines Kurzaufsatzes oder einer Präsentation
- Tests, mit deren Hilfe ein *Gruppenwert* berechnet werden kann. Dies geschieht über den *Basiswert* und den *Gruppenverbesserungswert*, die nach einer genauen Tabelle errechnet werden können (siehe G. L. HUBER, Studienbrief).

Eine Evaluation soll durchgeführt werden, um den Schülern eine Anerkennung für die geleistete Arbeit zu gewähren und zugleich einen Motivationsanreiz zu setzen. Doch eine Motivation für Schüler besteht auch darin, ihr Expertenwissen den Mitschülern möglichst professionell mitzuteilen und somit einen guten Lernerfolg zu erzielen. Fazit: Ein Test rundet das GP ab, ist aber meiner Meinung nach nicht zwingend notwendig. Aus eigener Erfahrung kann ich bestätigen, dass diese Form der Gruppenarbeit auch ohne Test am Schluss erfolgreich durchgeführt werden kann.

GP weist vier Phasen auf:

Gruppenpuzzle

EINTEILUNG IN STAMMGRUPPEN

Wenn der Ablauf des GP erklärt wurde, werden die *Stammgruppen* eingeteilt. Es wird empfohlen, bei der Gruppeneinteilung auf eine heterogene Zusammensetzung zu achten. In diesen Stammgruppen wählt sich jeder Schüler eine Expertenaufgabe aus.

⬇

ARBEIT IN EXPERTENGRUPPEN

Die Schüler mit den gleichen Aufgaben/Texten setzen sich zusammen und diskutieren ihren Aufgabenbereich. Sie stellen sich gegenseitig Fragen, klären Ungereimtheiten und machen sich Notizen, wie sie den Lernstoff an ihre Gruppenmitglieder weitergeben können. In Abbildung 22 sind dies die Gruppen mit vier Mitgliedern, alle bearbeiten das selbe Thema (z. B. A oder B oder C).

⬇

VERMITTLUNG DES LERNSTOFFS IN DEN STAMMGRUPPEN

Wie in *Abbildung 23* sichtbar, gehen die *Experten* in ihre *Stammgruppen* zurück. Nacheinander berichten sie über ihren Bereich. Dabei sollen die Schüler auch miteinander diskutieren und offene Fragen sofort klären. Wichtig ist, dass am Ende eines Expertenvortrages jedes Mitglied der Stammgruppe den Zusammenhang verstanden hat.

⬇

EVALUATION

Eben dieses Verständnis wird dann in der Evaluationsphase überprüft. Es gibt den Experten einen Aufschluss darüber, wie sie ihr Wissen vermittelt haben. Außerdem kann die Gruppe darin erfahren, wie sie insgesamt zusammengearbeitet hat.

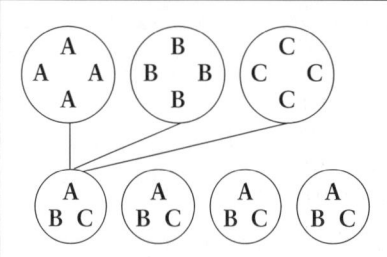

Abb. 23: Gruppenpuzzle

Diese vier Phasen stellen die Grundstruktur des GP dar. Doch gibt es verschiedene Variationsmöglichkeiten, die der jeweiligen Situation in der Klasse angepasst werden können z. B.:

- die Experten bereiten ihre Aufgaben bereits zu Hause vor, um Zeit zu sparen; man lässt die Expertengruppen gar nicht zusammenkommen, somit müssen die Schüler diese Vorarbeit in Einzelarbeit erledigen;
- statt Textmaterial wird eine Literaturliste zur Verfügung gestellt, und die Schüler informieren sich in den Expertengruppen über ihre Aufgabenbereiche;
- es findet keine Evaluation statt, die Ergebnisse werden ohne Wertung in Form einer Wandzeitung o. Ä. vorgestellt;
- es kann gleich in den Expertengruppen begonnen werden, ohne dass die Stammgruppen zusammenkommen müssen.

Beispiel: Das Gehirn/9. Schuljahr

Im Biologieunterricht der neunten Klasse wird das Gehirn behandelt. Der Stunde mit dem Gruppenpuzzle gehen Informationen über die Hirnhäute und das Großhirn voraus. Mit Hilfe des Gruppenpuzzles sollen die Aufgaben sowie die Lage des Kleinhirns und der drei Teile des Stammhirns (Zwischen-, Mittel- und Nachhirn) erarbeitet werden.

- Zunächst muss der Lehrer die Texte erstellen, die die Experten bearbeiten müssen. Hier bietet es sich an, zu jedem der erwähnten Teile des Gehirns einen Expertentext zu erstellen. Diese sind relativ kurz gehalten, da von einer 45-minütigen Unterrichtsstunde ausgegangen wird. Außerdem sollten sie verständlich geschrieben sein und gleichzeitig kleine Arbeitsaufträge enthalten, die auf die spätere Aufgabe in den Stammgruppen vorbereiten.
- Im zweiten Schritt muss der Klasse der Ablauf des Gruppenpuzzles deutlich gemacht werden. Dabei kann auch eine Abbildung verwendet werden.
- Die Einteilung in Stammgruppen erfolgt durch den Lehrer, da auf heterogene Gruppen geachtet werden sollte (Wie und mit welcher Begründung der Lehrer die Gruppen einteilt, ist individuell sehr verschieden und vom Lehrer abhängig). Die Stammgruppen haben jeweils 4 Mitglieder, da es genau vier verschiedene Texte gibt. Innerhalb der Gruppe wählen die Schüler sich einen Text aus, den sie gerne bearbeiten möchten. Mit dem Text bekommen alle eine kleine Skizze des Gehirns, um die verschiedenen Teile auch räumlich zuordnen zu können.
- In den Expertengruppen werden die Texte gelesen. Anschließend werden offene Fragen diskutiert und besprochen. Gemeinsam werden dann die Arbeitsaufträge bearbeitet, d. h. die SchülerInnen erstellen Heftaufschriebe für die Mitschüler.
- Anhand dieses Textaufschriebes und der Skizze des Gehirns wird das Erarbeitete in den Stammgruppen weitergegeben. Jeder Experte präsentiert seinen bearbeiteten Teil des Gehirns den Mitschülern und beantwortet auch ihre Fragen dazu.
- Nachdem alle Schüler nun über den gesamten Themenbereich informiert wurden, teilt der Lehrer einen Test zum Thema aus, in dem Fragen zu

> allen vier Hirnteilen gestellt werden. Somit kann überprüft werden, ob die Schüler das vermittelte Wissen verstanden haben, aber auch, ob sie die Fähigkeit der Vermittlung besitzen. Die Auswertung erfolgt gemeinsam in der Klasse, da der Test als Selbstkontrolle und nicht als benotete Lernzielkontrolle zu verstehen ist.

Literatur
EPPLER, RENATE/HUBER, GÜNTHER L., Wissenserwerb im Team: Empirische Untersuchung von Effekten des Gruppen-Puzzles, in: Psychologie, Erziehung, Unterricht, 37. Jg, S. 173–178, München Basel 1990; HUBER, ANNE, Beiträge zum Kongreß der Pädagogischen Psychologie, Leipzig 1996; HUBER, GÜNTHER L., Lernen in Schülergruppen – Organisationsmodelle und Materialien«. Studienbrief 1 B des Fernstudiums Erziehungswissenschaft, Pädagogisch – psychologische Grundlagen für das Lernen in Gruppen, Tübingen (DIFF) 1985; ROTERING-STEINBERG, SIGRID, Gruppenpuzzle und Gruppenrallye. Beispiele für kooperative Arbeitsformen in: GUDJONS, HERBERT (Hrsg.), Handbuch Gruppenunterricht, Weinheim u. Basel 1993
SONJA SCHAPPERT

▶ **Gruppenrallye (GR):** Die GR kann im Grunde als methodische Variante des →*Gruppenunterrichts* bzw. der *Gruppenarbeit* betrachtet werden. Die GR als besondere Technik ist neueren Ursprungs. Sie wurde vor allem in einem Forschungsprogramm der Universität Tübingen im Zusammenhang des Lernens in Schülergruppen unter der Leitung von G. L. HUBER entwickelt und erprobt. Diese Form der Gruppenarbeit soll alle Lernenden aktiv in den Gruppenprozess einbeziehen, in dem jeder ein Stück zum Gesamtprodukt der Gruppe beitragen soll.

Da in dieser Gruppenform Schüler mit unterschiedlichen Leistungsständen zusammenarbeiten, werden bei der Erstellung des Gesamtergebnisses der Gruppe die neuen Leistungen in Abhängigkeit und unter Bezugnahme auf die je alten Leistungen festgestellt und bewertet. Die Lernergebnisse werden also nach unterschiedlichen Anforderungen oder Leistungsvoraussetzungen getrennt bewertet. So wird, neben dem *Gruppenergebnis*, jedem Einzelnen der *persönliche Lernzuwachs* rückgemeldet, was für die Motivation und das Selbstwertgefühl des Lernenden sehr wichtig ist. Keiner fühlt sich den anderen gegenüber unter- oder überfordert, weil nur der Vergleich gegenüber der eigenen bisherigen Leistung zählt. Und da gemeinsam gearbeitet wird, kommt es auch zu einer stärkeren wechselseitigen Akzeptanz. Da das Ergebnis jedes einzelnen Teilnehmers wichtig für das Gesamtergebnis der Gruppe ist, sind alle Schüler daran interessiert, dass jedes einzelne Gruppenmitglied auch über den erforderlichen Wissensstoff verfügt. Durch diese Konstellation gelingt es, Außenseiter in die Klasse zu integrieren, wie empirische Untersuchungen erwiesen haben. Schüler wachsen so auch zu einer Gemeinschaft zusammen, die durch gegenseitige Hilfe und nicht durch Konkurrenz charakterisiert ist. Allerdings müssen die Lehrenden darauf achten, dass keiner der Lernenden unter einen zu hohen Leistungsdruck gesetzt wird. Das selbstständige Arbeiten macht den Lernenden deutlich, dass sie selbst Lernfortschritte bewirken können und dafür nicht ausschließlich von der Lehrperson abhängig sind.

Die GR eignet sich vor allem zum Üben und Wiederholen. Ein großer Vorteil der GR ist auch der relativ geringe organisatorische Aufwand. Die Gruppengröße sollte die Anzahl von vier bis fünf nicht überschreiten. Die Gruppen setzen sich heterogen zusammen, wobei Heterogenität sich nicht nur auf Leistung, sondern auch auf Geschlecht und Herkunft der Lernenden u.a. beziehen sollte.

Die GR besteht aus drei Phasen:

> In der ersten Phase wird der Wissens- und Leistungsstand der einzelnen Lernenden ermittelt. Danach werden die Gruppen zusammengesetzt. Dies geschieht nachdem die Lehrkraft in die Unterrichtseinheit eingeführt hat.

> In einer zweiten Phase erarbeiten dann die Schüler die Lerninhalte in ihren Gruppen. Meist stehen hierzu verschiedene Arbeitsblätter oder Schulbücher zur Verfügung. Die Organisation dieser Phase bleibt den einzelnen Gruppen selbst überlassen. Einzige Vorgabe ist, dass kooperativ gelernt werden muss. Die Aufgaben auf den Arbeitsblättern und in den Schulbüchern müssen mit Hilfe von Lösungsblättern selbst kontrolliert werden können. Die Arbeit in einer Gruppe ist erst dann beendet, wenn alle Gruppenmitglieder den Inhalt tatsächlich verstanden haben.

> In einer dritten Phase wird erneut der Wissensstand überprüft, indem der individuelle Lernzuwachs jedes einzelnen Teilnehmers festgestellt und rückgemeldet wird. Die Leistungsverbesserungen jeder Gruppe werden zu einem Gruppenwert zusammengefasst.

Fünf Komponenten haben für die GR eine große Bedeutung und sind deshalb besonders zu beachten:
- *Unterricht mit der ganzen Klasse*
  Hier unterrichtet die Lehrperson in der bei ihr üblichen Art.
- *Gruppenarbeit*
  Diese Form ist das Kernstück der GR. Kooperative Lernprozesse können in Gang gesetzt werden, und soziales Lernen kann stattfinden.
- *Test*
  Zwei Tests werden in der GR durchgeführt. Der erste dient der Feststellung des Leistungsniveaus vor der GR, der zweite um die individuelle Bezugsnorm fest-

stellen zu können. Bei der Bearbeitung dieser Tests dürfen sich die Lernenden gegenseitig nicht helfen.
- *Individuelle Bezugsnorm*
Durch den Vergleich zwischen erstem und zweitem Testergebnis kann dem einzelnen Teilnehmer rückgemeldet werden, wie stark er sich in seinem Leistungsniveau verbessert hat.
- *Rückmeldung für die Gruppe*
Da es sich hier um eine kooperative Lernform handelt, muss auch ein Gruppenergebnis rückgemeldet werden. Dies kann mit einer Wandzeitung o. Ä. geschehen. Hier kann auch reflektiert werden, wie die einzelnen Gruppen gearbeitet haben.

Beispiel: Grammatik/9. Schuljahr

Vorbereitung auf die GR
Lehrkräfte, die sich für die Durchführung einer GR entschlossen haben, müssen hierfür Materialien herstellen. Dazu können Arbeitsblätter mit bestimmten Aufgaben zu einem Thema hergestellt werden oder auch Aufgaben aus dem Schulbuch angegeben werden. Zu jeder Aufgabe muss es auch eine Lösung mit dem Lösungsweg geben, sodass die Schüler ihre Ergebnisse nicht nur selbst kontrollieren, sondern auch etwaigen Fehlern auf die Spur kommen können. Danach müssen zwei Tests, die sich in ihrem Schwierigkeitsgrad entsprechen, entwickelt werden. Günstig ist es, wenn beide Tests gleich viele Aufgaben haben und dafür gleich viele Punkte vergeben werden können. Wird die GR z. B. im Grammatikunterricht des Faches Deutsch durchgeführt und sollen in Klasse 9 die grammatischen Begriffe und ihre Bedeutungen wiederholt werden, dann können Arbeitsblätter mit Fragen und Beispielsätzen zu einzelnen Grammatikbegriffen hergestellt werden. In den Tests müssen die Lernenden dann ähnliche Aufgaben bewältigen.

Einführung in der Klasse
Die GR sollte mit der Klasse besprochen und der Ablauf erklärt werden.

Ein Vortest wird durchgeführt
Dadurch kann das Leistungsniveau der Einzelnen bezüglich der Deutsch-Grammatik festgestellt und daran anschließend können die Gruppen heterogen zusammengestellt werden. Ein solcher Test kann z. B. aus zehn Fragen zur Grammatik bestehen, für jede Frage gibt es einen Punkt, insgesamt also zehn Punkte. Die Lernenden schreiben ihre individuelle Punktzahl oben auf den Test. Die Gruppen werden so eingeteilt, dass sich in jeder ein leistungsstarker, zwei mittlere und ein leistungsschwächerer Teilnehmer befinden.

Herkömmlicher Unterricht
Nun beginnt die Lehrkraft in einem herkömmlichen, wohl eher lehrerzentrierten Unterricht, in das Unterrichtsthema einzuführen. In unserem Bei-

spiel wird sie die einzelnen Grammatikbegriffe nochmals erklären. Dabei stehen alle Methoden und Medien eines normalen Unterrichts zur Verfügung. Arbeitsblätter sollten in dieser Phase allerdings nicht eingesetzt werden. Die Dauer dieser Phase hängt davon ab, wie umfangreich das neue Thema ist. In unserem Fall genügen wohl zwei Stunden, da die einzelnen Begriffe den Lernenden ja nicht mehr fremd sind.

Gruppenlernen
Nun arbeiten die Schülerinnen und Schüler ein bis zwei Stunden mit den vorbereiteten Arbeitsblättern in Gruppen zusammen. Gemeinsam wird versucht, die Grammatikaufgaben zu beantworten, Lösungen werden gemeinsam gesucht, Unverstandenes wird erklärt und geklärt. Schulbücher aus früheren Jahrgängen können hier hilfreich sein, da dort die Einführung der einzelnen Begriffe und ihre Anwendung dargestellt sind. Alle sollen mit den Materialien arbeiten können und den Inhalt verstanden haben. Wie die Gruppe diese Leistung vollbringt, bleibt ihre Sache. Diese Phase ist dann abgeschlossen, wenn sich alle relativ sicher sind im Umgang und in der Anwendung der Grammatik.

Leistungstest
Der zweite Test wird ausgeteilt und von den Schülerinnen und Schülern je allein bearbeitet. Die Aufgaben müssen sich auf das Gelernte beziehen und sollten sich im Schwierigkeitsgrad nicht von Test 1 unterscheiden. Die Auswertung kann gemeinsam mit den Lernenden im Unterricht vorgenommen oder von der Lehrperson alleine durchgeführt werden. Es gibt wieder zehn Punkte für zehn Fragen. Hat ein Teilnehmer beispielsweise im ersten Test vier Punkte erreicht und jetzt sieben, dann beträgt der Zugewinn drei Punkte.

Rückmeldung an die Gruppe
Diese drei Punkte werden jetzt mit den Zugewinnen der anderen Gruppenmitglieder zusammengezählt und das Ergebnis der Gruppe mitgeteilt. Die Gruppe, die den größten Zugewinn hat, hat vermutlich am besten zusammengearbeitet. An diese Phase sollte sich jetzt noch eine Reflexionsphase anschließen, in der die einzelnen Gruppen über ihr Lernen berichten können, um so auf Probleme oder Hilfen aufmerksam machen zu können.

Literatur
HUBER, G.L., Lernen in Schülergruppen. Studienbrief 1 des Fernstudienprojekts »Pädagogisch-psychologische Grundlagen für das Lernen in Gruppen«, Tübingen, Deutsches Institut für Fernstudien (DIFF), 1985;
WAHL, D./WÖLFING, W./RAPP, G./HEGER, D. (Hrsg.), Erwachsenenbildung konkret, mehrphasiges Dozententraining. Eine neue Form erwachsenendidaktischer Ausbildung von Referenten und Dozenten, Weinheim 1991, S.187
SILKE TRAUB

▶ **Gruppenturnier (GT):** Das GT ist eine aus dem →*Gruppenunterricht* entwickelte besondere Gruppentechnik. Sie entstand im Rahmen des Forschungsprogramms »Lernen in Schülergruppen« an der Universität Tübingen unter der Leitung von G. L. HUBER in den achtziger Jahren. Das GT ähnelt der →*Gruppenrallye*. Im GT tritt an die Stelle des dort üblichen zweiten Tests und des Festhaltens der individuellen Bezugsnorm ein Turnier. In diesem stehen die Schülerinnen und Schüler als Vertreter ihrer jeweiligen Lerngruppe im Wettkampf mit gleich starken Mitgliedern anderer Gruppen.

Didaktische Überlegungen lassen den Einsatz des GT am Ende von Lernsequenzen, z. B. am Ende einer Unterrichtseinheit, besonders geeignet erscheinen. Es bietet sich aber auch als Wiederholungsmethode an, z. B. vor Prüfungen oder zur Auffrischung alten Unterrichtsstoffs. Das GT weist einen starken Spielcharakter auf, den Kinder und Jugendliche sehr schätzen, deshalb ist die Motivation bei der Durchführung eines GT meist recht hoch. Da eine intensive Auseinandersetzung mit einem alten Stoffgebiet oder allgemeine Wiederholungen meist sehr zäh erfolgen, bietet das GT hier eine Chance, der aufkommenden Langeweile entgegenzuwirken. Die Arbeit in Kleingruppen und das »Sich-Stellen« mit nur wenigen Kameraden wirkt auch möglichen Versagensängsten entgegen. Das GT stellt zudem eine Möglichkeit für den einzelnen Lernenden dar, seine dabei erfahrenen Lernlücken zu schließen.

Das GT besteht aus zwei Phasen:

> Nach einem Vortest, der den Leistungsstand der Lernenden misst, und einer kurzen Einführung im Klassenunterricht arbeiten die Schüler in leistungsheterogenen Kleingruppen. Diese bestehen im Idealfall aus vier Personen.

⬇

> In einer zweiten Phase findet dann das eigentliche Turnier statt, in dem der Wissensstand der Lernenden überprüft wird. Für dieses Turnier stehen Frage- und Antwortkärtchen zur Verfügung. Jeder Teilnehmer muss versuchen, möglichst viele dieser Kärtchen zu gewinnen. Auch diese Phase spielt sich in Kleingruppen ab. Es sitzen immer ca. vier Spieler um einen Tisch, auf dem eine bestimmte Anzahl Kärtchen liegt. Im Rotationsverfahren beantworten die Schüler die auf den Kärtchen stehenden Fragen und dürfen sie bei richtiger Antwort auch behalten.

Das GT ist durch bestimmte Merkmale gekennzeichnet:
- *Klassenunterricht*
  Im herkömmlichen, meist eher frontalen Unterricht wird in den Gegenstandsbereich eingeführt bzw. eine Kurzwiederholung des Stoffes durchgeführt.
- *Gruppenlernen*
  In kleinen, heterogen zusammengesetzten Gruppen üben die Schüler kooperativ den Unterrichtsstoff. Dazu stehen Schulbücher und Arbeitsblätter zur Ver-

fügung. Die Organisation dieser Gruppenarbeitsphase bleibt den Lernenden selbst überlassen. Ziel ist es, dass alle Mitglieder der Gruppe den Wiederholungsstoff ausreichend beherrschen.

- *Turniere*
  Die Schüler verteilen sich auf die Turniertische. An Tisch 1 sitzen die vier Lernenden, die im Vortest am besten abgeschnitten haben, an Tisch zwei die in der Leistungsstärke folgenden usw. Es gibt so viele Turniertische wie Vierergruppen in der Klasse. Auf den Tischen befinden sich Kärtchen mit Fragen zum Unterrichtsstoff. Auf der Rückseite steht die jeweilige Antwort. Sieger am Gruppentisch ist der Spieler, der die meisten Kärtchen gewonnen hat. Die Kärtchen differieren nach Schwierigkeitsgrad. Auf Tisch 1 liegen die Kärtchen mit dem höchsten Schwierigkeitsgrad usw. Nach Abschluss einer ersten Turnierrunde können die Gruppentische neu zusammengesetzt werden.

- *Rückmeldung an die Gruppe*
  Die Lernenden der Ausgangsgruppe zählen ihre Kärtchen zusammen; die Gruppe mit den meisten gewonnenen ist Tagessieger. Wichtig ist aber an dieser Stelle auch die Reflexion über die vorhergehende Gruppenarbeit und über das »Spiel« an den Turniertischen.

In der Originalbeschreibung ist die Zuordnung der Schüler an die Gruppentische wesentlich schwieriger, und damit muss auch die Auswertung einem schwierigen Rechenverfahren unterzogen werden. Die Schüler steigen dabei während eines Turnierdurchgangs an den Tischen auf und ab, je nachdem, wie sie abgeschnitten haben. Da der Sinn des GTs aber auch mit dieser vereinfachten Form verwirklicht wird, verzichte ich hier auf die genaue Darstellung der Zuordnung und Auswertung. Außerdem halte ich diese Zuordnung an Turniertische für äußerst problematisch. Durch die Kennzeichnung der Tische wird jedem Teilnehmer bewusst, wo er mit seinen Leistungen im Klassenverband steht. Dies kann Neidgefühle und Angst vor Versagen hervorrufen, vor allem dann, wenn man seinen Platz gleich räumen muss, sollte man einmal eine leistungsschwächere Phase haben und absteigen müssen. Beim Einsatz des GTs in der Sekundarstufe habe ich die Erfahrung gemacht, dass Schüler durchaus während der Turnierphase an einem Tisch bleiben können. Die Schüler entscheiden selbst nach der Gruppenarbeitsphase, welches ihrer Mitglieder sie zu den schwierigsten Aufgaben schicken und wer lieber zu den leichtesten Aufgaben geht. Nach einer ersten Turnierphase kommen die Mitglieder einer Gruppe wieder zusammen, um ihre gewonnenen Kärtchen zu zählen. Nun kann es durchaus sein, dass das Mitglied, das am »schwächsten« Tisch saß, die meisten Kärtchen gewonnen hat. Seine Zuordnung und sein Einsatz an diesem Tisch hat sich für die Gruppe gelohnt. In einem zweiten Durchgang bestimmen die Schüler erneut, wer wohin geht. Wichtig ist, dass die Phase der Einteilung immer wieder mit der Klasse besprochen und reflektiert wird, dann treten hier auch die geringsten Rivalitäten auf.

Zur Vorbereitung der Ursprungsform und der hier von mir vertretenen Variante muss die Lehrperson zunächst einmal einen Vortest ausarbeiten. Es handelt sich dabei um Fragen über das zu wiederholende Wissensgebiet. Ein einfaches

Punktesystem erleichtert die Auswertung. Für die Gruppenarbeitsphase muss die Lehrperson Arbeitsblätter vorbereiten oder Übungen aus dem Schulbuch heraussuchen. Die Lösungen und die Lösungswege sollten in einem besonderen Kontrollblatt jeder Gruppe zur Verfügung stehen. Für die Turnierphase müssen viele Kärtchen geschrieben werden. Auf die Vorderseite der Karte wird die Frage, auf die Rückseite die Antwort geschrieben. Dabei müssen die Fragen in ihrem Schwierigkeitsgrad variieren. Zur Kennzeichnung der Tische müssen Tischkärtchen angefertigt werden.

Übrigens lässt sich das GT auch ganz ohne die ausdrückliche Einteilung in heterogene Gruppen durchführen. Gruppen, die sich beliebig zusammensetzen, üben gemeinsam. Dann wird in jeder Gruppe gelost, wer Spieler A, B, C, D ist. Alle A's gehen an Tisch 1, alle B's an Tisch 2 usw. So fällt der Leistungsgedanke nicht so sehr ins Gewicht. Vom Aufwand her kann hier auf den Vortest verzichtet werden.

Eine dritte Variante wäre, nur die Turnierphase zu übernehmen. Nach einer Übungs- und Wiederholungsphase im normalen Unterricht setzen sich die Schüler in Gruppen zusammen. In jeder Gruppe wird die gleiche Anzahl an Kärtchen ausgeteilt. Dabei können sich die Fragen pro Gruppe unterscheiden (hier können anschließend die Kärtchen ausgetauscht werden) oder gleich sein. Die Gruppen spielen jetzt nur die Turnierphase. Wer am Ende die meisten Kärtchen der ganzen Klasse gewonnen hat, ist Tagessieger. Hier ist der Materialaufwand geringer. Es müssen nur die Kärtchen für die Turnierphase hergestellt werden. Diese lassen sich übrigens auch gut in der →*Freiarbeit* verwenden. Dort können die Kärtchen in Einzelarbeit, Partnerarbeit oder in Gruppen bearbeitet werden.

Beispiel: Vorbereitung auf ein Diktat zur *Vokalverdoppelung*/Deutsch

In einem Vortest ermittelt die Lehrkraft den momentanen Leistungsstand der einzelnen Schüler. Die Fragen beziehen sich dabei auf das Rechtschreibproblem der Dehnung. Es kann sich dabei um Wörter handeln, bei denen die Lernenden die richtige Dehnung eintragen müssen.

Entsprechend des Vortests werden die Lernenden in heterogene Gruppen eingeteilt, in der Regel ein starker, ein mittlerer und ein schwächerer Schüler. Bei Viertergruppen können dann zwei Schüler auf mittlerem Leistungsniveau einer Gruppe zugeordnet werden.

In ca. einer Unterrichtsstunde gibt die Lehrkraft eine kurze Einführung in den Wiederholungsstoff. Aufgaben werden gemeinsam an der Tafel gelöst, die Lernenden arbeiten in Stillarbeit oder gemeinsam. Es werden alle Medien und Materialien des herkömmlichen Unterrichts verwendet.

Anschließend erfolgt die Gruppenarbeit in den vorher zusammengesetzten Gruppen. Die Mitglieder erklären sich gegenseitig die notwendigen Rechtschreibregeln, schauen im Sprachbuch nach, lösen gemeinsam auftretende Probleme und anschließend die Aufgaben des Arbeitsblattes. Diese sollten ähnlich dem Vortest gestaltet sein. Das Kontrollblatt hilft falsche Lösungen zu berichtigen, nochmals Regeln zu wiederholen und sich langsam den Stoff neu anzueignen, Lücken zu schließen und bereits Gewusstes zu aktivieren.

Die eigentliche Turnierphase sollte eine Stunde nicht überschreiten, sie kann durchaus auch kürzer sein. Die Schüler begeben sich an die einzelnen Turniertische, sodass von jeder Gruppe je ein Mitglied an einem der Tische sitzt. Befinden sich auf allen Tischen die gleichen Kärtchen, ist die Zusammensetzung der Turniergruppe nicht entscheidend. Differenzieren die Fragen nach Schwierigkeit, dann können in einer ersten Turnierrunde die Lernenden nach ihren Vortestleistungen auf die Tische verteilt werden. In einer zweiten Runde spielt dann die Anzahl der gewonnenen Kärtchen der ersten Runde die entscheidende Rolle. An den Turniertischen wird folgendermaßen gespielt: Spieler A nimmt das erste Kärtchen vom Stapel und liest Spieler B die Frage vor. Dieser beantwortet sie. Spieler C bestätigt diese Antwort oder gibt eine alternative Antwort. Spieler A vergleicht die Antworten mit der Lösung auf der Rückseite des Kärtchens. Haben beide Spieler die richtige Antwort gegeben, erhält B das Kärtchen, bei richtiger Antwort von B und falscher von C, erhält ebenfalls B das Kärtchen und bei falscher Antwort von B und richtiger von C erhält C das Kärtchen. Antworten beide falsch, so kommt das Kärtchen unten in den Stapel. Danach nimmt B das nächste Kärtchen und stellt C die Frage. C gibt zunächst eine Antwort, dann A. Vorrecht auf das Kärtchen hat immer der, der zuerst die Antwort geben darf. In dieser Art rotieren die Spieler immer weiter, bis alle Kärtchen auf die Spieler verteilt sind.

Jeder Spieler kehrt mit seinen gewonnenen Kärtchen zu seiner Ausgangsgruppe zurück. Dort werden die Kärtchen zusammengezählt. Die Gruppe mit den meisten gewonnenen Kärtchen ist Gruppensieger.

Beispiel für ein solches Kärtchen:

Vorderseite: **Wer die W__l hat, hat die Qual!** Mit **ah** oder **aa** oder **a**?

Rückseite: **Wer die Wahl hat, hat die Qual!**

Literatur

HUBER, G. L., Lernen in Schülergruppen. Studienbrief 1 des Fernstudienprojekts »Pädagogisch-psychologische Grundlagen für das Lernen in Gruppen«, Tübingen, Deutsches Institut für Fernstudien (DIFF), 1985; WAHL, D./WÖLFING, W./RAPP, G./HEGER, D. (Hrsg.), Erwachsenenbildung konkret, mehrphasiges Dozententraining. Eine neue Form erwachsenendidaktischer Ausbildung von Referenten und Dozenten, Weinheim 1991, S.188

SILKE TRAUB

▶ **Gruppenunterricht (GU):** GU ist eine Form differenzierenden Unterrichts. Die großen Lerngruppen, Jahrgangsklassen, werden in einzelne und kleine Lerngruppen von vier bis sechs Schülern aufgeteilt. Erstmals machte PETERSEN in den 20er Jahren GU zum ständigen Organisationsprinzip seines Unterrichts in der Jenaplan-Schule. Heute ist GU aus der Schule nicht mehr wegzudenken. Allerdings ist seine pädagogische und didaktische Wertschätzung – besonders auch bei Lehrern – offensichtlich wesentlich größer als seine Realisierung im alltäglichen Unterricht. Das mag zum einen daraus resultieren, dass GU einen hohen Planungs- und Vorbereitungsaufwand von Lehrern verlangt, zum anderen daraus, dass so mancher Lehrer einmal auf Grund falscher Kenntnisse und Erwartungen mit GU gescheitert ist. GU fördert zweifellos die soziale Kompetenz von Lernenden besonders stark – wenn man diese auch tatsächlich so breit wie möglich selber entscheiden und agieren lässt –, setzt aber zugleich auch eine hohe soziale Kompetenz bereits voraus. Wer hier nicht die alte pädagogische Spruchweisheit berücksichtigt, dass *sich nur zeigt, was man schon voraussetzt*, ist zum Scheitern verurteilt.

GU findet durchgängig als Gruppen*arbeit* (GA) statt, d.h. in den gebildeten Gruppen wird selbstständig gelernt. Das Selbstständigkeitsprinzip sollte auf alle didaktischen Aktionen bei GU (Gruppenbildung, GA, Arbeitsberichte) angewendet werden: Gruppen*bildung* kann nach *Sympathie* und *Freundschaft*, nach *sichtbaren Merkmalen* (Geschlecht, Größe o.Ä.) erfolgen. Die Gruppen*zusammensetzung* kann *homogener* oder *heterogener* Art sein, wobei das zu Grunde gelegte Merkmal zumeist die *Leistungsfähigkeit* ist, aber durchaus auch anderer Art sein kann: Geschlecht, Alter, Religion u.a. Ein Wort zu Leistungsgruppen: Aus allen dazu bisher vorliegenden Untersuchungsergebnissen lässt sich wohl ziemlich sicher schließen, dass schwächere Schüler in heterogenen Gruppen besser lernen als in homogenen, dass stärkere Schüler in heterogenen Gruppen zumindest nicht schlechter lernen als in homogenen. GA kann unter verschiedenen Gesichtspunkten erfolgen: wettbewerbsbezogen, konkurrierend, ergänzend. GA kann vielfältig organisiert sein, wobei einmal *auf* die Gruppen, einmal *in* die Gruppen geschaut wird:
- *aufgabengleich* (auch: *themengleich*): Alle Gruppen haben dieselbe Aufgabe, dasselbe Thema zu bearbeiten; *aufgabenverschieden* (auch: *themenverschieden*): Jede Gruppe erhält eine besondere Aufgabe, ein besonderes Thema zur Bearbeitung.
- *arbeitsgleich*: Alle Gruppenmitglieder arbeiten in derselben Weise an der Aufgabe, am Thema; *arbeitsteilig*: Jedes Gruppenmitglied arbeitet auf besondere Weise an der Aufgabe, am Thema.

	arbeitsgleich	arbeitsteilig
aufgabengleich		
aufgabenverschieden		

Abb. 24: Grundsätzliche Organisation der Gruppenarbeit

▶ GU kann manieristisch überzogen werden (→*Methoden-Mix*), wie das in den 50/60er-Jahren der Fall war, als kein Bürgermeister eine Schule ohne an die Klassenzimmer anschließende GU-Räume baute (die meinen Beobachtungen nach heutzutage vielfach leerstehen). Wer soziale Kompetenz ins Auge fasst, sollte sich immer fragen, welche gerade gefördert werden soll: Die Fähigkeit zur Zusammenarbeit? Die Fähigkeit zur konzentrierten Alleinarbeit? Die Fähigkeit zum Wechsel der Formen? GU und GA sollten zum täglichen Bestandteil schulischen Unterrichts, aber stets nur mit Blick auf konkrete Ziele eingesetzt werden.

Verlauf des GU (nach VETTINGER):

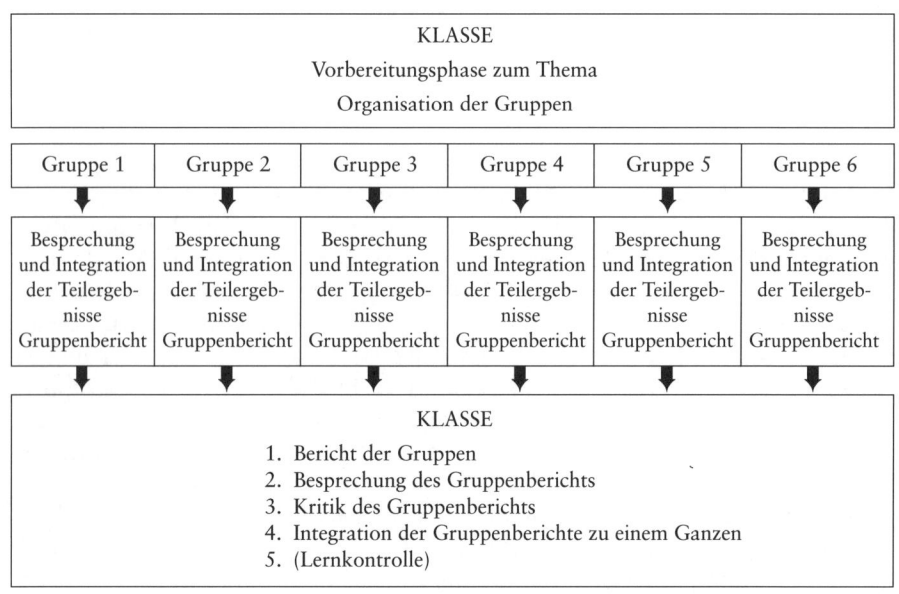

Beispiel: Modernes Märchen »Xandi und das Ungeheuer«/ fächerübergreifend (Deu, HuS, Musik)/2. Schuljahr; SONJA EDLICH

- Im Stuhl- oder Sitzkreis wird das Märchen vom Lehrer frei erzählt. Die Schüler hören zu, lassen ihre dabei entstehenden inneren Bilder auf sich wirken und lernen Handlung und Figuren der Geschichte kennen. In einer kurzen anschließenden Sammelphase äußern sich die Schüler zum Gehörten, sie teilen den anderen ihre Eindrücke und Gedanken mit.
- Das Märchen soll nun von den Schülern in *Gruppenarbeit* als szenisches Vorspiel präsentiert werden, denn so verinnerlichen die Schüler Sinn und Sachverhalt des Märchens nicht nur auditiv und rezeptiv – also äußerlich passiv – durch die Worte des Lehrers, sondern körperlich tätig in einem anderen Symbolisierungs- bzw. Handlungsmuster (Darstellendes Spiel).

- Das Märchen wird vom Lehrer in sechs Sinneinheiten aufgegliedert und in sechs sukzessiven Szenen an 6 verschiedene Schülergruppen verteilt. Jede Gruppe bekommt somit eine kurze schriftliche Beschreibung »ihrer« Szene (Ablauf der Handlung) mit Tipps, Fragen und Hilfen für die praktische Umsetzung beim musikalischen, szenischen oder pantomimischen Spiel (Arbeitsanweisungen werden schriftlich auf Arbeitskarten verteilt!).
- Der Lehrer kann die *Aufteilung der Gesamtklasse in Arbeitsgruppen* nach verschiedenen Gesichtspunkten bilden, etwa nach Freundschaftsgruppen, nach schon bestehenden Sitzgruppen (Gruppentische), nach Interessengruppen, nach Zufallsgruppen (Losverteilung u. Ä.) oder nach Leistungsgruppen (vom Leistungsstand her gesehen homogene oder heterogene Gruppen). Diese Entscheidung ist immer in Abhängigkeit von der jeweiligen Sozialstruktur der Klasse, der Lernsituation und vom Lerninhalt bzw. Lernstoff zu treffen. In diesem Fall wurden die Gruppen der Bequemlichkeit halber nach schon bestehenden Gruppentischen eingeteilt.
- *Gruppenarbeit:* In dieser Form des Gruppenunterrichts muss sich beispielsweise Gruppe 1 überlegen, wie sie Szene 1 des Märchens umsetzen kann: Die Schüler müssen sich damit auseinandersetzen, wer welche Funktion bei der Darbietung übernimmt, etwa wer den Hauptdarsteller Xandi oder das Ungeheuer spielt, welche spontan gewählten oder vom Lehrer schon bereitgestellten Requisiten (Decke, Stuhl, Tisch ...) man zum Spielen hinzunehmen könnte, wie man einzelne Handlungselemente mit den bereitstehenden Orff-Instrumenten verklanglichen könnte und welche Instrumente man dazu verwenden kann bzw. wie man diese anschlägt, dass es zur Handlung passt usw. Ferner überlegen sich die Gruppen, ob sogar bestimmte Objekte (z. B. Baum, Haus, Graben, Fluß, Höhle ...) von Kindern dargestellt werden könnten. Die Kinder sind bei ihren Überlegungen darauf angewiesen, *miteinander* zu kommunizieren und zu kooperieren. Selbstverständlich können die Gruppen in dieser Erarbeitungsphase auch szenisches Spiel und Instrumente ausprobieren. Die Lehrerrolle ist in dieser Situation eher passiv. Der Lehrer fungiert als Lernberater, Moderator und Organisator der schülerzentrierten Arbeit, damit er den Schülern die mühsam in Gang gesetzte Selbstständigkeit und Selbsttätigkeit nicht wieder raubt.
- Jede Gruppe überlegt sich, *wer was* spielt und *wie* man dies am besten umsetzen könnte. In der anschließenden Präsentation der Szenen ergibt sich im Hintereinander der Gruppenvorführung wieder die geschlossene Geschichte. Die Integration der Teilergebnisse der einzelnen Gruppen zu einem Ganzen ist ein wichtiger Aspekt des Gruppenunterrichts. Die Schüler müssen nicht nur die Resultate ihrer eigenen Gruppenarbeit, sondern auch die der anderen Gruppen kennen lernen.
- Bei der Darbietung der Ergebnisse der einzelnen Gruppen sind die anderen Gruppen Zuschauer.

- *Gruppenpräsentation:* In einer Darbietungsphase wird die Geschichte auf einer gedachten Bühne teils vertont (Orff-Instrumente) und als kleines Rollenspiel von den Schülern vorgeführt. Der Lehrer koordiniert die einzelnen Gruppen, welche chronologisch die Märchenszenen spielen und gibt ggf. Hilfestellung, lässt den Schülern aber Freiraum bei ihrer individuellen Umsetzung bzw. Interpretation der Geschichte.
- Sicherlich sind die Möglichkeiten des Gruppenunterrichts an dieser Stelle noch nicht erschöpft. Vielmehr könnte nach der Repräsentation des Erarbeiteten nun noch eine Gruppenarbeit erfolgen, bei der eine Kontrolle der Ergebnisse, oder aber auch eine Bewertung stattfände.

Das Märchen wurde entnommen aus: ZITZLSPERGER, HELGA, Kinder spielen Märchen. Schöpferisches Ausgestalten und Nacherleben, Weinheim u. Basel 1993, S. 90–103.

Literatur
KÖSEL, E., Sozialformen des Unterrichts, Ravensburg 1973; MEYER, E./FORSBERG, B., Einführung in die Praxis der schulischen Gruppenarbeit, 2. Aufl., Heidelberg 1976; VETTINGER, H., Gruppenunterricht, Düsseldorf 1977

Sa kom	So kom
Mo kom	Me kom

BEW	INF
EVA	PLA
AUS	BER

▶ Handlungsorientiertes Lernen (HL):
HL impliziert zentral das derzeit heißest anempfohlene Unterrichtsprinzip. Allerdings fehlen den unterrichtspraktischen Empfehlungen in der Regel alle vorhergehenden pädagogischen Reflexionen und Rechtfertigungen sowie die fundierte Entwicklung von Handlungskonzepten. Empfehlungen münden zumeist darin, →*Projektlernen* oder dessen Variationen zu praktizieren. Dabei lässt sich in aller Kürze das grundlegende Prinzip einfach formulieren: *Wer Handlungsfähigkeit will, muss handeln lassen!* oder *Wer Selbstständigkeit will, muss Selbstständigkeit gewähren!* Denn um die Förderung von *Handlungsfähigkeit* und *Selbstständigkeit* geht es hierbei. Ziel ist die Fähigkeit, sein eigenes Handeln *intellektuell regulieren* zu können, wie dies in der Tätigkeitspsychologie östlicher Prägung bezeichnet wird. Das meint die Fähigkeit, sich vor dem eigentlichen Handeln des eigenen Verstandes für die Steuerung des Handelns zu bedienen. Dazu wird vor dem Handlungsvollzug in Gedanken ein Handlungsschema entworfen, also die Handlung vorher geplant. Solche intellektuelle Fähigkeit wird durch Methoden gefördert, die eben solche Vor-Planung den Lernenden überlassen und abfordern, statt sie vorzuschreiben. Letzten Endes sind alle Methoden und Maßnahmen, die dies leisten, zum HL zu rechnen.

HL erfordert, dass Lernende soweit wie jeweils möglich *vollständige Lernprozesse* selbstständig gestaltend durchlaufen und pädagogische Rückmeldung über ihr Lernverhalten bekommen. Bewährte Methodenkonzepte sind außer dem

→*Projektlernen*, das →*Aufgabenorientierte Lernen*, das →*Leittext-Lernen*, →*Planspiele*, →*Vorhaben* und die →*Freiarbeit* mit ihren Varianten. Lehrer sind hier nicht mehr als Alleswisser und Informationsdompteure, sondern als Partner und Moderatoren gefragt, die anregen und begleiten, statt darzubieten, vorzumachen und festzuhalten.

Wenn unter pädagogischen und didaktischen Gesichtspunkten von Handeln die Rede ist, so werden darunter menschliche Tätigkeiten verstanden, die zumindest folgende Merkmale aufweisen:
- Sie sind *zielgerichtet*, d. h. alles Tun richtet sich von Anfang an auf ein vorher entschiedenes bzw. zu entscheidendes Ziel.
- Sie sind *geplant*, d. h. allem äußeren Tun geht ein maßgeblicher Gedankengang voraus, eine gedankliche Vorwegnahme der Handlung, bei der ein Plan der für erforderlich und möglich gehaltenen Handlung – ein Handlungsschema – entworfen wird.
- Sie sind von *selbstständiger Art*, d. h. Handlungsplan und -durchführung liegen weitestgehend, ja möglichst völlig in den Händen und in der Verantwortung der Handelnden.
- Sie sind *vollständig*, d. h. sie umfassen die *Planung*, die *Durchführung* und die *Kontrolle* der Handlung; keineswegs kann schon von Handlung gesprochen werden, wenn auf Anweisungen von außen bloß die Durchführung eigenständig vorgenommen wird.

Von den zahlreichen handlungstheoretischen Vorstellungen, mit je eigenen Handlungsbegriffen, halte ich das von HACKER aus der östlichen Tätigkeitspsychologie entwickelte Konzept für didaktische, auf Unterricht bezogene Überlegungen für besonders wirkungsvoll. Zum einen lässt es eine durchgehende Einsicht in Handeln und notwendige didaktische Handlungsvollzüge zu; zum anderen hat es seine didaktische Wirksamkeit bereits im Bereich der beruflichen Erstausbildung unter Beweis gestellt, wo es sogar bis in die Zielformulierungen für die Ausbildungsberufe eingegangen ist (*Ausbildungsverordnungen*). Für drei didaktische Grundprobleme gibt dieses Konzept m. E. hinreichende Auskünfte: Ziel des HL; Vollständigkeit des Handelns; Didaktischer Umgang mit HL.

Zielsetzung des HL
Nach HACKER kann Handeln auf drei unterschiedlichen Ebenen erfolgen. Dabei werden die Ebenen danach unterschieden, wie bewusst dem Handelnden der Anlass zum Handeln (*Handlungsanlass*) ist und wie bewusst er die Handlung vollzieht (*Handlungsvollzug*). Hinsichtlich des ersten Aspekts wird von *Bewusstseinsfähigkeit* (des Handlungsanlasses), hinsichtlich des zweiten von *Bewusstseinspflichtigkeit* (des Handlungsvollzugs) gesprochen. So ist beispielsweise eine tägliche Verrichtung wie das Anziehen eines Pullovers nicht mehr bewusstseinsfähig, d. h. der Anlass zum Handeln – den Pullover anzuziehen – wird gar nicht mehr wahrgenommen, und man erledigt das auch gleichsam nebenbei, sodass auch der Vorgang des Anziehens nicht mehr bewusstseinspflichtig ist, nicht mehr besonders überlegt oder gar geplant wird. Nach diesem Schema sind Handlun-

gen auf drei unterschiedlichen Ebenen ansiedelbar, wobei die maßgebliche Fähigkeit zur Regulation des Handelns herausgestellt wird. Denn um die Förderung der Regulationsfähigkeit durch passende Lernverfahren geht es.

Handlungsanlass	Handlungsvollzug
zumeist nicht bewusstseinsfähig	nicht bewusstseinspflichtig

Man spricht hier von *sensumotorischer Regulation* des Handelns!

Dem Handelnden wird in der Regel gar nicht mehr bewusst, dass, wo ... usw. er handeln muss; und er handelt ohne viel zu überlegen, ja zumeist ohne alles Überlegen. Er reagiert gleichsam automatisch auf Anstöße in einer Situation und aktiviert, ohne Gedanken daran zu verschwenden, sein Repertoire an Handlungsschemata.

Handlungsanlass	Handlungsvollzug
bewusstseinsfähig	nicht unbedingt bewusstseinspflichtig

Man spricht hier von *perzeptiv-begrifflicher* Regulation des Handelns!

Dem Handelnden ist stets bewusst, dass, wo ... usw. er handeln muss, doch handelt er zumeist routiniert, d. h. er handelt ohne große Überlegungen aus seiner Erfahrung heraus und aktiviert die erforderlichen Handlungsschemata.

Handlungsanlass	Handlungsvollzug
bewusstseinsfähig	bewusstseinspflichtig

Man spricht hier von *intellektueller Regulation* des Handelns!

Dem Handelnden ist stets bewusst, dass, wo ... usw. er handeln muss, und er handelt auch stets bewusst und zielgerichtet, indem er zunächst in Gedanken ein Modell des beabsichtigten Handelns entwirft und auf seine Machbarkeit durchdenkt (Plan eines maßgeblichen Handlungsschemas), bevor er tatsächlich handelt.

Abb. 25: Ebenen des Handelns und der Handlungsregulation nach HACKER

Menschen handeln in ihrem Leben auf allen Ebenen; Handlungsfähigkeit für alle Ebenen ist auch unbedingt erforderlich und sie zu fördern u. a. Aufgabe des Unterrichts. Als höchstqualifizierte Handlungsfähigkeit darf aber wohl die Fähigkeit zu intellektueller Regulation eigenen Handelns gelten: Sie ist nötig, wenn jemand auf ihm bisher unbekannte Handlungsanlässe (-notwendigkeiten und -möglichkeiten) in Lebenssituationen trifft, für die er noch keine festen Handlungsschemata gespeichert hat und abrufbar bereit hält. Dann ist er gefordert, selbstständig die Situation zu meistern. Und er ist gut dran, wenn er, statt sofort und gleichsam blind zu handeln, sich zunächst in Gedanken einen Handlungsplan erstellen kann, wenn er ein passendes Handlungsschema entwickeln kann. Der Plan ist Teil des Handelns. Die Fähigkeit zur intellektuellen Regulation des Handelns ist sui generis Ziel des HL.

Vollständigkeit des Handelns

Aus tätigkeitspsychologischer Sicht gilt ein Handeln erst als vollständig, wenn der Handelnde die Handlung *plant* und *durchführt* und *kontrolliert*, wenn er alle Phasen durchläuft. Und als selbstständig gilt es nur, wenn er diese drei Phasen selbstständig (was nicht dasselbe meint wie: alleine!) durchläuft.

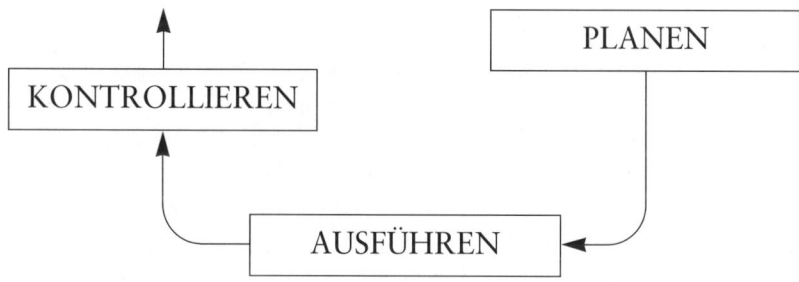

Abb. 26: Psychologisches Modell vollständigen Handelns

HL im Unterricht will die Fähigkeit zu intellektueller Regulation des Handelns fördern; dann muss es auf die Fähigkeit zu *selbstständig vollständigem Handeln* zielen, dann muss es Lernende dazu anleiten, ihr Handeln von A bis Z, durch alle drei genannten Phasen selbstständig zu steuern. Und das bedeutet, Lernende so häufig wie möglich diesen Prozess mit seinen drei Phasen selbstständig durchlaufen zu lassen, sie schrittweise selbstständiger werden zu lassen. Dazu bedarf es eines didaktischen Modells für die Umsetzung dieser Forderung nach Gewährung von Selbstständigkeit.

Didaktischer Umgang mit HL

Das entsprechende didaktische Modell ist ebenfalls bereits in der auf die berufliche Erstausbildung bezogenen Didaktik entwickelt worden. Es bettet die drei Handlungsphasen in eine abgestufte didaktische Maßnahmenfolge ein, wobei die Maßnahmen nicht als von Lehrern, sondern – soweit je möglich – als von Lernenden zu gestaltende Aktivitäten begriffen werden.

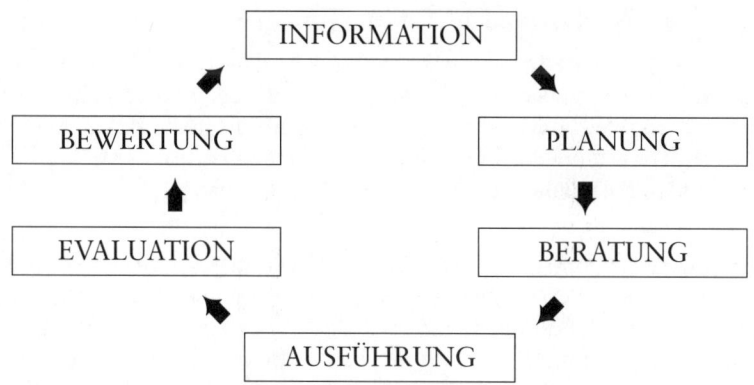

Abb. 27: Didaktisches Modell vollständigen Handelns

Die einzelnen Phasen erfüllen folgende Funktionen im Prozess vollständigen Handelns:

① INFORMATION

Es geht darum, sich über den Handlungsanlass – das kann ein Problem, eine Aufgabe o. Ä. sein – hinreichend zu informieren. Fragen werden gestellt: Was ist zu lösen? Ist etwas herzustellen/zu schaffen/zu beseitigen/zu besorgen/weiterzuführen usw.? Worauf kommt es dabei an? Welche Umstände liegen vor? Was ist zu berücksichtigen? Wer macht mit? Wo findet das Ganze statt? Usw.

Lernende sollten letzten Endes über den Handlungsanlass, auf den hin und von dem aus sie ihr Handeln entwickeln sollen, genau Bescheid wissen. Dabei kommt es wesentlich darauf an, dass Lernende nicht informiert werden, sondern sich – so gut das situativ möglich ist – selbstständig informieren. Dazu müssen in der Regel von Lehrenden viele und sorgfältige Vorbereitungen getroffen werden, müssen Lernumgebungen ge-staltet und Mittel bereitgestellt werden, in denen/durch die Lernende sich die Informationen ohne weitere Hilfe von außen besorgen können.

② PLANUNG

Es geht darum, dass ein Plan für die Handlung entwickelt wird, in dem die Handlung gleichsam in Gedanken vorweggenommen und durchgespielt worden ist. Dabei sollte der Plan so exakt und detailliert wie nur möglich sein. In der Regel wird er – ausgehend vom Ziel der Handlung – einzelne aufeinander folgende Handlungsschritte enthalten, durch die einzelne Teilziele für erreichbar gehalten werden, weil man annimmt, über die dafür benötigten Mittel und Qualifikationen zu verfügen.

Der Plan selbst sollte in schriftlicher Form vorgelegt werden können und Auskunft darüber geben, welche Schritte in welcher Folge eingeschlagen werden sollen, welche Mittel dabei jeweils zum Einsatz kommen sollen und evtl. wie die Zusammenarbeit erfolgen soll. Der Plan ist selbstständig von Lernenden aufzustellen.

Gerade in dieser Phase wird die Fähigkeit zur gedanklichen vorausschauenden und vorwegnehmenden Tätigkeit verlangt und geschult; und Planungsfähigkeit ist das wesentliche Moment der Fähigkeit zur intellektuellen Regulation von Handlungen. Obwohl dabei die technologische Seite von Planung im Mittelpunkt steht, sollte man nicht vergessen, dass es hier auf eine weitere und unerlässliche Qualifikation ankommt: Aufgaben, Probleme erkennen und lösen zu können, sind für die Existenz erst von voller Bedeutung, wenn sie mit der Bereitschaft, Aufgaben und Probleme anerkennen, sich ihrer annehmen zu wollen, unauflöslich verbunden sind. Hier ist HL nur vollständig, wenn Sach-, Methoden- und Sozialkompetenz zusammen mit der zugehörigen Moralkompetenz gefördert werden, wenn kognitives und psycho-motorisches mit affektivem Lernen einhergehen. Lehrende müssen auch für diese Phase vielfältiges Material bereitstellen.

③

BERATUNG

Es geht darum, dass der vorgelegte Plan für die Durchführung freigegeben wird. Eine solche Freigabe ist unbedingt nötig, da es sich um pädagogische Vorgänge handelt. Zum einen kann es Risiken geben, die Lernende noch nicht vorherzusehen fähig sind. Zum anderen ist der grundsätzlichen pädagogischen Verantwortung für Heranwachsende Rechnung zu tragen. Doch sind Lehrer hier nicht als Besserwisser gefragt, sondern allenfalls als Mehrwisser, d.h. sie geben nicht einfach frei oder blockieren, sondern sie lassen sich auf ein problemorientiertes Beratungsgespräch mit den Lernenden ein, lassen – wo dies möglich ist – diese selber Planungsfehler oder -schwierigkeiten einsehen und darüber reden. Unter Umständen treten Lernende noch einmal in die Planungsphase ein und bessern den Plan nach o. Ä. Ist der Plan aber freigegeben, so sollten sich die Lernenden darauf verlassen können, dass er auch umsetzbar ist. Die oft aufgeworfene Frage – schwäbisch formuliert – ›lasse mir ihn nei-tappe?‹ – ist m. E. in der Regel eine bloß rhetorische Frage, da sie in der Unterrichtsrealität kaum vorkommt.

④

DURCHFÜHRUNG

Es geht darum, tätig zu sein, dem Handlungsplan entsprechend auch zu handeln, um herzustellen/zu schaffen usw., was und wie es vorgesehen ist. Die Handlung geschieht – planentsprechend – einzeln oder im Team, je nachdem, welche Sozialform man für vielversprechender oder für besonders förderungswürdig hält. Auf jeden Fall ist die Aufgabe, das Problem zu lösen, ist dem Handlungsanlass voll Rechnung zu tragen, ist das vorgenommene Handlungsziel vollständig zu verwirklichen. Lehrende stehen hier zwar auf Abruf zur Verfügung, beobachten den Arbeitsverlauf – auch um späterhin Rückmeldungen über das Handlungsverhalten geben zu können –, greifen aber nur im äußersten Fall unaufgefordert ein.

KONTROLLE
(= EVALUATION)

Es geht darum, Soll und Ist, Plan und Produkt/Ergebnis in Vergleich zu stellen, um sich zu vergewissern, ob man selbstständig erreicht hat, was zu erreichen man sich vorgenommen hatte. Dabei werden die üblichen Kontrollverfahren zur Anwendung gebracht, also z.B. optische oder andere Messverfahren, bloßer Augenschein o.Ä. Möglicherweise werden Nachbesserungen erforderlich, sodass kurz- oder längerfristig wieder in die Durchführungsphase eingestiegen werden muss.

⬇

BEWERTUNG

Es geht darum, den Handelnden Rückmeldung zu geben, und zwar über ihr persönliches Verhalten. Richtiges Verhalten sollte bestärkt, falsches korrigiert werden (→*Feedback*). Das gilt sowohl für fachlich-sachliches wie für soziales Verhalten u.a. Hinweise für Veränderungen und Wege dazu sollten gewiesen werden. Aber: Nicht der pädagogische Zeigefinger ist gefragt, sondern die behutsame Beratung. Die Lernenden sollten zu Einsichten und Überzeugungen geführt werden, damit sie tatsächlich bei künftigen Handlungen beherzigen, worauf sie hingewiesen worden sind.

Die pädagogische Bedeutung von HL im Unterricht wächst, wenn die didaktisch geschaffenen Handlungsanlässe sich nicht nur unterrichtsintern einordnen, sondern die Lernenden wieder aus der künstlichen Schul- und Unterrichtswelt an die Realität ihres eigenen Lebens heranführen, wenn es gelingt, Bedürfnisse und Befindlichkeiten der Lernenden aufzufangen und zu lösenden Aufgaben werden zu lassen (→*aufgabenorientiertes Lernen*). Gerade heute – Stichworte: veränderte Kindheit, Leben aus zweiter Hand, Verinselung der Existenz –, wird Lernen an eigenen und originären Problemen für Heranwachsende besonders wichtig.

Beispiel: Gestaltung eines Klassenzimmers/3. Schuljahr
SANDRA SCHMIDT/UTE FINKBEINER

- Mit dem Beispiel wird versucht, die einzelnen Phasen vollständigen Handelns zu *veranschaulichen*, wobei diese in der Realität ineinander übergehen und deshalb nicht eindeutig zu trennen sind.

- Zum Schuljahresbeginn im September sollen die Schüler das Klassenzimmer so gestalten, wie sie es haben möchten. Fachmäßig sind Heimat- und Sachunterricht, Bildende Kunst und Deutsch beteiligt.

1. INFORMATION

Der Handlungsanlass mit der Fragestellung: »Wie kann das Klassenzimmer angenehm, schön und interessenorientiert gestaltet werden?« ergibt sich für die Schüler situativ, d.h. sie werden nicht vom Lehrer darüber informiert, sondern werden durch die Situation (kahles, leeres Klassenzimmer) selbst zum Handeln angeregt.

Im Kontext dieser Aufgabe stellen sich weitere Fragen. Diese betreffen zum einen die Beteiligten selbst – Welche Interessen bestehen? (Alle müssen an die Tafel sehen können, der Wunsch nach einer Leseecke, Pflanzen auf den Fensterbrettern, Wand- und Fensterschmuck, Ablageregale für die Schüler ...) – zum anderen die Rahmenbedingungen, in die die Klasse eingebunden ist (Klassenstärke, Raumgröße, -form, Vorgaben durch die Hausordnung ...).

Damit sich die Lernenden selbst ausreichend über die sich ergebenden Fragen informieren können, stellt der Lehrer vielfältiges Material zur Verfügung: Schulordnung, Klassenliste, anregende Beispiele von der Raumgestaltung anderer Klassen, Bastelanleitungen und dazu erforderliches Material (Meterstab, Papier, Stoffe, Zeitschriften ...). Es ist sinnvoll, schon in dieser Phase die Ergebnisse des Gesprächs (Was soll getan werden?) schriftlich an der Tafel zu fixieren, um sie in der anschließenden Planungsphase zur Hand zu haben.

↓

2. PLANUNG

Den verschiedenen Gestaltungsfeldern
- Aufbau der Sitzordnung
- Gestaltung der Sitz-, Lese- und Kuschelecke
- Gestaltung der Spiel- und Arbeitsecke
- Gestaltung der Wände (Erstellung von Plakaten)
- Gestaltung der Decke (evtl. Mobiles), Fenster

entsprechend teilen sich die Schüler interessenorientiert in Arbeitsgruppen auf. Bevor diese ihre Arbeit aufnehmen, wird festgelegt, wieviel Zeit zur Verfügung steht und welche Räumlichkeiten genutzt werden können. Dann wird das Vorhaben in den Gruppen konkret Schritt für Schritt durchgesprochen, außerdem wird zu den Teilzielen ein schriftlicher Plan erstellt. Die Lernenden bemühen sich beim Planen, alle möglichen Probleme zu berücksichtigen und eine Lösung dafür zu finden.

Um die Komplexität des gesamten Geschehens zu reduzieren, haben wir im folgenden exemplarisch das Gestaltungsfeld der Leseecke ausgewählt:
Die konkrete Planung bedeutet hier zuerst Erkennen der Notwendigkeit, sich mit den anderen Gruppen über die Raumaufteilung (Wo kommt die Leseecke hin?) abzusprechen, Fragen des Materialbedarfs müssen geklärt

werden (Welche und wie viele Bücher haben/brauchen wir? Reichen die Regale aus? Woher bekommen wir gemütliche Sitzmöbel?). Wie soll die Leseecke gestaltet werden (Anordnung der Möbel, Ordnung der Bücher – nach der Größe, alphabetisch oder Sachgruppen entsprechend?)? Wer übernimmt welche Aufgabe oder wird alles gemeinsam gemacht? Schaffen wir alles alleine oder brauchen wir Hilfe (z.B. beim Verrücken der Möbel)? Auch hier muss der Lehrer das benötigte Material bereitstellen (u.a. große Papierbögen für den Plan).

⬇

3. BERATUNG

Um die Realisierbarkeit des Planes zu gewährleisten, wird er vor dem Umsetzen dem Lehrer vorgestellt. Dieser weist als Berater auf mögliche noch offene Probleme hin oder regt Alternativen an, ohne dabei zu bevormunden. Bei der Beschaffung eines Sofas für die Leseecke regt er möglicherweise an, vor einem Kauf erst einmal zu forschen, ob nicht bei Eltern der Klasse noch alte Matratzen gelagert sind, die mit einem schönen Stoff überzogen ein funktionstüchtiges Sofa bzw. verschiedene Sessel abgeben würden. Auch zwischenmenschliche Probleme in der Gruppe (»Der will immer alles selber machen« ...) kommen zur Sprache. Das Gespräch kann u.U. dazu führen, dass die Gruppe nochmals in die Planung geht und einzelne Punkte nachbessern muss, bevor es zur konkreten Realisierung kommt.

⬇

4. DURCHFÜHRUNG

Dem Plan entsprechend wird das Vorhaben in die Tat umgesetzt. Gemeinsam mit der anderen Gruppe, die die Sitzordnung entwirft, wird im Klassenzimmer die Leseecke »vermessen«, die Regale werden mit dem Hausmeister zusammen an Ort und Stelle gebracht, Eltern bringen Matratzen, zwei Schüler finden in der Theaterwerkstatt einen passenden Überwurf für das »Sofa«, die anderen nehmen sich eine Bücherkiste vor und sortieren die Bücher in die Regale. Ein paar Schüler erkundigen sich beim Lehrer, wie man eine Ausleihkartei anlegt und entwerfen entsprechende Karten. Sie arbeiten völlig selbstständig. Der Lehrer steht auf Abruf bereit, hält sich aber als stiller Beobachter im Hintergrund.

⬇

5. KONTROLLE

Die vereinbarte Arbeitszeit ist vorüber. Alle Schüler kommen zusammen, um sich ein Bild über die Ergebnisse der verschiedenen Gruppen zu machen. Beim Probesitzen wird die neue Anordnung der Tische auf ihre Tauglichkeit hin überprüft (Kann auch jeder an die Tafel sehen, ohne sich den Hals zu verrenken?). In einer Diskussion werden die Ergebnisse besprochen und mit den Forderungen aus der Anfangsphase (an der Tafel) verglichen. Vielleicht stellen manche Schüler auch erst nach ein paar Tagen des Eingewöhnens fest, dass die Bücheranordnung unpraktisch ist oder einzelne Tische doch anders gestellt werden müssen.

↓

6. BEWERTUNG

Es werden aber nicht nur die Ergebnisse der Gruppen besprochen, auch das Arbeiten in den einzelnen Gruppen kommt zur Sprache. Die Gruppe, die die Sitzordnung festlegte, hatte z. B. große Probleme sich zu einigen, da jeder von seiner Meinung überzeugt war und keine andere gelten lassen wollte. In einer anderen Situation beobachtete der Lehrer, wie ein größerer Schüler spontan den kleineren einer anderen Gruppe half, die Fensterbilder in der richtigen Höhe anzubringen. Behutsam werden solche Begebenheiten vom Lehrer angesprochen, um den Schülern Rückmeldung zu geben und sie gegebenenfalls zu Handlungsalternativen anzuregen.

Literatur

GUDJONS, H., Handlungsorientiert Lehren und Lernen, Bad Heilbrunn; HACKER, W., Allgemeine Arbeits- und Ingenieurpsychologie, Berlin 1973; MEYER, H., UnterrichtsMethoden, Bd. II: Praxisband, Frankfurt a. M. 1987, bes. S. 280 ff.; MÖLLER, K., Lernen durch Tun, Frankfurt a. M. 1987

▶ **Hörspiel (HSp):** Ursprünglich für den Rundfunk entwickelt, hielt das HSp erstmals in den 50er-Jahren Einzug ins Klassenzimmer. Damals ging es in erster Linie um seine Rezeption als literarische Gattung. Durch audiovisuelle Medien wie Film und Fernsehen wurde das HSp jedoch bald in den Hintergrund gedrängt. Im Zuge des Didaktikwandels der 80er-Jahre wurden schließlich die methodischen Qualitäten des Hörspiels (wieder-) entdeckt und im Rahmen der Praxis eines schüler- und handlungsorientierten Unterrichts genutzt.

Als methodisches Werkzeug erscheint das Hörspiel in zwei Formen: HSp-*Rezeption* und HSp-*Produktion.*

Das HSp ist in fast allen Schulfächern einsetzbar, doch hängen seine möglichen pädagogischen und didaktischen Nutzungen von fachspezifischen Voraussetzungen ab, sodass es sorgfältig auf jedes einzelne Fach und seine besondere Struktur abzustimmen ist. Im Fremdsprachenunterricht zum Beispiel steht vor allem die Schulung des Hörverständnisses und der Aussprache im Mittelpunkt. Durch den Einsatz von dialogisierten Hörtexten und später auch komplexeren Hörszenen wird den Schülern die Möglichkeit gegeben, sich in simulierten kommunikativen Situationen hörend zurechtzufinden und ihr Hörverständnis zu testen. Da es sich bei den Sprechern in der Regel um »native speakers« (d. h. Sprecher, die aus dem der Fremdsprache entsprechenden Sprachraum kommen) handelt, wird darüber hinaus ein wesentlicher Beitrag zur Ausspracheschulung geleistet. Um den Schülern erfolgreiche Hörerlebnisse zu ermöglichen, ist darauf zu achten, dass die verwendeten Hörspiele, -szenen und Dialoge an den Sprach- und Wissensstatus der Schüler anschließen und einen genügenden Vertrautheitsgrad in Wortschatz und grammatikalischen Strukturen aufweisen. Bei komplexeren HSpn können gezielte Fragestellungen sowie das Abklären von Schlüsselbegriffen eine Verständnishilfe sein. Ergänzend zur HSprezeption bietet die HSpproduktion ein motivierendes Arbeits- und Trainingsfeld für den produktiven Sprachgebrauch, in dem alle Schüler durch die intensive Auseinandersetzung mit dem Text und die anschließende Übungsphase eine Chance haben, gute Leistungen zu erzielen. Auch im Deutschunterricht erscheint das HSp sowohl als rezeptive, als auch als produktive Methode. Besonders im Rahmen des Literaturunterrichts bieten sich hier vielfältige Möglichkeiten. Das HSp kann zum einen Ausgangs- und zum anderen Endpunkt eines Lektüreprozesses sein. So kann eine HSpfassung des zu behandelnden Textes durch Vorstellung der Figuren, der Handlung und der Atmosphäre einleitenden bzw. einstimmenden Charakter haben oder zu einem späteren Zeitpunkt zur Vertiefung bestimmter inhaltlicher Aspekte beitragen. Ebenfalls vertiefenden Charakter kann auch die Produktion eines HSp zum Abschluss eines Lektüreprozesses haben. Neben literarischen Vorlagen können ebenso vorgegebene Probleme, Geräusche, Reizwortketten oder vom Schüler eigens ausgewählte Themen Grundlage für eine HSpproduktion sein.

Eine HSp*produktion* setzt sich in der Regel aus folgenden Arbeitsschritten zusammen :

REZEPTION
eines Hörspiels
⬇
BEWUSSTMACHUNG
der hörspielspezifischen Mittel
⬇
ERARBEITUNGSPHASE:
Erstellung des Manuskripts, Verteilung der Rollen ...
⬇
ÜBUNGSPHASE:
Sprech- und Leseübungen am Hörspieltext
⬇
AUFNAHME
⬇
VORSTELLUNG DES »PRODUKTS« UND AUSWERTUNG

Hörspiel

Fächerübergreifende Aspekte bzw. Zielsetzungen des HSpeinsatzes (→*fächerübergreifender* u. *-verbindender Unterricht*) ergeben sich vor allem für die Praxis einer umfassenden Hörerziehung, die im Hinblick auf die verschiedensten schulischen und außerschulischen Bereiche (z. B. mündlicher Sprachgebrauch, (Erst-)Lesen, Rechtschreiben …) einen hohen Stellenwert hat.

Die Konfrontation mit akustischen Informationen und Eindrücken im heutigen Leben ist allgegenwärtig, und deshalb ist eine Hörsensibilisierung der Schüler durch das (rezeptive) HSp eine große Chance. Das herausragende Ziel der HSprezeption ist die Förderung der Aufnahme- und Strukturfähigkeit der Schüler, die durch Beobachtungsaufgaben, die intensives, konzentriertes Hören fordern, gefördert wird. Die bewusste Aufnahme von verbalen und nonverbalen Impulsen und die Sensibilisierung für deren Bedeutung führen zur Verbesserung der Interpretationsfähigkeit akustischer Informationen. Dadurch wird außerdem ein wesentlicher Beitrag zur Gesprächserziehung geleistet.

Um diese Ziele zu erreichen, bedient sich die Hörerziehung durchaus nicht nur herkömmlicher (»fertiger«) HSpe, sondern auch verschiedenster Geräuschspiele (z. B. Geräuscheraten, Geräuschememory, Geschichten pantomimisch zum Text dazu spielen, Geschichten nachspielen …), bei denen im wahrsten Sinne des Wortes mit dem Hören gespielt wird.

Der Einsatz eines HSp – rezeptiv oder produktiv – bietet in vielen Bereichen große Chancen für Schüler und Lehrer, erfordert jedoch vom Lehrer eine genaue Planung und eine sinnvolle Auswahl des Textes bzw. HSpgegenstands, damit eine optimale Auseinandersetzung mit Inhalten, dargestellten bzw. darzustellenden Gefühlen, Gedanken, Worten und Sprache stattfinden kann.

Beispiel: Vertonen einer selbstgeschriebenen Kriminalgeschichte/Deutsch
NICOLE KARTHEININGER/STEFANIE ZELL

Im Fach Deutsch sollen die Schüler unterschiedliche Erzählformen kennenlernen, von denen der Krimi für eine Vertonung aufgrund der sich kontinuierlich aufbauenden Spannung, die sich auch gut in Musik umsetzen lässt, geeignet ist. Ziel ist es, dass die Schüler die Kriminalgeschichte mit ihren erzählerischen Besonderheiten kennenlernen, selbst einen Krimi entwickeln, diesen in Gruppen aufgeteilt niederschreiben und in ein Hörspiel umsetzen.

Zunächst wird ein Krimi gelesen, wobei die erzählerischen Mittel, die zum Spannungsaufbau führen, herausgearbeitet werden. Diese Vorarbeit muss geleistet werden, um maßgebliche motivationale und inhaltsbezogene Voraussetzungen zu schaffen.

Die Lehrkraft lässt einen Sitzhalbkreis vor der Tafel bilden und stellt das Vorhaben vor. Die Schüler machen verschiedene Vorschläge zum inhaltlichen Aufbau ihres eigenen Krimis, die die Lehrkraft an der Tafel sammelt. So entsteht dort eine Ideensammlung. Nach Beendigung der Vorschlagsrunde diskutieren die Schüler die einzelnen aufgeführten Ideen untereinander und reflektieren darüber. Im Anschluss daran wird über den besten Vorschlag abgestimmt, der dann die Thematik des zu erstellenden Hörspiels festlegt. Die Schüler bestimmen ein grobes Verlaufsraster, an dem sich die einzelnen Szenen orientieren sollen. Die Lehrkraft skizziert dieses Verlaufsraster an der Tafel, damit die Schüler den Überblick behalten. Die Anzahl der Szenen wird festgelegt und jeder Szene ein dem Verlaufsraster entsprechender inhaltlicher Überbegriff zugeteilt, den Schüler an der Tafel mit dem Verlaufsraster in Zusammenhang bringen.

Die Lehrkraft teilt die Schüler nun in heterogene Gruppen ein, d.h. dass darauf geachtet wird, dass sich in jeder Gruppe Schüler unterschiedlicher Leistungsstärke befinden. Dadurch ist eher gewährleistet, dass die einzelnen Gruppen annähernd gleichwertige Leistungen im vorgegebenen zeitlichen Rahmen erbringen und keine Gruppe völlig den Anschluss verliert. Die Größe der Gruppen ergibt sich aus der Anzahl der Szenen, da jede Gruppe eine Szene bearbeiten soll. Während sich die Schüler zu den eingeteilten Gruppen formieren, notiert die Lehrkraft die szenischen Überbegriffe auf Papierkärtchen. Diese verteilt sie auf die Gruppen. Jede Gruppe hat nun die Aufgabe, ihre Szene zu schreiben. Die Kärtchen mit dem Überbegriff und das Verlaufsraster an der Tafel dienen dabei als Anhaltspunkte. Die Gruppen erarbeiten ihre Szenen.

Die Gruppen stellen ihre Ergebnisse im Plenum vor.

Ein lesegewandter Schüler liest die erstellten Szenen im Gesamtverlauf vor, wobei er nach jeder Szene eine kurze Pause lässt, damit sie gut erkennbar ist. Dabei sollen seine Klassenkameraden eventuelle Bruchstellen zwischen den einzelnen Szenen heraushören. Sind Bruchstellen vorhanden, müssen die betroffenen Gruppen versuchen, ihre Übergänge so zu gestalten, dass sie mit der jeweils darauf folgenden Szene übereinstimmen. Dies erfordert eine gute Kooperation der Gruppen untereinander. Die überarbeiteten Texte dienen als Vorlage für das Hörspiel.

Die Aspekte, die bei der Erstellung eines Hörspiels erforderlich sind (Betonung, Stimmlagenwechsel, Hintergrundmusik, -geräusche) werden in einem Unterrichtsgespräch geklärt.

Schließlich gehen die Gruppen in eine Experimentierphase über, in der sie unterschiedliche Möglichkeiten der Geräuscherzeugung sowie der Darstellung der Charaktere ausprobieren und eine Rollenverteilung vornehmen.

Nach einer Übungsphase werden die Szenen auf Hörspielkassetten aufgenommen und anschließend zusammengefügt, sodass sich am Ende die komplette Kriminalgeschichte auf einer Kassette befindet.

Das entstandene Hörspiel wird abschließend von der ganzen Klasse angehört und bewertet.

> Es besteht auch die Möglichkeit, das Hörspiel in einem Theaterstück weiterzuführen.
>
> Die Durchführung dieses Beispiels erfordert einen hohen Zeitaufwand, da nicht nur das Hörspiel, sondern auch der ihm zu Grunde liegende Text von den Schülern produziert werden muss. Will man eine Hörspielproduktion in einem geringeren zeitlichen Rahmen durchführen, empfiehlt es sich, schon vorhandene, nicht allzu lange Texte oder Gedichte auszuwählen. Bei dem oben beschriebenen Beispiel geht es darum, Textproduktion und die Möglichkeit der gestalterischen Umsetzung in Form eines Hörspiels miteinander zu verbinden.

Literatur
BERGMANN, BRIGITTE, Hörspielarbeit im Unterricht – warum ?, in: Zielsprache Englisch, 22 (1992) 4, S. 27–29 ; DEUBEL, HILDEGARD, Produktion von Hörspielen im Literaturunterricht, in: Deutschunterricht, 45 (1992) 10; S. 460–465 ; ENGEL, EVA, Hörerziehung mit Hörspielen, in: Grundschule, 26 (1993) 7–8, S. 9–11; GRÖNE, HORST, Hörspielarbeit im Englischunterricht der Sekundarstufe 2 unter Aspekten der Ausspreche- und Hörverstehensschulung, in: Der Fremdsprachliche Unterricht, 16 (1982) 63, S. 207–213; HEIDTMANN, HORST, Mit dem Hören spielen. Spiele, Übungen, Projekte, in: Grundschule, 26 (1993)7–8, S. 27–29
SABINE LUCKE/SABINE MÄLZER

▶ **Ideensalat (IS):** Der IS ähnelt vom Ansatz her dem →*Brainstorming*. Auch hier wird davon ausgegangen, dass mehr Ideen und Informationen zusammengetragen werden, wenn zunächst jeder seine Gedanken für sich äußert. Dies geschieht ohne jegliche Bewertung durch andere Teilnehmer. So kann der Lern- und Arbeitsprozess vorangetrieben werden. Der IS stellt eine schriftliche Form des »Gedankensturms« dar und kann somit durchaus auch als Variante des →*Brainstorming* bezeichnet werden. Diese Variante verläuft zunächst in Einzelarbeit, wobei alle Teilnehmer Einfälle zu verschiedenen Fragen oder Impulsen sammeln. Da sich im Anschluss an die *schriftliche Ideensammlung* viele Gespräche anschließen, kann der IS in den Bereich der *kommunikativen* und *kooperativen Arbeitsmethoden* eingeordnet werden. Sein didaktischer Einsatzort ist da festzumachen, wo es darum geht, mehrere und unterschiedliche Lösungsmöglichkeiten für schwierige und komplexe Probleme zu sammeln, aber auch, um das potenzielle Wissen aller Teilnehmer zu bestimmten Sachverhalten und in bestimmten Bereichen zu erfassen. Der IS kann zu Beginn einer Lernsequenz eingesetzt werden, um das Vorwissen zu erfassen, oder am Ende, um den Lernerfolg zu überprüfen. Nicht geeignet ist der IS bei sehr großen Gruppen, da dann die

Auswertung der schriftlichen Äußerungen kaum mehr möglich ist. Hier müssen entweder andere Verfahren herangezogen werden oder aber die Großgruppe muss in mehrere kleinere Gruppen eingeteilt werden, die den IS je für sich durchführen. In einem abschließenden Plenumsgespräch werden die Ideen aller Gruppen zusammengeführt.

Der IS besteht aus drei Hauptphasen:

> In der **ersten Phase** erhält jeder Teilnehmer ein leeres Blatt, das in mehrere gleich große Abschnitte unterteilt ist. Es müssen so viele Abschnitte sein, wie Impulse oder Fragen gestellt werden. Zu jedem Impuls/jeder Frage schreiben die Lernenden ihre Einfälle, Lösungsvorschläge, Ideen, Wünsche, Vorstellungen usw. auf. Dabei muss vorgegeben werden, welcher Abschnitt des Blattes welcher Frage/welchem Impuls gewidmet ist. Die Blätter werden dann aufeinander gelegt und so zerschnitten, dass die Abschnitte mit den Einfällen zum Impuls A auf einem Stapel liegen, die Abschnitte mit Einfällen zu Impuls B auf einem zweiten Stapel usw.

> In einer **zweiten Phase** werden die Teilnehmer in verschiedene Gruppen aufgeteilt. Es müssen so viele Gruppen sein, wie Stapel vorhanden sind. Jede Gruppe bearbeitet nun einen Stapel, indem sie Doppelnennungen aussortiert, die Einfälle systematisiert, ordnet, kategorisiert und dokumentiert.

> In einer **dritten Phase** stellen die Gruppen dann die Ergebnisse vor. Danach kann eine Diskussion über einzelne Vorschläge, Wünsche usw. erfolgen. Da die Ideen schriftlich und ohne Urhebernamen geäußert wurden, stellen sie eine gewisse Anonymität dar, sodass sich über einzelne Aspekte leichter diskutieren lässt.

Um die erste Phase zu vereinfachen, können auch bereits zugeschnittene, verschieden farbige Kärtchen ausgeteilt werden, sodass jeder Teilnehmer über je ein Kärtchen mit einer bestimmten Farbe verfügt. Es gibt so viele verschiedene Kärtchen wie Fragen/Impulse gestellt werden sollen. Der Leiter legt fest, welche Farbe für welchen Impuls/Frage vorgesehen ist. Am Ende der brainstormartigen Phase werden nun einfach die Kärtchen nach ihrer Farbe eingesammelt und in der zweiten Phase auf die Gruppen verteilt. So fällt das Zerschneiden der Blätter weg, was die Organisation des IS erleichtert.

Durch die erste Phase erhalten die Teilnehmer die Möglichkeit, ihr Wissen und ihre Einfälle zu intensivieren und sie in Worte zu fassen, was eine verstärkte individuelle Informationsverarbeitung bedeutet. In der zweiten Phase sind sie selbst an der Ordnung, Systematisierung und Kategorisierung beteiligt, sodass sie sich in dieser Phase als aktive Mitarbeiter erleben. Dadurch steigt in der Regel auch

Ideensalat

die Motivation, die Ergebnisse zu ordnen und vorzutragen. In dieser Phase wird sehr viel kooperativ unternommen. Das Vorgehen in der Gruppe muss gemeinsam abgestimmt werden, eine Einigung auf die Art der Ordnung und die Vorstellung der Ergebnisse muss erzielt werden. Während in der zweiten Phase die Kooperation im Vordergrund steht, spielt in der dritten Phase vor allem die Kommunikation eine wichtige Rolle. Die einzelnen Gruppen müssen ihre Ergebnisse gegenseitig vorstellen und auf Fragen eingehen. Meist schließen sich daran auch wichtige weiterführende Gespräche und Diskussionen an.

Beispiel: Ideensalat im Unterrichtsprojekt

In der Schule eignet sich der IS vor allem dann, wenn möglichst viele Einfälle gesammelt werden sollen. So bietet sich der IS zu Beginn einer Projektphase an, bevor sich die Klasse auf ein bestimmtes Projekt einigt. Gemeinsam mit der Lehrperson werden zunächst Vorschläge für verschiedene Projekte gemacht. Zu diesen Vorschlägen wird nun ein Ideensalat durchgeführt.

Themenvorschläge:
Projektidee 1 – Geschichte und Entwicklung des Rechtsradikalismus in Deutschland
Projektidee 2 – Leben der Menschen in einer Großstadt usw.

Zu beiden Projektideen sammeln die Schülerinnen und Schüler nun ihre Einfälle, Vorstellungen und Wünsche, was innerhalb des Projekts thematisiert werden kann und soll. Dabei wird für die Überlegungen zur Projektidee 1 ein blaues Kärtchen ausgeteilt, zur Projektidee 2 ein rotes. Danach teilt sich die Klasse in zwei Gruppen auf und wertet die Kärtchen ihrer Farbe aus. Zunächst einmal werden Doppelnennungen aussortiert, dann werden ähnliche Wünsche und Einfälle zusammengefasst bzw. einem Oberbegriff zugewiesen. Die Ergebnisse werden auf einem Plakat sichtbar dokumentiert und über einige Zeit als Wandtafel in der Klasse ausgestellt. Die Schülerinnen und Schüler haben nun die Möglichkeit, sich klar zu machen, welches Projekt sie bevorzugen.

Beispiel: Lehrerfortbildung *Lernklima*

In einer Lehrerfortbildung wird das Thema »Verbesserung des Lernklimas« erörtert. Im Anschluss an ein →*Impulsreferat* wird ein IS durchgeführt, um das vermittelte Wissen individuell verarbeiten zu können und festzustellen, welche Ideen bei den Teilnehmern hängengeblieben sind bzw. welche neue Ideen hinzukommen.

Hierzu wird ein Blatt mit sechs Abschnitten vorbereitet.

> 1. Abschnitt: Wie Akzeptanz und emotionale Sicherheit ermöglichen?
>
> 2. Abschnitt: Wie Transparenz herstellen?
>
> 3. Abschnitt: Wie Lernenden Entscheidungsmöglichkeiten anbieten?
>
> 4. Abschnitt: Wie verschiedene Lernwege zur gleichen Zeit anbieten?
>
> 5. Abschnitt: Wie ganzheitlich lernen lassen?
>
> 6. Abschnitt: Wie Kommunikation zwischen den Lernenden fördern?

Nachdem die Teilnehmer zu allen Fragen ihre Einfälle, Informationen usw. notiert haben, schneiden sie die Blätter jeweils an den gestrichelten Linien auseinander und legen die Abschnitte so zusammen, dass alle 1., alle 2. usw. auf einem Stapel liegen. Nun werden verschiedene Gruppen gebildet, die je einen Stapel auswerten. Für die Ergebnisdarstellung erhalten die Gruppen jeweils eine Folie, sodass auf dieser die Ergebnisse dokumentiert und mit dem Tageslichtprojektor vorgestellt werden können. Nach der Vorstellung und der Diskussion erhalten alle Teilnehmer je eine Kopie aller Folien, sodass sie die Ideen aller Teilnehmer zu allen Fragen mit nach Hause nehmen und dort weiterverwenden können.

Literatur
MÜLLER, PETER, Methoden der kirchlichen Erwachsenenbildung, München 1982
SILKE TRAUB

▶ **Impulsreferat (IR):** Das IR ist eine besondere Technik im Rahmen von Impulsverfahren im Unterricht, bei denen es darum geht, durch klar und eindeutig gesetzte Impulse einen gemeinsamen Lernprozess abzusichern. Impulse zu setzen, statt Fragen zu stellen, meint hier: Inhaltliche Vorgaben zu machen, die für alle Angehörigen einer Lerngruppe dieselben inhaltlichen Voraussetzungen schaffen, sodass mit großer Wahrscheinlichkeit der je besondere Lernprozess erfolgreich fortschreiten kann.

IRe müssen kurz, präzise, auf ein eng begrenztes Thema bezogen sein und deutlich und verständlich vorgetragen werden. IRe sollten nicht bloß aus einer vortragsähnlichen verbalen Darstellung bestehen, sondern so gut wie möglich

Impulsreferat

Visualisierungen jeder Art einbeziehen, also z. B. Tafelskizzen, Kartonbögen und -karten usw. Eine Variante kann darin bestehen, ausschließlich Plakate für Impulse zu verwenden, d. h. reihenweise Plakate an Wänden aufzuhängen, aus denen die erforderlichen inhaltlichen Informationen zu einem anstehenden Thema entnommen werden können; man spricht hier auch von *Impulsplakaten*. IRe können zu Beginn einer Lerneinheit, aber auch zu jedem anderen Zeitpunkt während eines Lernprozesses eingebracht werden. Sie müssen sorgfältig vorbereitet werden. Nicht nur Lehrer, sondern auch Schüler können IRe vortragen, sofern ihnen dafür genügend Vorbereitungszeit eingeräumt wird und sie sich hinreichend sachkundig machen können. IRe fördern – wenn sie dergestalt durch Schüler eingebracht werden – deren Methoden- und Sozialkompetenz, vor allem ihre Redefähigkeit. Durch IRe kann viel Zeit eingespart werden, die oftmals für scheinbare Selbstständigkeit zu Beginn des Unterrichts – Schüler sollen Thema bestimmen, erraten u. Ä. – aufgewandt wird.

Beispiel: Endemische Tierwelt Madagaskars/9. Schuljahr/Hauptschule

Zu Beginn des Unterrichts hängen an der Wand bereits Bilder von Lemuren und vom Vogel Rock

Lehrer schildert einen Besuch im *Berenty Park* im Süden Madagaskars: Kurz berichtet er über die dort gesehenen Lemuren: Sifakas, Kattas, Wieselmaki, und weist auf ihre Eigenarten hin: »Halbaffen«; 5 Familien, 12 Gattungen, 18 Arten; Schwanz nur zur Steuerung; teilweise außerhalb der Knochenschale liegendes Gehirn; groß wie Schimpansen – klein wie Mäuse; tagaktive und nachtaktive. Er unterstützt seinen Bericht durch Dias.

Gruppenarbeit (themengleich + aufgabenverschieden):
1. Schlagt in allen dafür verfügbaren Werken in der Bücherei nach, was ihr über Lemuren findet.
2. Seht euch meinen privaten Video-Film an und stellt noch einige zusätzliche Beobachtungen über Lemuren zusammen!
3. Verschafft euch einen Überblick über weitere Tierarten auf der Insel; Literatur dafür in der Bücherei! Usw.

Präsentation der Gruppenarbeitsergebnisse in verbaler und visueller Form und Erörterung im Klassenplenum

---

Literatur
MÜLLER, PETER, Methoden der kirchlichen Erwachsenenbildung, München 1982

Sa kom	So kom
Mo kom	Me kom

BEW	INF
EVA	PLA
AUS	BER

▶ **Juniorenfirma (Jf):** Mit Jf wird ein didaktisch-methodisches Konzept für die berufliche Erstausbildung von Kaufleuten benannt. Erstmals im Herbst 1975 tauchte der Gedanke dazu bei der *Zahnradfabrik* in Friedrichshafen auf. Dort wollte WOLFGANG FIX die Absicht einer projektorientierten Ausbildung (→*Projektlernen*) im so genannten Grundausbildungsjahr auch auf die kaufmännische Ausbildung übertragen. Inzwischen gibt es zahlreiche Jfen und einen *Arbeitskreis* für Jfen, der alle maßgeblichen Aktivitäten erfasst und den Informtionsaustausch darüber lenkt. Jfen gibt es auch nicht mehr bloß im Bereich der betrieblichen Ausbildung, sondern ebenfalls an kaufmännischen und wirtschaftlichen Schulen. In Schulen kann eine Jf zumeist freier und kreativer schalten und walten als in Betrieben, weil ihr simulativer Charakter in Schulen durchaus eher als lernwirksam anerkannt wird.

Künftige Kaufleute sollen – dies ist die erklärte Absicht der Jf – die für jeden anerkannten Ausbildungsberuf in Deutschland durch *Rahmenpläne* in der *Ausbildungsverordnung* vorgegebenen Kenntnisse und Fähigkeiten nicht isoliert erwerben. Sie werden in Jfen deshalb in simulierte ganzheitliche Situationen gestellt, wie sie für kaufmännische Vorgänge typisch sind und in denen sie selbstständig agieren und die je erforderlichen Qualifikationen erwerben können. So führt beispielsweise die Humpisschule in Ravensburg (vgl. unten) u. a. folgende Zielsetzungen an: *Förderung der Teamfähigkeit; Förderung der Selbstständigkeit; Learning by doing/Handlungsorientierung; Denken in Zusammenhängen; Lernen aus Fehlern: diese auch selbst verantworten; praxisorientierte Vorbereitung auf den Beruf; Selbsterfahrung und Persönlichkeitsbildung; Kritik- und Konfliktfähigkeit; Kompromiss- und Durchsetzungsfähigkeit.*

Möglich ist eine Jf nur dort, wo genügend Kaufleute ausgebildet werden. Die Auszubildenden bzw. Schüler erhalten in der Regel einen halben Tag pro Woche eingeräumt, an dem sie Geschäftsvorgänge nach einem zuvor erstellten Organigramm völlig eigenständig bearbeiten können. Die Jf weist alle Funktionen und Bereiche auf, die auch bei realen Betrieben erforderlich sind. Es kommt für die Jf darauf an, dass in der Tat ein Geschäft abgewickelt wird, bei dem durch reale Einkäufe, Verkäufe usw. auch ein Gewinn erarbeitet werden kann.

Beispiel: JUFI/Humpis-Schule Ravensburg

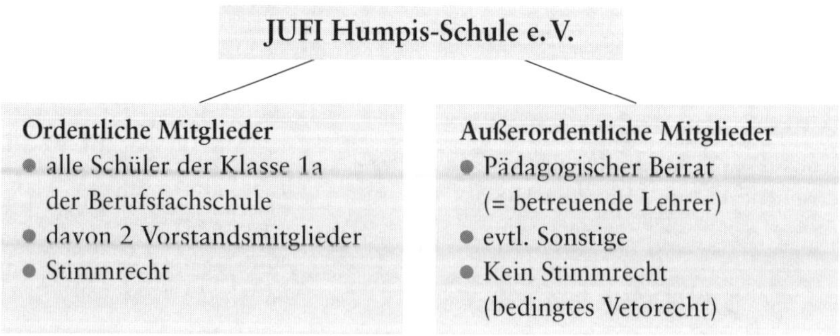

JUFI Humpis-Schule e. V.

Ordentliche Mitglieder
- alle Schüler der Klasse 1a der Berufsfachschule
- davon 2 Vorstandsmitglieder
- Stimmrecht

Außerordentliche Mitglieder
- Pädagogischer Beirat (= betreuende Lehrer)
- evtl. Sonstige
- Kein Stimmrecht (bedingtes Vetorecht)

Abb. 28: Organisation der Juniorenfirma Humpis-Schule

In der Ravensburger Humpisschule lernen Schüler im eigenen Betrieb

Geschäftsführer mit Schultasche

Ravensburg – Die derzeitigen Geschäftsführer Uli Häbe und Florian Eggert scheinen zufrieden. Stolze 13 Mark 50 haben die Verkäufer der Juniorenfirma während der heutigen großen Pause eingenommen – bei einem Wochenumsatz, der zwischen 50 und 80 Mark liegt, gar nicht schlecht.

Die »Juniorenfirma«, kurz »Jufi«, ist ein selbstständiges Unternehmen, in dem Schüler und Schülerinnen der Humpisschule Ravensburg die Praxis der harten Geschäftswelt erlernen. Gehandelt wird unter anderem mit Heften, Kleb, Disketten, kleinen Geschenkartikeln oder am PC eigens gestalteten Briefvorlagen. Besonders beachtenswert sind die bedruckten T-Shirts, deren Motive von den Schülern entworfen werden. Im Sommer kommt ein neues mit dem prachtvollen Stadtbild Ravensburgs auf den Markt. Das Sortiment ist in einem Schaukasten der Schule ausgestellt.

Zwei Schüler bieten die Waren täglich während der großen Pause an dem vom Hausmeister liebevoll gefertigten Stand im Schulhaus an. Zwischendurch präsentieren sie auf dem Ravensburger Wochenmarkt, und auch auf der Oberschwabenschau wurde schon manche Mark eingenommen.

Die Jufi existiert seit 1988. Sie wurde in Absprache mit der Schulleitung von einigen Lehrern ins Leben gerufen. Da nicht jedermann an einer Schule verkaufen darf, musste das Kultusministerium seine Einwilligung erteilen. Wirtschaftsschüler der ersten Klasse, die sich für den Wahlpflichtbereich »Juniorenfirma« entschieden haben, treffen sich jeden Dienstagnachmittag. Sie werden für jeweils ein Jahr in die Firmenabteilungen Werbung, EDV, Ein- und Verkauf, Sekretariat, Rechnungswesen und Personal gewählt.

Dort werden die derzeit 26 Jugendlichen von vier Lehrern betreut und beraten. »Praxis und Theorie laufen hier zusammen, der Stoff muß nicht trocken vermittelt werden«, meint Rainer Neuf, einer der vier Begleiter. Derzeit verhandeln die Geschäftsführer auch noch mit den umliegenden Schulen, sie wollen den Verkauf ausdehnen. Auch mit der OWB (Oberschwäbische Werkstatt für Behinderte) kooperieren sie. Für das von dort bezogene Holzspielzeug suchen die Schüler nach guten Absatzmöglichkeiten. Gewirtschaftet wird in die eigene Kasse, das Bankkonto wird gewissenhaft geführt. Ziel der Jufi ist es nicht nur, den im Unterricht behandelten Stoff praktisch anzuwenden. Die 16–17jährigen lernen auch Verantwortung, Teamgeist oder Selbstständigkeit.

Am Ende des Jahres erhält jeder ein Arbeitszeugnis, geschrieben von Schülern für Schüler. Eine offensichtlich vorteilhafte Bewerbungshilfe – die Jufi genießt bei hiesigen Ämtern und Firmen einen guten Ruf.

Rosa Laner

Abb. 29: In der Ravensburger Humpisschule lernen Schüler im eigenen Betrieb
(QUELLE: INFO Oberschwaben, Ausgabe Ravensburg, 2.5.1996)

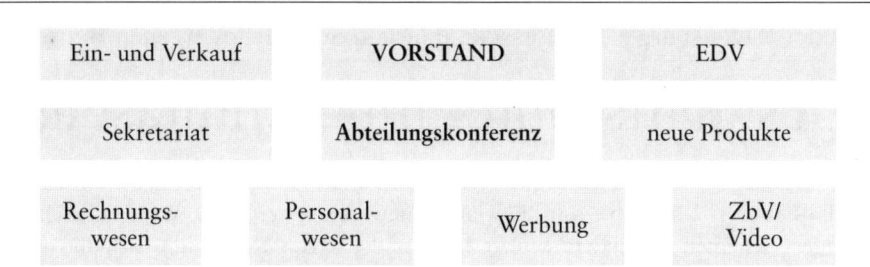

Ein- und Verkauf	**VORSTAND**	EDV
Sekretariat	**Abteilungskonferenz**	neue Produkte
Rechnungswesen	Personalwesen	Werbung	ZbV/Video

- Die Abteilungen werden jährlich neu und je nach Vorhaben bestimmt.
- Die Abteilung ZbV (Zur besonderen Verwendung) kann zuständig sein für: Planung der Oberschwabenschau; Auslandskontakte; Videofilm über die JUFI; Dokumentation einer neuen Aktion etc.
- Die Abteilungsleiter und die beiden Geschäftsführer werden von den Schülern gewählt.

Abb. 30: Abteilungen der Juniorenfirma Humpis-Schule

Schreibwaren	Textilien	Dienstleistungen	Lebensmittel
gesamter Schulbedarf einschließlich Disketten	T-Shirts mit jährlich wechselndem Motiv	Vermietung und Verwaltung von Schulschließfächern	»Projekt BANANAS« Verkauf und Informationen über Bananen (neu: 1996/97)

Abb. 31: Geschäftsbereiche der Juniorenfirma Humpis-Schule

Literatur

FIX, W., Juniorenfirmen. Ein innovatives Konzept zur Förderung von Schlüsselqualifikationen, Berlin 1989; MATHES, Claus, Praktisches Lernen durch Juniorenfirmen in kaufmännischen Schulen unter besonderer Berücksichtigung des Ravensburger Modells, in: MITTEILUNGEN DES BUNDESARBEITSKREISES DER SEMINAR- UND FACHLEITER E. V., H. 1/1993, S. 98–102; SÖLTENFUSS, G., Grundlagen handlungsorientierten Lernens, dargestellt an einer didaktischen Konzeption des Lernens im Simulationsbüro, Bad Heilbrunn 1983; SOMMER, K.-H. (Hrsg.), Handlungslernen in der Berufsausbildung – Juniorenfirmen in der Diskussion, Esslingen 1985; DERS. (Hrsg.), Betriebspädagogik in Theorie und Praxis, Esslingen 1990, darin: EBNER, H. G./CZYCHOLL, R., Handlungsorientierung und Juniorenfirma, S. 265 ff., GMELIN, V., Die Juniorenfirma der WMF AG, S. 301 ff.

▶ **Klagemauer (KM):** KM zählt zu den zahlreichen Techniken, die Lehrer verwenden können, um monolithartige methodische Phasen aufzulockern und Entspannung beim Lernen zu verschaffen. Obwohl die KM zu allen Zeitpunkten im Unterricht eingesetzt werden kann, nämlich immer, wenn Schülern Gelegenheit gegeben werden soll, ihre je momentanen Befindlichkeiten und Interessen zu äußern und in den Unterricht einzubringen, wird sie zumeist vor einer Unterrichtseinheit praktiziert. Dort sammelt sie in der Regel alle bereits bei Lernenden vorhandenen Einstellungen, Kenntnisse usw. zum anstehenden Thema. Was an die KM getragen wird, hängt von der Aufforderung dazu ab, also von der zumeist von Lehrenden vorgegebenen Aufgabenstellung hinsichtlich des Themas: *Was wisst ihr schon über den Euro? Was haltet ihr von seiner Einführung?*

Notwendig ist eine dauerhafte Einrichtung, beispielsweise in Form einer Wandtafel, an die alle möglichen Karten und Zettelchen geheftet werden können (→*Metaplan, Moderation*). Außer für den gezielten Einsatz zu Unterrichtsthemen, bietet KM eine vorzügliche Möglichkeit, Schüler sich dauerhaft zu Schule und Unterricht äußern zu lassen. Wichtig ist nur, dass die Äußerungen auch tatsächlich ernsthaft aufgenommen werden und Antworten finden. An einer Wand sollte dafür dauerhaft eine Fläche freigehalten werden, an die Schüler ihre Klagen usw. heften können, ohne Sanktionen fürchten zu müssen. Für mehrtägige Kompaktlernkurse bietet sich KM besonders an, um die Vor-Einstellungen usw. der Teilnehmer in Erfahrung zu bringen.

Beispiel: Klagemauer vor einer Klassenfahrt/9. Schuljahr/Hauptschule

Lehrer weist auf KM und die Möglichkeit hin, sich in den vier Wochen vor Beginn der Klassenfahrt nach Berlin dazu zu äußern.

Eintragungen u. a.:
[„Warum fahren wir nicht nach London? Da fahren auch die Realschüler hin. Da gibt es viele neue Musicals und gute Einkäufe!!!"] [„Der Zug fährt zu früh. Muss das sein?"] [„Meine Schwester fährt mit ihrer Klasse nach Rom."] [„Muss Lehrer S... mitfahren?"] [„Mein Vater kennt einen Kneipier an der Gedächtniskirche. Der gibt uns Sonderpreise."] [„Mein Großvater hat einen Video-Film in Berlin gedreht. Können wir den vorher sehen?"] Usw.

Literatur
BATAILLARD, VIKTOR, Pinnwand-Moderations-Technik, Zürich; KLEBERT, KARIN/SCHRADER, EINHARD/STRAUB, WALTER, Moderations Methode, Gestaltung der Meinungs- und Willensbildung in Gruppen, die miteinander lernen und leben, arbeiten und spielen, München 1980; MEHRMANN, ELISABETH, Moderierte Gruppenarbeit mit Metaplan-Technik; SEIFERT, JOSEF W., Visualisieren, Präsentieren, Moderieren, 7. Aufl., Offenbach

Sa kom	So kom	BEW	INF
Mo kom	Me kom	EVA	PLA
		AUS	BER

▶ **Klassenfahrt (KF):** Im Klassenverband durchgeführte außerschulische Aktivitäten werden als KF bezeichnet. Dazu zählen unter anderem der →*Wandertag*, die →*Exkursion*, der →*Schullandheimaufenthalt* und der *Aufenthalt im Waldschulheim*. Die KF bietet Schülern die Möglichkeiten des praxisorientierten und ganzheitlichen Lernens, wobei ihnen besonders möglich wird, ihr soziales, politisches und kulturelles Umfeld besser kennenzulernen und zu verstehen. KFen fördern das Verhalten im Kollektiv und somit die allgemeine Sozialkompetenz. Das Schüler-Schüler- wie Schüler-Lehrer-Verhältnis können außerhalb des Schulalltags in entspannter Atmosphäre neu erlebt und verändert bestimmt werden. Bei einer KF ist es wichtig, dass eine sorgfältige Vorbereitungs-, Realisierungs- und Auswertungsphase durchgeführt wird.

Beispiel: Aufenthalt im Skischullandheim/7. Schuljahr
JÖRG BREGLER/MARK STEGMAIER

Vorbereitung
Zuerst sollten die Eltern mittels eines Informationsbriefes von dem Vorhaben unterrichtet werden. Mit Hilfe dieses Briefes sollten einzelne Fragen, wie Unterkunft und Verpflegung, notwendige Skiausrüstung und deren Leihmöglichkeiten, Auswahl des Skigebietes und Fahrt dorthin, entstehende Kosten, medizinische Versorgung, Differenzierung in verschiedene Leistungsgruppen und ein alternatives Programm für diejenigen Schüler, denen es nicht möglich ist, am Skischullandheim teilzunehmen, angesprochen und gelöst werden.
Dabei sollten die Eltern aktiv in die Vorbereitung eingebunden werden.
Schüler entwickeln gemeinsam mit dem Lehrer Vorschläge zur Gestaltung gemeinsamer Abende.
Zu den Aufgaben des Lehrers gehört es, Erkundigungen über das preisgünstigste Quartier, Fahrtmöglichkeiten, Informationen über schülertaugliche Skigebiete und deren Schneesicherheit einzuholen.
Weiterhin sollte gewährleistet sein, dass ausreichend Aufsichtspersonen und Skilehrer zur Differenzierung in Gruppen vorhanden sind.

Realisierung
Vor Ort werden die Schüler in unterschiedlich starke Skigruppen eingeteilt. Zu Beginn wird die örtliche Umgebung gemeinsam erkundet, um den Schülern ihren möglichen Aktionsradius aufzuzeigen. Nach Ankunft am Zielort wird die Einteilung der Zimmer vorgenommen. Es werden gemeinsam Regeln aufgestellt, die das Leben miteinander erleichtern. Dazu gehören: Rücksichtnahme auf Nachtruhe und Mitschüler, das Einhalten der Hausregeln, pünktliche Anwesenheit bei gemeinsamen Unternehmungen wie Essen, Gruppenabenden, etc.

Auswertung und Dokumentation
Die Nachbereitung des Skischullandheimaufenthaltes kann folgende Punkte umfassen: Bilddokumentation, Tagesberichte zusammengefasst in einer

Konstruktionsaufgabe

Schullandheim-Zeitung, Nachbereitung in Form von Gesprächen, Erstellen einer Wandtafel mit Berichten und Bildern, Schneiden eines Videofilmes, etc.

Literatur
HOMFELD, H.-G./KÜHN, ARTHUR, Klassenfahrt – Wege zu einer pädagogischen Schule, München 1981; JÜRGENS, EIKO, Außerschulische Lernorte – Erfahrungs- und handlungsorientiertes Lernen außerhalb der Schule, in: Grundschulmagazin, Juli/August 1993, H. 7/8, S.4–6; FLOREK, H.-CHR./HEY, BERND/NAHRSTEDT, WOLFGANG, Freizeitdidaktik und Schule, in: TWELLMANN, WALTER (Hrsg.), Handbuch Schule und Unterricht, Düsseldorf 1981, Bd. 5.2, S. 831–832; MIELKE, BURKHARD, Schulfahrten, Betriebspraktika, Wirtschaftskundekurse, Schultheater, Kontakte zu Randgruppen, in: TWELLMANN, WALTER, Handbuch Schule und Unterricht, Düsseldorf 1981, Bd. 2, S. 110–115
ANGELA BEUTER/IRIS MATSCHER

Sa kom	So kom	BEW	INF
		EVA	PLA
Mo kom	Me kom	AUS	BER

▶ **Konstruktionsaufgabe (KOA):** Die KOA gehört zu den wesentlichen Unterrichtsverfahren im *Technikunterricht*. Die Schüler vollführen dabei die zentralen technischen Handlungen: Erfinden, Entwerfen und Konstruieren. Ihnen werden dabei große Freiräume zur Förderung von *Problemlösung* und *Kreativität* eingeräumt.

WILKENING ordnet die KOA neben der →*Fertigungsaufgabe* dem Oberbegriff *Werkaufgabe* zu. Außerdem wird sie noch von HENSELER/HÖPKEN beschrieben.

Didaktisches Ziel der KOA: Die Schüler sollen sich in Form eines Erfindungsprozesses mit einem technischen Problem eigenständig und erfolgreich auseinandersetzen. Dabei steht nicht die bloße Nachahmung eines schon erfundenen Gegenstandes im Vordergrund, sondern die eigenständige Lösung.

Die KOA kann von Schülern in →*Einzel-* wie auch in →*Gruppenarbeit* gelöst werden. Zwei Dinge müssen vom Lehrer dabei beachtet werden, damit die Schüler die Aufgabe alleine bewältigen können: Zum einen müssen die Schüler genügend Vorkenntnisse haben, zum anderen muss die KOA in ihrem Vorstellungsbereich liegen. Dementsprechend fordern HENSELER/HÖPKEN:»Vor Beginn der Unterrichtseinheit sollte der Lehrer selbst eine Lösung im Technikraum unter den Bedingungen, unter denen die Schüler später arbeiten werden, praktisch durchführen, um Machbarkeit und Zeitaufwand abschätzen zu können.«

An Voraussetzungen sollten Schüler mitbringen
- Skizzen, technische Zeichnungen, Diagramme und Blockschaltbilder anfertigen können
- räumliches und zeitliches Vorstellungsvermögen
- Kenntnisse von naturwissenschaftlichen und technischen Gesetzmäßigkeiten

Nach HENSELER/HÖPKEN nimmt die KOA in der Regel folgenden Verlauf:

Phasen	Aktivität liegt vor allem bei
PHASE 1 Problem- und Aufgabenstellung	Lehrer
PHASE 2 Sammeln von Informationen	Schüler
PHASE 3 Erfinden und Entwerfen	Schüler
PHASE 4 Herstellen	Schüler
PHASE 5 Erproben und Beurteilen	Schüler + Lehrer
PHASE 6 Auswerten (und Transfer auf andere Systeme)	Schüler + Lehrer

Schwerpunkte bilden *Konstruktion und Bewertung*, wobei die *Mehrperspektivität* im Mittelpunkt steht, d.h. es werden dabei humane, ethische und gesellschaftliche Zielperspektiven berücksichtigt, so z.B. die Umweltverträglichkeit oder die Bedarfsorientierung. Werden Baukästen bei der Problemlösung eingesetzt, spricht man von einer *Montageaufgabe*.

Beispiel: Entwurf einer Platine
(nach: HENSELER/HÖPKEN)

(Diese kleine Konstruktionsaufgabe kann eingebettet sein in ein größeres Unterrichtsvorhaben, bei dem die Herstellung einer elektronischen Schaltung notwendig ist.) Ausgehend vom Schaltplan, stellt der Schüler einen Entwurf z.B. für eine gedruckte Schaltung her. (Dieser Entwurf sollte auf Übereinstimmung mit dem Schaltplan geprüft werden.) Anschließend wird die Platine geätzt und bestückt. Nun kann der Schüler die Richtigkeit seines Entwurfs feststellen, indem er die Funktionsfähigkeit der Schaltung überprüft. Funktioniert die Schaltung nicht, so beginnt die Fehlersuche, die systematisch erfolgen (und damit exemplarisch für eine wichtige technische Methode oder Vorgehensweise stehen) kann.

An diesem Beispiel kann durch Vergleich von Schaltung und bestückter Platine gezeigt werden, wie eine auf einem Prinzip aufbauende technische Lösung aus unterschiedlichen Gründen, wie z.B. billigere oder einfachere Herstellung, größere Funktionssicherheit gegenüber einer freien Verdrahtung, Minimierung der Größe usw., zunehmend an Überschaubarkeit verliert.

Für die Bewertung der Technik bietet sich hier an: Gefährdung der Gesundheit durch die Ätzmittel bei der Herstellung der Platine, Umweltbelastung bei der Entsorgung.

Literatur
SCHMAYL, W./WILKENING, F., Technikunterricht, überarb. und erw. Aufl., Bad Heilbrunn 1995; HENSELER, K./HÖPKEN, G., Methodik des Technikunterricht; Bad Heilbrunn 1996
MARKUS AUER

Sa	So		BEW	INF
kom	kom		EVA	PLA
Mo	Me			
kom	kom		AUS	BER

▶ **Kugellager (KL):** KL stellt eine Technik dar, mit der die für Lernen in Gruppen erforderlichen Kommunikationsvoraussetzungen geschaffen werden können, d. h. also u. a. Scheu und Hemmungen abzubauen, nötige Vertrautheit mit anderen Lernenden und Themen aufzubauen, Kontakte sozialer und inhaltlicher Art herzustellen.

Für KL bilden die Angehörigen einer Lerngruppe zwei ineinander gelagerte Stuhlkreise, sodass sich jeweils zwei Lernende gegenübersitzen. Diese beiden greifen die dem KL gestellte Aufgabe auf, z. B.: »Was hältst du von Fast Food?«, »Was weißt du schon über die Kontinentdrifttheorie?«, und tauschen ihre Informationen aus. Nach kurzer Zeit drehen sich die beiden Kreise in entgegengesetzte Richtungen; Dauer des Informationsaustausches wie Drehbewegung (wie viele Stühle vorgerückt werden soll!) bestimmt der Lehrende. Er befindet auch darüber, wie oft solche Drehbewegungen durchgeführt werden sollen, wovon die Zahl der Kontaktaufnahmen abhängt.

Einsatzpunkte im Unterricht können sein
- vorhergehende Kennenlernphasen
- Einstiege in einzelne Themen
- Meinungsaustausch zu verschiedenen Zeiten einer Lernsequenz
- Erinnerungsanstöße
- Wiederholungs- und Übungsanlässe

Da in der Regel alle Angehörigen der Lerngruppe am KL teilnehmen sollten – außer dann, wenn ausdrücklich das →*Aquarium* die Situation prägen soll –, eignet es sich zumeist nur für verhältnismäßig kleine Klassen u. Ä.

Literatur
GROM, BERNHARD, Methoden für den Religionsunterricht, Jugendarbeit und Erwachsenenbildung, 1976, bes. S. 54; MÜLLER, PETER, Methoden der kirchlichen Erwachsenenbildung, München 1982, bes. S. 9

Sa	So		BEW	INF
kom	kom		EVA	PLA
Mo	Me			
kom	kom		AUS	BER

X ▶ **Kreisgespräch (KG):** Das KG wird vorwiegend im Unterricht der Grundschule eingesetzt, eignet sich aber auch vorzüglich auf allen anderen Schulstufen und sollte dort auch verstärkt Verwendung finden. Seinen Ursprung hat es wohl in dem am Familiengespräch orientierten freien Gespräch im →*Gesamtunterricht* bei B. OTTO, hat aber heute auch andere Formen angenommen. Beim KG setzen sich die Kinder und Lehrer in einem offenen Stuhlkreis – durchaus auch auf dem Boden – zusammen, sodass sich alle anschauen können. Nach einem Anstoß wird das Gespräch nach unterschiedlichen Modalitäten zwischen allen Beteiligten geführt. Vom *freien Gespräch*, an dem jeder nach eigener Vorstellung und durch eigene Wortmeldung teilnimmt, reichen die Modalitäten der Weiterführung über *teilgesteuerte KGe*, z.B. jeder Redner gibt das Wort an Mitschüler weiter, durch u.a. Namennennung (der Vorredner nennt den Folgeredner bei Namen), Ballwürfe (mit dem Ball wird das Wort an einen bestimmten anderen Schüler weitergegeben bzw. geworfen), Redesteine (dabei wird ein Kieselstein o.Ä. an jenen weitergereicht, der das Wort übernehmen soll), bis zu *stark vorgegebener Regelung* von seiten der Lehrenden, etwa Weitergabe an den Nächstsitzenden, an den genau Gegenübersitzenden u.Ä.

KG werden zwar besonders zur Eröffnung von Unterrichtsstunden geführt, können aber durchaus auch zu allen anderen Zeitpunkten eingesetzt werden. Sie sollten immer dann praktiziert werden, wenn das tatsächliche →*Gespräch* gesucht wird, um Gelerntes oder auch bloß Gedachtes in Worte zu übersetzen, um gegenseitige Kenntnis von Auffassungen usw. zu erhalten oder auch bloß, um zu entspannen. In reformpädagogischen Konzepten, beispielsweise dem Jena-Plan nach P. PETERSEN, wird das KG gezielt zur Eröffnung und zum Abschluss von Wochenlernphasen verwendet, um dadurch die für überaus lernwirksam gehaltene Gruppenzugehörigkeit zu stärken.

Literatur
LÜSCHOW, F./MICHEL, G., Das Gespräch – Ein Weg zum mündigen Lernen, München 1996; VAN MENTS, M., Diskussion(en) – aktiv, München 1992; POTTHOFF, U./STECK-LÜSCHOW, A./ZITZKE, E., Gespräche mit Kindern. Gesprächssituationen, Methoden, Übungen, Kniffe, Ideen, Frankfurt a.M. 1995

Sa kom	So kom
Mo kom	Me kom

BEW	INF
EVA	PLA
AUS	BER

X ▶ **Lehrervortrag (LV):** Der LV ist ein Stück Handwerkszeug des Lehrers im →*Frontalunterricht*, auf das wohl kaum verzichtet werden kann. Mit ihm können in kurzer Zeit Informationen leicht verständlich übermittelt werden, sofern er vom Umfang, Inhalt und sprachlich den Lernenden angepasst ist, gut vorstrukturiert ist, mit auflockernden und motivierenden Medien (Metaphern, Folien auf Overheadprojektoren, Handpuppen u.Ä.) angereichert ist. Der LV muss nicht nur aus Worten bestehen; Mimik und Gestik sollten ihn unterstreichen, die Wandtafel ergänzend eingesetzt werden. Zusammengehen mit der

Lehrervortrag

→*Moderationsmethode* oder →*Metaplan-Technik* bietet sich an. Und (dialektisch denken!): Warum nicht öfter einmal Schülern die Lehrfunktion überlassen und sie Vorträge halten lassen?!

Als →*Impulsreferat* kann der LV die Bearbeitung eines Themas einleiten, er kann aber wegen seiner überaus einfachen Struktur auch an jedem anderen Punkt einer thematischen Einheit zum Einsatz gelangen. Lehrer sollten LVe nicht aus dem Stegreif halten – es sei denn, sie kennen sich selber als gute Redner –, sondern sich stets sorgfältig darauf vorbereiten, sie in den Strukturzusammenhang der Unterrichtseinheit einordnen:

- Welches Ziel soll in der Einheit erreicht werden?
- Welches Thema wird, welche Inhalte werden behandelt?
- Welche Informationen (zur Sache: Thema/Inhalte) sollen durch den LV vermittelt werden? Ist er in der Tat geeignet, besser geeignet als andere Methoden, sie zu übermitteln?
- Wie sollten die Informationen angeordnet werden?
- Mit welchen Medien können die Informationen am besten vermittelt werden (Bloß Sprache? Zusätzlich Tafelanschrieb oder -skizzen? Metaphorische Hilfen? Visuelle Unterstützung?)?
- Müssen zuvor besondere Erklärungen gemacht werden (Begriffe? Zuordnung?)?

Ungeübten im LV wird dringend anempfohlen, mit Stichworten bzw. mit Spickzetteln zu arbeiten! Wenn zutrifft, was erste Untersuchungen zur *mentalen Modellbildung* andeuten, dass nämlich nicht nur Informationen gespeichert werden, sondern immer auch zugleich die Träger, Vermittler der Informationen, und dass die Erinnerung an diese das Abrufen erleichtert, dann dürfte der Lehrer wohl zu den wirkungsvollsten Medien im Unterricht zählen, und das spricht wiederum für den LV. Allerdings sollte der LV dann auch die bisher aufgestellten Ansprüche an derartige Medien erfüllen: Er müsste die Informationen in *hochelaborierter* – möglichst viele in Frage kommende Qualitäten, Eigenschaften der zu lernenden Sache – und *hochstrukturierter* Art – gut und bedeutungshierarchisch angeordnet – an die Lernenden heranführen. Und das setzt intensive Vorbereitung voraus!

Literatur
AEBLI, H., Grundformen des Lehrens, 12. Aufl., Stuttgart 1981.

Sa kom	So kom
Mo kom	Me kom

BEW	INF
EVA	PLA
AUS	BER

▶ **Leittext-Lernen** (LL): Das Konzept stammt aus der beruflich-betrieblichen Erstausbildung, wo es in Zusammenarbeit verschiedener Unternehmen und des BIBB (Bundesinstitut für Berufsbildung) entwickelt wurde. Es soll überkommene Ausbildungsmethoden (→*Vier-Stufen-Methode*) ergänzen, um das neu gesetzte Ausbildungsziel *Fähigkeit zur selbstständigen Planung, Ausführung und Kontrolle von Tätigkeiten* (= beruflich-professionelle Handlungsfähigkeit) zu fördern. Selbstständiges Handeln wird dadurch gefördert, dass an die Stelle unmittelbarer Unterweisung, durch Vormachen, Zeigen usw., mittelbare Formen treten, und zwar Texte:
- Texte informieren über die Ausbildungsaufgabe,
- Texte helfen bei der Planung der Lösung,
- Texte helfen kontrollieren.

Das aus der Psychologie stammende Konzept der *kausalen Attribuierung* findet hier praktische Umsetzung: Wenn jemand sich selber immer wieder als Ursache von Erfolgen erlebt, dann wächst sein Selbstvertrauen und damit seine Bereitschaft, Aufgaben selbstständig in Angriff zu nehmen. Dadurch, dass beim LL die zu erledigenden Aufgaben durch Lehrende nicht mehr direkt (face-to-face), sondern indirekt (durch zwischengeschaltete Texte), gestellt und gesteuert werden, erhalten die Lernenden den Eindruck weitgehender Selbstständigkeit und können sich den jeweiligen Erfolg zuschreiben. Es waltet mithin das *Prinzip der langen Leine*.

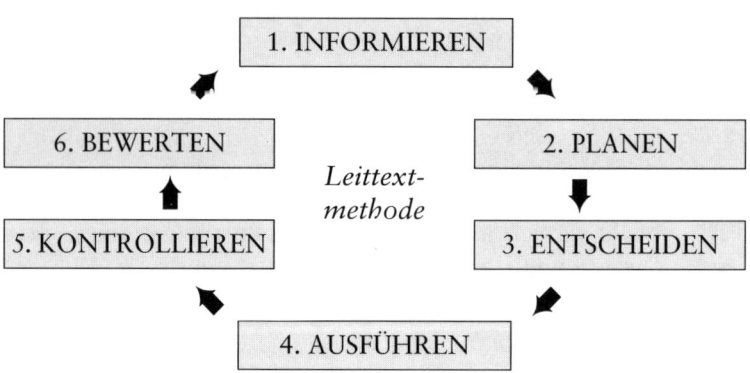

Abb. 32: Phasen des Leittext-Lernens

Für LL hat sich eine gleichbleibende Folge von sechs Phasen herausgebildet: Grundlegendes Prinzip des LL ist: *Wer Selbstständigkeit will, muss Selbstständigkeit gewähren!* Dementsprechend ist es Aufgabe von Lehrenden, die sechs Phasen jeweils so zu planen und vorzubereiten, dass die Lernenden die spezifischen Aktivitäten möglichst selbstständig vollziehen können (siehe *Übersicht Seite 171*).

Auf diese Weise wird neben der *fachlichen* (berufsspezifische Kenntnisse und Fertigkeiten) zugleich die *Methodenkompetenz* gefördert, indem Lernende sich

Leittext-Lernen

Vorgaben also nicht	sondern
INFORMATION	
Wie informiere ich die Lernenden?	Wie können sich die Lernenden selbstständig über die Arbeitsaufgabe informieren? Was muss dazu bereitgestellt, vorbereitet werden?
PLANUNG	
Welchen Plan gebe ich den Lernenden vor?	Wie können die Lernenden die Lösung der Aufgabe planen? Was brauchen sie dazu, was muss zur Verfügung gestellt werden?
ENTSCHEIDUNG	
Kann ich den Plan akzeptieren? Wann muss ich ihn ablehnen?	Wie bespreche ich den Plan mit den Lernenden, sodass diese evtl. Fehler erkennen und bereit sind noch einmal in die Planungs-Phase einzutreten?
DURCHFÜHRUNG	
Wie mache ich es vor? ... zeige es? Wie leite ich die Tätigkeit?	Wie können die Lernenden den Plan selbstständig umsetzen? Was brauchen sie unbedingt an ... ?
KONTROLLE	
Wie kontrolliere ich das Ergebnis und melde das Kontrollergebnis zurück?	Wie können die Lernenden eigenständig die nötige Kontrolle vornehmen ?
BEWERTUNG	
Wie bewerte ich Tätigkeit und Ergebnis? Welche Zensur/Punktzahl gebe ich?	Wie komme ich am besten ins Gespräch mit den Lernenden über die vollzogene Tätigkeit, sodass sie daraus Rückschlüsse auf ihr künftiges Verhalten ziehen können?

so selbstständig wie möglich alle nötigen Informationen beschaffen müssen. Die *Sozialkompetenz* wird dadurch gefördert, dass die Formen der Zusammenarbeit je nach fachlichen Möglichkeiten variiert werden, z. B. durchgehende → *Einzelarbeit*, durchgehende →*Gruppenarbeit* in allen sechs Phasen oder →*gruppengesteuerte Einzelarbeit*, wobei gruppenweise informiert und geplant, aber einzeln ausgeführt wird, was zu tun ist. Lehrende haben sich hier zurückzuhalten, zwar vorzuplanen und vorzubereiten, aber während des Lernprozesses beiseite zu treten und bloß als Experten auf Abruf bereitzustehen. Bloß in zwei Phasen des Prozesses sind sie direkt gefragt: In der *Entscheidungsphase* geben sie das weitere Lernen frei, wenn alle Risiken kalkulierbar geworden sind, in der *Bewertungsphase*, wenn pädagogische Rückmeldungen über das beobachtete Lernverhalten nötig sind.

Beispiel (auszugsweise): Leittext-Lernen in der Ausbildung in Metallberufen
(Quelle: BUTSCH, Werner, Neue Ausbildungsmodelle – Beispiele/Konzepte, in: BUTSCH, W./GAIRING, F./PETERSSEN, W. H./RIEDL, A., 1991, S. 218 ff.)

Das Auftragsbezogene Leittextsystem – Auftagstypenkonzept

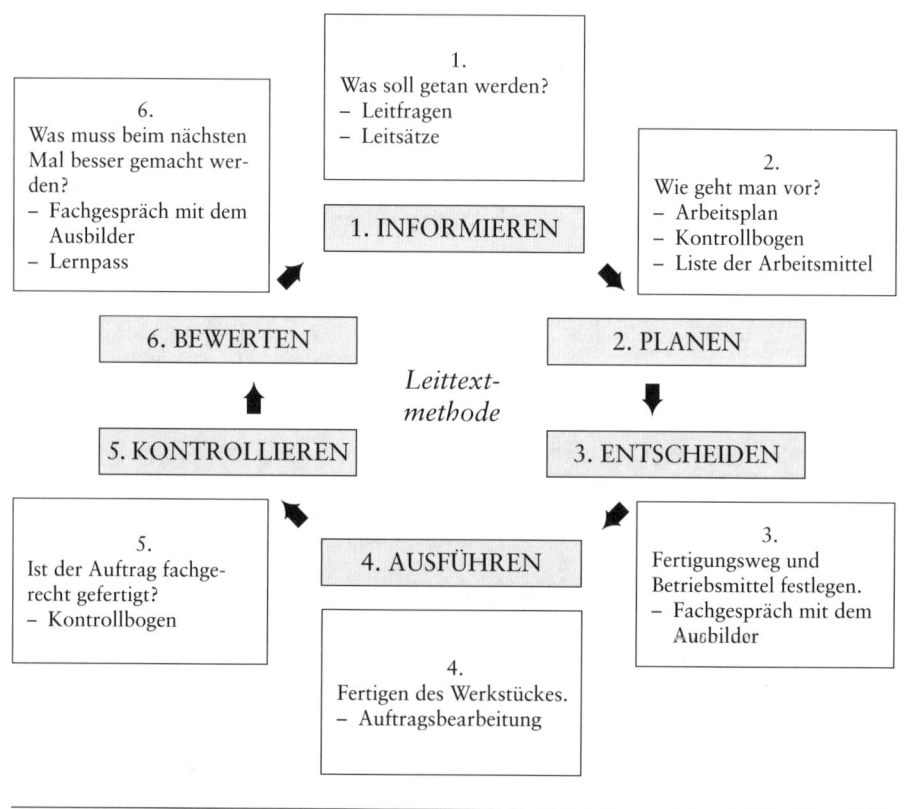

Leittext-Lernen

Arbeitsmittel		
Maschinen Gruppenwerkzeug	Verbrauchsmaterialien Hilfsmittel	Eigene Werkzeugschublade

Maßkontrolle

Teil-Nr.	lfd. Nr.	Beurteilte Stelle	Zeichn.-Maß	Abmaße	Istmaße Selbstkontrolle	Istmaße Fremdkontrolle
①	1	Abst. Gew. Löcher T6 M20	800	±0,8	800,4	800,4
	2	Lage Gew. Löcher z. Mitte		±0,5	0,4	0,5
	3	Durchgangsloch T2 (Breite)	130	±0,5	130,0	150,0
	4	-"- T3 (")	130	±0,5	130,2	150,0
	5	Durchgangsloch T2 (Länge)	650	±0,8	650,4	650,4
	6	-"- T3 (")	650	±0,8	650,2	650,2

Funktionskontrolle, Sichtkontrolle

Literatur

BUNDESMINISTERIUM FÜR BILDUNG, WISSENSCHAFT, FORSCHUNG UND TECHNOLOGIE (Hrsg.), Lernen in der betrieblichen Praxis, Ein Modellvorhaben der Siemens AG, CD-Rom, Bonn 1996; BUTSCH, W./GAIRING, F./ PETERSSEN, W.H./RIEDL, A., Ausbildung im Wandel, Konsequenzen für Selbstverständnis und Aufgabe des Ausbilders, Weinheim 1991, bes. S. 52ff. u. S. 203ff.; Leittexte – ein Weg zu selbstständigem Lernen, 3 Hefte, hrsg. v. Bundesinstitut für Berufsbildung, Berlin 1987

▶ **Lernbüro (LB):** LB und →*Übungsfirma* sind weitestgehend identisch, wobei ein LB oftmals auch als dauerhafte stationäre Einrichtung zur Verfügung gestellt wird, also nicht so sehr die Organisation kaufmännischer und administrativer Arbeit, sondern mehr die räumliche Ausstattung kennen zu lernen und den Umgang mit den dazugehörigen Geräten usw. einzuüben beabsichtigt. Im Rahmen von →*Juniorenfirmen* werden häufig solche LBs eingerichtet. LBs sollen alle kaufmännischen und administrativen Verrichtungen simulativ ermöglichen, was den Vorteil hat, dass zwar alle nötigen Verrichtungen realitätsnah vollzogen werden können, aber dabei keinerlei Risiken eingegangen werden müssen.

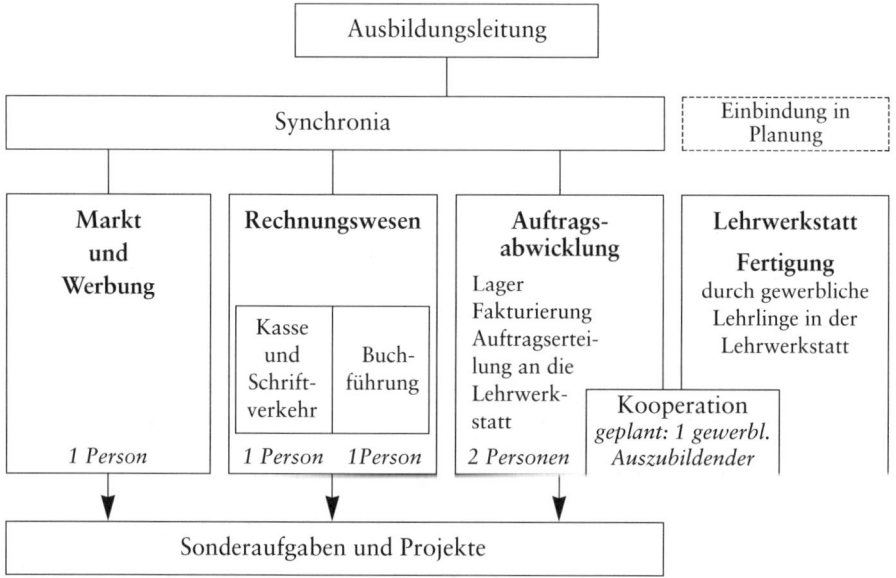

Abb. 33: Organigramm der Firma Synchronia (ZF Friedrichshafen)

Literatur
KAISER, F. J., Handlungsorientiertes Lernen in der kaufmännischen Berufsschule, Didaktische Grundfragen und Realisierungsmöglichkeiten für die Arbeit im Lernbüro, Bad Heilbrunn 1987

▶ **Lerngang (LeG):** Gänge in die reale Lebens- und Umwelt ihrer Schüler führten bereits die Philanthropen der Aufklärungszeit durch. Von Reformpädagogen wurde der LeG-Gedanke vielfach aufgegriffen. Heute gewinnt er – angesichts der immer stärker werdenden Abschottung von Schule und Unterricht gegen das reale Leben – zunehmend an Bedeutung. LeG ist eine methodische Maßnahme, um Schüler aus dem abgeschotteten Klassenraum möglichst unmittelbar an die Gegenstände von Welt und Wirklichkeit heranzuführen, an denen sie etwas ler-

Lerngang

nen sollen. Nicht nur die unmittelbare Art des Lernens, sondern auch die so mögliche ganzheitliche Art des Lernens ist Absicht des LeG. Gleich wie bei der →*Exkursion*, wird beim LeG die gesamte Lerngruppe – in der Regel die Schulklasse – aus dem üblichen räumlichen Rahmen heraus an die Realität geführt: Allerdings ist der LeG wesentlich weniger aufwendig: er findet bloß für begrenzte Zeiteinheiten, oft nur eine Unterrichtsstunde, und zumeist in eine leicht erreichbare Nähe statt. Gegenüber dem Regelunterricht im Klassenzimmer ist er jedoch aufwendiger, sodass auf jeden Fall immer Überlegungen darüber anzustellen sind, ob er als bestmögliche Methode in Frage kommt, ob er *sich lohnt*. Allzu oft gewinnt man den Eindruck, er werde als Ge- bzw. Verlegenheitsunterricht betrachtet und eingesetzt.

Für den LeG bietet sich die übliche Drei-Phasen-Behandlung an:

In der *Vorbereitung* sind die unterrichtliche Zielsetzung, die Einbindung in die jeweilige umfassendere Unterrichtseinheit, die gesamte Organisation zu klären, sind Absprachen über Verhalten u. Ä. zu treffen, sind Arbeitsaufgaben zu vereinbaren und alle nötigen Informationen für alle Teilnehmer auszugeben. Hüten muss man sich davor, den LeG überzuorganisieren und alle Kleinigkeiten vorweg zu klären. Das würde die Möglichkeit sozialen wie methodischen Lernens im spontanen Umgang miteinander und dem Ausschnitt der Welt von vornherein nicht nur einengen, sondern vielfach sogar unmöglich machen. Wie weit vorweg Festlegungen nötig sind, das hängt von der Klasse und dem Ort ab, den man aufsuchen will. Das verweist darauf: Lehrende sollten den Zielort mit seinen Besonderheiten und den Weg dahin nicht nur in Gedanken vorweg bedenken, sondern den LeG real vorher-gehen. Informationen z.B. über Öffnungszeiten und alle Rahmendaten sind zu sammeln. Manchmal bietet es sich an, eine Art Vor-LeG mit einigen Schülern vorzunehmen. Rechtliche Fragen sind zu klären: mit der Schulleitung, evtl. mit den Eltern usw. Sofern Materialien (Stadtpläne, Landkarten u. Ä.) und Arbeitsmittel (Beobachtungsbögen, Sammelbehälter u. Ä.) zum Einsatz kommen sollen, müssen sie beschafft, bereitgestellt und ausgegeben werden.

Bei der *Durchführung* sind Lehrer nicht unbedingt zugleich auch die zentralen Akteure, die informieren, Hinweise geben, Kommentare abgeben; sie sollten – so gut das möglich ist – beiseite stehen, beobachten und auf Abruf bereitstehen. Alle erforderlichen Hinweise und Anleitungen für Beobachtungen, Arbeitsvorgänge usw. sollten bereits in der Vorbereitungsphase ergangen sein. Lehrer überwachen, ob die Arbeiten erledigt, ob die Absprachen eingehalten werden usw. und melden sich nur, wenn unbedingt nötig. Lernende und zu lernende Welt begegnen sich hier auf unmittelbare und originale Weise, alle Möglichkeiten zu eigenem Erkenntnisgewinn müssen durch Zurückhaltung offengehalten werden.

Die *Nachbereitung* findet in der Regel wieder im Klassenzimmer statt, kann aber bereits während des LeG eingeleitet werden. Die gestellten und vereinbarten Aufgaben und Arbeiten müssen spätestens jetzt zu Ende geführt werden. Welche Folgen noch eintreten sollen – Ausstellungen, Berichte u.a. – muss gemeinsam entschieden werden. Die oft penetrante Art, aus jedem LeG ein großartiges Ereignis machen zu wollen, sollten Lehrer gar nicht erst annehmen; auf solche Weise verlieren Schüler bald jede Motivation für LeG. Sie sollten vielmehr als ganz gewöhnliches und selbstverständliches methodisches Verfahren erlebt werden, das schnell eingesetzt werden kann, wenn es beispielsweise darum geht, die Wiese, den Wald, den Marktplatz, die Handwerkerwerkstatt u.Ä. aufzusuchen.

Mögliche Zielsetzungen gehen über intellektuell-kognitive u.Ä. Informationen hinaus: Heranwachsende erhalten entgegen ihrem üblichen Alltagsleben Möglichkeiten zu unmittelbarer Begegnung mit Ausschnitten der Wirklichkeit, werden möglicherweise wieder neugierig auf diese, lernen beobachten, über Gegenstände zu reden, Beobachtungen schriftlich festzuhalten, zu dokumentieren usw.

Folgendes Struktur- und Verlaufsmodell illustriert den möglichen Ablauf eines Lerngangs schematisch:

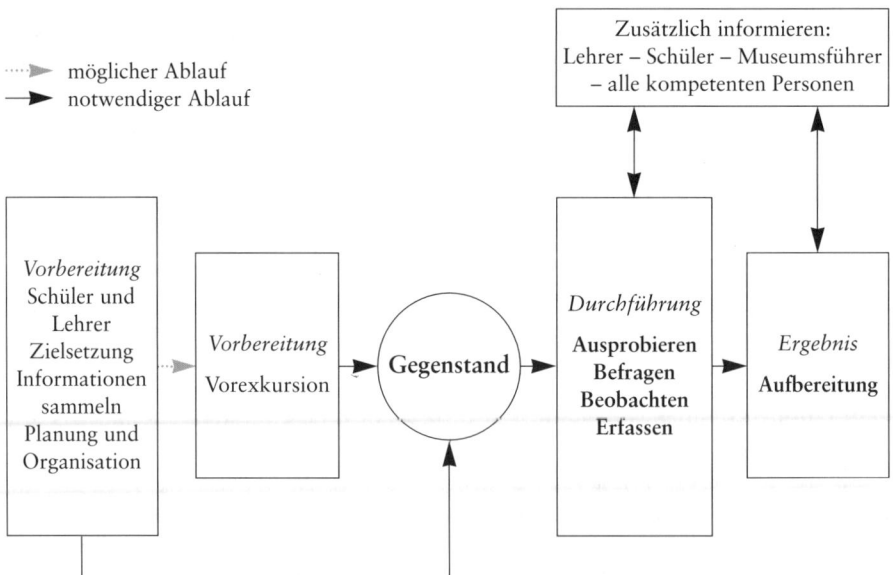

Abb. 34: Struktur des Lerngangs (vereinfacht nach KNIRSCH)

Beispiel: Lerngang ins Bauernhausmuseum nach Wolfegg

Im Rahmen der fächerverbindenden Behandlung des Themas ›Bäuerliches Leben vor 200 Jahren‹ wird beschlossen, u. a. einen LeG durchzuführen, sofern sich das anbietet. Die Möglichkeiten der näheren Umgebung werden gesichtet, wobei die Schüler das Bauernhausmuseum in Wolfegg auswählen.

Der Lerngang wird nun folgendermaßen geplant: Festlegung der benötigten Dauer auf einen Tag, Organisation eines Unterrichtstausches mit anderen Lehrern, Einholen des Einverständnisses seitens des Rektors und der Eltern. Im Anschluss daran werden die Planungsaufgaben verteilt. Einzelne Schüler oder Gruppen holen Informationen zu Öffnungszeiten, Fahrgelegenheiten, Preisen, besonders interessanten Inhalten, ... ein.

Der Lehrer führt gemeinsam mit interessierten Schülern eine Vorerkundung durch und überprüft dabei die einzelnen organisatorischen Faktoren und inhaltlichen Möglichkeiten (Abfahrtszeit, Durchführungszeit, ...).

In der Schule werden die Vorinformationen ausgewertet, und der Lehrer gibt Zusatzinformationen, mit deren Hilfe die Schüler ihre Vorstellungen und Interessen formulieren. Dabei finden sich Arbeitsgruppen zusammen, die alltägliche Vorgänge im Bauernleben (Beschaffung von Nahrungsmitteln und Kleidung, Wäsche waschen, ...) genauer untersuchen. Diese stellen sich selbst Aufgaben und bekommen evtl. zusätzlich Aufgaben vom Lehrer gestellt, die in der Durchführung zu untersuchen sind.

Dann folgt der eigentliche Museumsbesuch bzw. ein eigenständiges Erkunden des Museums, wobei der Lehrer und evtl. ein Führer für Fragen zur Verfügung stehen. Zusätzlich erproben die Schüler alte Arbeitstechniken aus (z. B. backt die Gruppe ›Nahrungsmittelbeschaffung‹ Brot). Am Ende werden die Ergebnisse im Klassenverband ausgewertet. Durch die Anfertigung von Plakaten, die die Ergebnisse präsentieren (mit Fotos, eigenen Zeichnungen und Beschreibungen), sowie die Einrichtung eines Schaukastens (z. B. mit Leinen, selbst gebackenem Brot etc.) wird der Lerngang abgerundet.

Literatur

JÜRGENS, E., Außerschulische Lernorte – Erfahrungs- und handlungsorientiertes Lernen außerhalb der Schule, in: Grundschulmagazin, 7/8, 1993; KLIPPERT, H., Projektwochen – Arbeitshilfen für Lehrer und Schulkollegen, Weinheim und Basel 1985; KNIRSCH, R., Die Erkundungswanderung – Theorie und Praxis einer aktivierenden Lernform für Unterricht und Freizeit, Paderborn 1979; KRÜGER, J., Mit Schülern unterwegs – Ein Handbuch für Lehrer, Hannover 1976; PÄDAGOGISCHE HOCHSCHULE WEINGARTEN (Hrsg.), Lernen außerhalb der Schule – Weingartener Beiträge zur Schulpraxis Nr. 7, Weingarten 1985; PETERSEN, S., Mit der Schulklasse im Geologischen Museum – Dinosauriern begegnen, in: Grundschulmagazin, 6/1997; RITTER, G./SCHREIBER, T. (Hrsg.), Geographische Exkursionen an Hochschule und Schule – Ein Beitrag zur Exkursionsdidaktik, München 1976; SUSTECK,

H., Mit der Klasse unterwegs, in: Grundschulmagazin, 6/1997; WAGNER, J., Freiluftunterricht, Erkundungsgänge, Lehrwanderungen, Besichtigungen und Reisen, in: BAUER, L. (Hrsg.), Erdkunde im Gymnasium, Darmstadt 1968
MARKUS BRENNER/NICOLE SCHAIB

Sa kom	So kom
Mo kom	Me kom

BEW	INF
EVA	PLA
AUS	BER

▶ **Lernkartei (Lk):** Das Konzept eines Lernens mit der Lk wurde m. E. erstmals 1987 von SEBASTIAN LEITNER umfassend in die Öffentlichkeit getragen. LEITNER ging es darum, ein Mittel zu kreieren und vorzustellen, mit dessen Hilfe Schüler im Unterricht selbstständiger als üblich lernen können, eben die Kartei. Ihm ging es dabei nicht so sehr um das selbstgesteuerte Ersterlernen von etwas, sondern vielmehr um das effiziente Lernen insgesamt. Seine Lk folgt dem angenommenen Weg der Speicherung von Informationen im menschlichen Gedächtnis: Über das *sensorische Register* aufgenommene Eindrücke gelangen zunächst in das *Ultrakurzzeitgedächtnis* und von dort über das *Kurzzeitgedächtnis* in das *Langzeitgedächtnis*. Erst was dort vernetzt gespeichert ist, kann als dauerhaft behalten und reproduzierbar betrachtet und somit als tatsächlich gelernt gewertet werden. Dieser Prozess der Einspeicherung soll durch die Lk unterstützt werden. Zunutze macht man sich dabei offensichtlich die von der Gedächtnisforschung formulierte Einsicht, dass für Lernen Wiederholungen unbedingt erforderlich sind und dass diese zunächst in kurzem Abstand zum Ersterlernen und in kürzeren Abständen, dann aber in immer längeren Zeitabständen erfolgen sollten.

In fünf aufeinander folgenden Abteilungen eines größeren Kastens oder auch in fünf Einzelkästchen werden Karten eingeordnet. Karten enthalten jeweils auf der Vorderseite eine Frage, auf der Rückseite die zugeordnete Antwort, eine Aufgabe und die Lösung, ein Wort aus einer fremden Sprache und die deutsche Übersetzung o. Ä. Wenn Schüler das erste Mal mit einer Karte arbeiten, lernen sie nur, was auf Vorder- und Rückseite steht, sie prägen sich bloß das ein. Bei erster Wiederholung geht es dann darum, die richtige Zuordnung zu bringen, also die richtige Antwort auf die Frage, die richtige Lösung der Aufgabe, das richtige fremdsprachige Wort zum deutschen zu finden. Ist das tatsächlich der Fall, wird die Karte in das zweite Kästchen getan. Ist jedoch die Antwort falsch, verbleibt sie im ersten Kästchen und wird nach kurzer Zeit erneut aufgenommen. Ausschließlich richtig beantwortete Karten wandern weiter, bis sie schließlich im letzten, im fünften Kästchen landen und dort bei richtiger Beantwortung gleichzeitig mit dem aktuellen Datum versehen werden. Nach etwa einem Monat sind sie noch einmal zu bearbeiten; werden sie auch dies letzte vorgesehene Mal richtig beantwortet, wandern sie aus dem Kasten und können zusammengefasst für spätere Zwecke aufbewahrt werden. Eingesetzt werden kann die Lk sowohl im Unterricht, wie neben dem Unterricht in der Schule und zu Hause. Die Sozialform kann abwechslungsreich sein, indem Einzel- mit Partner- und Gruppenarbeit abgewechselt wird.

Lernkartei

Arbeit mit der Lk kann eintönig und ermüdend werden, wenn es nicht gelingt, die Schüler zu regelmäßigem Umgang damit zu motivieren. Und das kann zum einen durch gut gestaltete Karten , – mit Skizzen, Witzchen u. Ä. versehen –, zum anderen durch begleitende positive Kommentare des Lehrers geschehen. Leider hat sich die Lehrmittelindustrie dieses Konzepts angenommen. Statt der bloßen Übernahme vorgefertigter Lk sollte besser eine Eigenherstellung durch Schüler geschehen.

Beispiel: Englische Vokabeln lernen
MEYER, H./LORMANN, Y.

VERLAUF

Konfrontation: *visuell + taktil + akustisch* (Vokabelkarten)
Schüler legen alle Karten mit der Bildseite nach oben vor sich auf den Tisch. Alle durch Bilder oder mögliche graphemische Analogien assoziierten Gedanken werden ausgesprochen und dann durch Wenden der Karten überprüft. Die Aussprache wird hier zugunsten des Einprägens zunächst außer acht gelassen.

⬇

Einprägung: *visuell + taktil + akustisch* (Karteikasten)
Vokabelkärtchen werden mit der Bildseite nach vorn in das erste Kästchen eingeordnet. Alle Kärtchen werden nacheinander bearbeitet, das Bild betrachtet und das Wort dazu laut ausgesprochen. Bei richtig zugeordneten Wörtern wandert das Kärtchen in das zweite Kästchen, bei falscher Zuordnung wird es wieder in die Reihe im ersten Kästchen eingeordnet.
Noch wird die richtige Aussprache zu Gunsten der Einprägung zurückgestellt.

⬇

Vertiefung: *visuell + akustisch* (Kassette)
Schüler ordnen der Reihe nach die Karten (Zahlen sind oben rechts auf Karten eingetragen) vor sich auf dem Tisch an. Von der Hörkassette hören sie – der Ordnungsreihe nach – jeweils ein englisches Wort, dem sie nach kurzer Pause das entsprechende deutsche laut hinzufügen.

⬇

Vertiefung: *akustisch* (Kassette)
Mit gesteigertem Anspruch werden – ohne die Karten – die englischen Wörter nach und nach abgehört und die deutschen laut zugeordnet.

⬇

Variierende Wiederholung: *visuell + taktisch + akustisch* (Karteikasten)
Vokabelkärtchen werden mit der Bildseite nach hinten/Wortseite nach vorne in das erste Kästchen eingeordnet. Zum deutschen wird nun das entsprechende englische Wort zugeordnet.

⬇

Festigung: *akustisch* (Kassette)
Wie vorher vom englischen zum deutschen Wort gegangen wurde, so wird nun mit Hilfe der Hörkassette vom deutschen zum englischen gegangen.

MATERIALIEN

- Karteikasten

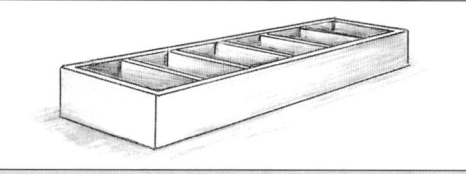

- Karteikarten

Vorderseite	Rückseite	Vorderseite	Rückseite
	Glühbirne		Detektiv
Lightbulb		Detective	

- Kassette
Sie sollte beispielsweise wie folgt besprochen werden:

laitbalp (ligtbulb) ...... 2 Sekunden Pause ...... *Glühbirne*
ditäktif (detective) ...... 2 Sekunden Pause ...... *Detektiv*

Literatur
LEITNER, SEBASTIAN, So lernt man lernen, Freiburg 1987; JANSEN, PETER, Arbeit mit einer Lernkartei (Lernen lernen), in: Schulmagazin 5 bis 10, 12. Jg. 1997, H. 5, S. 12

Sa kom	So kom	BEW	INF
Mo kom	Me kom	EVA	PLA
		AUS	BER

▶ **Lernstraße (LStr):** Die LStr ist eine Form des →*Stationenlernens*. Die lineare Anordnung der Lernstationen gibt ihr den Namen. Die Schüler gehen wie durch eine Straße an Häusern (Stationen) entlang.

Die Lernstationen sind nach aufsteigendem Schwierigkeitsgrad oder Komplexität aneinander gereiht. Die didaktische Alltagsforderung, vom Einfachen zum Komplexen, vom Leichten zum Schwierigen, vom Unfixierten zum Fixierten fortzuschreiten, setzt eine Reihenfolge für die Bearbeitung fest. Zwischen den Lernstationen befinden sich solche, die der Abpufferung von Staus dienen. Sie vervielfältigen schon bekannte Stationen, bieten Vertiefungsmöglichkeiten oder Entspannungsphasen.

Lernstraße

LStren eignen sich besonders, wenn lehrgangsmäßiges Vorgehen angestrebt wird. Geschickt verbinden sie Einführungs- mit Trainingseinheiten. Auf vielfältige Weise lassen sich in der LStr vorgegebene Lösungswege nachvollziehend üben, neue Lerninhalte kennenlernen, erwerben und anwenden.

Beispiel: Schreibstraße/1. Schuljahr

Eine ›klassische‹ LStr stellt die Einführung eines Schreibschriftbuchstabens im Fach Deutsch der Klasse 1 dar. Den Buchstaben in immer kleinere Größenverhältnisse zu übertragen, bietet einen aufsteigenden Schwierigkeitsgrad, der die Organisation in einer LStr mit fester Reihenfolge nahelegt. Natürlich können einzelne Kinder nach Absprache mit der Lehrerin Stationen überspringen.

Station 1: *Nachspuren an der Tafel*
An der Tafel steht der Buchstabe mehrmals großformatig, Anfangspunkt und Haltepunkte sind markiert. Hier kann die Lehrkraft bei allen Kindern auf den richtigen Schreibablauf achten. Zur Unterstützung kann ein Merkspruch zum Buchstaben gesprochen werden.

Station 2: *Nachspuren auf Tapetenrollen*
Auf Tapetenrollen ist der Buchstabe nun etwas kleiner vorgegeben. Wiederum sind Anfangs- und Haltepunkte farbig gekennzeichnet. Auf ausreichende Angebote ist zu achten, damit es nicht zu einem Stau an der Station kommt. Ab der nächsten Station zieht sich die Gruppe auseinander.

Station 3: *In Buchstabensilhouette nachspuren*
Mit verschiedenen Farben soll der Buchstabe im DIN A4-Format geschrieben werden. Die Silhouette füllt sich in verschiedenen Farben, ein ›Regenbogenbuchstabe‹ entsteht. Auch hier sind zur Orientierung Anfangs- und Haltepunkt angegeben.

Station 4: *Den Buchstaben im Sand spuren*
Ein Tablett ist mit Sand gefüllt, damit die Kinder den Buchstaben in den Sand schreiben können.

Station 5: *Visuelle Differenzierung des Buchstabens*
In einem Wimmelbild ist der Buchstabe in verschiedenen Größen zu finden und einzukreisen. Die Anzahl ist auf dem Blatt zur Selbstkontrolle angegeben.

Station 6: *Legen mit Faden oder Biegen aus Pfeifenputzer*
Mit einem Wollfaden lässt sich die Buchstabenform legen, aus Pfeifenputzern kann sie gebogen werden. Vorsicht, geht nicht bei allen Buchstaben!

Station 7: *Übungen zur Auge-Hand-Koordination*
Eine genaue Auge-Hand-Koordination gehört zu den wichtigen Voraussetzungen des Schreibenlernens. Mit Fangbechern und anderen Geschicklichkeitsübungen lässt sie sich trainieren.

Station 8: *Auditive Differenzierung des Lautes*
In verschiedenen bildlichen Darstellungen soll nach dem entsprechenden Laut gesucht werden. Das fertige Blatt mit den eingekreisten Bildern kann mit dem Lösungsblatt an der Tafel verglichen werden.

Station 9: *Schreibübung in großer Lineatur*
Bevor ins Heft geschrieben wird, versuchen sich die Kinder an größerer Lineatur. Die Ergebnisse hat die Lehrkraft zu kontrollieren.

Station 10: *Erlesen einzelner kurzer Schreibschriftworte*
Hier wird der neue Buchstabe mit bekannten verbunden präsentiert. Partnerkontrolle hilft beim Erlesen.

Station 11: *Schreibübung in kleinerer Lineatur*
Nun erfolgen Schreibübungen in der Lineatur für Erstklässler. Diese Aufgabe kann auch in eine Hausaufgabe münden.

Literatur
CASPERS, ARNO u. BEATE, Mit allen Sinnen lernen ... auf der Lernstraße, in: Grundschule, 25. Jg. 1991, H. 5, S. 59–61; WALLASCHECK, UTA, Lernzirkel – eine Arbeitsform, die selbständiges, individuelles Arbeiten ermöglicht, in: LEHMANN, BERND (Hrsg.), Kinder-Schule: Lehrer-Schule. Konkrete Beispiele und Anregungen für die Gestaltung eines kindgerechten Unterrichts, Langenau 1990, S. 85–106
BERND REINHOFFER

▶ **Lerntheke (LT):** Die LT ist eine Form des →*Stationenlernens*. Gebräuchlich ist auch die Bezeichnung *Lernladen*, denn wie in einem Laden sind die Lernangebote auf Tischen oder auch Stühlen ausgebreitet, zugleich aber auch stationenmäßig angeordnet. Die Lernstationen unterliegen dabei aber weder einer gruppierenden Anordnung wie bei den →*Lernzonen*, noch einer linearen wie in der →*Lernstraße*. Die Auswahlmöglichkeiten der Schüler können durch einen Pflicht- und einen Wahlbereich gestaltet sein.

Die LT eignet sich besonders, wenn in beengten Räumen gearbeitet wird, die keine zirkelförmige Verteilung (→*Lernzirkel*) der Materialien zulassen. Insofern wird auch das Angebot der LT begrenzter ausfallen als in anderen Formen des Stationenlernens. Vor allem bei kleineren Gruppen, wenn kein Gedränge an der Materialausgabe entstehen wird, können LTen aufgebaut werden. Für LTen bieten sich dieselben Themen wie für →*Lernzirkel* an.

Lerntheke

Beispiel: Propheten im Alten Testament/Religionsunterricht/Sekundarstufe

Nachdem der zu behandelnde Bibeltext bekannt ist, kann eine vertiefende Auseinandersetzung erfolgen.

Station 1: *Bildergeschichte gestalten*
Zum Bibeltext eine Bildergeschichte malen.

Station 2: *Rollenspiel vorbereiten*
Abschnitt aus dem Bibeltext lesen und in der Kleingruppe ein Rollenspiel durchsprechen, Rollen verteilen und später vorspielen.

Station 3: *Text-Bild-Zuordnung*
Textabschnitten sollen Bilder zugeordnet und beides in der richtigen Reihenfolge aufgeklebt werden.

Station 4: *Spiel*
Die Situation der verschiedenen Bevölkerungsgruppen, der Familien in der Prophetenzeit kann in einem Spiel (Kleingruppe) erfahren werden. Ein weiterer Impuls soll das Abfassen einer Zeitungsreportage (»Aus dem Leben einer Bauernfamilie«) anregen.

Station 5: *Lied*
Von Kassette kann ein Lied zum Thema gehört werden. Notensätze ermöglichen das Erlernen von Liedbegleitungen. Diese Liedbegleitungen können auch partnerweise oder in der Kleingruppe geübt werden.

Station 6: *Karrikaturen*
Verschiedene Karrikaturen regen zur Besinnung an. Selbst verfasste Texte können später vorgestellt werden.

Station 7: *Nacherzählung*
Von Kassette kann der Bibeltext gehört werden. Eine sehr persönliche, fantasievolle Ausschmückung entsteht in einer nacherzählenden Auseinandersetzung: »Ich war dabei...«

Station 8: *Collage*
Bilder und Zeichnungen aus Zeitschriften regen den Übertrag in die heutige Zeit an. Wogegen eine Prophetin heute wohl antreten würde?

Literatur
FAUST-SIEHL, Gabriele, Lernen an Stationen: Kinder und die Einheiten der Zeit, in: Grundschule 1989, H. 3, S. 22–25; KNAPP, Annelie, Lernzirkel, in: POTTHOFF, Willy, Lernen und Üben mit allen Sinnen, Freiburg 1991, S. 61–77; KREBS, Heidi/FAUST-SIEHL, Gabriele (Hrsg.), Lernzirkel im Unterricht der Grundschule, Freiburg 1993

BERND REINHOFFER

Sa kom	So kom		BEW	INF
Mo kom	Me kom		EVA	PLA
			AUS	BER

▶ **Lernwerkstatt (LW):** LW bezeichnet heute für den schulischen Bereich einen Raum, in dem Schülern Gelegenheit gegeben wird, praktisch zu arbeiten. Ganz allgemein beschreibt ERNST: »Räume, die voller Material stecken und in denen sich Erwachsene, zum Teil auch mit Kindern, treffen, um sich mit diesen Materialien auseinanderzusetzen – durch eigenes Tun und aktive Nutzung all dessen, was in den Räumen vorhanden ist, durch Sichten des Materials für eine spätere Verwendung in anderen Lernzusammenhängen oder durch Gespräche über pädagogische Fragen in Arbeits- bzw. Beratungssituationen« (1990, S. 6). Der Gedanke der LW entstand wohl in der Reformpädagogik, geht zurück auf KERSCHENSTEINER, der als Münchener Stadtschulrat seinerzeit in Schulen den Werkraum für Handarbeiten einrichtete, auf FREINET, der seinen Schülern Ateliers einrichtete, in denen sie je besonders tätig werden konnten, u.a. Drucken, und auf MONTESSORI, die ihren Schülern vorbereitete Lernumgebungen gewährte.

LW in Schulen unterscheidet sich von üblichen Werkräumen u.Ä. dadurch, dass Schüler darin eigenständig ihre praktischen Arbeiten – das sind: Arbeiten, die Schüler ganzheitlich fordern, die sowohl ihren Verstand als auch ihre handwerklichen Fähigkeiten herausfordern – verrichten können. In LWen müssen Schüler deshalb alles vorfinden, was sie für ihre Arbeiten benötigen: Es müssen alle notwendigen Werkzeuge und Gerätschaften vorhanden sein; darüber hinaus aber sollten auch alle maßgeblichen Informationsmaterialien und auch Sammlungen von Arbeitsaufgaben und -anleitungen bereitgestellt sein. In Zusammenhang mit →*Freiarbeit* gewinnen LWen heute eine zunehmende Bedeutung, werden zugleich auch in Umfang und Aufwand deutlich heruntergefahren. So müssen nicht mehr einzelne Räume zur Verfügung gestellt werden, sondern es reichen oftmals eingerichtete Ecken in Klassenzimmern aus, ebenso abgrenzbare Areale im Schulbereich, z.B. unter Treppen, auf Fluren.

HOLTAPPELS (1995, S. 3 ff.) stellt u.a. folgende Forderungen an LWen zusammen: Sie sind
- »*materialreiche Stationen* mit Lernmittelsammlungen und Materialdepots: Lernmittel, Medien, Dokumente, Karteien, Bücher, Spiele, Kreativmaterial, Werkmaterial, Experimentiermittel sowie Hilfsmittel wie Geräte, Stellwände, Werkzeug etc.«
- »*modellhafte Lernumgebungen* mit didaktischen Zonen und Funktionsecken, die zu Selbsttätigkeit und praktischem Handeln anregen, zum Entdecken, Forschen, Experimentieren und Produzieren einladen, zu Fantasie und Probehandeln animieren, offene Lernabläufe und projektförmige Vorhaben in Gang setzen«
- »Räume zur *Selbsterfahrung,* in denen sich die Nutzer als Lernende selbst erfahren, eigene Kräfte für das Lernen entfalten, individuelle Lernzugänge und Lernwege finden, eigene Lernspuren entwickeln können«
- »Räume zur *Kompetenzerweiterung* ...«
- »Orte des *kommunikativen, kooperativen und solidarischen Handelns,* in denen Kontakte geknüpft, Beratung gefunden und über Lernen kommuniziert ... werden kann«

Lernzirkel

- »Informationssysteme und Servicestationen der Dokumentation und des Wissensstransfers...«

Literatur
BOLLAND, A. (Hrsg.), Lernwerkstätten als Orte der Reform von Lehren und Lernen. Dokumentation der 5. bundesweiten Fachtagung der Lernwerkstätten 1992, Wuppertal 1993; ERNST, K., Lernwerkstätten. Regionale Zentren für die innere Schulreform, in: paed extra & demokratische erziehung, Mai 1990, S. 6–10; ERNST, K./WEDEKIND, H. (Hrsg.), Lernwerkstätten in der Bundesrepublik Deutschland und Österreich. Eine Dokumentation, Frankfurt a. M. 1993; GERBAULET, S., Weiterlernen durch Handeln, Selbsthilfe und Fortbildung in Lernwerkstätten, in: Die Grundschulzeitschrift, 35. Jg. 1990, S. 28; HAGSTEDT, H., Lernen anders erfahren – Unterricht neu entwerfen. Lernwerkstätten und Grundschulforschung, in: Pädagogische Welt, 1995, H. 9, S. 395–397; HAGSTEDT, H., Kinder und Erwachsene lernen gemeinsam. Grundschulwerkstatt Kassel, in: Grundschule, 24. Jg. 1992, H. 6, S. 12–14; HOLTAPPELS, G., Probehandeln in einer didaktischen Lernumgebung, in: Handbuch Hochschullehre, Dez. 1995, S. 1–26; KASPER, H./MÜLLER-NAENDRUP, B., Lernwerkstätten – die Idee – die Orte – die Prozesse, in: Grundschule, 24. Jg. 1992, H. 6, S. 8–11; MOLLENHAUER, W., Lernwerkstatt. Bemerkungen zu Schulräumen, in denen Schüler/ innen lernen, hrsg. v. Hessischen Institut für Bildungsplanung und Schulentwicklung (HSB), Wiesbaden 1993; PALLASCH, W./REIMERS, H., Pädagogische Werkstattarbeit, Weinheim, München 1990

▶ **Lernzirkel (LZ):** LZ entsprechen dem →*Stationenlernen* und bilden eine konkrete Form der →*Freiarbeit*. M. E. verlangen LZ stärker als das *Stationenlernen* eine bestimmte Folge bei der Bearbeitung der im Klassenraum verteilten Einzelaufgaben, vor allem aber die Vollständigkeit des Zirkel-Durchlaufs.

Beispiel: Übung zum Einmaleins der Fünferreihe/Mathematik/2. Schuljahr

Station 1: *Rechendominos*
Hier liegen verschiedene Rechendominos (vor allem zur Fünferreihe) bereit, die auf dem Tisch ausgelegt werden können. Selbstkontrolle findet durch Markierungen auf der Rückseite der Plättchen statt.

Station 2: *Muggelsteine zu Fünferreihen ordnen*
Hier ordnet das Kind Muggelsteine in Fünferreihen an und notiert nach jeder Reihe die Gesamtzahl verbunden mit einer Einmaleins-Aufgabe.

Station 3: *Rechenröllchen*
Aus einem Filmdöschen wird in Partnerarbeit ein Aufgabenstreifen gezogen. Abwechselnd stehen Aufgabe oder Lösung auf Vorder- oder Rückseite.

Station 4: *Rechenscheibe*
Im Sichtfenster der Rechenscheibe erscheinen Aufgaben, deren Lösung für den Partner auf der Rückseite sichtbar wird. Bei wechselnder Anordnung (siehe Rechenröllchen) sind beide Kinder wechselweise mit Lösen oder Kontrollieren beschäftigt.

Station 5: *Spielplan mit 1x1-Aufgaben*
Treffen die Spielfiguren auf Ereignisfelder, darf bei richtiger Lösung der Aufgabe aus der Fünferreihe vorgerückt werden.

Station 6: *Würfelspiel*
Zwei Kinder erwürfeln sich mit zwei Würfeln Einmaleins-Aufgaben. Ein Würfel ist so präpariert, dass er drei Felder mit der Zahl 5 aufweist. Die Siegerin wird nach 5 Durchgängen anhand der Gesamtpunktzahl ermittelt.

Station 7: *Aufgaben erfinden mit der »Fünf«*
Im Rechenheft wird eine bestimmte Anzahl von Aufgaben mit der Zahl 5 erfunden. Neben der Multiplikation können hier auch Addition oder Subtraktion zugelassen werden.

Station 8: *Aufgaben aus dem Rechenbuch bearbeiten*
Übertrag der berühmten Rechentürme oder anderer Aufgaben ins Heft. Auf operationale Durcharbeitung ist Wert zu legen.

Station 9: *Rechenanmalblätter mit Aufgaben zur Fünferreihe*
Die Ergebniszahl einer Einmaleins-Aufgabe mit der 5 bestimmt die Farbe, in der ein Feld angemalt wird. Nach Lösung aller Aufgaben ist ein Gesamtbild entstanden, das zugleich Kontrolle anbietet.

Station 10: *Partnerrechnen mit Aufgabenkarten*
Kopfrechnen mit Aufgabenstapeln. Der Partner kontrolliert mit der Lösung auf der Rückseite.

Station 11: *Karteikarten mit Sachaufgaben zur Fünferreihe*
Bilder, Bilderreihen oder kurze Texte bieten Anreize, Sachaufgaben zu finden und zu lösen. Diese Arbeit muss ins Heft eingetragen und von der Lehrkraft kontrolliert werden.

Literatur

KREBS, H./FAUST-SIEHL, G. (Hrsg.), Lernzirkel im Unterricht der Grundschule, Freiburg 1993; WALLASCHEK, U., Individuelles Arbeiten und Üben im Lernzirkel, in: Grundschule, 1989, H. 2, S. 56 ff.
BERND REINHOFFER

Sa kom	So kom
Mo kom	Me kom

BEW	INF
EVA	PLA
AUS	BER

▶ **Lernzone (LZo):** Die LZo ist eine besondere Form des →*Stationenlernens*. Der Aufbau von LZon wird auch als *Zonenzirkel* oder *thematischer Zirkel* (WALLASCHEK) bezeichnet. Auch bei dieser Art des Stationenlernens ergibt sich die Bezeichnung aus der Anordnung der Lernaufgaben und des Lernmaterials zu einzelnen Lernstationen. Ein Gesamtthema wird in verschiedene Unterthemen aufgeteilt. Zu jedem dieser thematischen *Bausteine* werden Lernstationen als eine LZo gruppiert. Das notwendige Grundwissen zum Thema wird vorab im Klassenunterricht vermittelt oder in einer *Basiszone* (→*Lernstraße*, →*Lernzirkel*) angeboten. Als Voraussetzung für die Vertiefung in ein Unterthema hat eine Basiszone immer Pflichtcharakter. Anschließend wählen die Schüler zwischen den *Vertiefungszonen*.

Besonders geeignet erscheint die Arbeit mit LZon für →*fächerverbindenden Unterricht* und relativ komplexe Themen. Kreativaufgaben und →*entdeckendes Lernen* finden breiten Raum. Nicht die oberflächliche Beschäftigung mit einem Thema, sondern die konzentrierte Auseinandersetzung mit Teilgebieten steht im Vordergrund. Die Schüler werden zu Experten für einzelne Unterpunkte. Sie wählen Lernstationen aus ihrem ureigenen Interesse und bringen eigene Erfahrungen aktiv in den Unterricht ein. So eröffnen gerade die LZon den Schülern die Möglichkeit, Lernstationen selbst zu gestalten und mitzubetreuen. Dies gilt vor allem bei Themen aus der Lebenswelt der Schüler.

Beispiel: Wie Tiere überwintern/Heimat- und Sachunterricht

Basislernzone: Zum Thema ›Wie Tiere überwintern‹
Ihr geht eine Einführung in das Gesamtthema voraus. Nun werden verschiedene Materialien zur Absicherung des Grundwissens angeboten.

Station 1: *Lesestation zu den Überwinterungsarten*
Neben dem Sachunterrichtsbuch finden sich hier Zeitungsabschnitte, Abzüge aus Kinderzeitschriften und Sachbücher. Natürlich kann auch in jeder einzelnen LZo wiederum eine spezifizierte Lesestation angeboten werden.

Station 2: *Brettspiel zur Überwinterung*
Spielfiguren rücken gemäß Würfelzahl auf einem Spielplan vor. Treffen sie auf Ereignisfelder, müssen Fragen zur Überwinterung von Tieren beantwortet werden. Bei richtiger Lösung darf vorgerückt werden. (LEIFERMANN stellt hierzu ein »Viertelstunden-Spiel« vor in: Praxis Grundschule, 1994, H. 1, S. 13–20)

Station 3: *Spiele*
Mit Dominos und Memorys soll das Wissen gefestigt werden.

Station 4: *Kassentext*
Kassette mit einem Text zu den Überwinterungsarten. Nach dem Abhören kann ein Arbeitsblatt mit Lernzielkontrolle bearbeitet werden. Ist das Basiswissen gesichert, kann in andere Lernzonen gewechselt werden.

Lernzone 1: *Zugvögel und Standvögel*

Station 1: *Lesestation*
Texte aus Sachunterrichtsbüchern, Zeitschriften etc.

Station 2: *Bestimmungsübungen*
Präparate und Bilder von Vögeln werden benannt. Die Schüler malen Umrisszeichnungen nach den Vorlagen an und vervollständigen die Steckbriefe.

Station 3: *Grafik und Lückentext*
Von Kassette ist eine Verkehrsdurchsage für Vögel auf dem Weg in den Süden zu hören. Auf einer Grafik sind verschiedene Hindernisse und Gefahren für Zugvögel auf dem Weg in den Süden dargestellt. In den Lückentext sollen die richtigen Worte eingetragen werden. Als Zusatzaufgabe können Plakate mit Aufforderungen gegen die Vogeljagd gestaltet werden.

Station 4: *Landkarte*
Auf einer großen Karte werden in Partnerarbeit mit Wollfäden Flugrouten einzelner Zugvögel markiert. Diese Strecken können auf kleinere Karten übertragen werden. Ferner können die Entfernungen ausgerechnet werden.

Station 5: *Rätselblatt*
Die Rätsel dieses Blattes schließen an die Lektüre einer Broschüre an.

Station 6: *Fütterung von Stand- und Strichvögeln*
Die Winterfütterung wird mit Texten problematisiert. Als Arbeitsangebot stehen Anleitungen für die Herstellung von Meisenknödeln oder Vogelhäuschen bereit.

Station 7: *Lied*
Von Kassette kann ein Lied zum Vogelzug gehört werden. Der Text kann mitgelesen und memoriert werden. Schüler, die Instrumente spielen, können hier die Noten für die Liedbegleitung erhalten und üben.

Station 8: *Spiele*
Memorys und Dominos helfen, den Lernstoff zu festigen.

Lernzone 2: *Tiere in Winterstarre*

Station 1: *Lesestation*
Texte erläutern, wieso wechselwarme Tiere in Kältestarre fallen und wie sie sich auf den Winter vorbereiten.

Station 2: *Überwinterungsorte*
In eine Zeichnung können wechselwarme Tiere bzw. ihre Eier, Larven und Puppen eingeklebt werden.

Station 3: *Kassettenaufnahme*
Als Reporter verfassen die Schüler Radioberichte über das Erwachen der wechselwarmen Tiere im Frühjahr.

Lernzone 3: *Tiere im Winterschlaf*

Station 1: *Lesestation*
Texte bringen den Schülern das Verhalten der Winterschläfer nahe.

Station 2: *Der Igel*
Über Texte und Bilder lernen die Schüler den Igel als Winterschläfer kennen.

Station 3: *Tabelle mit Igeldaten*
Aus einer Tabelle lesen die Schüler die Veränderungen des Gewichts, der Körpertemperatur und der Atemfrequenz des Igels im Winterschlaf ab.

Station 4: *Oh je, aufgewacht!*
Zeichnungen und Texte zeigen den richtigen Umgang mit aus dem Winterschlaf erwachten Igeln.

Lernzone 4: *Die Winterruher*

Station 1: *Lesestation*
Texte führen in das Verhalten der Winterruher ein

Station 2: *Das Eichhörnchen*
Texte und Bilder stellen das Eichhörnchen als Winterruher vor

Station 3: *Domino*
Ein Domino beschreibt das Verhalten des Eichhörnchens im Herbst und im Winter.

Station 4: *Kobel-Bau*
Mit Naturmaterialien versuchen die Schüler in Gruppenarbeit, den Kobel eines Eichhörnchens nachzubauen.

Lernzone 5: *Wie winteraktive Tiere den Winter verbringen*

Station 1: *Lesestation*
Verschiedene Texte beschreiben das Verhalten winteraktiver Tiere. Auch auf die Funktion des Winterfells wird eingegangen.

Station 2: *Spuren im Schnee*
Die Schüler bestimmen Tierspuren, die als Abdrücke im Schnee (Zeichnung, noch besser: Original) zu erkennen sind.

Station 3: *Geschichte erfinden*
Das Fell eines Wiesels liegt aus. Die Schüler sollen sich eine Geschichte ausdenken: »Was ich als Floh im Fell eines Wiesels erlebe«.

Station 4: *Winterfütterung*
Texte, Bilder, Zeitungsausschnitte erläutern die Problematik der Winterfütterung. Hier wird auch ein Impuls für mögliche Aktivitäten der Schüler (Projekt ›Winterfütterung‹) gegeben.

Literatur
BAUER, ROLAND, Lernen an Stationen in der Grundschule. Ein Weg zum kindgerechten Lernen, Berlin 1997, S. 114–117; WALLASCHECK, UTA, Lernzirkel – eine Arbeitsform, die selbstständiges, individuelles Arbeiten ermöglicht, in: LEHMANN, BERND (Hrsg), Kinder-Schule: Lehrer-Schule. Konkrete Beispiele und Anregungen für die Gestaltung eines kindgerechten Unterrichts, Langenau 1990, S. 85–106
BERND REINHOFFER

Sa kom	So kom	BEW	INF
Mo kom	Me kom	EVA	PLA
		AUS	BER

▶ **Mäeutik (M):** Dem Wortsinne nach: *Hebammenkunst.* So wird die SOKRATES zugeschriebene Methode der Gesprächsführung (→*sokratisches Gespräch*) bezeichnet. Streng genommen, führte S. das Gespräch stets so rigide, dass dem Schüler bloß noch die Antworten ›ja‹ oder ›nein‹ übrigblieben. Auf diese Weise führte S. Schüler dazu, zunächst ihr Nichtwissen einzusehen und einzugestehen (›Scio nescio!‹), um sie dann zu Wissen und Begriffen zu führen. Dies Verfahren passt bloß noch eingeschränkt in unsere Zeit. Dem ungeheuren Berg an aktuellen Informationen, den unsere Schüler bewältigen müssen, entspricht es ganz und gar nicht. Zudem dürfte es unmöglich sein, die detaillierten und diffizilen Kenntnisse der Gegenwart auf diese Weise ans Licht des Bewusstseins heben zu können. Wo Philosophieren und philosophische Inhalte zum Lernen anstehen, dürfte die Mäeutik noch ihren Platz haben; ebenfalls dort, wo formale Logik und disziplinierte Gesprächsteilnahme gefördert werden sollen. Und wer auch heute noch meint, dass das Eingeständnis eigenen Nichtwissens bildungsförderlich für die Person sei, kann sich der Mäeutik bedienen, obwohl WAGENSCHEIN mit dem →*exemplarischen Lehren und Lernen* eine zeitgemäße Variante geschaffen hat. Die →*Neosokratik* baut auf der M auf und führt sie weiter.

Literatur
PLATON, (Dialoge) Apologie u. Kriton; DAHMS, G., Nachdenken im Unterricht. Fragemethode und Anleitung zum argumentativen Gespräch, Königstein/Ts. 1979.

Sa kom	So kom	BEW	INF
Mo kom	Me kom	EVA	PLA
		AUS	BER

Mastery Learning/Memory

▶ **Mastery Learning (ML):** Erstmals von J. B. CARROLL vorgelegt und von B. S. BLOOM erweitert, stellt ML die wohl denkbar konsequenteste Methode zur Individualisierung von Lernen im Unterricht dar. CARROLL entwickelte dafür folgende Formel: $$\text{Grad des Lernerfolgs} = f\left(\frac{\text{aufgewendete Zeit}}{\text{benötigte Zeit}}\right)$$
Als entscheidend für den Lernerfolg des Einzelnen wird das Verhältnis von tatsächlich benötigter zu zur Verfügung gestellter Zeit betrachtet. Um Erfolg zu gewährleisten, wird jedem einzelnen Schüler soviel Zeit gegeben, wie er benötigt. Dahinter steht die Auffassung, Unterricht sei vor allem Instruktion, in ihm gehe es vorwiegend darum, dass jeder einzelne Schüler die für erforderlich gehaltenen Informationen so vollständig und so gut wie möglich erwerben könne. Bei gleichen Zielvorgaben für alle Schüler wird die persönliche Lernzeit zum Ziel hin variabel gehalten. Doch gibt es nicht bloß einen für alle Schüler in gleicher Weise linear verlaufenden Lernvorgang. Vielmehr hat jeder einzelne Schüler die Möglichkeit, seinen persönlichen Lernfortschritt mehrfach durch individuelle Zwischentests festzustellen. Ist das Ziel noch nicht erreicht, so erhält er auf ihn zugeschnittene Hilfen (Rezepte und Strategien zur Zielerreichung) und weitere Zeit eingeräumt.

Dies weitgehend behaviouristisch geprägte Konzept hat sich – außer zeitweise im Programmierten Unterricht – bei uns nicht durchsetzen können, weil es einseitig auf Instruktion und dazu noch auf deren quantitative Bedeutung ausgerichtet war. Als mit-verwendetes Verfahren, wenn es um bestmöglichen Informationserwerb für jeden einzelnen Schüler geht, halte ich es für durchaus akzeptabel. Doch verlangen die Taylorisierung des zu vermittelnden Stoffes, die genaue Bestimmung und Operationalisierung der Teillernziele sowie die Erprobung und der Einsatz von Tests vom Lehrer einen unverhältnismäßig großen Aufwand; somit eine längerdauernde und intensive Auseinandersetzung.

Literatur
INGENKAMP, FRANK-D., Zielerreichendes Lernen – Mastery Learning, Grundlagen – Forschungsbericht – Praxis, Ravensburg 1979

Sa kom	So kom
Mo kom	Me kom

BEW	INF
EVA	PLA
AUS	BER

▶ **Memory (MEM):** MEM ist wohl allen als ein Spiel aus ihrer Kindheit bekannt: Aus einer großen Anzahl von umgedreht liegenden Karten sollen jeweils Paare gefunden und aufgedeckt werden. Im Unterricht kann dies Grundmuster in allen Fächern Verwendung finden, ob es dabei um formale oder inhaltliche Zusammengehörigkeit – grammatikalische und sachliche Lerninhalte –, um sprachliche oder naturwissenschaftliche o. Ä. Sachverhalte geht; immer kommt es darauf an, aus dem Kartenwust jene beiden zu finden, die zusammengehören, was durch Gleichheit der Darstellung – in Wort oder Bild – ausgedrückt wird.

Eine leichte Variante weicht von der Identität der Darstellung auf beiden Karten ab und bildet Zusammengehöriges als sich Ergänzendes ab – eher dem Dominoprinzip entsprechend –, z. B. in Erdkunde: Paris + Frankreich, London + England, in Geschichte: Dreißigjähriger Krieg + Gustav Adolf von Schweden, Amerika + Kolumbus; in Religion: Moses + die Zehn Gebote, Josef + die Träume des Pharao usw. Weitere Varianten können sein: Eine Karte enthält eine Frage, die zweite die Antwort; eine Karte enthält eine Frage, die zweite den Namen eines Schülers, der die Antwort geben soll; eine Karte gibt einen Satzteil, die zweite Karte den dazugehörigen weiteren Satzteil vor usw.

Der Phantasie sind beim MEM keinerlei Grenzen gesetzt; was immer zusammen*gehört* oder zumindest zusammen*gebracht* werden kann, kann nach dem Paarprinzip Schülern spielerisches Lernen gewähren. MEM kann zur bloßen Eröffnung, zur Wiederholung und Übung ebenso verwendet werden wie als integrierender Teil einer umfassenderen Lernsequenz. Und: Warum immer nur mit Grundschülern MEM betreiben, warum nicht auch mit Oberprimanern ?!

Literatur
RABENSTEIN, R., Lernen kann auch Spaß machen, Darmstadt 1979; THANHOFFER, M./REICHEL, R./RABENSTEIN, R., Kreativ unterrichten: Möglichkeiten ganzheitlichen Lernens – Ein Handbuch mit Gedanken und Methoden, Bd. 4, Münster 1992

Sa kom	So kom	BEW	INF
Mo kom	Me kom	EVA	PLA
		AUS	BER

▶ **Metakognition (MK):** Der Begriff MK bezieht sich auf das Wissen über eigene Lern- und Denkprozesse (Kognitionen) und über die Kontrollstrategien zu deren Steuerung. Versteht man unter Kognition den besonderen inhaltlich bestimmten Lernprozess eines Schülers – der immer als aktiv, selbsttätig und konstruktiv zu begreifen ist –, so meint MK auf einer Ebene darüber den denkenden Bezug auf eben diesen Prozess, auf die eigene Kognition. Seit der kognitiven Wende in der Erforschung von Lernen wächst besonders in der Denk- und Problemlöseforschung das Interesse an den Steuerungsprozessen, mit deren Hilfe die eigenen Wahrnehmungen und Erkenntnisse reflektiert geplant, kontrolliert und reguliert werden können. Dabei wird angenommen, dass Schüler durch Nachdenken über ihr Lernen größere Bewusstheit ihres Lernverhaltens erlangen und es zunehmend besser reflektieren können. Durch regelmäßiges Üben soll die optimale Steuerung kognitiver Prozesse gleichsam automatisiert werden, sodass sich die metakognitiven Prozesse auf die Überwachung zurückziehen können und wieder mehr Arbeitsgedächtniskapazität für inhaltliches Lernen zur Verfügung steht.

Geht man davon aus, dass metakognitives Wissen Strategien zur Planung, Überwachung und Regulation der eigenen Lernvorgänge beinhaltet, können damit die bisher zum Konzept ›Lernen lernen‹ gefundenen Lernstrategien reflektierter und gezielter eingesetzt und Lernen dadurch optimiert werden. Die dazu nötige Selbstaufmerksamkeit und Lernreflexion werden als *metakognitive Be-*

wusstheit bezeichnet, die nach Erkenntnissen in der Problemlöseforschung eine unabdingbare Voraussetzung für eine optimierende Modifikation der eigenen MKen darstellt. Die Aufmerksamkeit des Lerners wird dadurch über die Sache hinaus auf die eigenen Gedächtnis-, Denk- und Lernprozesse gelenkt. Zudem werden MKen für die Befähigung zum *Transfer* von Lernmethoden und -techniken benötigt, die sonst eng an bereichsspezifisches Wissen und seinen Erwerb gebunden blieben.

Neben der Förderung der besonderen *Lernkompetenz* gewinnen MKen in einem größeren Rahmen steigende Bedeutung für die Förderung der umfassenden *Handlungskompetenz*. Diese impliziert immer auch die so genannte *Methodenkompetenz* – als Fähigkeit zu eigenständigem Erwerb bisher unbekannter Informationen –, die ihrerseits auf Beherrschung von einzelnen Methoden und Techniken des Lernens und von metakognitiven Strategien angewiesen ist. Vollständige Lernprozesse wie auch vollständige Handlungen bedürfen der eigenständigen und fortlaufenden Planung, Überwachung und Regulation. Die erforderliche »Selbsttätigkeit in allen Phasen der schulischen Arbeitsvorgänge« (GAUDIG, 1922) ist bis heute zentrales Unterrichtsprinzip geblieben. Die in Schule und Unterricht verfolgte Steigerung solcher Aktivität auf seiten der Lernenden bedarf auf Lehrendenseite einen genetischen Förderansatz, bei dem Handlungsfähigkeit durch die zunehmend selbstständigere Aneignung neuen Wissens und Könnens angezielt wird, wie dies MK versucht.

MK wird heute nicht als ein bloß technologisches Konzept zur Steigerung individueller Lernfähigkeit betrachtet, sondern auch als essenzielles Moment der Persönlichkeitsbildung gewertet. Mken fördern offenbar das Selbstvertrauen und Selbstwertgefühl, wenn ein Individuum an sich selbst die Fähigkeit zur Selbststeuerung feststellt. Metakognitive Prozesse werden deshalb derzeit sowohl auf ihren Ertrag für die Förderung der Lern- und Handlungskompetenz hin erforscht, wie auch zu ihrem Beitrag zur Persönlichkeitsbildung. Die wechselseitige Beeinflussung von motivationalen Komponenten und volitionalen Voraussetzungen bildet einen weiteren Untersuchungsbereich. Für die Förderung metakognitiver Strategien liegen aus der Sicht von Schul-, Berufs- und Wirtschaftspädagogik bisher nur wenige didaktisch verwertbare Ergebnisse vor, die aber als Grundlage für Methodenentscheidungen vermutlich weiter an Bedeutung gewinnen werden. Hilfen zur Förderung der MK lassen sich derzeit vor allem aus den Erkenntnissen der Problemlöse- und Handlungstheorien gewinnen.

GULDIMANN (1996) unterscheidet drei Kategorien von MK:
1. *Deklaratives metakognitives Wissen* umfaßt das Wissen über die Welt, das eigene kognitive System, die Lernanforderungen und Aufgabensituationen sowie die verschiedenen Strategien.
2. *Prozedurales metakognitives Wissen* beinhaltet die Planung, Überwachung und Steuerung der eigenen Lernprozesse.
3. *Sensitivität für eigene kognitive Aktivitäten* beinhaltet den Perspektivwechsel auf eine abstrakte Betrachtungsebene und erlaubt eine Differenzierung der Steuerung der Kognitionen.

Zu deren Förderung setzten GULDIMANN und BECK in einem Schulversuch im Kanton St. Gallen/Schweiz im Rahmen des regulären Unterrichts fünf Instrumente ein, um Schülern das eigene Lernen bewusst zu machen (metakognitive Bewusstheit), einen Austausch von Strategiewissen und Erfahrungen anzuregen und Wissen über metakognitive Strategien zu generieren (Strategieentwicklung):

1. *Lernpartnerschaft* (peer coaching): Austausch von Lernerfahrungen mit einem Lernpartner, wobei dieses Wissen über den Umgang mit Problemen, Strategien und Aufgaben mit ihm diskutiert und evaluiert wird.
2. *Arbeitsheft* (monitoring): Das Festhalten frag-würdiger Metakognitionen während des Lernprozesses führt zu einem Perspektivwechsel von der Sach- auf die Strategieebene. Diese prozessbegleitende Dokumentation erleichtert zudem den späteren Rückblick und dient der Selbsterfahrung und der Selbstbeobachtung.
3. *Arbeitsrückblick* (evaluation): Rückschau auf einen durchlaufenen Lernprozess und schriftliches Festhalten, was die Schüler über sich als Lerner, die Aufgabe und Strategien beobachtet und gelernt haben. Leitfragen des Lehrers dienen den Schülerinnen und Schülern für eigene Schlussfolgerungen über ihr Lernen.
4. *Ausführungsmodell* (modelling): Externalisierung des Vorgehens beim Herangehen und Lösen einer Aufgabe, wobei bei lernschwachen Schülerinnen und Schülern besonders die Schüler-Modelle zu größeren Leistungssteigerungen führen.
5. *Klassenkonferenz* (conferencing): Interpersonaler Austausch über metakognitives Wissen und Lernerfahrungen, die subjektiv hilfreich sind. Es sollen keine für alle gültigen Strategien herausgearbeitet, sondern eine gemeinsame Sprache über das Lernen entwickelt werden.

Dabei zeigte sich die größte Entwicklung metakognitiver Bewusstheit bei Primarschülern und Schülern aus dem mittleren Leistungsbereich, wobei nur die Wirkung der fünf Instrumente der Lernreflexion als Ganzes untersucht wurde; eine Analyse der Wirksamkeit der einzelnen Instrumente fand nicht statt. Untersuchungen aus differenzialpsychologischer Perspektive stehen ebenfalls noch aus. Probleme bei der Förderung von MK können dadurch entstehen, dass das prozessbegleitende Nachdenken über das eigene Lernen den Lernprozess verlangsamen und Schüler in Bezug auf ihr Lernen verunsichern kann. Vor allem misserfolgsorientierte Schüler blocken wegen ihrer negativen Lernbiografie die Reflexion über die eigenen Lernstrategien gerne ab. Die Förderung von MK stellt an die Beteiligten hohe Ansprüche: Als Voraussetzungen bei Lehrenden werden Einfühlungsvermögen in die Arbeits- und Lernprozesse von Lernenden und Verständnis für deren Lern- und Irrwege verlangt, damit sie als Lern*berater* beim eigenständigen Erwerb metakognitiver Fähigkeiten angemessen reagieren können. Von den Schülern werden ein verändertes Rollenverständnis und die Bereitschaft zu mehr Selbststeuerung verlangt. Alle didaktischen Entscheidungsfelder des Unterrichts können betroffen sein.

Metakognition

Beispiel: Planung der Betriebserkundung auf einem Bauernhof/ Arbeitslehre/8. Schuljahr

Verkürzt dargestellter Unterrichtsverlauf	Förderung der metakognitiven Fähigkeiten
– Erinnerung an gemeinsame Auswahl in der vorigen Stunde: ›Erkundung eines Bauernhofs – Betrieb der Urproduktion‹ – ›Ur-Spiel‹ mit Banknachbarn: Wechselweise Wörter mit der Vorsilbe ›Ur‹ nennen – wer das letzte Wort findet, gewinnt.	
– Ziel-Orientierung: Bauernhof als Klein-Betrieb erkunden – Vorwissen aktualisieren: Unser Nachbar hat auch einen Hof ... (dabei evtl. schon mit Zweigen der Mind-Map beginnen)	
– Inhalte der Erkundung sammeln: WAS lässt sich erkunden? – Mitschrift und Anordnung als Mind-Map durch Lehrer an Tafel – Vorteile und Formalia dieser schriftlichen Darstellung besprechen	– Lehrer erklärt durch lautes Denken als Ausführungs-Modell die Bildung und Füllung der entstehenden Zweige – Reflexion dieser Methode der Strukturierung
– Erkundungs-Aspekte: WAS WER WOFÜR? – Sammle mit deinem Nachbarn alle Tätigkeiten der Personen auf dem Hof und versuche zu ordnen – Ordne die Zettel nach Rangfolge: Technik-Einsatz, Voraussetzungen, Bedingungen und Auswirkungen der menschlichen Arbeit – Neue Anordnung der Tätigkeiten nach den betriebl. Grundfunktionen: Beschaffung, Produktion und Absatz (EVA-Prinzip wie in Informatik)	– Brainstorming mit Lernpartner, Besprechung der einzelnen Stichwort-Zettel, anschließendes Ordnen – Vorteile dieser Strukturlegetechnik besprechen, weitere Einsatzmöglichkeiten in anderen Fächern?
– Erkundungs-Methoden: WIE? – Mit welchen Methoden kommt man an Informationen? Denke an Profis in Krimis, bei der Polizei, Zeitungen oder Fernsehsendern – Sammlung an der Tafel	– Aktivierung des Vorwissens für den Transfer auf eigene Erkundung

– Informationstexte für arbeitsteilige Gruppenarbeit:
  • Auszüge aus dem Videokamera-Handbuch: Dramaturgie: Vom Mindmap zum Film
  • Gesamtplan skizzieren
  • Auszüge aus o. a. Handbuch: Kamera-Führung, Szenengestaltung skizzieren
  • Bedienungs-Anleitung zur technischen Bedienung der Kamera
	– Für alle Schüler parallel zur Erarbeitung:
	
	Monitoring: Begleitende Fixierung der eigenen Lernerfahrungen und -probleme neben die entsprechenden Texte
	
	Peer coaching: Austausch der Lernerfahrungen, Diskussion, Klärung des Umgangs mit Lese-Strategien mit Lernpartnern

Verkürzt dargestellter Unterrichtsverlauf	Förderung der metakognitiven Fähigkeiten
• Gebrauchsanweisung Fotoapparat: Technische Bedienung, Bildgestaltung (Motiv, Hintergrund usw) bei Erzähl-Bildern • Bedien-Hinweise beim Tonband: Technische Bedienung, Mikrofon-Haltung und -abstand usw. für Radio-Reportage • Interview-Möglichkeiten: Fragetechniken, Interview-Führung, Umarbeitung in einen abschließenden Bericht • Techn. Zeichnen-Schülerbuch: Übersichtsplan skizzieren, bemaßen	
– Konkrete Vorbereitung der Erkundung durch Herstellung des Film-Drehbuchs, Szenenbeschreibungen für die Kameraleute, Übungen im Umgang mit den techn. Geräten usf.	
– Wechselseitige Information über die Vorhaben der einzelnen Gruppen und das Erarbeiten der Texte	– Conferencing: Im Klassengespräch werden die Lernerfahrungen mit den Info-Texten geschildert – Modelling: Schüler schildern ihre Vorgehensweise beim Lernen und bei auftretenden Problemen
– Rollenspiel beim Probelauf mit Landwirt, Reporter, Fotografen usf.	– Danach Peer coaching: Austausch der Erfahrungen im Rollenspiel, Diskussion, Besprechung mit Lernpartner: Vom Info-Text zur eigenen Umsetzung

Literatur

BAUMERT, J., Lernstrategien, motivationale Orientierung und Selbstwirksamkeitsüberzeugungen im Kontext schulischen Lernens. In: Unterrichtswissenschaft Heft 4/93, S. 327–354; BECK, E./BAER, M./GULDIMANN, T./ZUTAVERN, M., Lernen im Dialog. Arbeitsbericht 13 der Forschungsstelle der PH des Kantons St. Gallen. Oktober 1994; BECK, E./GULDIMANN, T./ZUTAVERN, M., Eigenständiges Lernen verstehen und fördern. Arbeitsbericht 12 der Forschungsstelle der PH des Kantons St. Gallen, Februar 1994; CHOTT, P., Schulkonzepte zum ›Lehren des Lernens‹. Analysen zur Grundlegung und zur Revision von Lehrplänen. Augsburg, Weiden 1996; FORSCHUNGSSTELLE PH ST. GALLEN, Eigenständig lernende Schülerinnen und Schüler. http://sigma.unisg.ch/%7Ephs/fst/proj/el.html 1997; FRIEDRICH, H.F./MANDL, H., Lern- und Denkstrategien – ein Problemaufriß. In: MANDL, H./FRIEDRICH, H.F., Lern- Denkstrategien. Analyse und Intervention, Göttingen 1992; GULDIMANN, T., Eigenständiger Lernen: durch metakognitive Bewusstheit und Erweiterung des kognitiven und metakognitiven Strategierepertoires, Bern, Stuttgart, Wien 1996; KONRAD, K./WOSNITZA, M., Neue Formen des Lernens in Schule, Aus- und Weiterbildung. Einführung in die Thematik motivierten selbstgesteuerten Lernens mit Bibliographie, Landau 1995; WENZEL, H., Unterricht und Schüleraktivität. Probleme und Möglichkeiten der Entwicklung von Selbststeuerungsfähigkeiten im Unter-

Metaplan

richt, Weinheim 1987; Zukunft der Bildung – Schule der Zukunft: Denkschrift der KOMMISSION »ZUKUNFT DER BILDUNG – SCHULE DER ZUKUNFT« BEIM MINISTERPRÄSIDENTEN DES LANDES NORDRHEIN-WESTFALEN/Bildungskommission NRW. Neuwied; Kriftel; Berlin 1995
WERNER SPRICK

Sa kom	So kom
Mo kom	Me kom

BEW	INF
EVA	PLA
AUS	BER

▸ **Metaplan (MP):** Der Name selbst steht für ein MP Trainings- und Beratungsinstitut in Nozay, einem Vorort von Paris, und in Quickborn in der von Nähe von Hamburg. Für die Methode, ein Gruppenarbeits-Modell wie sie ELISABETH MEHRMANN dargestellt hat, besteht aufgrund der sehr hohen technischen und personellen Anforderungen fast nur bei Manager- und Wissenschaftskongressen oder Workshops ein sinnvolles Einsatzgebiet, sie kann aber in abgespeckter Fassung durchaus auch im Unterricht Verwendung finden. MP charakterisiert sich durch Visualisierungs- und Kooperationstechniken, wie zum Beispiel Gedankenansammlungen auf Karten und kommunikationsfördernde Gesprächsregeln; sie sollen den Teilnehmern eine ständige Konfrontation und ein kreativ gestaltendes Arbeiten mit dem Thema ermöglichen.

Abb. 35: Grundschule – Deutschunterricht
(Quelle: GLAESER/SCHLIE, Ihr Nutzen beim Einsatz der Neuland-Moderation in der Schule, Eichenzell o.J., S. 4)

Ein MP Workshop besteht aus folgenden MP – Instrumenten:
- Einleitungsvortrag: Soll ein Impuls sein und die Beteiligten zum Thema hinführen *(Fortsetzung auf S. 199).*

Beispiel: Thema »Wo lässt sich die Methaplan-Methode in der Schule einsetzen?«
(Quelle: GLAESER/SCHLIE, Ihr Nutzen beim Einsatz der Neuland-Moderation in der Schule, Eichenzell o. J.)

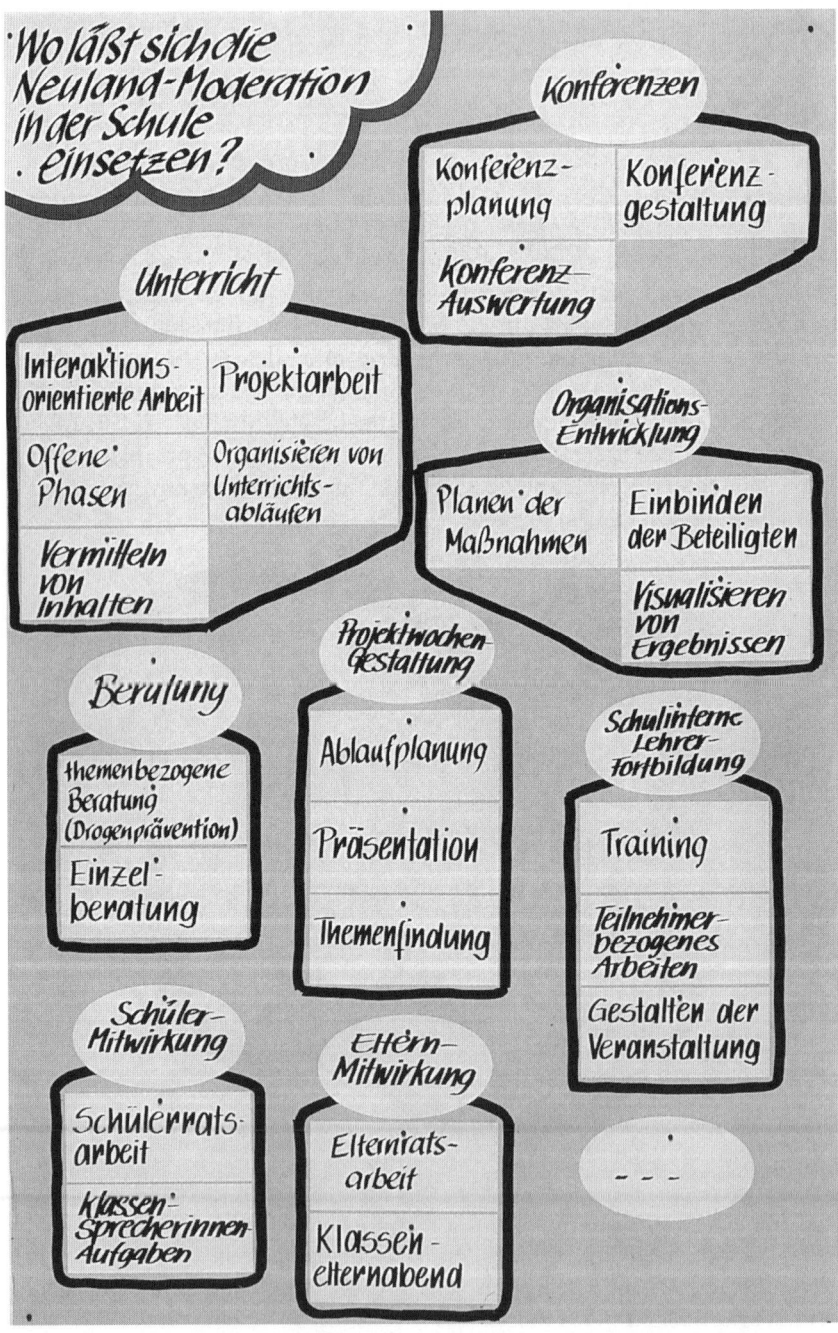

Metaplan

- Einpunktfrage: Mit diesem Instrument sollen Stimmungen, Meinungen, Bedürfnisse und Schätzungen der Gruppe ermittelt werden. Dabei werden Eindrücke, Fragen und Vorschläge, die beim Einleitungsvortrag aufgekommen sind, auf Karten notiert und an eine Stellwand geheftet.
- Zuruffrage: (→*Brainstorming*)
- Kartenabfrage: Ist das zentrale MP-Instrument. An dieser Stelle werden an einer themenspezifischen Fragestellung Karten zu Gedankengängen erstellt und thematisch an einer Stellwand strukturiert; die dabei entstandenen Themenfelder werden in Kleingruppen bearbeitet.
- Mehrpunktfrage: Die unter dem Punkt Kartenabfrage heraus gearbeiteten Themenschwerpunkte werden erneut im Plenum diskutiert und in eine Prioritätenliste eingearbeitet.
- Empfehlungsliste: In Zweiergruppen werden Ideen, Anregungen und Ergebnisse der Plenumsarbeit festgehalten, diese Empfehlungslisten werden wiederum im Plenum verglichen und diskutiert.

Die moderierte Gruppenarbeit mit MP-Technik eignet sich für alle Entscheidungsprozesse in Unternehmen, bei denen das Thema eine mittlere bis hohe Komplexität aufweist und bei denen relativ viele Betroffene/Beteiligte angesprochen werden. In Schule und Unterricht finden sich durchaus vergleichbare Situationen, wo es um originäre Beiträge von Schülern und Lehrern zur Lösung aktueller Probleme geht. Man sollte nicht vergessen: Was für Lernende noch ein Problem darstellt, u. U. sogar ein existenzielles, ist für Lehrende oft längst keines mehr, ist ein alltäglicher Vorgang, dem man mit fertigen, handhabbaren Lösungen begegnet. Im Grunde genommen bietet MP sich dafür an, die Forderungen →*entdeckenden Lernens*, der →*Originalen Begegnung* u. Ä. praxiswirksam umzusetzen, nämlich Informationen und Lösungen in Werdensprozesse aufzulösen, zumindest in subjektive Entwicklungen umzuformen. So kann den Erfordernissen konstruktiver Erkenntnisbildung teilweise entsprochen werden. Nicht zuletzt kann MP die Kategorisierung und Vernetzung von Informationen bei Lernenden unterstützen, was als Voraussetzung für sinnvolle Speicherung und leichte Reproduktion gilt.

Literatur
BATAILLARD, VIKTOR, Pinnwand-Moderations-Technik, Zürich; KLEBERT, KARIN/SCHRADER, EINHARD/STRAUB, WALTER, Moderations Methode, Gestaltung der Meinungs- und Willensbildung in Gruppen, die miteinander lernen und leben, arbeiten und spielen, München 1980; GLAESER, K.-H./SCHLIE, D., Ihr Nutzen beim Einsatz der Neuland-Moderation in der Schule, Eichenzell o. J.; MEHRMANN, ELISABETH, Moderierte Gruppenarbeit mit Metaplan-Technik;
NEULAND, MICHÉLE, Schüler wollen lernen. Lebendiges Lernen mit der Neuland-Moderation, Eichenzell 1995; SEIFERT, JOSEF W., Visualisieren, Präsentieren, Moderieren, 7. Aufl., Offenbach
DIRK ERAT/SANDRA MAIER

Sa kom	So kom
Mo kom	Me kom

BEW	INF
EVA	PLA
AUS	BER

▶ **Methode Glasgow (MG):** MG ist eine von den zahlreichen Techniken, die in den letzten Jahren entwickelt wurden, um Lernen durch einzelne begrenzte Momente zu optimieren; sie wurde erstmals in Glasgow verwendet. MG will Lernende animieren und aktivieren. Dabei wird der Inhalt einer Lerneinheit rund um eine Geschichte (*story*) arrangiert, wobei in diese Geschichte alle wichtigen Daten und Informationen einfließen, die von Schülern erworben werden sollen (*storyline approach*). Die Geschichte sollte eine möglichst vollständige Darstellung eines fiktiven Ortes mit bedeutsamen Personen zu einer bestimmten Zeit sein. In diesen Ort mit seinen Personen usw. leben die Schüler sich ein, agieren in deren Rollen unter den vorgegebenen Bedingungen. Dabei können einzelne besondere Auslösefragen oder -anstöße (*key questions*) gewünschte Handlungssequenzen auslösen und die Schüler so zu gewünschten Aktivitäten bringen. Solche Schlüsselfragen zentrieren die Gedanken der Schüler zugleich auf jene Fragen u. Ä., die zu lösen sind, und wehren so Ausfaserungen ab.

Beispiel: Einkauf, Konsum und Werbung/Heimat- und Sachunterricht

Im Heimat- und Sachunterricht kommt das Thema ›Medien und Konsum‹ in verschiedenen Formen immer wieder vor. Deshalb kann auf Vorerfahrungen der Schüler zurückgegriffen werden.

- Einstieg in das Thema: Vergleich ›Einkaufen früher und heute‹ (Tauschen). Davon ausgehend werden die verschiedenen Geschäfte, in denen wir heute einkaufen können, aufgezählt (Einzelhandelsgeschäft, Supermarkt, Kaufhaus, Versandhandel und Fachgeschäft). Die Unterschiede zwischen den Geschäften werden gemeinsam erarbeitet und in ein Arbeitsblatt eingetragen. Das Beispiel beschränkt sich im folgenden auf den Supermarkt und das Einzelhandelsgeschäft.
- Einführen der Personen: Gemeinsames Sammeln der Personen, die in einem Supermarkt/Einzelhandelsgeschäft arbeiten (Kassiererin, Putzfrau, Verkäuferin, Marktleiterin, Ferienaushilfe). = *key question*
Die Klasse wird in zwei Gruppen eingeteilt. Die erste Gruppe stellt für den Verlauf dieser Unterrichtseinheit die Mitarbeiterinnen des Lebensmittelgeschäfts A dar, die andere Gruppe repräsentiert den Supermarkt B. Es werden Zettel ausgeteilt, auf denen jeweils einer der oben genannten Berufe steht. Jeder Schüler übernimmt für diese Unterrichtseinheit die ihm zugewiesene Rolle.
- Arbeitsauftrag: Gestalte zu dem Beruf eine Person (Basteln), gib ihr einen Namen und eine Geschichte.
Die hergestellte Figur soll die Identifikation mit der zugewiesenen Rolle erleichtern. Danach stellen die Schüler gemeinsam den Arbeitsplatz ihrer Figuren her. Dabei sind Überlegungen wie z. B. Einrichtung der Ladenfläche und Platzierung der Waren gefordert.
- Einführung der *story*: An einen Ort, der bereits über ein Einzelhandelsgeschäft verfügt, siedelt sich ein Supermarkt neu an. *Key questions*: Wel-

che Probleme ergeben sich daraus für das Einzelhandelsgeschäft? Wie gelingt es dem Supermarkt, Kunden anzuziehen? Von dieser Frage ausgehend, erarbeiten die Schüler ein Werbekonzept für ihr Geschäft.
- Zwischen den einzelnen Arbeitsschritten präsentieren die Schüler regelmäßig ihren momentanen Arbeitsstand.
- Während der einzelnen Phasen sollte immer wieder auch die Theorie berücksichtigt werden, d.h. wichtige Informationen (Lehrer- oder Schülerreferat) schaffen eine gemeinsame Grundlage und sind Ausgangspunkt für weitere *key questions*.
- Die Arbeitsergebnisse können im Rahmen einer (klasseninternen) Ausstellung, eines Rollenspiels, Schulfestes, ... präsentiert werden.

EVA RUFF/STEFAN NEHER

Sa kom	So kom
Mo kom	Me kom

BEW	INF
EVA	PLA
AUS	BER

▶ **Methode 66 (M 66):** Die M 66 (6 Schüler für 6 Minuten) kann zu den *Kommunikations- und Kooperationsmethoden* gerechnet werden. Sie stellt aber auch eine methodische Variante der *Kleingruppenarbeit* dar und dient dort vor allem der kurzzeitigen Aktivierung aller Lernenden. Bei der M 66 können zwei Zielkategorien festgemacht werden. Zum einen handelt es sich um kommunikative Ziele, da die Lernenden schnell zum Reden motiviert und aktiviert werden können. Da die Ergebnisse der M 66 für weitere Lernprozesse genutzt werden, können die Lernenden durch diese Methode über solche Lernprozesse mitbestimmen. Außerdem kommen die Lernenden durch die M 66 schnell miteinander ins Gespräch und lernen sich in der Kleingruppe auch besser kennen. Bei der inhaltlichen Zielsetzung steht der Erfahrungs- und Meinungsaustausch an oberster Stelle. Mit der M 66 kann innerhalb kurzer Zeit ein Meinungsbild zu einer Fragestellung oder einem Problem erstellt werden. Aber auch die Vorbereitung von Entscheidungen kann durch die M 66 angebahnt werden. Die M 66 bietet allen Lernenden die Chance, sich selbst zu vergewissern, wie andere Lernende über eine Sache denken. Dadurch lässt sich die Hemmschwelle, sich selbst zu einem Sachverhalt zu äußern, sehr viel leichter überwinden. Eigene Beiträge werden leichter und schneller gebracht. Lernende äußern sich in einer kleinen Gruppe sehr viel leichter und lieber als in einer größeren Gruppe oder im Plenum. Durch die Äußerungsfreudigkeit kommen auch sehr viel mehr Meinungen zu einem Sachverhalt ans Licht. Da es sich um eine kurze Zeitspanne der Äußerungsmöglichkeit handelt, ist Spontanität gefragt, nicht so sehr hingegen sprachlich total ausgefeilte Äußerungen. Der Einsatz der M 66 bietet sich auch dort an, wo es darum geht, die Vorkenntnisse von Lernenden zu erfahren, um z.B. darauf dann den Unterricht abzustimmen. Geeignet ist die M 66 auch, um nach einem Lehrervortrag Diskussionsmöglichkeiten abzustecken oder Rückmeldungen über eine Unterrichtseinheit zu erhalten. Die M 66 bietet sich auch als Vorübung für längere →*Gruppenarbeit* an.

Bei der M 66 treffen sich *sechs* Schülerinnen und Schüler für *sechs* Minuten an einer bestimmten Stelle im Klassenzimmer. Dort sprechen sie über ein von der Lehrkraft festgelegtes Thema. Diese Phase ähnelt einem Bienenkorb. Im Anschluss an sie wird über das Thema weiter im Plenum diskutiert:

In einer *ersten Phase* treffen sich also die Lernenden zu einer Kleingruppe. Sie erhalten dann in einer *zweiten Phase* eine bestimmte Aufgabenstellung, z.B. eine Fragestellung zu einem Problem.

Die Kleingruppe hat nun sechs Minuten Zeit, um über die Fragestellung zu reden und Lösungsvorschläge zu erarbeiten. Ein Gruppenmitglied hält das Ergebnis fest.

In einer *dritten Phase* versammeln sich die Kleingruppen wieder im Plenum, und ein Gruppenmitglied trägt jeweils die Ergebnisse vor. Anschließend werden die Ergebnisse zusammengefasst und weiter diskutiert. Ein Vorteil der M 66 liegt darin, dass ohne großen organisatorischen Aufwand von der Plenumsphase in die Kleingruppenphase (eigentliche M 66) und zurück gewechselt werden kann.

> **Beispiel: Schulausflug**
>
> Wird mit einer Klasse ein Schulausflug geplant und die Schülerinnen und Schüler sollen selbst bestimmen, wohin dieser gehen soll, dann kann ein solches Meinungsbild durch die M 66 erstellt werden. Dabei kann über mehrere von der Lehrperson vorgegebene Vorschläge diskutiert werden, es können aber auch eigene Vorstellungen erarbeitet werden.
>
> Die Klasse wird in verschiedene Sechser-Gruppen aufgeteilt. Diese setzen sich im Klassenzimmer so zusammen, dass sie relativ ungestört von den anderen Gruppen miteinander reden können. Die Lehrkraft nennt nun das Thema, über das die Schülerinnen und Schüler sechs Minuten sprechen sollen, z.B. die Fragestellung: Wohin soll in diesem Jahr unser Ausflug gehen?
>
> In der Kleingruppe besprechen die Schülerinnen und Schüler die Fragestellung, wobei sich hier fast alle mit ihren Vorstellungen einbringen können. Am Ende dieser Phase halten die einzelnen Kleingruppen ihre Vorschläge schriftlich fest und bringen diese in das Plenum ein. Dort können einzelne Vorschläge aussortiert, andere favorisiert werden. Bei Mehrfachnennungen verschiedener Ziele können diese weiter diskutiert werden. Es wäre auch möglich, in einer weiteren Kleingruppenphase die favorisierten Ziele noch genauer zu beschreiben, Informationen einzuholen und diese den anderen Lernenden vorzustellen. In einer neuen M 66 könnte dann nochmals über diese Ziele diskutiert werden, bevor eine Abstimmung im Plenum erfolgt.

Literatur
MÜLLER, PETER, Methoden in der kirchlichen Erwachsenenbildung, München 1982; MILLER, REINHOLD, Schulinterne Lehrerfortbildung: Der Schilf-Wegweiser, Weinheim 1993
SILKE TRAUB

Sa kom	So kom	BEW	INF
Mo kom	Me kom	EVA	PLA
		AUS	BER

▶ **Methoden-Mix (MMi):** Nichts ist für Unterricht unerträglicher als Methodenmonismus oder methodischer Manierismus. Methoden sind in der Mehrzahl Werkzeuge. Niemand käme auf die Idee, mit ein- und demselben Werkzeug alle im Hause anfallenden Arbeiten zu erledigen, z. B. mit dem Hammer den Nagel einschlagen, die Schraube eindrehen, das Kabel verbinden ... Man bedient sich jeweils des am besten geeigneten Werkzeuges, beschafft sich viele Werkzeuge für unterschiedliche Arbeiten und nimmt sie wechselnd in Anspruch. Warum nur beobachtet man, dass Lehrer in über 80 % aller unterrichtlichen Lernvorgänge zur Methode des →*Frontalunterrichts* greifen? Ich behaupte: Sie verfügen durchaus über weitere Werkzeuge, ja haben sich ein überaus großes Methodenreservoir zugelegt. Aber sie greifen aus Bequemlichkeit oder aus äußeren Zwängen häufiger als nötig zum Frontalunterricht, der zudem ja in der Tat eine Art Universalwerkzeug ist, zwar nicht immer das beste, aber durchaus (fast) immer verwendbar. Was kümmert es einen Nagel, wenn er mit der Kneifzange eingeschlagen wird? Bloß – hier geht es nicht um Nägel, sondern um Schüler!

Angesagt ist – mit einem Schlagwort – *Methoden-Mix*! Die Methodenentscheidung ist – wie wir alle seit HEIMANN und BLANKERTZ wissen – vielfach interdependent mit anderen didaktischen Entscheidungen verflochten, besonders mit Ziel-, Inhalts- und Medienentscheidungen. Welche Methode für welche Phase eines Lernprozesses in Frage kommt, ist außer von ihren je besonderen Implikationen einerseits also auf diese anderen Entscheidungen abzustimmen, andererseits aber vor allem auch von den Lernenden abhängig zu machen. Am Anfang sollte die alte Frage der KLAFKIschen *Didaktischen Analyse* stehen: Welchen – gleichsam natürlichen – Zugang haben diese meine Schüler schon zu dieser Thematik? Erst danach geht es an die Konstruktion des methodischen Lernverlaufs: Nach welchen Methoden und mit welchen Techniken sollen diese meine Schüler gerade dies lernen, was sie lernen sollen? Und die Antwort darf weder monistisch sein noch manieristisch erfolgen, sondern muss als ein Lernen in variationsreichem Wechsel von Methoden und Techniken ermöglichen: MMi!

Literatur
ASENDORPF, J., Keiner wie der andere: Wie Persönlichkeits-Unterschiede entstehen, München 1988; TERHART, E., Lehr-Lern-Methoden, Weinheim u. München 1989, bes. S. 22ff.; WEINERT, F. E./HELMKE, A., Der gute Lehrer: Person, Funktion oder Fiktion?, in: Zeitschrift für Pädagogik, 34. Beiheft, 1996, S. 223–233

Sa kom	So kom	BEW	INF
Mo kom	Me kom	EVA	PLA
		AUS	BER

✗ ▶ **Mind Mapping (MM):** MM ist die konsequente Fortsetzung der Einsicht in den netzartigen Aufbau subjektiven Wissens hin zur äußeren Darstellung des Wissens. Wo Wissen in der üblichen Art äußerlich gemacht wird, als mündliche Sprache oder als systematisch gefasste schriftliche Sprache, da erreicht die Darstellung bloß lineare Formen. Erst durch MM kann die netzartige Struktur des Wissens auch visuell isomorph ausgedrückt werden. Das bringt dem einzelnen Lernenden Vorteile, weil er sich nicht in das verkürzte lineare Konzept pressen lassen muss, sondern eine seinem eigenen Wissen und Denken entsprechende Darstellung entwickeln und mit deren Hilfe mit anderen kommunizieren kann. MM lässt der individuellen Kreativität größeren Raum. MM kann für Lehrende zum diagnostischen Instrument werden, weil es Einsicht in die je individuellen informatorischen Voraussetzungen für ein bestimmtes inhaltliches Thema verschafft. Darüber hinaus können die einzelnen MMs noch kollektiv ausgewertet werden: Sie werden vergleichend betrachtet und dann ein gemeinsames Klassen-MM erstellt, das u. a. den weiteren inhaltlichen Fortschritt im Thema veranschaulichen kann, aber auch zur Arbeitsteilung verwendet werden kann, indem jene Schüler ein Teilthema o. Ä. übernehmen, die einen Begriff dazu eingebracht haben (MM-Felder mit verschiedenen personbezogenen Farben markieren).

MM nimmt die Erkenntnis auf, dass zumeist nicht in bloßen Begriffen, sondern in Bildern erinnert und abgerufen wird, was an Informationen gespeichert ist. Darin ist MM dem →*Clustering* ähnlich. Um unnötigen Aufwand und auch Frustrationen bei Schülern zu vermeiden, sollte nicht sogleich die zeichnerische Darstellung verlangt werden, sondern dazu aufgefordert werden, zunächst alle

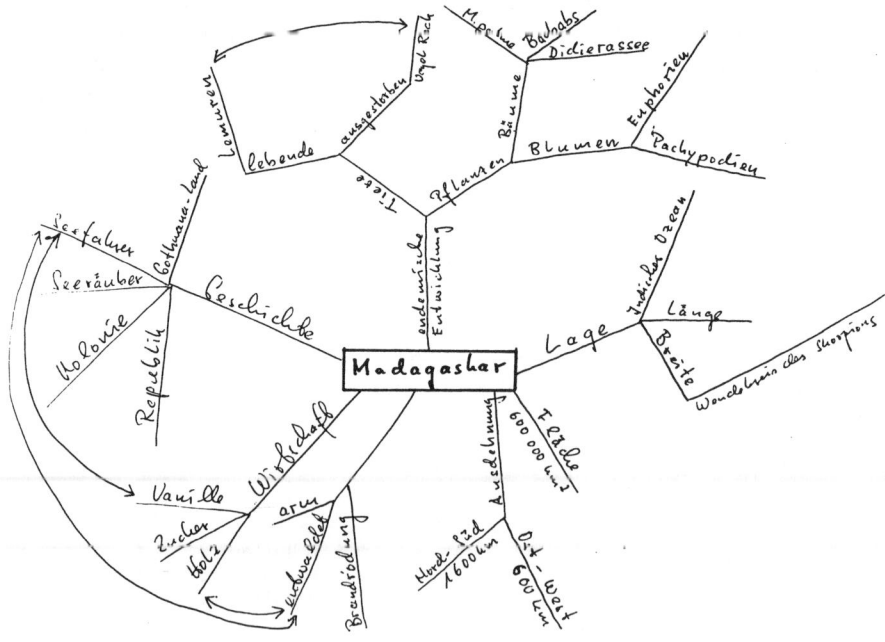

Abb. 36: Mind-Mapping Madagaskar

assoziierten Begriffe usw. auf einzelnen Kärtchen oder in einer Liste zu notieren und erst daraus dann die Netzgrafik zu erstellen.

In der Regel werden für MM folgende kurze Phasen – im Unterricht nicht mehr als etwa fünf bis sieben Minuten für die Erstellung und etwas mehr Zeit für die gemeinsame Auswertung – durchlaufen:
- Aufforderung zur freien Assoziation über einen Begriff, ein Problem, ein Thema o.Ä.
- Assoziierte Begriffe auflisten oder je auf ein Kärtchen schreiben
- Entwicklung einer netzartigen Zeichnung (dabei können die Begriffe auf einfachen Strichen geschrieben sein – logischer Baum – oder auch zusätzlich noch einmal eingekreist und dann durch Striche einander zugeordnet werden). Übrigbleibende Begriffe werden peripher mit aufgeführt, auch wenn sie nicht in das Netz eingeordnet werden können.

Literatur
KIRCKHOFF, MOGENS, Mind Mapping: Einführung in eine kreative Arbeitsmethode, 8. Aufl., Offenbach 1995; BUZAN, TONI, Kopftraining, 5. Aufl., München 1984; LIPP, U., Mind-Mapping in der Schule, in: Pädagogik, 1994, H. 10, S. 22–26

Sa kom	So kom
Mo kom	Me kom

BEW	INF
EVA	PLA
AUS	BER

▶ **Moderationsmethode (MOM):** Unter MOM versteht man ein Verfahren zur Gestaltung von Sachdiskussionen, das hilft, Abläufe zu strukturieren (→*Metaplan*). Wesentliche Merkmale der MOM sind die hohe *Selbstbeteiligung* der TeilnehmerInnen und die angewandten *Medien* (Pinnwand, Plakate). Ziel der Methode ist es, gemeinsam Probleme zu diskutieren und Beschlüsse zu fassen. Damit leistet die MOM einen Beitrag zu mehr Mitbestimmung, Demokratie und Gleichberechtigung im Unterricht.

Die Entwicklung der MOM begann Ende der 60er Jahre. Autorität und absoluter Führungsstil wurden in Frage gestellt. Mitbestimmung, Transparenz und Entscheidungsfreiheit waren die Attribute der Zeit. Das QUICKBORNER TEAM, eine Unternehmensberatung, machte es sich zur Aufgabe, den drängenden Wünschen nach Beteiligung und Mitentscheidung in Wirtschaft und Politik gerecht zu werden und entwickelte die MOM.

Die MOM setzt sich im wesentlichen aus drei Gestaltungselementen zusammen:
- die *Moderatorenhaltung*,
- die *Frage- und Antworttechnik* und
- die *Visualisierung*.

Der *Moderator* als methodischer Helfer soll den Meinungs- und Willensbildungsprozess der Gruppe ermöglichen, ohne inhaltlich einzugreifen bzw.

zu steuern. Er soll der Gruppe volle Entscheidungsfreiheit gestatten und jedem Einzelnen mit Wertschätzung begegnen. Moderieren darf nicht mit üblichem Lehren und herkömmlicher Instruktion verwechselt werden, bei dem allenfalls die besonderen Mittel Pinnwand, Karteikarten und Plakate eingesetzt würden. Moderieren ist die Zurücknahme der Person, soweit das in der Situation möglich ist; eine Lerngruppe zu moderieren, verlangt eine völlig andere Rollenauffassung auf seiten von Lehrenden: Helfer, der einen Anstoß geben und anregen will.

Die *Frage- und Antworttechnik* dient der Problemsammlung und -strukturierung. Sie soll zu gleichberechtigten Äußerungen aller TeilnehmerInnen führen, sodass sich jeder mit seinen Wünschen, Problemen und Lösungsansätzen einbringen kann. MOM befürwortet ›gute‹ Fragen, die zu einer differenzierenden Antwort motivieren und für alle verständlich sind, und lehnt ›schlechte‹ Fragen, wie z.B Suggestivfragen, ab. Jede Frage ist bei MOM an eine bestimmte Absicht geknüpft. Man unterscheidet *Sammelfragen, Bearbeitungsfragen und Transparenzfragen.*

- Bei der *Sammelfrage* werden die Positionen aller TeilnehmerInnen durch Kartenfrage (schriftlich) oder Zuruf (mündlich) eingeholt. Bei der *Kartenfrage* schreiben alle Teilnehmer alle Aussagen auf eine Frage, die ihnen wichtig sind, auf Karten, die dann eingesammelt und im Plenum systematisch zu Themenblöcken zusammengefasst – und entsprechend visuell demonstrativ an die Pinnwand geheftet – werden. Die hier verwendbare *Zuruffrage* ist eine Art →*Brainstorming*, das sich anbietet, wenn die Frage nicht allzu langes Nachdenken erfordert und eine gegenseitige Anregung der TeilnehmerInnen für einen kreativen Prozess erwünscht ist.
- Bei *Bearbeitungsfragen* erfolgt die Suche nach Lösungsmöglichkeiten in Kleingruppen unter Verwendung des Kleingruppenszenarios. Unter Kleingruppenszenario versteht man ein Plakat mit vorgegebenen Fragen für die jeweilige Kleingruppe, das ihr helfen soll, das Gespräch zu strukturieren.
- *Transparenzfragen* dienen der Reflexion über den Arbeitsprozess, das Resultat oder das emotionale Befinden der Gruppe.

Visualisierung meint die schriftliche Darstellung von Informationen, Fragen und Aussagen. Dabei spielt vor allem die Pinnwand eine Rolle. An der Pinnwand gesammelte und geordnete Karten können auf das verwendete Packpapier geklebt werden, sodass eine dauerhafte und zu einem späteren Zeitpunkt wieder einsetzbare Dokumentation des Arbeitsprozesses entsteht. Inzwischen gibt es auch schon spezielle Kameras, mit denen man so genannte Fotodokumentationen von Pinnwänden herstellen kann; diese haben zudem noch den Vorteil, dass verkleinerte Kopien (DIN A4) in Hände und Sammelordner aller Teilnehmer gegeben werden können.

MOM bietet aus didaktischer Sicht einige Vorteile: Als Prozess- und Lernhelfer signalisiert der Lehrer in der Rolle eines *Moderators* eine respektvolle und gleichberechtigte Haltung seinen Schülern gegenüber, hilft ihnen, Methoden

Moderationsmethode

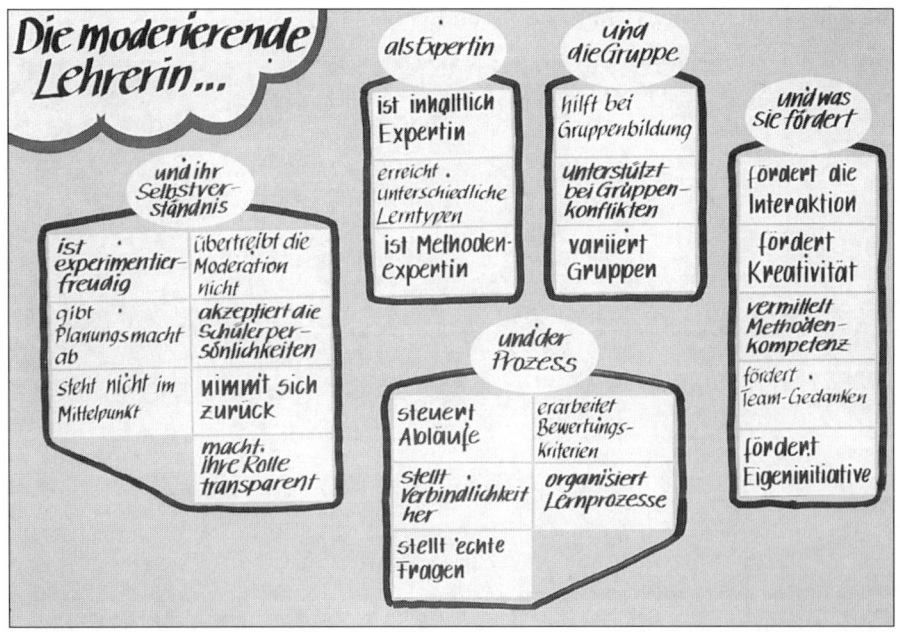

Abb. 37: Moderationsbeispiel »Lehrerin«
(Quelle: GLAESER/SCHLIE, Ihr Nutzen beim Einsatz der Neuland-Moderation in der Schule, Eichenzell o.J., S. 4)

eigenständig anzuwenden und regt sie zu konzentrierten Sachgesprächen an. Damit fördert er ihre *Selbstbeteiligung* und Eigenverantwortung. Als gruppenzentrierte Methode bietet die Moderation dem Lehrer die Möglichkeit die Schüler aktiv am Lernen zu beteiligen, wobei der Lehrer allerdings von den inhaltlichen Erwartungen und Lernbedürfnissen seiner Schüler ausgehen muss. Die *Frage- und Antworttechnik* situationsgerecht einzusetzen gestattet dem Lehrer seine Inhalte und Ziele auf die aktuellen Bedürfnisse der Schüler abzustimmen. Dies erhöht die Lernmotivation und auch den Lernerfolg durch die engere Beziehung von Lerninhalt und Erfahrungshintergrund der Schüler. Mit Hilfe der Kartenabfrage kann der Lehrer alle Schüler zu Wort kommen lassen; somit fühlt sich jeder gleichberechtigt behandelt, was sich wiederum positiv auf die Klassenatmosphäre auswirkt. *Visualisierung* durch Schüler ermöglicht eine mehrkanalige Informationsweitergabe. Zudem beinhaltet die Verwendung der MOM einen ständigen Wechsel der Sozialformen (Plenum, Kleingruppenarbeit, Spiele etc.).

Nachteile von MOM liegen in der vergleichsweise aufwendigen Organisation: Die Vorbereitungsphase für die Raumgestaltung (Bereitstellen von Stellwänden, Anfertigen von überdimensionalen Plakaten) erfordert einen recht hohen Zeitaufwand. Eine Unterrichtszeit von 45 Minuten reicht somit oft nicht aus, um den jeweiligen inhaltlichen Ansprüchen gerecht zu werden. Je größer die Klassen sind, umso schwieriger wird es, alle Schüler ausreichend zu Wort kommen zu lassen.

Beispiel: Deutschunterricht in der Grundschule

Abb. 38: Kuddelmuddel – aus Wortfetzen werden Sätze
(Quelle: GLAESER, Karl-Heinz/SCHLIE, Dierk, Neuland-Moderation, Ihr Nutzen beim Einsatz in der Schule, Eichenzell o.J.)

Literatur

GLAESER, K.-H./SCHLIE, D., Ihr Nutzen beim Einsatz der Neuland-Moderation in der Schule, Eichenzell o.J.; KLEBERT, K./SCHRADER, E./STRAUB, W., ModerationsMethode. Gestaltung der Meinungs- und Willensbildung in Gruppen, die miteinander lernen und leben und spielen, München 1980; NEULAND, M., Schüler wollen lernen. Lebendiges Lernen mit der Neuland-Moderation, Eichenzell 1995; NISSEN, P./IDEN, U.; Kurskorrektur Schule, ein Handbuch zur Einführung der Moderationsmethode, Hamburg 1995.
NATASCHA JURAN

▶ **Morgenkreis (MoK):** Der MoK ist eine *Form gemeinschaftlicher Besinnung* zum Beginn einer Schulwoche oder eines Schultages. In Anlehnung an reformpädagogische Ansätze ist der MoK wichtiges Element beispielsweise des ›Marchtaler Plans‹ (Lehrplan des Katholischen Schulwerks der Diözese Rottenburg-Stuttgart) und hat sich inzwischen flächendeckend an vielen Schulen etabliert.

Schon MARIA MONTESSORI betonte die Bedeutung von Stilleübungen; PETER PETERSEN verwendete in seinem Jena-Plan Begriffe wie MoK und »Morgenfeier«, die er als Ausprägungen von →*Gespräch* und →*Feier* als natürliche Formen des Lernens neben →*Spiel* und →*Arbeit* aufführt (vier Grundformen der Bildung nach PH. HÖRDT). Gegenwärtig wird mitunter zwischen MoK und Morgenfeier insofern unterschieden, als sich die Feier durch religiös-meditative Ausrichtung gegenüber dem nüchterneren MoK auszeichnen soll. (DRESCHER/HURYCH nach: HIERONYMUS).

Doch ob MoK oder Morgenfeier: Hier wird eine gemeinsame Zeit der Stille und Konzentration geschaffen, die den Übergang von der Freizeit zum Schulalltag gestaltet. Die *ganzheitliche Erziehung* steht dabei im Vordergrund. Die ›Arbeit des Herzens‹, die im MoK stattfindet, kontrastiert und ergänzt die ›Arbeit des Kopfes‹ des sonstigen Unterrichts. Durch den MoK können wichtige Voraussetzungen geschaffen werden, um Lernprozesse in Gang zu bringen und Lerninhalte zu verinnerlichen. Es entsteht eine Balance zwischen Aktivität und Kontemplation, die neben *Spontaneität* und *Kreativität* auch die *Selbstkompetenz*, das *Wir-Bewusstsein* und die *Wertekompetenz* der Schüler fördern kann.

Dies alles darf jedoch nicht zum ausdrücklichen Zweck des MoK gemacht werden. Vielmehr wird in einem MoK fokussiert, was im ›normalen‹ Unterricht nicht außer Acht gelassen werden kann. Die Aufmerksamkeit wird im MoK gebündelt auf das Leben, die Probleme und Beziehungen der an ihm teilnehmenden Personen gerichtet. Vornehmlich sind dies die Schüler einer Klasse und ihre Klassenlehrerin/ihr Klassenlehrer. Ein MoK wird nur dort durchführbar sein, wo alle Beteiligten die grundsätzliche Bereitschaft dazu zeigen. Daraus ergibt sich auch die Konsequenz, Schüler bei der Gestaltung des MoKes mit einzubeziehen.

Es gibt eine Vielfalt von Möglichkeiten, wie ein MoK aussehen kann. Ob er in der 1. Schulstunde der Woche oder zu einem oder mehreren anderen Terminen stattfindet, wird von den örtlichen Gegebenheiten und den Bedürfnissen der Schüler abhängen, ebenso wie die Dauer (z. B. 5–15 Min.). Wichtig ist allerdings, dass der einmal gewählte Rahmen beibehalten wird. Nur durch eine gewisse *Ritualisierung* erhält der MoK das angestrebte Gewicht im Schulgeschehen.

Zur Durchführung eines MoK eignet sich besonders der *Sitzkreis* – jeder sieht jeden, keiner ist ausgeschlossen. Formale Gestaltungselemente können →*Gespräche, Stilleübungen, Meditationen, musische Betätigung* oder auch ein gemeinsames →*Spiel* sein. Sie sollten den jeweiligen Inhalten angemessen sein, welche ihrerseits wiederum die Anliegen der Schüler berücksichtigen sollten. Z. B.:

- Beginn eines neuen Tages/einer neuen Woche
- Situationen aus der Klasse: Geburtstage, ... aber auch Konflikte, ...
- Leben in einer Gemeinschaft: teilen, vergeben, ...
- die Welt mit allen Sinnen erleben
- der natürliche Jahreslauf
- das menschliche Leben: Freude, Trauer, Einsamkeit, ...
- Ereignisse des Weltgeschehens
- das (Kirchen-)Jahr mit seinen Festen

Für die Lehrerin/den Lehrer bedeutet dies zusätzlichen Organisations- und Vorbereitungsaufwand, gepaart mit der Anforderung eines hohen Maßes an Einfühlungsvermögen und Flexibilität, um wirklich auf die Schüler eingehen zu können. Wer allerdings die Schule als ›echte Lebensstätte‹ mit einer angstfreien Atmosphäre des Miteinanders will, wird auf ein Element wie den MoK nicht verzichten – unabhängig von der Altersstufe der Schüler.

Beispiel: 1. Schulstunde: Unsere Zeit/Montagmorgen/5. Schuljahr

Die Schüler sind bereits miteinander und mit den Regeln des MoK vertraut. (Das Thema könnte in entsprechender Ausgestaltung auch in einer anderen Klassenstufe gewählt werden.).

Sowie die Schüler das Klassenzimmer betreten, nehmen sie ihren Stuhl und setzten sich vorne im Raum hin. Nach und nach entsteht auf diese Art ein Stuhlkreis. Bis alle da sind, werden lockere Gespräche geführt. Sobald jedes Kind seinen Platz gefunden hat, begrüßen sich die Lehrerin und die Kinder gemeinsam.

Es folgt eine kurze Zeit der Stille (ca. 30 Sek.), in der alle zur Ruhe kommen können. Dann werden die Gedanken auf ein bestimmtes Thema gelenkt. In diesem Fall wurde das Thema von der Lehrerin ausgewählt.

Sie liest zur Einstimmung ein Rätsel vor: »Niemand kann sie sehen, und jeder Mensch hat gleich viel davon! ... du kannst sie messen! ... sie kann dir davonlaufen! ... du kannst sie totschlagen! ... du kannst sie vertrödeln! ... du kannst sie sparen! ... sie kann dir gestohlen werden! ... du kannst sie schenken!« – »Die Zeit!«; die Kinder haben die Antwort erraten. Die Lehrerin liest noch einmal die einzelnen Punkte vor. Diesmal macht sie eine Pause nach jedem Satz, dessen Bedeutung alle im Stillen reflektieren. Unmittelbar danach entspinnt sich ein Gespräch zu der betreffenden Aussage. Die Lehrerin – und die Schüler! – achten darauf, dass auch zurückhaltende Kinder zu Wort kommen können. Zum letzten Punkt – »du kannst sie schenken!« – lernen die Kinder das Lied »Schenk uns Zeit« (KRENZER/ JÖCKER) kennen. Zum Abschluss singen alle gemeinsam das Lied, das auch als Kanon konzipiert ist.

Besonders reizvoll ist es hier, eine Themeneinheit über mehrere MoKe zu gestalten; das Lied kann als Begleiter jedesmal gesungen werden. So dient unserer Beispielklasse der Kanon in der darauffolgenden Woche als Einstieg, dann überlegen sich die Beteiligten, wofür sie selbst gerne Zeit hätten und wem sie diese Woche ihre Zeit schenken können. Es entstehen Zeit-Wunschzettel und Zeit-Gutscheine. Die Wunschzettel werden im Klassenzimmer aufgehängt, die Gutscheine entsprechend verschenkt.

Literatur

HIERONYMUS, ULRIKE, Der Morgenkreis als Unterrichtsbeginn, Praxisbeispiele zur ganzheitlichen Gestaltung des Schulalltags, München 1996; LAUER, M.-L./RENTMEISTER, K.-O./ RUPP, H./MARTIN, G., Besinnung am Morgen – Handreichungen zum Unterrichtsbeginn, Freudenstadt 1992

ANDREA ENGBERTH

Sa kom	So kom	BEW	INF
Mo kom	Me kom	EVA	PLA
		AUS	BER

▶ **Neosokratischer Dialog (ND):** Der ND ist eine von dem Göttinger Philosophen LEONARD NELSON (1882–1927) ursprünglich für den Philosophieunterricht entwickelte Unterrichtsform. Er entstand aus einer Kritik am klassischen sokratischen Dialog →*Mäeutik, Sokratische Methode*. Dieser klassische Dialog – so seine Kritiker – löse den eigenen Anspruch nicht ein, Wissen aus Lernen *ohne Belehrung* ›hervorzulocken‹. Hieraus ergibt sich der Anspruch des ND, durch eine differenzierte Gestaltung des Dialoges den Lerner konsequenter als im klassischen sokratischen Dialog zum Selbstdenken und Selbsturteilen anzuregen. Dabei geht es nicht nur darum, inhaltliche Fragen zu lösen, sondern die Lerner sollen die »Schwierigkeiten ihres Denkens im Vollzug« (LOSKA) erleben und hierdurch ihre Persönlichkeit entwickeln, und zwar hin zu einem selbstbestimmt urteilenden und eigenständig handelnden Menschen.

Grundsätzlicher Dialogverlauf
Der ND beginnt damit, dass eine Gruppe von Lernern untereinander eine gemeinsame Fragestellung findet, die sie in einem Gruppendialog bearbeiten möchte. Diese Fragestellung soll auf einem konkreten Fall aus dem Erfahrungshorizont der Lerner beruhen (d. h. es wird zunächst nicht abstrakt gefragt: »Was ist Tugend?«, sondern konkret »Ist es tugendhaft, den Wehrdienst zu verweigern?«). Erst wenn die konkrete Frage beantwortet ist, kommt es im zweiten Schritt zur Abstraktion, nämlich zu der gerade genannten Frage »Was ist Tugend?« Die allgemeine Erkenntnis soll dann wieder auf andere konkrete Fälle übertragen werden (z. B. »Was bedeutet der entwickelte allgemeine Tugendbegriff für die eheliche Treue?«). Es gibt also eine Abfolge vom Konkreten zum Abstrakten wieder zurück zum Konkreten. Neben dieser spezifischen Abfolge ist es charakteristisch für den Ablauf eines solchen Dialogs, dass immer wieder nach den Gründen und Ursachen gefragt wird, die für oder gegen etwas sprechen.

Der Leiter eines ND hält sich idealtypisch an folgende Prinzipien:
1. *Allein von den Lernerfragen ausgehen:* Der Lehrer soll selbst keine inhaltlichen Fragen in eine Lerngruppe hineintragen. Werden keine Fragen gestellt, kann der Lehrer im Sinne einer auf dem Erfahrungshorizont der Lerner basierenden Fragestellung nur auffordern, sich Fragen zu überlegen oder sich vor der nächsten Sitzung hierüber einmal Gedanken zu machen.
2. *Nicht vor ›Irrwegen und Unfällen‹ schützen:* Wenn der Lehrer sieht, dass die Lerner sich im Gespräch in ihren Überlegungen in eine ›Sackgasse‹ manövrieren, soll er nicht vorher davor warnen. Die Sackgasse ist vielmehr als eine positive Verwirrung zu betrachten, weil sie die Grenzen eines einmal eingeschlagenen Weges kennzeichnet und in besonderem Maße zum sokratischen Staunen führt.
3. *Keine Bewertungen der Redebeiträge vornehmen:* Anders als der von Platon gezeichnete Sokrates soll der Gesprächsleiter kein Urteil im Hinblick auf das Thema des Gesprächs oder einen Teilnehmerbeitrag anbieten um das Gespräch nicht durch seine Autorität zu determinieren.

4. *Klarheit der Formulierungen und Begriffe kontrollieren:* Berufungen auf ein Gefühl, welches nicht artikuliert werden kann, sind nicht zu akzeptieren. Wenn möglicherweise missverständliche Begriffe gewählt werden oder die Befürchtung besteht, dass nur ein Teil der Gruppe bestimmte Begriffe verstanden hat, soll der Gesprächsleiter zur Explikation der Begriffe auffordern. Dies erfordert vom Gesprächsleiter, dass er entweder Kontrollfragen stellt, die das Verständnis erkunden (etwa »Wer hat verstanden, was eben gesagt worden ist?«), oder, dass er Überprüfungen verlangt, etwa indem er die Angabe von Gründen oder Beispielen einfordert.
5. *Das Festhalten an der Frage gewährleisten:* Der Gesprächsleiter soll zwar Irrtümer, mögliche ›Holzwege‹ und ähnliches zulassen und damit die ›Ratlosigkeit‹ der Lerner geradezu herausfordern, dann jedoch darauf achten, dass die eigentliche Frage nicht aus den Augen verloren wird und tatsächlich eine Antwort für die Ausgangsfrage und nicht für irgendeine andere Frage gefunden wird.
6. *Immer wieder den Zusammenhang von Konkretem und Allgemeinem einfordern:* Lerner tendieren nach Meinung NELSONs dazu, häufig die konkrete Lebenspraxis aus den Augen zu verlieren, sich in konstruierte und nicht reale Beispiele zu flüchten oder gleich mit abstrakten Modellen arbeiten zu wollen.
7. *Auf den Gruppenkonsens achten:* Der Gruppenkonsens ist das entscheidende Kriterium für die Beendigung der Beschäftigung mit einer Frage. Erst durch den Konsens ist eine Lösung zu einem intersubjektiv Gültigen geworden, erst dann sind wirklich alle Gründe und Gegengründe angeführt worden. Dabei kann ein Gespräch auch abgebrochen werden, wenn sich kein Konsens mehr erzielen lässt.
8. *Störungen im Rahmen so genannter Metagespräche zum Thema machen:* Wenn kein Konsens erzielt werden kann oder ein Teilnehmer grundsätzlich immer anderer Meinung ist, muss sich der Leiter fragen, ob hier nicht persönliche Gründe vorliegen, etwa Animositäten gegen einen Teilnehmer, eine weltanschauliche Richtung oder irgendwelche privaten Schwierigkeiten usw. Um solche Probleme zu lösen, plant z. B. HECKMANN immer einige Stunden außerhalb der Sachdiskussion ein, um über solche Probleme und den Verlauf des Gesprächs insgesamt zu reflektieren.

Regeln des ND aus der Perspektive der Lerner:
1. *Bereit sein, eigene Gedanken mitzuteilen:* Gemeint ist hier, dass die Lerner tatsächlich ihre eigenen Gedanken vortragen und nicht die Gedanken etwa von DESCARTES, die Gedanken eines anderen Lerners oder Lehrers, die sie angeblich zu ihren eigenen gemacht haben.
2. *In einer ›gemeinverständlichen‹ Sprache reden:* Kunstsprachen etwa der Logik werden für eher hinderlich gehalten, weil sie den Gesprächs- und Gedankenfluss hemmen. Gleichwohl müssen auch beim Gebrauch der Alltagssprache die Begriffe klar sein, Vieldeutigkeiten der Alltagssprache aufgelöst oder in ihrer Ambiguität zumindest ins Bewusstsein der Teilnehmer gebracht werden.

3. *Aktiv zuhören:* Hierzu gehören einerseits formale Dinge wie das Ausredenlassen. Andererseits geht es um die Anforderung an die Teilnehmer, sich zu bemühen, wirklich zu verstehen, was die anderen meinen. Wenn sie etwas nicht verstanden haben, sollen sie zurückfragen, um Beispiele bitten usw.

ND in der Schule:
Die Voraussetzung für das Funktionieren eines solchen Gesprächsablaufs ist nach NELSON eine explizite Übereinkunft zwischen Lerner und Gesprächsleiter: Die Lerner müssen mit den Organisationsprinzipien des Gesprächs vertraut gemacht werden, vor allem damit, dass ihre Erwartungen nach inhaltlichen Beiträgen des Leiters enttäuscht werden und sie selbst Träger der Aktivität sein sollen. Der Einsatz des ND ist keineswegs auf den Philosophieunterricht oder auf Fragen der Ethik beschränkt. Wie im klassischen sokratischen Dialog lässt sich auch Mathematikunterricht mit diesem Modell gestalten. Didaktisch knüpft die hier vorgestellte Methode des sokratischen Dialogs an viele moderne Formen der Organisation von Unterricht oder Lernen an. So finden sich Parallelen zur Moderationsmethode, zur TZI oder zum Kontraktlernen.

Probleme für ND ergeben sich aus der Lehrplanorientierung und der Notwendigkeit zur Bewertung von Leistungen der Schüler durch die Lehrer. Sie widersprechen den Prinzipien des ND. Ersteres beschränkt die Möglichkeit, nur von Fragen der Lerner auszugehen. Letzteres widerspricht dem ›Geist‹ des ND, gemäß dem Lerndialoge sich durch Abwesenheit von Zwang auszeichnen sollten.

Literatur
HECKMANN, GUSTAV, Das sokratische Gespräch, Hannover 1981; LOSKA, RAINER, Lehren ohne Belehrung. Leonard Nelsons neosokratische Methode der Gesprächsführung, Bad Heilbrunn 1995; NELSON, LEONARD, Die sokratische Methode, in: BARNAYS, P. u. a. (Hrsg.), Leonard Nelson. Gesammelte Schriften in neun Bänden, Bd. 1, Hamburg 1970, S. 269–316; RUMPF, HORST, Scheinklarheiten, Braunschweig 1971; ZIMBRICH, F., Sokratisches Lehren – noch einmal, in: Neue Sammlung, 19. Jg. 1979, Heft 2, S. 205–221

EWALD KIEL

Sa kom	So kom	BEW	INF
Mo kom	Me kom	EVA	PLA
		AUS	BER

▶ **Netzwerk (NW):** Das NW stellt sowohl eine *Kommunikationsübung* als auch eine *Wiederholungsmethode* dar. Die Methode wurde m. E. von D. WAHL entwickelt und wird seither in der Erwachsenenbildung, aber auch in Schule und Hochschule eingesetzt. Besonders geeignet ist das NW am Ende einer Unterrichtseinheit zur Wiederholung und zur gedanklichen Ordnung. Sie bietet sich aber auch dort an, wo es darum geht, den Vorkenntnisstand der Lernenden, z. B. in einer Einstiegsphase, zu erfassen. Das Netzwerk kann auch sinnvoll eingesetzt werden, um daran anschließend eine →*Sortieraufgabe* oder eine →*Struktur-Lege-Technik* durchzuführen. Da alle Lernenden zum Reden ermuntert werden und jeder das sagen kann, was ihm zu einem Lernbegriff einfällt, ist die Hemmschwelle gering.

> Für das NW werden verschiedene zentrale Begriffe, z.B. einer Unterrichtseinheit oder eines Seminarthemas, auf Kärtchen geschrieben. Es sollten mehr Kärtchen als Teilnehmer sein. Jeder bekommt nun nach dem Zufallsprinzip ein Kärtchen zugewiesen. Anschließend besteht die Möglichkeit des Tauschhandels mit den Kärtchen. Es kann mit anderen Teilnehmern getauscht werden oder auch gegen eines der Kärtchen, die noch niemandem zugewiesen wurden.

↓

> In einer zweiten Phase vergewissern sich die Lernenden, ob sie zu ihrem Begriff etwas sagen können. Sie können dabei auch Informationen bei anderen Teilnehmern einholen oder aus ihren Unterlagen entnehmen.

↓

> Nach dieser Vergewisserungsphase setzen sich alle Lernenden in einen Kreis und halten ihr Kärtchen in der Hand. Einer beginnt nun, seinen Begriff zu erklären. Dann fährt derjenige fort, der glaubt, sein Begriff passe in den Zusammenhang der ersten Erklärung. So wird fortgefahren, bis alle ihre Begriffe erklärt haben.

↓

> Wer mit seiner Erklärung fertig ist, legt sein Kärtchen sichtbar vor sich hin.

Dadurch, dass die Lernenden die Möglichkeit haben so lange ihre Kärtchen zu tauschen, bis sie einen Begriff gefunden haben, unter dem sie sich etwas vorstellen können, und sich zusätzlich nochmals in ihren Unterlagen oder durch Gespräche vergewissern können, kann die Auftrittsangst stark abgebaut werden. Dies ist zur Anbahnung von Kommunikation sehr wichtig. Als inhaltliches Ziel kann festgehalten werden, dass durch die nicht festgelegte Reihenfolge vielfältige Verknüpfungen der Begriffe untereinander für die Lernenden deutlich werden und so die Unterrichtseinheit nochmals strukturiert vor Augen geführt wird. Außerdem tragen alle Lernenden zum Ergebnis bei, was in der Regel das Selbstwertgefühl fördert. Allerdings muss darauf geachtet werden, dass einzelne Erklärungen nicht zu lang ausfallen, sonst kann die Motivation im Laufe der Erklärungsphase abnehmen und die Lernenden hören sich gegenseitig nicht mehr zu. Das NW kann auch so variiert werden, dass alle Teilnehmer mehrere Kärtchen haben, deren Begriffe sie erklären müssen; so müssen alle über längere Zeit aufmerksam sein. Wenn Lernenden auf verständliche Weise Sinn und Muster des NW erklärt werden, dann ist erfahrungsgemäß die Aufmerksamkeit die ganze Zeit vorhanden.

Netzwerk

Strukturbeispiel: Der Nationalsozialismus/Geschichte/9. Schuljahr

- In einer Vorbereitungsphase bereitet die Lehrkraft Kärtchen mit verschiedenen wichtigen Begriffen über die Zeit des Nationalsozialismus vor. Es sollten mindestens vier Kärtchen mehr sein als die Schülerzahl der Klasse beträgt.
- Die Klasse sitzt im Sitzkreis. Auf jedem Stuhl liegt eines der vorbereiteten Kärtchen. Die restlichen Kärtchen liegen in der Mitte des Kreises. Die Schülerinnen und Schüler nehmen ihr Kärtchen, schauen sich den Begriff an, behalten ihn entweder oder tauschen ihn mit Klassenkameraden oder gegen einen Begriff aus der Mitte aus.
- Nachdem alle ihren Begriff haben, schauen die Lernenden in ihren Unterlagen nach, informieren sich nochmals über ihren Begriff und besprechen ihn auch in Partner- oder Kleingruppengesprächen. Diese Phase sollte nicht länger als zehn Minuten gehen.
- Nun sitzen wieder alle Lernenden im Kreis. Einer beginnt seinen Begriff zu erklären, ein anderer, dessen Begriff irgendwie zum vorhergehenden passt, schließt sich mit seiner Erklärung an. Dies geht so weiter, bis alle Lernenden ihre Begriffe erklärt haben.
- Nun kann nochmals über einzelne Begriffe gesprochen werden, die vielleicht noch nicht ganz klar wurden.

Beispiele für Kärtchen:

30. Januar 1933	Ideologie Hitlers
Hitlerjugend	Propaganda

Literatur
WAHL, D./WÖLFING, W./RAPP, G./HEGER, D. (Hrsg.): Erwachsenenbildung konkret, mehrphasiges Dozententraining. Eine neue Form erwachsenendidaktischer Ausbildung von Referenten und Dozenten, Weinheim 1991, S. 193
SILKE TRAUB

▶ **Neurolinguistisches Programmieren (NLP):** Grundlage dieses von BANDLER und GRINDER in der beratenden Psychologie entwickelten Konzepts ist eine Art radikal konstruktivistische Auffassung: *Was kognitiv hergestellt worden ist, kann auch kognitiv verändert werden!* Übertragen auf den Lernprozess meint dies: Jeder Mensch schafft sich sein Wissen (i. w. S.) selber, er konstruiert es. Ja, er konstruiert auch die Wirklichkeit, in der er lebt; Wirklichkeit ist letzten Endes mit seinem Wissen darüber identisch. Solange dabei der Mensch streng als selbstreferenzielles System aufgefasst wird, ist auch bloß er selber derjenige, der seinen Lernprozess – Aufbauprozess seines Wissens – steuert, der sein Wissen aktualisiert und strukturiert. Im NLP aber wird die Möglichkeit der Beeinflussung von außen angenommen; durch Eingriffe in Lernvorgänge, die sich unmittelbar an Lernende richten, kann man diese so programmieren, dass sie bestmöglich lernen, dass sie abbauen, was sich als unzureichend erweist, dass sie aufnehmen und einordnen, was sich als bedeutsam zeigt, dass sie ständig formen und umformen, was für sie selber nötig ist. Im Mittelpunkt steht der einzelne lernende Mensch.

Gestattet sind letztlich alle Eingriffe, die dem Menschen beim Aufbau seiner Wirklichkeit bzw. seinem Wissen darüber helfen. Doch wurden dafür schon anfangs mehrere Grundsätze vorgegeben, vor allem:
- Alles Lernen muss seinen Ausgang über die Sinne nehmen, da sie die Eingangskanäle sind, über die Wissen an das Nervenzentrum weitergeleitet wird, es muss also auch sinnlich wahrnehmbar machen!
- Alles Lernen ist nur durch Sprache möglich; sprachlich werden Wahrnehmungen codiert und eingespeichert, sodass besonderer Wert auf sprachliche Gestaltung des zu Lernenden und auf sprachliche Unterstützung des Lernvorgangs zu legen ist.

Aus diesen beiden Grundforderungen folgt auch die Bezeichnung: Lernen über Sinne und durch Nerven = *neuro*; Lernen mit Sprache = *linguistisch*; Lernen durch eigene oder Programmierung von außen = *programmieren*.

NLP hat außerhalb von Schule und Unterricht weite Verbreitung gefunden, so vor allem in der betrieblichen Weiterbildung, wo aber m. E. auch viel Scharlatanerie damit betrieben worden ist. Wer erstmals von NLP hört, dem wird sicher das gleichsam damit ›verkaufte‹ Lernkonzept zusagen: Man ist gleichsam seines eigenen Glückes Schmied, man kann sich selber so ändern wie man das will und für nötig hält. Man kann aber dafür auch gleichzeitig auf Hilfe von außen hoffen. Man programmiert sich selbst aktiv und lässt sich gleichzeitig von anderen programmieren. Da auch die *Lern-Befehle* autoritär vorgebracht werden und nicht in Zweifel gestellt werden dürfen, fällt mancher diesem Konzept anheim und setzt zwangsläufig seine Hoffnungen darin. Gegen einen Einsatz im Unterricht spricht nichts, wenn die dadurch mögliche Minderung der Persönlichkeit von Lernenden vermieden wird, wenn man sich der durchaus wirksamen Techniken bedient: *Jetzt geht es an die Aufnahme von …! Lernt jetzt bitte ganz schnell …!*

Literatur
BESSER-SIEGMUND, CORA/SIEGMUND, HARRY, Coach Yourself, Düsseldorf 1996; GRINDER, M., NLP für Lehrer, Freiburg 1991; KLIEBISCH, UDO W., Psycho-Coaching, NLP und andere Power-Programme für Ihre Zukunft! Ein Trainings-Handbuch, Hohengehren 1996; KRUSCHE, HELMUT, Der Frosch auf der Butter, Düsseldorf; NAGEL, CL. von u. a., Megateaching, Freiburg 1989; SCHMIDT-OUMARD, W./ NEHLER, M., Lehren mit Leib und Seele, Paderborn 1993

Sa kom	So kom	BEW	INF
		EVA	PLA
Mo kom	Me kom	AUS	BER

▶ **Originale Begegnung (OB):** Dieses von H. ROTH entwickelte *methodische Prinzip* wird häufig dahingehend falsch verstanden, als wenn es darauf ankomme, Lernende mit den originalen Gegenständen statt bloß mit repräsentierenden Medien zu konfrontieren, also z. B. mit einem tatsächlich durch sauren Regen geschädigten Wald, wenn es um eben diesen Sachverhalt im Unterricht geht. Worum es aber ROTH geht, ist eine genetische Grundlegung (→*genetisches Lernen*) allen Lernens. Nicht mit von fremder Seite bereits vorproduzierten Ergebnissen sollen die Schüler sich im Lernprozess auseinandersetzen, sondern mit originalen Problemen, d. h. menschlichen Fragen, und diese zu lösen versuchen, nicht mit den abschließenden Ergebnissen von realen Vorgängen, sondern mit den Vorgängen, die dazu führen u. Ä. Dafür bietet ROTH einen *Kunstgriff* an: »Das schulmäßige Lernen besteht in der Aufgabe, Erkanntes, Erforschtes, Geschaffenes wieder nacherkennen, nacherforschen, nachschaffen zu lassen, und zwar durch den methodischen Kunstgriff, Erkanntes wieder in Erkennen, Erfahrungen wieder in Erfahrnis, Erforschtes wieder in Forschung, Geschaffenes wieder in Schaffen aufzulösen, nicht wie der Forscher und Schöpfer selbst, sondern wie ein wahrhaft Verstehenwollender, Nachdenkender und Nachschaffender tut.«

Durch diesen Kunstgriff wird zunächst eine gute Ausgangsbasis für Lernen geschaffen, weil Schüler sich stärker motiviert Problemen als fertigen Lösungen zuwenden. Dann wird aber auch die mögliche Erfahrung stärker intensiviert. ROTH spricht davon, dass durch solchen Kunstgriff Lernender und Lerngegenstand sich ineinander verhaken und so lange verhakt bleiben, bis sich der Gegenstand dem Lernenden voll erschlossen hat. Die Auflösung des festen Gegenstandes in seine Genese soll ihn für Schüler in echtem Sinne fragwürdig machen – d. h. sie sollen ihn nicht so hinnehmen, sondern ihn als Frage(n) werten –, sodass sie Fragen an ihn stellen. ROTHs methodisches Prinzip hat bei allen apparativen und hochtechnologischen Lern- und Lehrhilfen nichts von seiner didaktischen Aktualität verloren. Als Gewährsmann für das Prinzip kann u. a. auch FR. COPEI herangezogen werden: Er hat mit seiner Untersuchung zum *fruchtbaren Moment im Bildungsprozess* Lernphänomene analysiert, bei denen es tatsächlich zunächst zu *originalen Begegnungen* kam, wie beispielsweise beim *Milchbüchsen-Beispiel* (das zwar physikalisch völlig falsch interpretiert wird, aber didaktisch außerordentlich anschaulich ist).

Definition der Lehreraufgabe

In der *Vorbereitung*
- Intensive Auseinandersetzung mit dem Unterrichtsgegenstand
- Auswahl und Produktion von geeignetem Informations- und Arbeitsmaterial
- Überlegung: Welche Ausgangssituation motiviert die Kinder wirklich?

Der *Unterricht*
- ist Inszenierung einer Begegnung zwischen Kind und Kulturgut
- muss das Interesse der Kinder wecken und aufnehmen
- verlangt hohe Sach- und Methodenkompetenz des Lehrers

Unterrichtliches Verhalten
- Bereithalten von geeignetem (motivierendem) Arbeitsmaterial
- wenig Einmischung in Schülertätigkeit
- Zulassen und Aushalten von Experimentiersituationen
- Beratung bei Schwierigkeiten der Kinder
- Lehrer reagiert auf den Erkenntnisprozess der Kinder und führt diesen herbei

Beispiel: Kartenverständnis erweitern/Heimat- und Sachunterricht/ 4. Schuljahr; KATRIN SCHMELCHER/MARIA THERESIA WURST

Das anstehende Lernziel, *Entstehung einer Landkarte kennen*, lässt sich gut in Zusammenhang mit dem kurz bevorstehenden Schullandheimaufenthalt bringen. Bei der Vorbereitung auf den Aufenthalt wird die Frage nach Orientierungshilfen für die regionale Umgebung des Heims auftauchen bzw. vom Lehrer vorsichtig einzubringen sein. Statt nun eine bereits vorhandene Wanderkarte o. ä. zur Verfügung zu stellen, sollen die Schüler sich selbst eine solche erarbeiten. Doch wegen des realen Unterrichtsdrucks kann damit nicht am Nullpunkt angefangen werden. Vielmehr wird anfangs eine provisorische Karte (mind. DIN A1-Format) durch den Lehrer vorgelegt, die puzzleartig in Teile zerschnitten ist. Darauf sind die Konturen der Ortschaften in der Nähe des Schullandheimes (mit Straßennetz, das zunächst noch verdeckt ist), die Hauptverkehrsstraßen zwischen den Orten und eine Karteneinteilung in Quadrate mit Angabe der Himmelsrichtungen eingezeichnet. Der Lehrer stellt den Kindern diese ›Karte‹ z. B. im Stuhlkreis vor. Im anschließenden Brainstorming wird über das vorliegende ›Kartengerüst‹ und über die Merkmale von Landkarten im Allgemeinen gesprochen. Informationsmaterial wie Prospekte, Faltkarten und Broschüren der Orte rund um das Schullandheim werden hinzugezogen. Es folgt der gemeinsame Arbeits- und Erkenntnisprozess der Schüler. Sie beraten und planen den jeweils nächsten Schritt ihrer Arbeit; der Lehrer nimmt bei Bedarf beratend daran teil.

Originale Begegnung

In Arbeitsgruppen wird je eine Ortschaft genauer betrachtet, das Prospektmaterial wird ausgewertet und z.B. in Form von Collagen aufgearbeitet. Anschließend wird über den vorangegangenen Arbeits- und Erkenntnisschritt gesprochen. Die betreffenden Ortschaften werden der Klasse vorgestellt und zueinander in Beziehung gesetzt. Dabei werden vielleicht auch schon die ersten Eintragungen auf der Karte vorgenommen, z.B. die Ortsnamen.

Als nächstes könnte die Ortsstruktur der Dörfer genauer untersucht werden. Der Lehrer hilft bei der Arbeitsorganisation, indem er jeder Gruppe einen Teil der zerschnittenen Karte gibt und auch Orts- und Straßenkarten zur Verfügung stellt. In den nun aufzudeckenden Straßennetzen der jeweiligen Ortschaften können die Schüler die für sie relevanten Ausflugsziele, wie z.B. Kino, Eisdiele, Schwimmbad etc., sowie Straßennamen einzeichnen und dabei auch mit der Collage, die zuvor kreiert wurde, weiterarbeiten.

In der Folge werden die Kartenteile wieder zusammengefügt. Andere wichtige Elemente, wie Rad- und Wanderwege, Grillplätze usw. zwischen den Orten werden ergänzt; Prospekte, Wanderkarten und anderes sind dabei eine Hilfe. Möglicherweise entwickeln die SchülerInnen auch Interesse am Gestalten einer Symbolik für ›ihre Karte‹.

Im Laufe der Auseinandersetzung mit dem vorhandenen Kartenmaterial stoßen die Kinder wahrscheinlich auf die Thematik der maßstäblichen Verkleinerung bei Karten. Bei Nachfragen dazu übernimmt der Lehrer die nötigen Erklärungen.

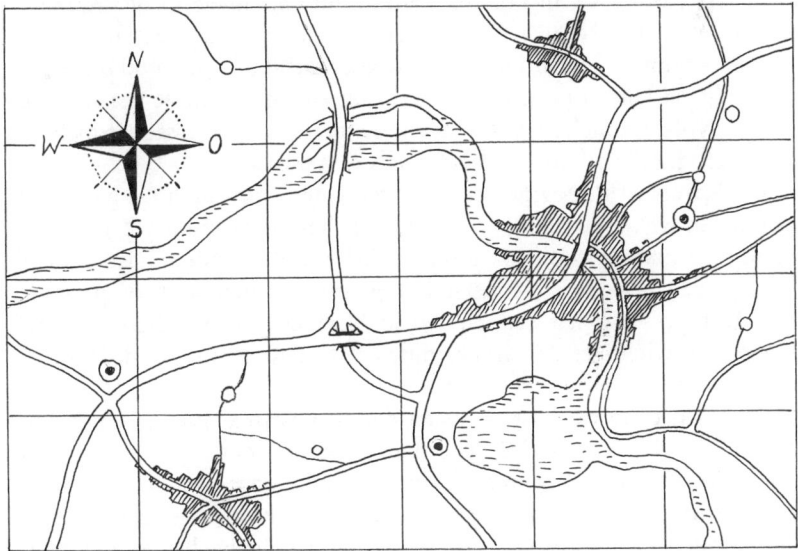

Abb. 39: Kartenvorlage

Während des Schullandheimaufenthaltes wird die erarbeitete Karte vor Ort erprobt. Es wird versucht, damit ein Ausflugsziel zu finden, eine Wanderung zu unternehmen u. Ä. Wenn nötig, wird die Karte überarbeitet. Um den Bedeutungsgehalt der erarbeiteten Karte zu unterstreichen, wird diese vervielfältigt und anderen Klassen für deren Ausflüge überlassen.

Literatur
ROTH, HEINRICH, Die »originale Begegnung« als methodisches Prinzip, in: Pädagogische Psychologie des Lehrens und Lernens, 4. Aufl., Hannover 1960, S. 116–126; COPEI, FRIEDRICH, Der fruchtbare Moment im Bildungs-Prozess, 3., erg. Aufl., Heidelberg 1955

Sa kom	So kom
Mo kom	Me kom

BEW	INF
EVA	PLA
AUS	BER

▶ **Pantomime (PAN):** PAN ist eine stumme Form des personalen →*Darstellenden Spiels*. PAN ist »stumme Kommunikation – Sprechen ohne Worte. ... PAN heißt, Fantasie in der Illusion lebendig werden zu lassen« (HAMBLIN, S.13). PAN ist ursprünglich ein Bühnenspiel, bei dem ohne Worte, nur mit Hilfe von Gebärden und Gesten – gelegentlich verbunden mit Musik und Tanz – eine Situation oder eine Handlung ausgedrückt werden. Dabei spielen ausdrucksstarke Bewegungsabläufe und entsprechende Haltungen einzelner Körperteile eine große Rolle.

PAN (von griech. *Pantomimos*: alles nachahmend, alles ausdrückend) gibt es schon, seit die ersten Höhlenmenschen ihre Jagderfahrungen ohne gesprochene Sprache dargestellt haben. »Bei den Griechen war PAN ein Bestandteil religiöser Zeremonien. Die Römer veranstalteten pantomimische Spiele in der Arena ... Im Mittelalter gehörte PAN zur religiösen Unterweisung ... Im 16. Jahrhundert kam die PAN als reine Unterhaltungskunst wieder auf die Bühne und die Straße in Form der italienischen ›commedia dell'arte‹ mit einem Ensemble feststehender Charaktere. ... Volkstümliche PAN, wie wir sie heute kennen, kam jedoch erst zu Beginn des 19. Jahrhunderts (in Paris) auf.« (HAMBLIN, S. 14)

Auch in der Schule ist PAN zu einer beliebten Unterrichtsmethode geworden. Allerdings müssen wir in der Schule vom eigentlichen ›Pantomime‹-Begriff wegkommen und ganz andere Maßstäbe ansetzen, da es z. B. unmöglich ist, dass alle Schüler eine gezielte, strenge Körperschulung durchlaufen und zu perfekten Pantomimen werden. Aber wir können den Schülern bewusst machen, dass auch Körpersprache ein wichtiges Ausdrucksmittel der Menschen ist und dass jedes Kind dazu befähigt ist, sich durch seinen Körper auszudrücken.

Ziel der PAN im Unterricht ist, – neben der Bewusstmachung der Funktion außersprachlicher Mittel – die körperlichen Ausdrucksmittel zu fördern und dadurch ohne Worte kommunizieren zu können, da in jeder Sprache Mimik und Gestik den Ausdruck in Gesprächen unterstützen. PAN dient neben der Ausdrucksschulung der Spieler auch der Verbesserung des Beobachtungsvermögens der Zuschauer und Zuschauerinnen.

Pantomime

In der Schule lässt sich die PAN als Form des →*Darstellenden Spiels* z.B. in folgenden Bereichen stark vereinfacht einsetzen:
- (Fremd-)Sprachenunterricht
  - Begriffe/Hauptwörter darstellen (als Wettbewerb/Gruppenturnier)
  - Verben demonstrieren (Was jemand tut)
  - Adverbien darstellen (Wie jemand etwas tut), z.B. im Englischunterricht
  - Darstellung von Witzen oder Sprichwörtern, z.B. in Deutsch
- Sportunterricht
  - Typische Bewegungen von Tieren darstellen
  - Tätigkeiten (z.B. eine ›Kerze‹ anzünden) darstellen
- Religionsunterricht
  - Biblische Geschichten (Gleichnisse, Wundergeschichten etc.) pantomimisch darstellen und erraten lassen; Darstellung biblischer Bildworte
- Fächerverbindendes Projekt
  - z.B. in Deutsch/Kunsterziehung: ›Pantomime und Maskenspiel‹ mit Aufführungsabsicht

Zu diesen knappen Vorschlägen sei noch gesagt, dass sie gründlich durchdacht und vorbereitet werden müssen. Es sollte vorab stets geklärt werden, ob der Schwerpunkt der PAN auf den Prozess (Erfahrung der Schüler) oder auf das Produkt (Aufführung) gelegt wird, ob Requisiten, Schminke, Musik o.Ä. verwendet werden oder ob darauf verzichtet wird und ob alle Schüler/Lehrer sich aktiv als Mimen beteiligen oder ob einige auch »nur« als Publikum fungieren sollen. Für die Zuschauer wird die Sache auf jeden Fall spannend, wenn sie das dargestellte Geschehen erraten und sich somit aktiv beteiligen dürfen.

Vorteil der PAN ist neben hohen intrinsisch-motivationalen Merkmalen auch die Tatsache, dass die Schüler immer das Wichtigste, was man für PAN braucht – nämlich Körper und Fantasie – schon dabei haben. PAN ermöglicht Schülern, ihre Kreativität auszuleben, ihre Ideen umzusetzen und in andere Rollen zu schlüpfen (→*Rollenspiel*). Spiel und Arbeit lassen sich verbinden, wenn den Schülern Zeit und Gelegenheit zum Experimentieren gegeben wird. Die Schüler lernen, ihre Ideen mit ihrem gesamten Selbst, statt bloß mit ihrer Stimme auszudrücken. Neben der Beobachtungsfähigkeit werden auch Genauigkeit und Konzentration gefördert. Durch die Selbsterfahrung von sich, dem Körper und dem Raum entwickeln die Schüler ein starkes Körperbewusstsein. Außerdem wird soziales Lernen gefördert, da vor allem in Gruppen gearbeitet werden sollte, in denen Schüler sich gegenseitig beraten, helfen und unterstützen.

> **Beispiel: The Surgeon Mime/Englisch/9./10. Schuljahr/RS**
>
> Anders als bei den oben angeführten Beispielen wird hier vorrangig der Lehrer als Mime funktionieren.
>
> In den vorhergehenden Stunden wurde der Wortschatz für den Bereich ›Krankenhaus-Operationssaal-Chirurg‹ eingeführt und eingeübt. Die da-

ran anknüpfende Stunde beginnt der Lehrer damit, den Schülern den ›false friend‹ (revueartiges Märchenspiel mit starken pantomimischen Zügen, welches Kinder in den Weihnachtsferien in Großbritannien aufführen) zu erklären. Schließlich leitet er auf den englischen Begriff »mime« über, der dem deutschen Begriff PAN entspricht. Die Wortfamilie »a mime« (person), »a mime« (what he/she does) und das Verb »to mime« werden erarbeitet und schließlich in dem Satz »Mimes mime mimes« zusammengefasst.

Nun erklärt der Lehrer auf Englisch, dass er »Mr. Sawbones« ist und »The Surgeon Mime« vorführen wird. Er stellt nacheinander verschiedene Handlungen dar (in den OP eintreten, sich die Hände waschen und abtrocknen, den Patienten begrüßen etc.). Bei jeder neuen Tätigkeit sollen die Schüler, die in einem großen Sitzkreis sitzen, dem Uhrzeigersinn nach einen korrekten Satz über die jeweilige Handlung des Chirurgen nennen (z. B. He is preparing an injection). Gelingt es einem Schüler nicht, einen korrekten Satz zu sagen, hält der Vorführende solange inne, bis der Schüler (evtl. mit Hilfe seiner Mitschüler/innen) die Tätigkeit in einem grammatikalisch richtigen Satz beschreibt. (Hierbei kann je nach Übungsbedarf die Geschichte in der Gegenwart, Vergangenheit oder Zukunft erzählt werden). Wurde der richtige Satz genannt, vollzieht der Mime die nächste Handlung und der nächste Schüler beschreibt den Vorgang. Dies geschieht so lange, bis die Geschichte spannend und korrekt in Verantwortung der ganzen Klasse gemeinsam zu Ende erzählt worden ist.

Vorteile dieser unterrichtlichen Methode sind u. a., dass jede(r) Schüler/in die Aufgabe hat, aktiv zu beobachten, eine richtige Aussage zu formulieren, schwächeren Nebensitzern nach Aufforderung bei der Formulierung zu helfen und ›mitzufiebern‹. Sozialverhalten und Gemeinschaftsgefühl werden gestärkt, weil die Klasse gemeinsam auf das Ziel hinarbeitet, die Geschichte gut zu erzählen. Es macht den Schülern nicht nur viel Spaß, – in Interaktion mit dem Lehrerhandeln – eine spannende Geschichte in der Fremdsprache zu erzählen, sondern es gibt ihnen auch das Gefühl der eigenen Wirksamkeit und des Erfolgserlebens. Da es sich hier um eine vielversprechende sprachproduktive Methode für den Fremdsprachenunterricht handelt, sollte das mündliche Ergebnis der Schüler auf einem Tonträger aufgezeichnet werden, um das Geleistete nachher auch bewerten zu können. Als Hausaufgabe könnten die Schüler die erzählte Geschichte (mithilfe der Vokabelliste) schriftlich festhalten bzw. bei Unterforderung schriftlich variieren.

Literatur

BARTUSSEK, WALTER, Pantomime und darstellendes Spiel, 3. Aufl., Mainz 1994; HAMBLIN, KEY, Pantomime: Spiel mit deiner Phantasie, Soyen, 1979; KEYSELL, PAT, Pantomime für Kinder: Über Ausdruck und Körpersprache zum Theaterspiel, Ravensburg, 1977; KUTTIG, CHRISTINA, Theaterspiel in der Grundschule, Paderborn 1991; NICKEL, FRANK U., Pantomimisches Spiel mit Kindern, in: Grundschule, 25. Jg.

Partnerarbeit

1993, H. 11, S. 27–29; WEBERLING, NILS, Sich Bewegungen ›einverleiben‹. Haltung aus der Sicht eines Pantomimen, in: Sportpädagogik, 16. Jg. 1992, H. 3, S. 9–14; ZWIEFKA, HANS, Pantomime, Ausdruck und Bewegung, 2. Aufl., Moers 1990
EVA MÖSSMER

Sa kom	So kom
Mo kom	Me kom

BEW	INF
EVA	PLA
AUS	BER

▶ **Partnerarbeit (PA):** PA wird von jeweils zwei Schülern gemeinsam betrieben. Didaktisch bedeutsam ist das Kriterium, nach dem zwei Schüler zusammengebracht werden: Gleichstarke, die gemeinsam und u. U. im Wettbewerb mit anderen Partnerschaften Aufgaben lösen, unterschiedlich starke, wobei der stärkere dem schwächeren behilflich ist. Statt PA auf Zeit können auch länger währende Partnerschaften als *Patenschaften* gebildet werden. PA wird gegenwärtig viel zu wenig praktiziert; sie kann neben der sozialen auch die Lernkompetenz besonders fördern.

Beispiel: Bilderdiktat/Englisch
DANIEL STEINWANDT/JOCHEN KÖHLER

Zwei SchülerInnen arbeiten zusammen an einem Bilderdiktat, wobei jeweils ein SchülerIn lernt, englische Beschreibungen zu verstehen und zeichnerisch umzusetzen.

- Die beiden SchülerInnen sitzen sich gegenüber, damit eine gute Kommunikationsmöglichkeit gewährleistet ist. Jedoch darf kein Blick auf das Blatt des anderen fallen können.
- SchülerIn A diktiert eine vom Lehrer vorgegebene räumliche Beschreibung eines Zimmers. Bei den kurzen Beschreibungssätzen liegt der Schwerpunkt auf den Einrichtungsgegenständen und den dazugehörigen Präpositionen (in, on, at, behind, …).
- SchülerIn B fertigt aufgrund dieser Erklärungen eine Skizze dieses Zimmers an.
- Nach jedem diktierten Satz kommt es zu einer Pause, in welcher SchülerIn B diesen zeichnerisch umsetzt.
- Bei Unklarheiten Möglichkeit, Rückfragen zu stellen. Diese müssen allerdings auf Englisch erfolgen.
- Nach Beendigung des Diktats vergleichen die beiden den Text mit der daraus entstandenen Zeichnung. Mögliche Fehler werden gemeinsam korrigiert.
- Im zweiten Durchgang werden die Rollen getauscht. SchülerIn B beschreibt nun ein anderes Zimmer, das SchülerIn A nun wiederum zeichnet.

Literatur

COPPES, K.H., Partnerarbeit im Unterrichtsgeschehen der Grund- und Hauptschule, 3. Aufl., Weinheim 1972; NUHN, H.-E., Partnerarbeit als Sozialform des Unterrichts, Weinheim u.a. 1995; SCHELL, CHR., Partnerschaften im Unterricht, München u. Basel 1972

Sa kom	So kom
Mo kom	Me kom

BEW	INF
EVA	PLA
AUS	BER

▶ **Partnerinterview (PI):** Das PI ist eine Variante der →*Partnerarbeit* und wird zu den *Kommunikationsmethoden* gerechnet. Im PI läuft die →*Partnerarbeit* sehr strukturiert ab, die einzelnen Schritte sind genau vorgegeben, sodass ein Abweichen von der organisatorischen Planung nicht möglich ist, inhaltlich dagegen ist das PI offen. Durch das PI können verschiedene kommunikative Ziele, wie genaues Zuhören, genaue sprachliche Formulierung und das Eingehen auf die Äußerungen des Partners, geübt werden. Als inhaltliche Zielsetzungen gelten die Bearbeitung von Problemen, das Wiederholen von Lerninhalten und auch das Erfassen von Vorwissen und Interessen.

Das PI lässt sich in drei Phasen gliedern:
- In einer *ersten Phase* werden Paare gebildet. Diese Paarbildung kann nach dem Zufallsprinzip (Sitzordnung) oder verbunden mit Kennenlernübungen usw. erfolgen. Innerhalb eines Paares wird festgelegt, wer Partner A und wer Partner B ist. In der Schule können dabei vom Leiter aus Vorgaben gemacht werden, z.B. Partner A ist derjenige, der den längeren Schulweg hat, der jüngerist usw.
- Die Paare erhalten in der *zweiten Phase* dann ein Fragenblatt, auf dem eine bestimmte Anzahl von Fragen steht. Die Partner stellen sich abwechselnd diese Fragen. Partner A stellt z.B. alle Fragen mit geraden Zahlen, Partner B alle mit ungeraden Zahlen. Der jeweils andere Partner muss die an ihn gestellte Frage beantworten. Die Antworten können schriftlich festgehalten werden. Beide Partner können sich in ihren Antworten ergänzen. Auch ein Nachschlagen in Unterlagen ist durchaus möglich.
- In einer *dritten Phase* bringen dann die Paare ihre Antworten ins Plenum ein. Dort können sie weiter diskutiert und Unklarheiten beseitigt werden. Das Einbringen der Antworten kann auf unterschiedliche Weise geschehen, z.B. durch Dokumentation in einer →*Wandzeitung* o.Ä. Wichtig ist, dass die Antworten, wenigstens teilweise, im weiteren Unterricht aufgegriffen und thematisiert werden.

Der besondere Vorteil vom PI liegt darin, dass alle Lernenden zum Sprechen kommen. Beide Partner haben verhältnismäßig gleiche Redeanteile, beide Partner tragen gleichermaßen zur Lösung bei. Dadurch, dass jeweils nur zwei Personen miteinander arbeiten, minimieren sich Auftritts- und Leistungsängste; das PI hilft erfahrungsgemäß beim Knüpfen von Kontakten. Durch eine Art Verge-

Partnerinterview

wisserungsphase dient das PI auch der Orientierung bei Entscheidungsprozessen und liefert ein je klares Meinungsbild. Besonders wichtig beim PI ist, dass die Lernenden in ihrem Lern- und Arbeitstempo arbeiten können. Sie sollen sich mit den einzelnen Fragen so lange beschäftigen, wie sie Bedarf haben. Das individuelle Lerntempo wird berücksichtigt und bestimmt die Arbeitszeit.

Beispiel: Reflexion über die Methode Freiarbeit/9. Schuljahr/Realschule

In der Klasse wird seit einem guten halben Jahr →*Freiarbeit* praktiziert. Vor einem Reflexionsgespräch im Kreis wird ein PI durchgeführt. Die Schülerinnen und Schüler sollen die Möglichkeit haben, sich durch diese Methode auf das Kreisgespräch vorzubereiten und über →*Freiarbeit* zu reflektieren.

- Die Paarbildung erfolgt nach der Sitzordnung. Benachbarte Schülerinnen und Schüler arbeiten zusammen. Partner A und B werden folgendermaßen bestimmt: Wer den kürzeren Bleistift hat, ist Partner A, der andere Partner B.
- Jedes Paar erhält ein DIN A4-Blatt mit Fragen zur und über die Unterrichtsmethode →*Freiarbeit*.
- Partner A liest Partner B die erste Frage vor. B beantwortet diese Frage, A notiert sich die Antwort in Stichworten. Anschließend äußert A seine Ansicht. Die Aussage von B wird ergänzt. Nun liest B Partner A die zweite Frage vor. A antwortet, B notiert diese Antwort und ergänzt sie gegebenenfalls. Das abwechselnde Fragen und Antworten wird so bis zum Ende durchgeführt. Die Schüler haben insgesamt eine Zeitvorgabe, an der sie sich orientieren können, die aber keine Verpflichtung darstellen soll. Die beiden Partner bestimmen selbst die Zeit, die sie für eine Frage aufwenden wollen. Es besteht nicht die Notwendigkeit, alle Fragen beantwortet zu haben.
- Alle Schülerinnen und Schüler setzen sich in den Kreis. Die Paare stellen in einem →*Blitzlicht* ihre Antworten zusammengefasst vor. Auf wiederholt auftauchende Antworten, Fragen und Probleme wird in einer Diskussion eingegangen. Ergebnisse, die zur Verbesserung von →*Freiarbeit* in dieser Klasse beitragen können, werden formuliert und die Methode entsprechend verändert.

Beispiel für Fragenblatt

Partnerinterview
Arbeite mit deinem linken Nachbarn zusammen.
Partner A ist derjenige, der den kürzeren Bleistift besitzt.
Partner A fragt Partner B alle Fragen mit geraden Zahlen; Partner B fragt Partner A alle Fragen mit ungeraden Zahlen. Der Fragende notiert sich die Antwort in Stichworten.

Arbeitet in eurem Lerntempo. Es geht nicht darum, alle Fragen beantwortet zu haben!
1. Was ist für dich Freiarbeit?
2. Welche Probleme hast du in der Freiarbeit?
3. Welche Probleme siehst du in der Freiarbeit für Deine Klasse?
4. Welche Vorteile siehst du in der Freiarbeit?
5. Wenn Freiarbeit als Unterrichtsfach eingeführt würde: Wärst du dafür oder dagegen?
6. Ein neuer Klassenkamerad kommt in die Klasse: Wie würdest du ihm Freiarbeit erklären?

Für ganz schnelle Paare: (gemeinsam darüber sprechen)
7. Welche Wünsche habt ihr an die Freiarbeit/die Klasse/die Lehrkräfte?

Literatur
KNOLL, H. J., Kurs- und Seminarmethoden, München 1986; MÜLLER, P., Methoden in der kirchlichen Erwachsenenbildung, München 1982; WAHL, D./WÖLFING, W./RAPP, G./HEGER, D. (Hrsg.), Erwachsenenbildung konkret, mehrphasiges Dozententraining. Eine neue Form erwachsenendidaktischer Ausbildung von Referenten und Dozenten, Weinheim 1991, S. 194
SILKE TRAUB

Sa kom	So kom
Mo kom	Me kom

BEW	INF
EVA	PLA
AUS	BER

▶ **Phantasiereisen (PR):** PR im Unterricht sind für Lernen i. d. R. von bloß mittelbarer Bedeutung. Durch sie werden keine Inhalte erworben, sondern Lernvorgänge unterstützt, und zwar durch intensive Erholungsphasen. Bei PR gehen die Schüler lehrergeleitet für kurze Zeiten auf imaginäre Reisen, die sie möglichst in solche Umgebungen führen sollen, durch die ihre Vorstellungen momentan warm, wohlig, entspannt werden. Wie reales Reisen rekreativ wirkt, so sollen das auch PR. Lehrer führen durch fast suggestive Vorträge (→*Superlearning*), unterstützt zumeist durch passende Musik, ihre Schüler in die imaginären Gegenden. Dabei können Schüler sich auf den Boden legen, sich an die Wand lehnen o. Ä. Gegenwärtig werden PR oft nur wenig reflektiert und als bloße Modeerscheinungen eingesetzt; sie sollten wie alle Methoden begründet in den Unterrichtszusammenhang eingefügt werden.

Eine gut geplante Phantasiereise sollte stets folgende Phasen beinhalten:

1. *Rahmen schaffen*
   Konflikte und andere mögliche Störfaktoren von außen sollten beseitigt werden. Der Klassenraum kann dafür mit Schildern gekennzeichnet werden.
2. *Einleitung und Entspannung*
   Durch entsprechende Suggestionen werden die Schüler in einen Zustand seelischer und körperlicher Entspannung geführt. Hierzu kann autogenes Training mit einbezogen werden. Innere Verkrampfungen werden gelöst, und die Kinder können sich auf die nachfolgende PR einstellen. Sie werden bereit, zuzuhören und lösen sich von vorher Geschehenem. Sie werden offen für innere Vorgänge und erleben sich selbst bewusst. Beruhigende Musik kann diesen Entspannungszustand unterstützen.
   Der Lehrer fungiert als eine Art Reiseleiter, indem er Anweisungen in einem ruhigen, langsamen und deutlichen Ton gibt und des Öfteren kurze Pausen macht. Wenn möglich, sollte er frei sprechen. Die Schüler sollten direkt angesprochen werden. So fühlt sich jeder mit einbezogen und kann sich als Individuum wahrnehmen.
3. *Durchführung*
   Es gibt *freie* und *gelenkte* PR. In freien PR können die Kinder zu einem gegebenen Thema frei assoziieren, bei einer gelenkten PR werden sie durch Erzählungen des *Reiseleiters* auf eine vorgegebene Reise geschickt, bei der die Zuhörer sich die vorgegebenen Erlebnisse in ihrer Phantasie ausmalen. Oft wird jedoch auch eine Mischform ausgeführt, bei der der äußere Rahmen und wenige Anregungen gegeben werden. Jedoch wird den Kindern hierbei Raum für eigene Erfahrungen gewährt (siehe u. g. Beispiel).
4. *Zurückholen*
   Die Schüler sollen wieder in die Realität zurückgeführt werden. Der ›Reiseleiter‹ hebt langsam seine Stimme an. Bildliche Vorstellungen einer Heimkehr können nützlich sein. Die Kinder strecken sich aus und atmen tief ein, eventuell müssen manche Kinder direkt berührt werden, um in die Realität zurückzukehren.
   Das Zurückholen der Kinder muss äußerst behutsam vorgenommen werden. Es muss gewährleistet sein, dass alle Kinder die Phantasieebene verlassen und in die reale Welt zurückkehren. Ansonsten kann eine PR gefährliche Auswirkungen haben.
5. *Auswertung*
   Den Kindern muss die Möglichkeit gegeben werden, ihre Erlebnisse und Gefühle auszudrücken. Dieser freiwillige Erfahrungsbericht kann auf verschiedene Art und Weise durchgeführt werden, zum Beispiel durch
   – Malen des Erlebten
   – Erzählen
   – Ausdruck in Musik und Bewegungen
   – Verschriftlichung
   – ...

PR können thematisch in den Unterricht einbezogen werden. Besonders im Fremdsprachenunterricht bietet sich ihre Durchführung an, da die Schüler die imaginierten Bilder mit der Sprache in Verbindung setzen. Es findet keine wortwörtliche Übersetzung statt, die Sprache wird vielmehr unmittelbar erlebt. PR sind in ihrem Motivangebot fast unbegrenzt. Besonders gerne werden Motive aus der Natur, aus Märchen oder aus der direkten Umwelt der Schüler/innen verwendet. PR beinhalten keine konkret abfragbaren Lerninhalte. Doch wird die eigene Wahrnehmung gestärkt, Angst und Frustationen können leichter abgebaut werden.

Als weitere Wirkungen und Ziele werden von Vertretern des Konzepts angenommen:
- Förderung der Phantasie und des Bilddenkens
- Förderung des sozialen Lernens (Respekt vor den Gefühlen der anderen und gemeinsames Erleben)
- Entspannung und Beruhigung
- Freude
- Förderung der Kreativität
- Schaffen von Sprechanlässen
- Vernetztes Lernen
- Schaffen von Motivation
- Förderung von logischem und intuitivem Denken
- Herstellen eines inneren Gleichgewichts und einer positiven Grundhaltung
- Abwechslung im Schulalltag
- Steigerung der Konzentrationsfähigkeit
- Lernen mit beiden Gehirnhälften

> **Beispiel: Gelenkte Phantasiereise**
>
> 1. Die Schüler/innen suchen sich einen Platz im Klassenzimmer, wo sie sich in eine angenehme Lage begeben.
>
>
>
> 2. »Du liegst ruhig auf dem Boden. Deine Arme und Beine sind entspannt und deine Füße fallen locker auseinander. Deine Augen sind geschlossen. Du atmest ruhig und gleichmäßig ein und aus. Ein und aus. Du spürst den Boden unter deinem Rücken. Dir ist warm und du fühlst dich sicher und wohl. Dein ganzer Körper entspannt sich, du atmest ruhig ein und aus und du vergißt den Stress und den Alltag, der hinter dir liegt.«
>
>
>
> 3. »Stell dir vor, du bist klein und zusammengekauert. Tief unten, unter der Erde. Es ist dunkel um dich herum, aber du hast keine Angst. Du spürst eine leichte, angenehme Wärme. Du willst dich strecken und recken, du willst zu dieser Wärme. Du wirst größer und größer und weitest dich aus. Du siehst

Planspiel

ein Licht, und je größer du wirst, desto heller wird es und umso wärmer wird dir. Du gehst aus dem Dunkeln heraus und kommst ins Licht. Du schaust dich um und siehst eine völlig neue Welt: Farben, Licht, viele verschiedene Formen und Lebewesen ...
Hier fühlst du dich wohl. Du siehst das Gras um dich herum, saftig und grün. Du siehst schöne Blumen, Sträucher und Bäume, alles blüht in den prächtigsten Farben. Du gehörst zu ihnen, bist ein Teil von ihnen. Du spürst einen leichten Wind. Die Sonne scheint hell und wärmt dich.«

⬇

4. » Nun ist es Zeit für dich zurückzugehen. Du verabschiedest dich von den Blumen, Bäumen und Lebewesen um dich herum. Langsam gehst du den Weg zurück, zurück ins Klassenzimmer. Du spürst deinen Körper. Du atmest ruhig und gleichmäßig ein und aus. Ein und aus. Du spürst, wie du auf dem Boden liegst, du spürst deine Arme und Beine.«
»Atme tief ein und aus und öffne dann die Augen.«

⬇

5. Auf unterschiedlichste Art und Weise soll nun das von den Schüler/innen in der Phantasiereise Erlebte verarbeitet werden. Hierbei kann der Lehrer gezielt Aspekte aus dem Heimat- und Sachunterricht bzw. dem Biologieunterricht aufgreifen, zum Beispiel »Das Wachsen der Pflanzen nach Lichtrichtung«, »Vom Samen zur Pflanze«, »Die Photosynthese« etc.

Literatur
MASTERS, R./HOUSTON, J., Phantasiereisen, München 1984; MÜLLER, D., Phantasiereisen im Unterricht, Braunschweig; MÜLLER, E., Du spürst unter deinen Füßen das Gras, Frankfurt a. M. 1991
NICOLE HENGESBACH/FRIEDERIKE SALLMANN

Sa kom	So kom
Mo kom	Me kom

BEW	INF
EVA	PLA
AUS	BER

▶ **Planspiel (PS):** Das PS soll auf Sandkastenspiele u. a. in der militärischen Ausbildung zurückgehen. In PS werden komplexe Sachverhalte aus der Wirklichkeit auf ihre essenziellen Strukturen hin elementarisiert, wobei einerseits die Wirklichkeit nicht verfälscht werden darf, andererseits den Lernenden der möglichst selbstständige Zugang zu den implizierten Problemen eröffnet werden muss. Neben dem →*Rollenspiel* gehört es zu den gebräuchlichsten *Simulationsverfahren*, wo dieses aber vor allem sozialen Phänomenen offensteht, bietet sich das PS für die Simulation aller realen Vorgänge an. PS führen nicht nur spielerisch über vereinfachte Beispiele an komplexe Sachverhalte heran und lassen diese recht einfach anschaulich und durchsichtig werden, sondern können durch ihre Ansprüche an Schüler deren Selbstständigkeit und Entscheidungsfähigkeit maßgeblich fördern helfen.

In der Regel folgt das PS drei Phasen:

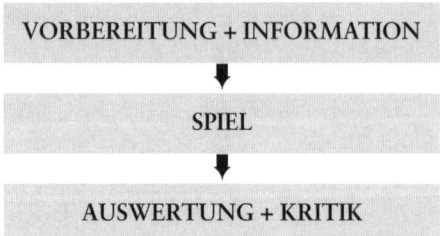

Zu warnen ist davor, dem ›Monopoly-Effekt‹ dadurch zu verfallen, dass bloß industriell vorgefertigte PS eingesetzt werden; es kommt darauf an, möglichst selber spezifische Planspiele für die jeweilige Lerngruppe zu entwickeln.

> **Beispiel (Skizze): Das Wurzacher Ried/Geografie**
> RÜDIGER SINN
>
> Vorgesehen sind 4 Unterrichtsstunden:
>   Vorbereitung (2 Std.)
>   Spiel (1 Std.)
>   Auswertung (1 Std.)
>
> *Situation*
> Das Wurzacher Ried in Oberschwaben steht hier im Mittelpunkt von konkurrierenden Interessen: Soll es zum Naturschutzgebiet erklärt werden? Landwirte, Naturschützer, Mitarbeiter des örtlichen Kur- und Moorbades, Angehörige der Stadtverwaltung, bes. des Fremdenverkehrsamtes, Touristen verfolgen unterschiedliche Absichten. Gesetzliche und behördliche Bestimmungen liegen vor, sowohl allgemeiner als auch besonderer Art – nur das Ried betreffend.
>
> *Vorbereitungsphase*
> Es wird angenommen, dass die Schüler bereits auf das Problem gestoßen sind, sodass es hier vor allem um die Sammlung von maßgeblichen Informationen sowie um die formale Vorbereitung des Spiels geht. Der Lehrer hat die Informationen von einzelnen Schülern wie von Schülergruppen bereits einholen lassen: von der Gemeinde, aus dem Zeitungsarchiv, vom Landratsamt usw. Die Informationen liegen im Klassenraum aus.
> In Gesprächen u. Ä. werden die unterschiedlichen Interessengruppen festgestellt, so genau wie möglich in ihrer besonderen Absicht beschrieben und nach-gebildet. Die einzelnen Gruppen beschäftigen sich mit den ausgelegten Informationen und bereiten sich auf die zu spielenden Argumentationen vor. Zur Sicherheit hat der Lehrer noch zusätzlich Karten für die Gruppen erstellt, die auf die relevanten Informationen sowie die verfolgten Interessen hinweisen.

Spielphase
Als Gemeinderatssitzung mit Befragung usw. von Interessengruppen läuft nun das Spiel der Konkurrenz ab: Soll das Wurzacher Ried Naturschutzgebiet werden?
Auf jeden Fall muss der Gemeinderat eine definitive Entscheidung herbeiführen. Wenn nötig, werden zusätzliche Unterrichtsstunden zur Verfügung gestellt.

Auswertungsphase
Unter Leitung des Lehrers wird die Entscheidung noch einmal aufgenommen und in ihrem Zustandekommen nachvollzogen. Dabei werden einzelne Argumente und Diskussionsvorgänge erneut brennpunktartig erörtert. Hier können die Schüler auch den tatsächlichen Beschluss des Gemeinderates und das dazu vorliegende Protokoll zum Vergleich heranziehen. Auch werden u. U. zusätzliche Unterrichtsstunden zur Verfügung gestellt.

Vgl. auch: HOH, EUGEN, Darf das Wurzacher Ried ein Naturschutzgebiet werden?, in: Praxis Geographie, 1997, H. 5, Braunschweig 1997

Literatur
TAYLOR, J. L./WALFORD, R., Simulationsspiele im Unterricht, Ravensburg 1972; PRIM, R./ RECKMANN, H., Das Planspiel als gruppendynamische Methode außerschulischer politischer Bildung, Heidelberg 1975; TIEMANN, K., Planspiele für die Schule, Frankfurt a. M. 1969

Sa kom	So kom
Mo kom	Me kom

BEW	INF
EVA	PLA
AUS	BER

▶ **Praktisches Lernen (PrL):** PrL zielt nach eigenen Worten auf ein »Lernen mit Kopf und Hand« (FAUSER), darf also keineswegs mit der Forderung PESTALOZZIS nach einem »Lernen mit Kopf, Herz und Hand« verwechselt werden. PESTALOZZIS Forderung wird üblicherweise als eine nach →*ganzheitlichem Lernen* aufgefasst, zumeist sogar verkürzt als ein *vielkanaliges* oder ein *Lernen mit allen Sinnen* verstanden. PrL hingegen will die Ergänzung eines bloß intellektuellen Kopflernens durch eine körperliche Tätigkeit. Wenn in der Erkennungsformel nur das Handlernen als Ergänzung zum Kopflernen genannt wird, so ist das wohl durch überkommenen Sprachgebrauch bedingt; tatsächlich geht es beim PrL darum, jedwelche Art von körperlicher Tätigkeit in umfassende Lernvorgänge einzubeziehen (wodurch selbstverständlich immer auch das *Herz* betroffen wird!).

PrL ist eine altbekannte Forderung, besonders aus der Zeit der Reformpädagogik, als beispielsweise KERSCHENSTEINER den *Arbeitsschulgedanken* entwickelte und daraus u.a. die körperliche Arbeit von Schülern in Schulgärten und Werkräumen ableitete. Als Formel kam PrL allerdings erst wieder Ende der 70er-, Anfang der 80er-Jahre in die Diskussion, als Reflexionen über vorhandene Schulen mit großen Anteilen praktisch-tätigen Lernens, wie z. B. die *Hibernia-*

Schule, angestellt wurden. In dieser Zeit wandten Pädagogik und Didaktik sich gegen das weitestgehend nur kognitive Lernen und gegen die als verkopft bezeichneten Lernweisen in unseren Schulen. Bei der Suche nach Abhilfe wurde man in eben den bereits praktisch arbeitenden Schulen fündig.

Die für PrL geltenden Grundsätze sind beispielartig an Thesen ablesbar, die seinerzeit von einer maßgeblichen Initiative in Nordrhein-Westfalen aufgestellt wurden: »... *Praktisches Lernen* findet überall dort statt, wo sich Lernen in Verbindung mit praktischem Tun vollzieht, wo körperliche Geschicklichkeit, sachgemäßes Handeln und die Fähigkeit vermittelt werden, mit anderen und für andere tätig zu sein.

Praktisches Lernen kann sich als Herstellen oder Einrichten, als soziales Helfen, aber auch als künstlerisches Einüben oder Gestalten sowie als Erkunden oder Erforschen vollziehen.

Praktisches Lernen ist ein wesentlicher Beitrag zur Allgemeinbildung. Denn Schule muss den ganzen Menschen bilden: Zur Förderung seiner theoretischen Fähigkeiten muss die Förderung seiner praktischen Fertigkeiten treten.

Im *Praktischen Lernen* kommen Wissen und Handeln zusammen. Der junge Mensch erlebt, wie sein Denken eigenes Tun anleitet, aber dieses Tun zugleich auch auf sein Denken zurückwirkt.

Ein solches Lernen, das auf Bewältigung praktischer Aufgaben gerichtet ist, sollte angesichts aktueller kultureller und gesellschaftlicher Entwicklungen zunehmend als Bestandteil aller Bildungsgänge betrachtet werden ...« (bei: FINTELMANN/HAPPPEL).

Die für PrL angebotenen Tätigkeitsbereiche sind dementsprechend vielfältig und weitgefasst: Spiel; Stricken; Gartenbau; Fiedeln; Holzarbeit; Treiben; Schmieden; Orchester; Elektro; Maschine; Schauspiel; Soziales Handeln (ebenda).

Für alle Formen praktischen Tuns gilt, dass es
- unbedingt in ständiger Wechselwirkung mit darauf bezogener gedanklicher Reflexion stehen muss, dass Tun in Gedanken übergehen muss und Gedanken in Tun übergehen müssen;
- in größtmöglicher Eigenständigkeit vollzogen wird;
- mit höchster Ernsthaftigkeit und größter Solidität geschieht;
- bis zu Ende geführt wird;
- – wo immer möglich – gemeinschaftlich angegangen wird;
- – um mit KLAFKI zu sprechen – stets die Selbst-, die Mitbestimmungs- und die Solidaritätsfähigkeit der Lernenden insgesamt im möglichen Maß fördert.

Dem PrL liegen offensichtlich dieselben Postulate und Prinzipien zugrunde wie auch dem →*Projektlernen (PL)*. Es ist in bester Weise ein *vollständiges Lernen*. Während aber das PL sich gegen den üblichen Unterricht – aufgeteilt in Fächer und Stunden – richtet und ihn zeitweise zu ersetzen trachtet, tritt PrL dem üblichen Regelunterricht zur Seite, und zwar nicht bloß für kurze Zeiten, sondern

Praktisches Lernen

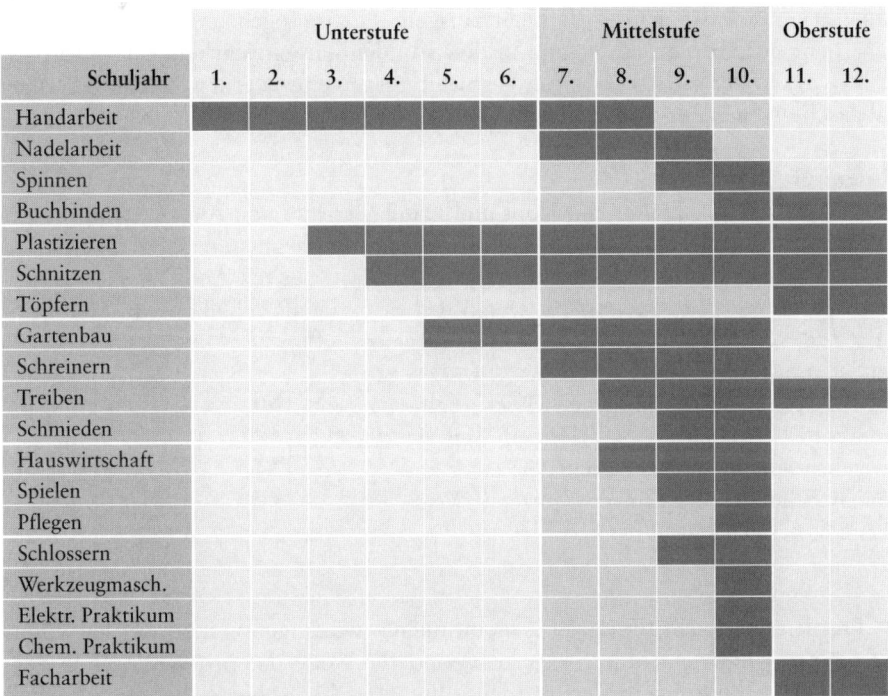

Abb. 40: Praktische Lerngebiete und ihre Verteilung auf die Schuljahre (Hibernia-Schule)
(Quelle: Festschrift »Zwölf Jahre Bildungsstätte Hibernia«, 1964)

	UNTERSTUFE 1.–6. Schuljahr						MITTELSTUFE 7.–10. Schuljahr						OBERSTUFE 11.+12. Schuljahr						
Uhr	Mo	Di	Mi	Do	Fr	Sa	Mo	Di	Mi	Do	Fr	Sa	Mo	Di	Mi	Do	Fr	Sa	Uhr
8																			8
9	Ep	Ep	Ep	Ep	Ep	Ep	Ep	Ep	Ep	Ep	Ep	Ep	W	W	W	W	W	W	9
10	Dt	Rel	Mus	Rech	Rel	Engl	Engl	Beruf	Dt	Engl	Math						W		10
11	Engl	Russ	Eury	Engl	Russ	Eury	Mus	Eury	Rel	Mus	Turn	W	W	W	W	W		Ep	11
12	Hand	Mus		Werk	Mus		gemeinsamer Mittagstisch											Mus	12
13	Hand	Turn		Werk	Turn								gemeinsamer Mittagstisch						13
14							W	W	W	W	W		Ep	Ep	Ep	Ep	Ep		14
15		Theoret. Unterricht					K	K		K	K		Engl	Beruf		Engl	Beruf		15
16		Prakt. Unterricht											Math	Dt		Math	Rel		16

Ep = Epochenunterricht; in Epochen von 3 bis 4 Wochen Dauer, wird Unterricht in nachfolgenden Fächern erteilt: Deutsch, Geschichte, Erdkunde, Biologie, Mathematik, Physik, Chemie, Berufskunde
K = künstlerischer Unterricht; wird auch epochenweise erteilt: in der Mittelstufe ca. 20 Wochen je 8 Stunden, in der Oberstufe 15 Wochen, welche mit je 8 Stunden in der Zeit des Werkstattunterrichts enthalten sind
W = Werkstattunterricht; in der Mittelstufe als allgemeine Arbeitslehre in handwerklichen und technischen Grundfertigkeiten; in der Oberstufe als Fachausbildung im Lehrberuf

Beruf = Berufskunde
Dt = Deutsch
Engl = Englisch
Eury = Eurythmie
Hand = Handarbeiten
Math = Mathematik
Mus = Musik
Rech = Rechnen
Rel = Religion
Russ = Russisch
Turn = Turnen
Werk = Werken

Abb. 41: Praktisches Lernen im Stundenplan (Hibernia-Schule)
(Quelle: Festschrift »Zwölf Jahre Bildungsstätte Hibernia«, 1964)

auf Dauer. PrL wird in – oft mehrjährigen – Lehrgängen und möglichst auch nach einem Lehrplan erteilt und in den Stundenplan eingearbeitet. Es kann sogar – wie in der Hibernia-Schule – soweit ausgeweitet werden, dass es zu einer abgeschlossenen beruflichen Fachausbildung führt.

Literatur
FAUSER, P. (Hrsg.), Lernen mit Kopf und Hand: Berichte und Anstöße zum praktischen Lernen in der Schule, 2. überarb. Aufl., Weinheim u.a. 1991; FAUSER, P./ KONRAD, F.-M./WÖPPEL, J., (Hrsg.), Lern – Arbeit, 2. unver. Aufl., Weinheim u.a. 1991; FAUSER, P./MUSZYNSKI, H. (Hrsg.), Lebensbezug als Schulkonzept, Weinheim u.a. 1988; FINTELMANN, K./HAPPEL, P., Bilder einer anderen Schule, Essen 1996; MANN, I., Lernen durch Handeln, München, Wien, Baltimore 1973; SCHEUFELE, U. (Hrsg.), Weil sie wirklich lernen wollen, Bericht von einer anderen Schule, Das Altinger Konzept, Weinheim u. Berlin 1996

		BEW	INF
Sa kom	So kom	EVA	PLA
Mo kom	Me kom	AUS	BER

▶ **Problemunterricht (PbU):** PbU meint nicht – wie angenommen werden könnte – einen Unterricht, durch den in besonderer Weise das problemlösende Verhalten von Schülern gefördert werden sollte, obwohl das hier sicher auch der Fall ist. PbU ist der unabdingbare Bestandteil – und zwar das *methodische Arrangement* – eines umfassenden aktuellen didaktischen Konzepts, der *kritisch-konstruktiven Didaktik* nach KLAFKI. In dieser Didaktik stellt Bildung die sowohl *zentrale* als auch *zentrierende Kategorie* dar: In Bildung wird der zentrale Kern jedes unterrichtlich ausgelösten Lernens gesehen; auf Bildung sollte jeder Unterricht zielen. Deshalb wird Bildung auch zum zentralen Begriff der ausformulierten Theorie. Zugleich wird Bildung zum Maßstab aller didaktischen Entscheidungen und Maßnahmen gemacht; auf Bildung hin sollten Lehrer ihr Denken und Handeln zentrieren. Die dafür erforderliche Auffassung von Bildung beinhaltet u.a., dass *Allgemeinbildung* nur durch das *Medium des Allgemeinen* erreichbar ist. Und als in Frage kommende allgemeine Themen und Bildungsinhalte werden die so genannten Schlüsselprobleme genannt. Das für die Erschließung solcher *Schlüsselprobleme* nötige methodische Arrangement ist der PbU, er wird als essenzieller integrierender Bestandteil des bildungstheoretisch-didaktischen Konzepts der Schlüsselprobleme angesehen.

Als *zentrale Probleme* sozial-historischer Epochen beschreibt KLAFKI Schlüsselprobleme, als solche, die in der jeweiligen Zeitepoche alle Menschen und jeden einzelnen angehen. Es sind weltumspannende, globale Probleme, die sich aber einzelnen Menschen unterschiedlich – auf je regionale und lokale Weise – stellen. Derzeitig sieht er selber acht solcher Schlüsselprobleme:
- die Friedensfrage
- die gesellschaftlich bedingte Ungleichheit
- die Problematik des Nationalitätsprinzips

- das Verhältnis der hoch- zu den unterentwickelten Ländern
- das Umweltproblem
- die Gefahren neuer Technologien
- die wachsende Weltbevölkerung
- die menschliche Sexualität und Geschlechterbeziehung.

Um als zeitgerecht gebildet zu gelten, sollte jeder Mensch diese Probleme zumindest kennen, sollte für sie sensibilisiert, sollte problemsichtig sein. Um dies zu erreichen, ist nicht nur die inhaltliche Behandlung der Schlüsselprobleme gefordert, sondern auch ihre Behandlung auf eine bestimmte methodische Art, nämlich durch PbU.

PbU fasst – in einem Satz ausgedrückt – alle aktuell für erforderlich und erfolgversprechend gehaltenen methodischen Versatzstücke zusammen, ist gleichsam ein aktueller und umfassender methodischer Eklektizismus. Wenn PbU hier aufgenommen und behandelt wird, dann deshalb, weil die dahinter stehende didaktische Konzeption mit ihrer bildungstheoretischen Auffassung von Schlüsselproblemen nach meinen Beobachtungen zur wirkungsvollen Motivation für gerichtetes und gerechtfertigtes didaktisches Denken und Handeln im schulischen Alltag werden kann. Bei angemessener methodischer Unterrichtsgestaltung wird *vollständiges Lernen* möglich. Dies zeigt sich vor allem, wenn betont wird, dass durch die Behandlung von Schlüsselproblemen immer auch
- Kritikbereitschaft und -fähigkeit
- Argumentationsbereitschaft und -fähigkeit
- Empathie und
- vernetzendes Denken

zu fördern seien, also unmittelbar auf eine ganzheitlich-integrative Handlungsfähigkeit gezielt wird.

Als implizite methodische Bestimmungsstücke des PbU werden im einzelnen genannt:
- der →*Epochalunterricht*
- der →*fächerübergreifende Unterricht*
- das →*Team-Teaching*
- die Prinzipien
  - →*exemplarisches Lehren und Lernen,*
  - *methodenorientiertes Lernen,* (Dies verweist auf die von uns als Methoden- und Sozialkompetenz bezeichnetenKomponenten der Handlungsfähigkeit (vgl. Benutzerhilfen!),
  - →*handlungsorientiertes* und
  - →*praktisches Lernen,*
  - verbundenes *sachbezogenes* und *soziales Lernen*[1],

---

[1] Hier kommt deutlich die Ähnlichkeit mit unseren Grundvorstellungen zum Ausdruck: Wenn Methoden- mit sozialem und sachbezogenem Lernen grundsätzlich verbunden wird, dann werden damit drei der von uns genannten vier integrierenden Komponenten menschlicher Handlungsfähigkeit angesprochen.

- Erweiterung des Leistungsdenkens und der Leistungsbeurteilung auch auf soziale Leistungen.

Worauf es ankommt, ist die länger dauernde und intensive Behandlung von Schlüsselproblemen, die durch die Zusammenfassung aller dieser methodischen Bestimmungsstücke erreicht werden soll. Im Grunde genommen sind Schlüsselprobleme nicht einmalig im Unterricht abhandelbar, selbst wenn dieser umfassend als PbU gestaltet wird. Sie sind vielmehr über die gesamte Schulzeit hinweg im Blick zu behalten und immer dann als PbU aufzugreifen, wenn das pädagogisch sinnvoll und didaktisch möglich erscheint. Nach Art des *Spiralcurriculums* wird immer wieder eines der Schlüsselprobleme aufgegriffen und die Sensibilität für sie gefördert sowie die Problemlösungsbereitschaft und -fähigkeit erweitert. Im Unterschied zu anderen ähnlichen Methodenkonzepten, wie beispielsweise dem →*Projektlernen*, sind Lehrer hier nicht an ein einziges Konzept gebunden, sondern können sich der Vielfalt aller Methoden und ihrer gesamten methodischen Fantasie bedienen, sofern die prinzipiell erhobenen Forderungen erfüllt werden.

Beispiel: (vgl. dazu die Sammlung bei : MÜNZINGER, W./KLAFKI, W., 1995)

Literatur
KLAFKI, W., Neue Studien zur Bildungstheorie und Didaktik, 2., erw. Aufl., Weinheim u. Basel 1991, darin: Zweite Studie: Grundzüge eines neuen Allgemeinbildungskonzepts. Im Zentrum: Epochaltypische Schlüsselprobleme, S. 43 ff.; MÜNZINGER, W./ KLAFKI, W. (Hrsg.), Schlüsselprobleme im Unterricht, Die Deutsche Schule, 3. Beiheft, 1995

Sa kom	So kom	BEW	INF
		EVA	PLA
Mo kom	Me kom	AUS	BER

▶ **Projektlernen (PL):** PL gehört zu den gegenwärtig am höchsten eingeschätzten methodischen Konzepten; oft hat man den Eindruck, es handele sich hier gleichsam um eine didaktische Wunderwaffe, mit der man alle Übel in Schule und Unterricht wirksam bekämpfen könne. Erste Ansätze zum PL finden sich bereits in der Architektenausbildung im 16. Jahrhundert in Rom; doch schließen heutige Bemühungen eng an Konzepte an, die in der Reformpädagogik entwickelt wurden. Zum einen sind hier die Amerikaner DEWEY und KILPATRICK zu nennen, die einander bei der Entwicklung des Projektplans zuarbeiteten. Während DEWEY für die Schule ein Lernen konzipierte, das dem natürlichen in seiner Ganzheitlichkeit entsprechen sollte, setzte KILPATRICK es in die Praxis weitgehend selbstständigen und fächerunabhängigen Unterrichts um. Zum anderen sind es die europäischen Reformpädagogen, von denen besonders KERSCHENSTEINER mit seinem Gedanken der *Arbeitsschule* (→*Arbeit*) und KERSCHENSTEINER und HAASE wie auch A. REICHWEIN mit dem →*Vorhabenkonzept* zu nennen sind.

Projektlernen

Obwohl gegenwärtig grundlegende Unterschiede im Verständnis des PL bestehen – man begreift es entweder als umfassendes didaktisches Konzept oder als eingeschränktes methodisches Konzept – stimmt man hinsichtlich der Erwartungen an seine Lernwirksamkeit und hinsichtlich seines strukturellen Aufbaus weitgehend überein. PL soll einige gravierende Nachteile überwinden helfen, die Schule und Unterricht sich durch ihre besondere Struktur selbst erst geschaffen haben; es steht gleichsam quer zum üblichen Schulunterricht, den es – wenigstens zeitweise – aufheben soll. Für die Dauer von Projekten soll ein Lernen verwirklicht werden:
- durch das die zeitliche Zerstückelung in einzelne Unterrichtsstunden zugunsten eines *verweilenden und konzentriert-intensiven Befassens mit einem Thema, einer Sache* aufgehoben wird;
- durch das die fachperspektivischen Abschottungen zugunsten einer *ganzheitlichen Sichtweise* aufgegeben werden, wobei eine zweifache Ganzheit erreicht werden soll – einerseits soll die *Sache in ihrer Ganzheit (und Originalität)* und möglichst unverstellt auf die Lernenden zukommen, andererseits sollen die *Lernenden in ihrer persönlichen Ganzheit* – mit *Kopf, Herz und Hand* (PESTALOZZI) – auf die Sache zugehen können;
- durch das die in Schulfächern übliche distanzierte Problemlosigkeit der Auseinandersetzung mit der Wirklichkeit zugunsten – einer von den Lernenden selbst ausgehenden – *problemhaltigen Begegnung* ersetzt wird;
- durch das den üblicherweise in ihren Lernprozessen stark gelenkten Schülern ein möglichst über den gesamten Prozess hin *selbstständiges Lernen* gewährleistet wird;
- durch das die in der Regel vorherrschende Konkurrenz zwischen den Lernenden zugunsten *gemeinsamer Lernarbeit* überwunden wird.

Oft trifft man auf die Meinung, für das PL gelte eine ganz bestimmte Phasenfolge. Doch wurden für die Organisation des Lernens durch Projekte im Laufe der Zeit zahlreiche Verlaufsformen vorgeschlagen. Es ist nicht wichtig, an welche der Formen man sich anhängt, sondern nur, dass die je gewählte Form auch tatsächlich die angezielten Lernaktivitäten gestattet. Für die Organisation wird eine Phasenfolge vorgeschlagen, in die sowohl Vorstellungen aus der Reformpädagogik, als auch aktuelle – vor allem in der Arbeitspsychologie entwickelte – Vorstellungen über Handlungsfolgen eingearbeitet worden sind:

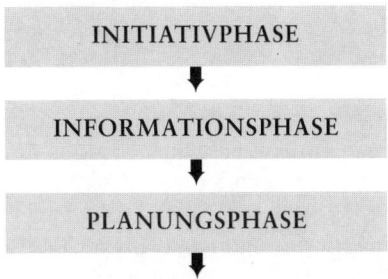

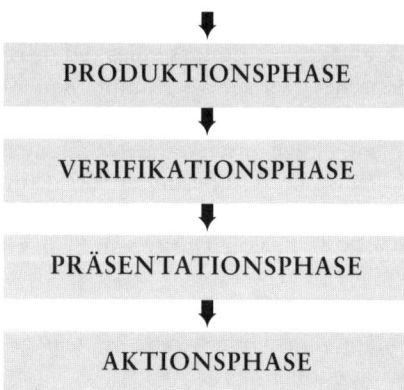

Meinem Verständnis nach muss ein Projekt mindestens die erstaufgeführten fünf Phasen aufweisen, wenn es den Ansprüchen und Erwartungen tatsächlich entsprechen können soll. Die beiden weiterhin aufgeführten Phasen – *Präsentation* und *Aktion(en)* – gehören hingegen nicht zu den essenziellen Bestandteilen eines Projekts. Sie können zwar hinzugefügt werden, können auch den Wert eines einzelnen Projektes durchaus noch steigern, aber sie sind nicht unbedingt nötig, um von einem Projekt sprechen zu können. Von einem Projekt kann man sprechen, wenn die fünf Hauptphasen durchlaufen werden; von einem Projekt kann man aber auch erst sprechen, wenn in der Tat alle fünf Phasen durchlaufen worden sind. Hierin unterscheide ich mich von manchen anderen Auffassungen, die auch bei verkürzter Phasenfolge ein Lernen schon als ein Projektlernen anerkennen; unterscheide mich auch von jenen Auffassungen, die zum Projekt unbedingt die Ergebnispräsentation zählen.

INITIATIVPHASE

Phasenziel: Eine eingebrachte Initiative für ein gemeinsames Projekt muss von allen Beteiligten akzeptiert werden!
Didaktischer Kommentar: Ohne einen Anstoß kommt auch Projektlernen nicht in Gang. Die Frage ist, von wo und von wem kommt solcher Anstoß? Darüber streiten sich die Projekt-Didaktiker. Die Puristen – die sich dafür halten – lassen ausschließlich Initiativen zu, die ganz und gar – und ohne alle Anstöße von Seiten von Lehrern – durch Schüler eingebracht werden. Denn nur so sehen sie den Anspruch gewahrt, dass Projektlernen von Anfang an die Sichtweise von Lernenden einnimmt und deren Probleme zur Behandlung gelangen. Jede Initiative von anderer Seite mindert in ihren Augen den Originalitätswert eines Projektes und oktroyiert Gesichtspunkte und Betrachtungsweisen von außen. Die Gegenposition lässt in großzügiger Weise Initiativen von allen Beteiligten zu, ob sie von Schülern oder Lehrern eingebracht werden, wird für unerheblich gehalten. Die Initiativphase gilt gegenüber den weiteren als von untergeordneter Bedeutung.

Projektlernen

Ich sehe durchaus die Bedeutung, die von Schülern selbst initiierten Projekten zukommt: Sie passen besser zu den Problemen, den Erwartungen, den Voraussetzungen ... der Lernenden. Und ich denke, wo sich in der Schule tatsächlich einmal solche Schülerinitiativen auftun, da sollte man sie auf jeden Fall zu nutzen suchen. Doch ich sehe auch die Realität der Schule: Wo in Lerngruppen von nicht selten über dreißig Schülern tut sich eine gemeinsame Initiative auf? Wo im täglichen Lehr- und Lerngeschäft – Stoffdruck! Zeitdruck! Vorschriftendruck! – bleibt Zeit zum Verweilen und um der Idee für ein Projekt länger nachzugehen? Deshalb halte ich durch Lehrer vorbereitete und ausgelöste Initiativen für vertretbar.

Was ich allerdings dafür empfehlen möchte: Lehrer sollten nicht mit fix und fertigen Projektideen in die Klasse kommen und Schülern allenfalls bloß noch Zustimmung oder Ablehnung ermöglichen. Lehrer sollten mit *Anregungen* zu Projekten in die Klasse kommen. Dort allererst sind sie zu diskutieren, abzuwägen, näher zu umreißen ... und letztlich als Initiativen zu werten und anzunehmen. Besonders beachtet werden muss, dass es keine Lehrerprobleme sein sollten: Zum einen sollten Lehrer keine Projekte initiieren wollen, mit denen sie – durch spätere *Präsentation* der Ergebnisse – reüssieren wollen. Zum anderen sollten sie als Lehrer fähig sein, sich empathisch in die Sichtweise ihrer Schüler hineinzuversetzen, was u. a. bedeutet, die eigene in langen Jahren erworbene Kompetenz, vor allem auch angeeignete wissenschaftliche o. Ä. Angehensweisen, zugunsten von Schülersichtweisen zurückzustellen.

↓

INFORMATIONSPHASE

Phasenziel: Die für die weitere Projektarbeit nötigen Informationen sollten so umfassend wie möglich gesammelt und auf Dauer bereitgestellt werden!
Didaktischer Kommentar: Zumeist werden die hier erwarteten Aktivitäten bereits als in der Initiativphase enthalten angesehen. Wenn ich dennoch eine besondere Information vorsehe, dann hat das auch besondere Gründe: Um die Methodenkompetenz zu fördern, muss Lernenden so oft wie möglich Gelegenheit zu selbstständiger gezielter Informationssuche gegeben werden. Und das sollte hier geschehen.

Die Information der Lernenden sollte in zwei Richtungen erfolgen: Auf der einen Seite sollte sie nach *innen* fragen. Damit ist die bisher akzeptierte Initiative gemeint. Über sie muss ein bei allen Beteiligten etwa gleicher Informationsstand erreicht werden. Worum geht es denn nun tatsächlich bei diesem Projekt (das bisher ja doch überaus emotional behandelt worden sein könnte)? Was soll behandelt, was soll hergestellt werden? Wo ist es angesiedelt? Auf was soll/will man sich einlassen? Usw. Auf der anderen Seite sollte sie nach *außen* fragen. Damit sind alle noch frei assoziativ oder auch schon gerichtet erfolgenden Überlegungen gemeint. Dazu gehören letztlich alle schon zu diesem Zeitpunkt einbringbaren mit dem Projekt verbundenen Informationen. Alle Beteiligten sollten Zeit und Gelegenheit haben, die ihnen nötig erscheinenden – auch in Frageform – und greifbaren Informationen einzubringen. Gesammelt werden könnten sie nach *Mind-Map*-Art an einer Wand auf Packpapier. Dort sind sie stets zugänglich, können erörtert, umgeordnet ... werden. Lehrern sei noch gesagt: Vorsicht! Nicht selber die Informationen einbringen! Überlegen, wie Schüler die Informationen selber finden und besorgen können! Allenfalls beraten, wo, wie ... man sich gewöhnlicherweise oder im besonderen Fall Informationen besorgen kann, und Informationsquellen bereitstellen.

⬇

PLANUNGSPHASE

Phasenziel: Ein Plan für den weiteren inhaltlichen und formalen Verlauf des Projekts liegt vor!
Didaktischer Kommentar: Diese Phase dürfte die didaktisch wohl bedeutsamste sein. Hier wird die Handlungsfähigkeit der Beteiligten ganzheitlich gefordert:
- Bei der Planung spielen selbstverständlich *fachlich-sachliche Gesichtspunkte* eine wesentliche Rolle. Gegen fachlich-sachliche Erkenntnisse kann keine passende Planung erfolgen. Die Schüler müssen sich um sachgerechte Entscheidungen bemühen, lernen so Widerstände und Hindernisse kennen, ahnen oder erkennen die Struktur der Wirklichkeit am Beispiel. Aus dieser auf das vorgesehene Produkt gerichteten Planung erwächst ein Ablaufplan für die Produktionsphase. Der endgültige Plan sollte in aufeinander folgenden Schritten enthalten:
  – die Arbeitsschritte + die Arbeitsform + die Arbeitsmittel.
- *Soziale Gesichtspunkte* spielen hier ebenfalls eine sehr wichtige Rolle. Denn zu planen ist auch, wie zusammengearbeitet werden soll – alles in Gruppe? – in Gruppen? – im Wechsel? – wer mit wem? Sowohl der planerische kommunikative Umgang miteinander als auch die dann später geschaffene Sozialform fördern so die eine oder andere Art sozialer Beziehungen. Hier in der Planung werden soziale Gesichtspunkte auch bewusst erfahren, zum einen dass sie berücksichtigt werden müssen, zum anderen wie man sie berücksichtigen kann und dass man hier steuern kann.
- *Methodische Einsichten* werden geradezu zwangsläufig gewonnen, wenn bei der Planung nötig werdende Informationen einzuholen sind. Vor allem aber wird die Planungsfähigkeit – als ein ganz fundamentales Kernstück von Handlungsfähigkeit – gefördert. Schüler lernen so, sich Ziele zu setzen, deren Realisierungsmöglichkeiten abzuschätzen, indem sie sie auf ihr eigenes Vermögen beziehen. Solche *Handlungssteuerung* verlangt

hohe intellektuelle Fähigkeiten, man spricht geradezu von *intellektueller Handlungsregulation* – bevor real gehandelt wird, wird zunächst das Handlungsschema in Gedanken vorweg genommen.
- *Moralische Gesichtspunkte* rücken oftmals nicht von selbst in den Blick von Schülern. Sie sind meiner Erfahrung nach zumeist zu sehr auf bloß funktionalistisches, auf effizienzversprechendes Handeln ausgerichtet, es sei denn das konkrete Projekt schreit geradezu nach moralischer Beurteilung, bevor man sich darauf einlässt. Ist das aber nicht der Fall, so müssen Lehrer die moralische Dimension in die Planung einbringen; nun aber nicht mit dem bewussten pädagogischen Zeigefinger, sondern durch vorsichtige zusätzliche Informationen, die als Impulse zu moralischen Überlegungen anregen können.

Die Planung sollte sich auf jeden Fall auch auf die *Verifikationsphase* beziehen, um bereits jetzt festzulegen, woran man meint, den Erfolg der *Produktionsphase* ablesen zu können. Wie soll späterhin die Verifikation erfolgen? Am Produkt? Am Verhalten? Durch Funktionskontrolle, Sichtkontrolle, Messkontrolle o.Ä.?

Didaktische Schwierigkeiten für Lehrer dürften sich vor allem daraus ergeben, dass sie hier nicht führend, sondern bloß als Partner mitmachen dürfen, wenn anders die angestrebten Ziele gefördert werden sollen. Außer dass sie Vorbereitungen treffen können, damit Schüler selbstständig planen können, ist ihre Rolle hier die des Experten auf Abruf: nicht aufdrängen, sondern abwarten und bereitstehen! Aus pädagogischer Verantwortung wie aus der Aufsichtspflicht folgt für Lehrer, dass sie – bei aller pädagogisch und didaktisch gebotenen Zurückhaltung – die Planung aufmerksam verfolgen müssen, um Auswüchsen entgegenwirken und Gefahren abwehren zu können. Ob eine ausdrückliche Freigabe des Planes durch Lehrer nötig wird, hängt wohl vor allem davon ab, mit welchen Risiken das Projekt belastet ist.

So wie ein Plan auf die Informationsphase zurückverweisen kann, weil während der Planung neue Gesichtspunkte und Informationen auftauchten und Änderungen notwendig machen, so ist auch der Plan als einer auf Widerruf aufzufassen, der modifiziert werden muss, wenn er sich in der folgenden Produktionsphase doch nicht umsetzen lässt.

↓

PRODUKTIONSPHASE

Phasenziel: Das angezielte Produkt wird hergestellt und liegt vor!
Didaktischer Kommentar: Im Grunde genommen ist dies die selbstverständlichste Phase beim Projektlernen. Was initiiert, worüber sich informiert, was geplant wurde, wird nunmehr durch reales Handeln verwirk-

licht. Dabei sollte das Handeln so eng wie möglich am aufgestellten Plan entlang erfolgen. Wo allerdings bisher nicht ersichtliche Umstände o. Ä. Änderungen des Plans nahelegen, da sollten diese auch vorgenommen werden. Solche Revisionen wirken sich überaus lernförderlich aus, vorausgesetzt dass die jeweiligen Gründe bewusst wahrgenommen und die Änderungen bewusst vorgenommen werden. Als gutes didaktisches Mittel erweist sich hier das →*Räsonieren.* Lehrer sollten darauf achten, dass Schüler in dieser Phase nicht blind aktionistisch handeln, sondern wohlüberlegt, also stets angeben können, was sie aus welchen Gründen tun.

Der Produktbegriff, der dieser Phase ihre Bezeichnung gibt, muss noch kurz erörtert werden. Warum wird diese Phase nicht einfach als *Arbeitsphase* bezeichnet? Nun, als Arbeit beispielsweise im KERSCHENSTEINERschen Sinne gilt in Pädagogik und Didaktik der gesamte Verlauf des Projektlernens; auch Information und Planung zählen zur Arbeit. Produkt meint das in dieser Phase gemäß dem Plan Herzustellende. Man darf aber nun nicht in den Fehler verfallen, darunter bloß Produkte im technischen Sinne unserer Zeit zu begreifen, also z. B. den *Zeppelin, Apfelsaft* und *Apfelkonfekt* usw. Bereits KERSCHENSTEINER sah nicht nur im *Starenkasten,* sondern auch in der übersetzten Ode von HORAZ ein Produkt. So finden sich heute u. a. als Produkte des Projektlernens: die Waldputzete, die Theatervorstellung, die Zeitung über den Nationalsozialismus in der Heimatstadt u. a. Wichtig ist, dass in der Tat etwas hergestellt worden ist, das es so bisher noch nicht gegeben hat, ein gemeinsames Werk aller Schüler, das diese von A bis Z so gut wie möglich selbstständig entworfen und realisiert haben.

Korrekturen am Produkt müssen auch künftig noch möglich sein, wenn sich das in der Überprüfung als notwendig herausstellt.

↓

VERIFIKATIONSPHASE

Phasenziel: Das Produkt muss als verifiziert gelten!
Didaktischer Kommentar: *Soll* und *Ist* des gemeinsamen Handelns werden miteinander verglichen: Ist durch das werkbezogene Handeln tatsächlich entstanden, was entstehen sollte? Was geplant wurde? Gibt es Abweichungen vom Plan? Sind diese akzeptabel? So u. Ä. lauten die Fragen hier. Und zu ihrer Beantwortung sind maßgebliche Messtechniken einzusetzen (vgl. weiter oben).

Warum nicht *Evaluation*sphase? Das wäre doch offener formuliert und entspräche dem, was hier geschieht, nämlich zu überprüfen. Ich spreche ausdrücklich von *Verifikation,* weil ich denke, es kommt hier nicht bloß darauf an, das entstandene Produkt auf seinen Ist-Zustand hin zu überprüfen und dann so zu akzeptieren. Gefragt ist vielmehr Konsequenz; das hergestellte

Projektlernen

muss dem geplanten Produkt entsprechen. Und wenn sich nunmehr herausstellt, dass dies nicht der Fall ist, dann werden eben Nachbesserungen, u. U. sogar ein ganz neuer Produktionsprozess notwendig. Es genügt nicht, auszumessen und dann das Produkt sich selbst zu überlassen. Das unterliefe die didaktisch beabsichtigte Förderung der intellektuellen Handlungsfähigkeit von Schülern; letztlich hier müssen Schüler noch einmal ihr Planungsdenken und ihr Produktionshandeln aufeinander beziehen.

Obwohl die Verifikation von den Schülern selbstständig vorgenommen werden sollte, bleibt auch Lehrern hier noch eine Aufgabe: die *Bewertung*. Gemeint ist hier nicht die penetrante Beurteilung üblicher Art, sondern die behutsame pädagogische Führung. Man nimmt zwar an, dass ein gelungenes Werk für sich selbst spräche und Schülern Belohnung und Ansporn genug sei, sie also in ihrer künftigen Motivation fördere. Das mag oftmals auch so sein. Doch in der Regel sind Rückmeldungen durch Lehrende wirkungsvoller. Lehrer sollten dabei aber nicht das Produkt werten, sondern die Schüler dazu bringen, ihr eigenes Verhalten während des Projektprozesses zu reflektieren: War es angemessen? Sollte es so bleiben? Sich ändern? Wo? Fachlich? Sozial? Usw.

Präsentation und Aktion(en) können sich nunmehr an den bisherigen Projektverlauf anschließen, können u. U. sogar zu einem eigenständigen Projekt gemacht werden, z. B. in Form einer Schul-Ausstellung oder als Klassenaktion.

Beispiel: Bau einer Linsenkamera
ANNEMARIE BINDER-RIEGER

Für die bevorstehende Schulfeier ist, als eine besondere Attraktion, das Fotografieren der Besucher gedacht, aber nicht mit einer herkömmlichen, sondern mit einer von den Schülern selbst gebauten Linsenkamera. In einem Projektunterricht sollte diese von interessierten Schülern geplant und gefertigt werden. Die Projektdauer ist auf 3–4 Tage veranschlagt.

Informationsphase
Beim ersten Treffen der Interessenten müssen zuerst grundlegende Fragestellungen geklärt werden. Wie ist eine Linsenkamera aufgebaut? Welche Teile sind für die Funktion von Wichtigkeit? Welche Ausmaße soll sie haben und aus welchem Material soll sie bestehen? (innere Fragestellung). Dies ist wiederum abhängig von der Ausstattung der Schule. Abgesehen davon spielen auch die vorhandenen Kenntnisse und handwerklichen Fähigkeiten der Teilnehmer eine Rolle.
Informationen, die zur Klärung der Fragen dienen, können teilweise aus Fachliteratur entnommen werden. Eine andere Vorgehensweise bietet die Demontage einer alten Kamera. Dabei werden die wichtigsten Bestandteile

(Linse, Objektiv, Gehäuse, Sucherglas, Blende usw.) erkannt sowie deren Funktion und Zusammenhänge. Auf einer →*Mind-map* werden die wichtigsten Erkenntnisse gesammelt.

Planungsphase
Neben der Planung des Vorgehens und des Ablaufs der Arbeit an der Kamera wird auch die Kamera selbst geplant. Erarbeitetes Wissen aus der Infophase ist mit einzubringen. Der Lehrer fungiert hauptsächlich als Berater, doch wird er dann aktiv, wenn er fachliche Fertigungsschritte erläutern und nötige Anweisungen (z. B. Fotolaborarbeit) geben muss.

Der Ablauf sieht folgende Schritte vor:
Am sinnvollsten erscheint es, zu Beginn die Grundprinzipien der Fotografie (Funktion der Linse, Brennpunkt, Abbildungsverhältnis etc.) zu erarbeiten. Dies kann durch verschiedene Versuche in Gruppenarbeit geschehen.
Danach erfolgt der eigentliche Bau der Kamera. Jeder Schüler fertigt seine eigene Linsenkamera an (Einzelarbeit). Bei Bedarf demonstriert der Lehrer Fertigungsschritte (Blechbiegen, Glasschneiden usw.), die dann der Schüler auf sein Werkstück überträgt.
Das Fotografieren und die Entwicklungsarbeit im Fotolabor bilden den Abschluss. Eine partnerschaftliche Zusammenarbeit in diesem Bereich ist notwendig, da jeder abwechselnd Fotograf und Motiv ist. Außerdem erfordert die Laborarbeit gegenseitige Rücksichtnahme und Absprache, um ein Gelingen der Bilder zu gewährleisten.
Etwas schwieriger erscheint die Gestaltung der Kamera. Gemäß den handwerklichen Fertigkeiten und dem vorhandenen Material entscheidet man sich für ein ca. 90 auf 110 mm großes, aus Spanholz gefertigtes Gehäuse. Die äußere Objektivhülle besteht aus einem Papp- und die innere aus einem Kunststoffrohr. Im letzteren wird die Linse justiert. Der im Gehäuse angebrachte Einschubschlitz ist für das herausnehmbare Sucherglas (Milchglasscheibe), welches für die Bildeinstellung verantwortlich ist, und die Bildplatte gedacht. Die Bildplatte wird aus dünnem Alublech hergestellt, das sich leicht bearbeiten lässt. Innerhalb dieser Platte wird das Fotopapier positioniert. Nur in der Dunkelkammer darf das Fotopapier ausgewechselt werden.

Produktionsphase
Der Verlauf dieser Phase orientiert sich an dem Ablaufplan. Zuvor sollten aber, um die Gesetzmäßigkeiten der Optik zu durchschauen, einige Versuchsanordnungen durchgeführt werden:
– Wassertropfen als Vergrößerungsglas
– Schusterkugel + Sitz der Linse
– Linse + Verlauf der Lichtstrahlung
– Lochkamera + Funktion der Blende
– Fotogramme erstellen + Eigenschaften des Lichts etc.

Projektlernen

Im Plenum werden die Ergebnisse vorgestellt, besprochen und die Gesetzmäßigkeiten herausgearbeitet.
- Das Brennglas ist eine Sammellinse. Sie hat die Eigenschaft, einfallende Lichtstrahlen zu brechen. Lichtstrahlen, die parallel auf die Linse fallen, werden so gebrochen, dass sie sich hinter der Linse in einem Brennpunkt schneiden.
- Auf der Mattscheibe der Lochkamera ist der abgebildete Gegenstand seitenverkehrt und steht auf dem Kopf.
- Das Abbild ist zusammengesetzt aus Lichtflecken. Je kleiner ein Loch gemacht wird, um so schärfer wird das Bild, aber auch um so dunkler.

Nach den gefertigten Skizzen und den Angaben der Stückliste wird die Kamera gebaut. Dabei ist zu beachten, dass die Kamera bei abgedeckter Linse lichtundurchlässig ist. Zur Vermeidung der Lichtreflexion sollte die Kamerainnenseite schwarz lackiert werden. Die Linse wird mit Hilfe einer selbst gebauten einfachen Vorrichtung in die innere Objektivhülse mit einem Fensterklebeband festgeklebt. Das Gehäuse selbst kann auf einem Stativ befestigt werden.

Bevor mit dem eigentlichen Fotografieren begonnen werden kann, erfolgt die Einweisung in das Fotolabor. Wichtig dabei ist, dass die Bäder nicht verwechselt und die Zeiten genau eingehalten werden. Ferner erklärt man den Umgang mit dem Fotopapier. Auch sollte die exakte Belichtungsdauer herausgefunden werden. Dazu belichtet jeder Schüler sein Motiv unterschiedlich lang (Zeitraum von 5–15 Sekunden im Zimmer) und bringt die Aufnahmen zum Entwickeln. Die entstandenen Negative werden im Plenum vorgezeigt, mit den unterschiedlichen Belichtungszeiten verglichen und ausgewertet. Für jede Kamera kann man somit die optimale Belichtungsdauer erstellen. Aus den weiter folgenden Personenaufnahmen fertigt man Positive an.

Verifikationsphase
Alle Positive werden wiederum im Plenum vorgestellt, begutachtet und ausgewertet. Reicht die Qualität der Bilder aus, um sie verkaufen zu können? Wenn die Ergebnisse nicht zufriedenstellend ausfallen, muss über Verbesserungsvorschläge nachgedacht werden. Der Einsatz einer Blende wäre dabei zu diskutieren. Allerdings sollte man sich wiederum über die Anbindung der Blende Gedanken machen. Kommt sie zum Einsatz, müssen nochmals Probeaufnahmen angefertigt und ausgewertet werden.

Präsentations- und Aktionsphase
Die Aktion ergibt sich aus der Aufgabenstellung zu Beginn des Projektes, nämlich das Fotografieren von Personen. In einem eigens eingerichteten provisorischen Fotoatelier können bei einem Schulfest die Besucher fotografiert und die Positivabbildungen verkauft werden.
Zu überlegen wäre auch, in einem Schaukasten die Geschichte der Fotografie sowie die Ergebnisse des Projekts, einschließlich der Kamera, auszustellen.

Literatur
FREY, K., Die Projektmethode, 3., überarb. u. erw. Aufl., Weinheim u. Basel 1990; GUDJONS, H., Handlungsorientiert lehren und lernen, Bad Heilbrunn 1986; HÄNSEL, D. (Hrsg.), Das Projektbuch Grundschule, 4., unver. Aufl., Weinheim u. a. 1992; KLIEBISCH, Udo W./SOMMER, Peter, Projekt-Arbeit, Konzeption und Beispiele, Hohengehren 1997

Sa kom	So kom
Mo kom	Me kom

BEW	INF
EVA	PLA
AUS	BER

▶ **Quiz (Q):** Der Begriff *Quiz* setzt sich zusammen aus dem englischen Wort für Frage (question) und dem Begriff *show business*, abgekürzt *show biz*. Q ist ein Frage-Antwort-Spiel, das nach bestimmten Regeln abläuft und zumeist von einem Q-master geleitet wird. In unserem vom Fernsehen bestimmten Leben besonders bekannt geworden sind Q als Gewinnspiele, wie z. B. »Der große Preis«. Hierbei können die Spieler – von einer in verschiedene Zeilen und Spalten gerasterten Tafel – aus verschiedenen Themen/ -bereichen Fragen mit unterschiedlichem Schwierigkeitsgrad wählen, für die es bei richtiger Beantwortung eine nach Schwierigkeit variierende Punktzahl gibt; bei falscher Beantwortung wird diese Punktzahl vom Punktekonto des bzw. der Spieler abgezogen. Diese Art der Wissensabfrage und -vermittlung lässt sich auch in der Schule einsetzen.

Strukturelle Aussagen zum Q
- Werden die Fragen richtig gestellt, bietet Q einen Weg, Wissen in lockerer und amüsanter Form zu vermitteln oder abzufragen. Unterhaltung wird mit Information verbunden und kann so selbst trockene Stoffe interessant machen.
- Wichtig ist die Art, in der die Fragen gestellt werden. Eine bloße Abfrage im Sinne von z. B.: »Wo befindet sich die Verkehrssünderkartei?« ist dem Ziel, Wissen in Zusammenhängen zu vermitteln, sicher nicht dienlich, da Antwortaspekte unter Umständen ausgeblendet bleiben und es sich um eine rein reaktive Wissensabfrage handelt. Besser ist, die Fragen mit Information(en) angereichert zu stellen, wie z. B.: »In Deutschland gibt es eine Kraftfahrerkartei, in die alle Führerscheininhaber eingetragen sind. Hat sich ein Kraftfahrer eines Vergehens, z. B. Unfallverursachung oder hohe Geschwindigkeitsüberschreitung, schuldig gemacht, erhält er dort einen Eintrag. Je nach Ausmaß erlöschen die Einträge nach bestimmter Zeit. In welcher Stadt befindet sich diese Kartei?« Hier wird auch demjenigen, der die Antwort kennt, sicher noch neues Wissen vermittelt, wobei auch einmal Raum zur Diskussion der Antwort gelassen werden kann, sodass auch andere Aspekte eingebracht werden können.
- Ist eine Frage in den Raum gestellt, möchte der Spieler sie auch beantwortet wissen, es wird also spielerisch ein wenigstens zeitweiser Wissensdurst erzeugt, der sonst sicher nicht immer vorhanden ist.
- Der Wettstreit mit anderen spornt an, sich Wissen anzueignen.

- Durch unterschiedliche Schwierigkeitsgrade wird gewährleistet, dass sowohl schwache Schüler Fragen finden, die sie beantworten können, als auch Anreize für starke Schüler bestehen.
- Im Normalfall gibt es bei einem Q Verlierer; der Lehrer sollte hingegen den Schülern mit seinem Auftreten das Gefühl geben, dass Verlieren nichts Schlimmes ist, dass es zum Teil auch vom Glück abhängt. Am besten ist es, das Q in ungefähr gleich starken Schülergruppen (2–6 Gruppen) durchzuführen, da hier das Gefühl des Verlierens durch die Gruppe aufgefangen wird und schlechtere Schüler von ihren besseren Mitschülern profitieren, eine Menge lernen und auch einmal das gute Gefühl des Siegens erleben dürfen.
- Der Unterschied zum →*Rätsel* besteht darin, dass ein Q meist länger geplant ist, komplexer ist, mehr Regeln aufweist und, jedenfalls soweit es sich um die in der Fernsehwelt verbreiteten Formen handelt, einen guten Teil an Show enthält.

Ein Q lässt sich an unterschiedlichen Stellen und mit unterschiedlichen Absichten im Unterricht einsetzen:
- als *Einstieg in ein Thema*: Hier soll das Vorwissen der Schüler zu einem bestimmten Thema getestet werden; dies kann sowohl als Einzel- oder Gruppen-Q in offener mündlicher oder geheimer schriftlicher Form geschehen.
- als *abschließende Wissensabfrage*: Hier sollte sicherlich eine Form des Einzel-Q gewählt werden, in der jeder Schüler die gleichen Fragen gestellt bekommt und diese schriftlich und geheim beantwortet. Bekannt gegeben werden anschließend die richtigen Antworten und nur der oder die Sieger namentlich genannt und mit einem kleinen Preis belohnt. Die Verlierer werden nicht bloßgestellt, erfahren aber, was sie falsch gemacht haben.
- als *Vortest zu einer Klassenarbeit* o. Ä.: Hierbei sollten abgefragter Stoff und gewünschter Schwierigkeitsrahmen gut aufeinander abgestimmt sein. Möglich sind Einzel- oder Gruppen-Q. Auf unterhaltsame Weise erfahren Schüler, was sie noch lernen müssen.

Beispiel: Abschließende Wissensabfrage/3. Schuljahr

Getreidesorten	Getreideernte	In der Mühle	Verschiedenes
20	20	20	20
35	35	35	35
50	50	50	50

So sieht ein Spielplan aus, aus dem die Schüler sich ihre Fragen wählen können. Selbstverständlich ist die Anzahl der Zeilen und Spalten ebenso wie die Anzahl der Punkte, die für eine Antwort vergeben werden, variabel, es handelt sich hier nur um ein Beispiel. Der Spieler wählt nun aus dem Spielplan ein Fragefeld, z. B. Getreidesorten 35 und bekommt die entsprechende Frage gestellt.

Folgend ein völlig aufgedeckter Spielplan; die Antworten sind zur Kontrolle für den Leser in Klammern hinzugefügt, sie stehen normalerweise selbstverständlich nicht dabei, sondern werden vom Spieler gegeben und vom Q-Leiter bzw. den Gegenspielern berichtigt, sollte dies nötig sein.

Getreidesorten	Getreideernte	In der Mühle	Verschiedenes
Diese Getreidesorte hat keine Ähren. Die Körner hängen einzeln an langen Stielen und haben kurze Grannen. Man verwendet diese Sorte für Frühstücksflocken und als Tierfutter. (Hafer)	Das Gerät, mit dem der Bauer früher das Getreide schnitt, heißt … (Sense)	Das Mühlenhandwerk ist ein sehr alter, traditionsreicher Beruf. Wie nennt man einen Mann, der eine Mühle betreibt? (Müller)	Nenne 4 Zutaten, die man zum Brot backen braucht. (Mehl, Wasser, Salz, Hefe)
Diese Getreidesorte hat einen hohen Halm, gedrungene Ähren und keine Grannen. Sie liefert uns helles Mehl für Brot, Kuchen und Nudeln (Weizen)	Heute gibt es eine Maschine, die dem Bauern das Schneiden und Dreschen des Getreides abnimmt. Wie heißt diese? (Mähdrescher)	Heute werden die meisten Mühlen mit Strom angetrieben. Früher war das anders. Nenne 2 Energien, mit denen früher eine Mühle angetrieben werden konnte. Mit welcher davon wird die Getreidemühle in Rohrdorf heute noch betrieben? (Wind, Wasser)	Manche Getreidesorten haben Haare, die sich beim Anfassen klebrig anfühlen. Wie heißen diese Haare und welche Getreidesorten haben welche? (Grannen/Hafer, Gerste, Roggen)
Diese Sorte hat lange Ähren, die nach unten hängen und sehr lange Grannen. Man verwendet sie als Tierfutter und zur Herstellung von Bier. (Gerste)	Das Gerät, mit dem der Bauer früher das Getreide drosch, heißt … (Dreschflegel)	Es gibt in der Mühle eine Maschine, die das gemahlene Korn mit Hilfe von Sieben in gröbere und immer feinere Bestandteile trennt. Das Korn muss so oft durch die Maschine, bis es so fein ist, dass es durch das unterste Sieb fällt und dann ganz feines Mehl ist. Wie heißt diese Maschine? (Schüttelmaschine)	Nenne außer Hafer, Weizen, Gerste und Roggen noch drei weitere Getreidesorten. (Mais, Reis, Dinkel, Hirse)

SIMONE ZIEFLE

Räsonieren

▶ **Räsonieren (R):** R stand in vergangenen Zeiten für *vernünftig reden* und galt als anerkannte Erziehungsmethode, wird heute umgangssprachlich abwertend für bloßes Gerede verwendet. R gewinnt aber für Schule und Unterricht gegenwärtig wieder an Bedeutung, wo kognitionspsychologische Vorstellungen zur Erhellung von Lernvorgängen herangezogen werden. Nach diesen sind *Denken* und *Handeln* bloß zwei verschiedene Seiten ein- und desselben Vorgangs, die durch *Reden* aufeinander bezogen werden können.

Wer methodisch Einfluss auf das Denken nehmen will, muss Lernende veranlassen, über ihr Handeln zu reden; wer methodisch Einfluss auf das Handeln nehmen will, muss Lernende veranlassen, über ihr Denken zu reden!

So kann die Fähigkeit zu *intellektueller Regulation* (→*Handlungsorientiertes Lernen*) eigenen Handelns langfristig gefördert werden.

DENKEN ↔ REDEN ↔ HANDELN

Im Mathematikunterricht hat sich eine Dreier-Fragen-Folge für die Lösung von Aufgaben eingebürgert, die auf alle Fächer übertragbar ist, wo Handeln durch Denken gesteuert, Denken durch Handeln aufgebaut werden soll. Lernende sollen ihre gedankliche wie äußere Tätigkeit stets mit drei Fragen begleiten:
- Was soll ich tun?
- Was tue ich?
- Was habe ich getan?

Dadurch werden Lernende dazu gebracht, über sich – ihr Denken und Handeln – zu räsonieren, sodass diese für Außenstehende – und so auch oft erst für die Lernenden selber – bewusst und verständlich werden und korrigierende Eingriffsmöglichkeiten eröffnen. Doch auch Lehrende sollten räsonieren, d. h. nicht bloß irgend etwas tun bzw. vorführen, demonstrieren o. Ä., sondern begleitend darüber reden, es erklären: Was tue ich da gerade? Warum tue ich es und warum gerade so und nicht anders? Womit hängt das zusammen? Welche Bedeutung hat das? Usw. So wird auf recht einfache Weise Einsicht geschaffen oder zumindest vorbereitet. Das bedeutet sicherlich für viele Lehrende gegen ihre *Sprechfaulheit* anzugehen, lohnt sich aber (vgl. dazu auch →*congitive apprenticeship*).

Literatur
AEBLI, H., Denken: Das Ordnen des Tuns, Bd. I, Kognitive Aspekte der Handlungstheorie, Stuttgart 1980; DERS., Denken: Ordnen des Tuns, Bd. II, Denkprozesse, Stuttgart 1981; DERS., Zwölf Grundformen des Lehrens, Suttgart 1983

Sa kom	So kom
Mo kom	Me kom

BEW	INF
EVA	PLA
AUS	BER

▶ **Rätsel (RT):** Ein RT ist eine Denkaufgabe, eine meist anschaulich-konkrete Umschreibung eines Gegenstandes, eines Vorgangs, einer Person o.a., die es zu erraten gilt. Das RT hat zumeist eine spielerisch-unterhaltsame Form und kann mit Verstand (Logikrätsel) und Witz (Scherzfragen) gelöst werden.

Beispielhafte Formen:
- *Einfache Frage*
  Es hat Zähne und kann trotzdem nicht beißen. Was ist das? (Briefmarke)
- *Mehrzeilige (gereimte) Strophe*
  Zwei Väter und zwei Söhne gingen zum Jagen hinaus, fingen drei Hasen, und doch trug jeder einen nach Haus. Wie geht das? (Es waren Großvater, Vater und Sohn)
- *In eine Erzählung eingebettete Rätsel*
  Am bekanntesten sind hier wohl die Krimirätsel, in denen man erkennen muss, wer sich durch seine Äußerung als Täter verraten hat.
- *Buchstabenrätsel*
  z.B. Kreuzworträtsel, Gitterrätsel, Wortsuchrätsel
- *Zahlenrätsel*
  In ihnen muss man gleiche Zahlen durch gleiche Buchstaben ersetzen.
- *Mathematikrätsel* aller Art
- *Silbenrätsel*
- *Homonyme* (Teekesselchen)
- *Bilderrätsel/Rebusrätsel*

So vielfältig wie die RT-Formen sind auch deren Einsatzmöglichkeiten im Unterricht.
Beispielsweise
- eignen sich *Teekesselchen* gut im Sprachunterricht zum Verständnis eines sprachlichen Phänomens;
- lassen sich alle Arten von RT als Freiarbeitsmaterial einsetzen; z.B.
  a) bei einer Erzählung, in der Satzglieder bestimmt weden müssen, bietet eine *Krimigeschichte*, die zu lösen ist, einen großen Anreiz zur Bearbeitung;
  b) *Silbenrätsel* eignen sich bei Regeln der Silbentrennung;
- *Kreuzwort-* und *Buchstabensuchrätsel* eignen sich zum Üben des Diktatwortschatzes;
- *Mathematikrätsel* sind für jeden Stoff einsetzbar und ein großer Übungsanreiz.

RT bieten eine große Fülle an Möglichkeiten, Schülern den Lernstoff unterhaltsam und vergnüglich zu präsentieren. Wichtig ist, dass Lehrer die Rätsel nicht nur nach dem Spaß-, sondern immer auch dem möglichen Lerneffekt auswählen. Bei Rätseln besteht leicht die durchgängig gewünschte Möglichkeit, Schülern durch einfache Lösungszettel oder Lösungen auf der Rückseite die Selbstkontrolle zu überlassen.

Literatur
JAHNKE, R., Rätsel-bar, Vorschläge für den Einsatz von Rätseln im Geschichtsunterricht, in: Geschichte lernen, 8. Jg. 1995, 46, S. 9–12; ZENKER-SCHWEINSTETTER, E., Rätsel und Puzzles zum Karneval, in: Sachunterricht und Mathematik in der Primarstufe, 23. Jg. 1995, H. 1, S. 13–14; DIES., Rätsel, in: ebenda, S. 42–45; DIES., Rätsel für den Sachunterricht, in: Sachunterricht und Mathematik in der Primarstufe, 23. Jg. 1995, H. 10, S. 469–471
SIMONE ZIEFLE

		BEW	INF
Sa kom	So kom	EVA	PLA
Mo kom	Me kom	AUS	BER

▶ **Realbegegnung** (RG): Unter RG versteht man das »Erfahren, Handeln und Schaffen an der Wirklichkeit« (REINIGER, nach: JESKE, 1986, S. 394). Anders als die häufige Gleichsetzung von RG mit →*Lerngängen* und Lernen vor Ort, wird hier alles Lernen an konkreten Gegenständen und realen Gegebenheiten darunter begriffen, auch wenn es im Klassenzimmer o. Ä. stattfindet.

Schon COMENIUS (1592–1670) sprach sich seinerzeit für das Anschauungsprinzip aus, wobei er eine unmittelbare Begegnung mit den Dingen – obwohl er auch Abbildungen zuließ, wenn diese nötig wurden – für am besten hielt, denn sie galten ihm u. a. als die »treuesten Sachverwalter des Gedächtnisses«. RGen sollten – wo immer sie möglich waren – am Anfang allen Lernens stehen, bevor dieses zu theoretischen und begrifflich gefassten Einsichten führte. Ebenfalls für RGen sprach sich ROUSSEAU (1712–1778) aus. Seiner Ansicht nach sollte alle Unterweisung möglichst an die Lebenswelt von Kindern anknüpfen und sie dort ihre eigenen Erfahrungen machen lassen. PESTALOZZI (1746–1827) warf der Schule sogar vor, sie würde das Kind seiner natürlichen Lernumgebung entreißen und es mit widernatürlichen Mitteln zu erziehen versuchen. Für ihn bildete *Anschauung das Fundament aller Erkenntnis*, und sie sollte möglichst RG sein. In der Reformpädagogik wurde im Grunde genommen von allen Ansätzen aus die Bedeutung der RG für natürliches und sinnvolles Lernen betont.

RG soll »Leben und Schule zusammenbringen« (vgl. KASPER/IRMLER, 1990, S. 7). Und hierfür werden gegenwärtig auf Grund der *veränderten Kindheit* (FÖLLING-ALBERS u. a.) besondere Schwierigkeiten gesehen: die *Verinselung der Lebensräume*, d. h. die räumliche Trennung der einzelnen Lebenswelten von Kindern, wie sie wohnen, arbeiten, zur Schule gehen, Vereine besuchen usw.; die *Verstädterung*, die zumeist zur Folge hat, dass der Kontakt zur Natur verloren geht. RG bietet einerseits die Möglichkeit, solche Verluste zu kompensieren, andererseits ermöglicht sie auch, sich gerade mit den neuen Bedingungen und Situationen auf originäre Art auseinanderzusetzen (vgl. BURK/CLAUSSEN, 1994, S. 9 ff.). Weiteres Argument für die RG: Die Lernenden können sich auf ihre eigene Art mit den Inhalten auseinandersetzen, ohne durch präjudizierende Vorerfahrungen von dritter Seite zu bestimmten Einsichten gezwungen zu werden.

RG fordert vom Lehrer neue Qualitäten: Er ist zwar nach wie vor der Mehrwisser, aber er darf keineswegs der Besserwisser sein, er muss sich gleichsam rollenmäßig in eine Laienposition zurückfallen lassen können, um mit seinen Schülern zusammen sich erstmals den Gegenständen zu nähern, sich dabei wie diese wundern und staunen zu können. Er muss seinen Unterricht als einen sich öffnenden Unterricht verstehen. Das heißt nicht, dass der Lehrer seiner Verantwortung entbunden ist. Vielmehr trägt er für die Organisation die Verantwortung.

Für RG können üblicherweise drei Phasen unterschieden werden:

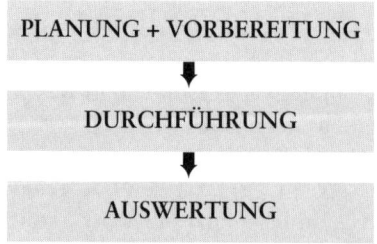

Das zeitliche Ausmaß der einzelnen Phasen muss von der je konkreten Situation abhängig gemacht werden, ob z. B. die RG im Klassenzimmer oder *im Feld* stattfindet.

Planung und Vorbereitung
Didaktische Rechtfertigung und Einordnung der RG als eine zeitweise Methode in eine Unterrichtseinheit (warum? was? wann? wo? wie?).
 Vorbereitung der Schüler (Information! Ggf. zusätzliche Einarbeitung in besondere Techniken der Beobachtung u. Ä.! Aufarbeitung bzw. Neuerarbeitung von nötigen Vorkenntnissen!).
 Aufgabenstellungen (Wer soll was mit wem und wie tun? Material- und Mittelvergabe!)

Durchführung
Unter Beobachtung, auch mit Beteiligung des Lehrers findet die RG statt.
 Die Schüler gehen dabei mit ihren Gerätschaften u. Ä. um (Werkzeuge, Beobachtungsbögen, Fragebögen, usw.).
 Zusätzliche Techniken und Methoden kommen zum Einsatz; RG können unterschiedlichste Form haben (Rallye, Führung, Suchspiel, Arbeiten u. Ä.).

Auswertung
Letzte, aber keineswegs unwichtigste Phase ist die Auswertung. Die Eindrücke sollen aufgeschlüsselt, strukturiert, kategorisiert, in Beziehung gesetzt und fixiert werden. Sollen die Ergebnisse fruchtbar sein, müssen sie besprochen werden – in Interessengruppen oder im Klassenverband – und in den jeweiligen unterrichtlich-theoretischen Hintergrund eingebettet werden. RG bringen häu-

Realbegegnung

fig viele Details, die für Schüler erst noch miteinander in Beziehung gesetzt, oft auch noch im einzelnen erneut aufgegriffen und richtig geklärt werden müssen. Für Speicherung und spätere Verwertbarkeit sind unterstützende Maßnahmen zu treffen, wie z. B. Wandzeitungen, Plakate u. Ä.

Noch einmal: RG sind gegenwärtig pädagogisch besonders notwendig, um Heranwachsenden an Wirklichkeitsbegegnungen zu bieten, was sie in ihrem gewöhnlichen Leben auf Grund der veränderten Lebensumstände nicht mehr alle so ohne weiteres unmittelbar erleben. Doch spielen drei didaktische Einsichten für letzte Lehrerentscheidungen eine Rolle:
- *RG können nicht immer sein!*

In vielen Fällen ist die gemeinte Wirklichkeit nicht vorhanden, kann weder aufgesucht *(Vogelwelt auf den Galapagos-Inseln; Friedrich der Große)* noch in den Klassenraum geholt *(Afrikanischer Elefant; Hochofen)* werden.
- *RG dürfen nicht immer sein!*

In vielen Fällen stellt die Begegnung mit originärer Wirklichkeit eine Gefahr dar, die sich auf Leib und Leben von Lernenden oder umgebende Sachen u. Ä. nachteilig auswirken kann *(Alkoholwirkung; Löwen)*.
- *RG müssen nicht immer sein!*

In vielen Fällen ist für den alltäglichen Unterricht der Aufwand von RG ganz einfach zu groß, sodass nach didaktischer Ökonomie darauf verzichtet werden sollte.

Beispiel (RG im Klassenzimmer): Die Weinbergschnecke/4. Schuljahr

Planung und Vorbereitung
- Den Schülern müssen Vorkenntnisse und Techniken vermittelt werden, mit deren Hilfe sie sich dieses Thema erschließen können. Da man in der Regel besser wahrnehmen kann, was man wenigstens schon ein bißchen kennt, ist es sehr wichtig, dass die Schüler an das Thema »Weinbergschnecken« herangeführt werden, bevor sie selber welche beobachten. Sie sollten elementare Dinge über die Tiere erfahren, wie zum Beispiel, dass sie keine Knochen haben, dass sie ein Haus besitzen, dass sie sich langsam kriechend fortbewegen usw. Diese Informationen können dann als Anregung dienen, die Tiere näher zu untersuchen. Bevor dies jedoch getan werden kann, müssen den Kindern auch Werkzeuge an die Hand gegeben werden, die ihnen beim Beobachten helfen. Dazu gehört zum Beispiel die Handhabung einer Lupe, einer Stoppuhr, das Protokollieren von Beobachtungen, das Aufbauen von Untersuchungsanordnungen usw.
- Im nächsten Schritt werden dann die Interessen der Kinder geklärt. Es gibt viel zu beobachten an einer Weinbergschnecke. Angeregt durch die Vorausinformation, werden die Kinder begierig darauf sein, zu erfahren, ob Schnecken etwas sehen können, ob sie riechen können, wie schnell sie eigentlich sind u. a. Einzelfragen werden gesammelt und geordnet. Wäh-

rend der Durchführungsphase können sich die Schüler dann zusammentun und einen (oder mehrere) Fragenkomplexe untersuchen.
- Damit die Ergebnisse später noch zugänglich und verwertbar sind, müssen sie in irgendeiner Form fixiert werden. Diese Form muss mit der Klasse abgesprochen werden. Denkbar sind hier zum Beispiel Wandzeitungen, Zeichnungen, Protokolle u. Ä.
- Damit eine Beobachtung überhaupt durchgeführt werden kann, muss der Lehrer für die notwendigen organisatorischen Rahmenbedingungen sorgen. Dazu gehört die Frage, wie man an Schnecken kommt (Bringt sie der Lehrer mit oder sammelt man sie mit den Schülern?), wo man die Beobachtung durchführt (Gibt es einen speziellen Fachraum, in dem schon die notwendigen Geräte wie zum Beispiel Lupen sind? Gehen wir in unser Klassenzimmer?), welche Ausstattung man braucht (Wo bekomme ich Lupen her? Brauche ich einen Fotoapparat oder eine Videokamera? Brauche ich Unterlagen für die Schnecken? Wo sollen die Schüler ihre Ergebnisse festhalten?) etc.

Durchführung
Sie findet statt wie besprochen und vereinbart. Für spontane Notwendigkeiten müssen Lehrer und Schüler offen sein. Der Lehrer leitet, beobachtet u. Ä., weist auf Besonderheiten hin, gibt Rückmeldungen über Arbeitsverhalten usw.

Auswertung
Die gemachten Beobachtungen werden zusammengetragen, verglichen, erörtert, in Beziehung zum umfassenden Thema gestellt, festgehalten usw.

**Beispiel (RG außerhalb des Klassenzimmers):
Auf der Post – Weg eines Briefes / 3. Schuljahr**

Diese Art von RG sind meist erheblich zeitaufwendig.

Planung und Vorbereitung
Der Besuch steht am Ende einer maßgeblichen Unterrichtseinheit, er soll vertiefende Wirkung für das bereits Gelernte haben.
Zunächst wird in der Klasse das Thema Post besprochen. Dabei werden die elementaren Dinge wie Arten von Postsendungen (Brief/ Paket/ Päckchen/ Telegramm u. a.), Gebühren und Porto, der Weg einer Postsendung etc. bereits im Unterricht erarbeitet. Außerdem müssen mit den Kindern Techniken eingeübt werden, mit deren Hilfe sie auf der Post Beobachtungen machen können, z. B. der Umgang mit einem Fotoapparat, einer Videokamera oder einem Tonaufnahmegerät. Weiter müssen Fragen gesammelt werden, denen man auf dem Postamt auf die Spur kommen will. Auch muss abgeklärt werden, wie man die Ergebnisse festhalten und auswerten will.

Durchführung
Ist dies alles geklärt, kann der Besuch auf dem Postamt stattfinden. Die Schüler sind dabei weitestgehend eigenständig tätig.

Auswertung
Die gemachten Beobachtungen und gewonnenen Ergebnisse werden erörtert, zusammengestellt, festgehalten ...

Literatur:
BURK, K.-H./CLAUSSEN, C., Lernorte außerhalb des Klassenzimmers 1, Frankfurt 1994; COMENIUS, J. A., Große Didaktik, übersetzt u. hrsg. v. A. FLITNER, Düsseldorf/München, 1954; JESKE, W., Unterrichtsgänge – Anschauung an Ort und Stelle, in: TWELLMANN, W. (Hrsg.), Handbuch Schule und Unterricht, Band 8.1., Bildung und Frieden, Düsseldorf, 1986; KASPER, H./IRMLER, A., Wir haben mit den Sicheln geschnitten ..., Lebendiges Lernen in der Grundschule, Bühl, 1990; OTTO, B., Ausgewählte pädagogische Schriften, besorgt von Karl Kreitmair, Paderborn, 1963; PETERSSEN, W. H., Anschaulich unterrichten, München 1994
MICHAEL BUCHER

Sa kom	So kom
Mo kom	Me kom

BEW	INF
EVA	PLA
AUS	BER

▶ **Rollenspiel (RS):** Die Wirksamkeit von RSen auf die Verhaltensänderung beruht darauf, dass sie Menschen für kurze Zeiten aus den gewohnten Wirklichkeits- und Sozialbeziehungen herauslösen und in völlig neue hineinstellen können. RSe arbeiten mit didaktisch-dramaturgisch gestalteten Situationen, in die Lernende für eine bestimmte Zeit hereingeholt und gebeten werden, die darin enthaltenen menschlichen Rollen zu spielen.

Dem Begriff nach geht das RS wahrscheinlich auf jene Zeit zurück, als den Besuchern griechischer Schauspiele zum besseren Verständnis des Geschehens in der Arena die Geschehnisse auf Papierrollen in die Hand gegeben wurden. Konzeptionell gründet das RS auf dem *Rollenbegriff* und maßgeblichen Konzepten der Soziologie. In der Soziologie wird von Rollen gesprochen, in denen alle Menschen ihr gesellschaftliches Leben erfahren und gestalten, z.B. in den Rollen Vater, Mutter, Chef u.a. Als Rolle wird nicht das tatsächliche und wahrnehmbare Verhalten der Rolleninhaber bezeichnet, sondern vielmehr die an eine bestimmte Rolle gestellten Erwartungen: Rolle meint, da es stets viele Erwartungen gibt, das jeweilige *Bündel von Erwartungen* an das Verhalten jener, die die Rolle übernehmen. Heranwachsende erwerben in Familie und Umgebung in frühester Kindheit grundlegende Einsicht in die gesellschaftliche Tatsache von Rollen, *primäre Sozialisation*, und gleiten späterhin, u.a. in Schule und Beruf, in bestimmte Rollen hinein, *sekundäre Sozialisation*. Die Fähigkeit, Rollen übernehmen und in ihnen bestehen zu können, macht einen großen Teil schulischer

Sozialerziehung aus. Und neben dem funktional wirksamen Schulleben hat im intentionalen Unterricht hierfür das RS eine bedeutsame Funktion. Wie wichtig es ist, die besonderen Ziele zu verfolgen, wird an Folgendem deutlich: Menschen leben nicht nur in einer Rolle, sondern stets in vielen. Das führt häufig dazu, dass sie in einen Konflikt zwischen mehreren ihrer Rollen geraten, *Interrollenkonflikt*, z. B. als Vater sollen sie freundlich-nachsichtig mit ihren Kindern sein, als deren gleichzeitiger Lehrer aber Gerechtigkeit walten lassen. Oder Menschen erfahren die Erwartungen innerhalb einer Rolle als widerstrebend, *Intrarollenkonflikt*, z. B. als Lehrer sollen sie gleichzeitig erzieherisch-edukativ und sozialselektiv tätig sein. Wenn man darüber hinaus die im Englischen übliche Unterscheidung zwischen *role-taking*, ohne jede Reibung in eine Rolle und deren Erwartungen hineinschlüpfen, und *role-making*, den jeder Rolle innewohnenden Spielraum nutzen können, heranzieht, so wird wohl deutlich, welche Lehraufgaben hier auf Schule und Unterricht zukommen und welche große Relevanz darauf bezogene Methoden haben. RSe als Methode werden häufig praktiziert, aber nach meinen Beobachtungen auch ebenso häufig zu nachlässig und falsch verwendet. Dazu ein Erlebnis:

Beispiel: Bildergeschichte als Einstieg/Deutsch/2. Schuljahr

1. Bild – einem kleinen Mädchen wird ein Feuerwehrauto gereicht
2. Bild – man sieht eine Gruppe von Jungen Fußball spielen
3. Bild – der Ball trifft das Feuerwehrauto
Praktikantin: »Wir wollen jetzt einmal weiterspielen, was sich dort wohl getan hat ...!«
Schüler: »Jetzt solle mer künstlich streite ...!«

Damit RSe nicht in künstliche Veranstaltungen im Unterricht ausarten, sind sie sorgfältig in den gesamten Unterrichtsprozess einzuordnen. VAN MENTS rät deshalb auch, den Phasen des eigentlichen RSs jeweils besondere didaktische Überlegungen darüber vorzuschalten, welche Zielsetzung mit dem RS verfolgt wird, welchen didaktischen Ort es im Unterricht haben soll usw.:

Rollenspiel

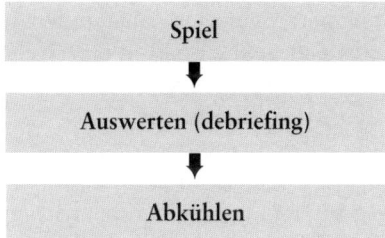

Es gibt zahlreiche *Typen* von RSen, von denen die häufigst eingesetzten sind:
- *Fishbowl* (→*Aquarium* oder Fischteich) – gebildet werden zwei Gruppen, wobei eine die Handlung trägt, die andere die Beobachtung vornimmt, aber – so wie Beobachter eines Aquariums – auch verbal eingreifen kann.
- *Multiples Verfahren* – gebildet werden viele kleine Gruppen, die alle dasselbe Rollenspiel spielen.
- *Rollenrotation* – die Hauptrollen werden über alle Spielteilnehmer hinweg weitergegeben.
- *Rollentausch* – die Rollen werden unter den Teilnehmern ausgetauscht.
- *Alter ego/Verdoppelung* – Außenstehende können sich in das Spiel einmischen, aber nur über offizielle Teilnehmer.
- *Spiegelverfahren* – dabei wird das Spiel der Hauptakteure durch andere wiederholt.
- *Selbstgespräch/Stuhl/Stille Hilfen* – Gedanken und Gefühle der Spieler sollen laut ausgedrückt werden, dabei können Hilfen durch Stühle oder andere Personen geleistet werden.

Problemstellen beim RS, auf die Lehrer sich besonders aufmerksam einstellen sollten, um schnellstens eingreifen zu können, sind in der Regel:
- *Auswahl der Spieler* – extrovertierte Schüler lassen sich leicht dazu animieren; sonst sollte durch direkten Augenkontakt versucht werden, weitere Mitspieler zu gewinnen.
- *Aufwärmen* – selten bietet sich aus dem Unterricht heraus eine geradezu natürliche Situation für die Weiterführung durch Rollenspiele an; zumeist muss der Lehrer durch sorgsame Aufwärmmaßnahmen die Schüler in Rollenspiellaune versetzen.
- *Aufheizen* – häufiger als zu vermuten ist, kommt es aus den Spielsituationen zu Konflikten und Streitigkeiten zwischen den Spielern; das kann bloß durch sorgfältige Beobachtung und behutsames Eingreifen vermieden werden.
- *Austrocknen* – manche Spiele drohen unversehens zu versanden; dann sollte man nach einem möglichst baldigen und akzeptablen Ende suchen.
- *Auswertung* – die Auswertungsphase wird oft zu gering geschätzt; ohne sie aber hat Rollenspielen keine große Auswirkungen; sie sollte zeitlich wenigstens so lang wie das Spiel selbst, optimal aber doppelt so lang vorgesehen werden.
- *Spielende* – überaus oft werden im Spiel aufgekommene Animositäten weiter betrieben; dem muss dadurch entgegengewirkt werden, dass die Spieler sehr

behutsam aus dem Spiel herausgelöst werden, indem man ihnen und allen anderen Schülern zunächst Gelegenheit gibt in den Rollen zu verharren und aus ihnen heraus bzw. an sie heran zu argumentieren, um dann den Schnitt in die übliche Schülerrolle deutlich zu markieren.

Von der Verwendung des RSs oder ähnlicher Verfahren – Psychodrama, Soziodrama, Selbsterfahrungsgruppe u. a. – zu therapeutischen Zwecken rate ich Lehrern ohne besondere Ausbildung darin dringend ab; hier kann mehr kaputt gemacht werden, als sich ausdenken lässt.

> **Beispiel: »Freunde sind wir«/5. Schuljahr/Hauptschule**
> EDITH ACKERMANN/REGINA RICK
>
> (Multiples Verfahren)
> Gebildet werden ca. 5–6 Gruppen mit je 4–5 Schüler/innen, darunter ein/e Beobachter/in, die alle dasselbe RS spielen.
>
> *1. Ausgangssituation*
> In der Klasse entstehen Spannungen zwischen einer Gruppe russischer Kinder und den »einheimischen« Klassenkameraden. Nun soll durch das RS das Problem angegangen und möglichst auch gelöst werden.
>
> ⬇
>
> *2. Einführung (Information – Briefing)*
> Zunächst wird die Ausgangslage in der Klasse vom Lehrenden vorgestellt: Sergej schießt beim Fußballspielen ein Eigentor, weil er die bisher geltenden Regeln falsch verstanden hatte. Sven nimmt Sergei in Schutz. Seitdem sind beide von der Klassengemeinschaft ausgeschlossen worden.
> Aufgabe der Schüler ist nun, die Situation nach- und weiterzuspielen. Wie könnte sie weitergehen?
>
> ⬇
>
> *3. Übergang zum RS*
> Es werden Gruppen gebildet. Diese verteilen selbstständig die erforderlichen Rollen. Dabei werden auch Beobachterrollen nicht vergessen, deren Inhaber Verhaltensweisen notieren und mitverfolgen sollen. Der/die Lehrer/in gesellt sich stets »beratend«, aber nicht wertend zu den Gruppen.
>
> ⬇
>
> *4. Spiel*
>
> ⬇
>
> *5. Auswertung (Debriefing)*
> Nun folgt zunächst innerhalb der Gruppe das Reflexionsgespräch mit offenem Meinungsaustausch über Verhaltensmöglichkeiten, und zwar in Anlehnung an die wahrgenommenen Rollen.

Anschließend wird über empfundene Gefühle, Gedanken und Lösungsvorschläge im Plenum gesprochen.
Abschließend wird der Versuch einer möglichst realen Übertragung auf die Klassensituation versucht.

⬇

6. Abkühlung
Sofern sich die Gemüter erhitzt haben und möglicherweise Streitigkeiten fortgeführt werden könnten, sind besondere Maßnahmen vorzusehen.

Literatur
COBURN-STAEGE, U., Lernen durch Rollenspiel, Theorie und Praxis für die Schule, Frankfurt a. M. 1977; GREENBLAT, CATHY STEIN, Designing Games and Simulations, An illustrated Handbook, Newsbury Park u. a. 1988; GUDJONS, H., Spielbuch Interaktionsreziehung, 6., überarb. Aufl., Bad Heilbrunn 1995; VAN MENTS, MORRY, Rollenspiel: effektiv, Ein Leitfaden für Lehrer, Erzieher, Ausbilder und Gruppenleiter, 3. Aufl., München 1998; SCHÜTZENBERGER, ANNE, Einführung in das Rollenspiel, Stuttgart 1976; SHAFTEL, F. R./SHAFTEL, G., Rollenspiel als soziales Entscheidungstraining, München/Basel 1973; TAYLOR, JOHN L./WALFORD, REX, Simulationsspiele im Unterricht, Ravensburg 1974

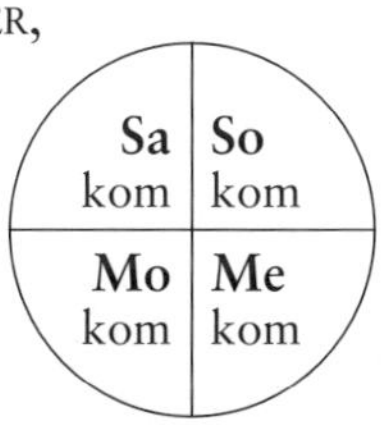

Sa kom	So kom		BEW	INF
Mo kom	Me kom		EVA	PLA
			AUS	BER

▶ **Sandwich-Methode (SM)**

»Sandwich«-Prinzip

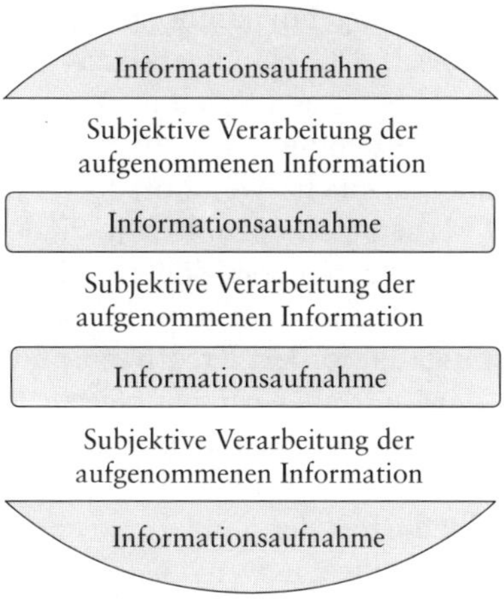

Informationsaufnahme

Subjektive Verarbeitung der aufgenommenen Information

Informationsaufnahme

Subjektive Verarbeitung der aufgenommenen Information

Informationsaufnahme

Subjektive Verarbeitung der aufgenommenen Information

Informationsaufnahme

Abb. 42: Sandwich
(Quelle: WAHL, D., Grundkonzeption, in: WAHL/WÖLFING/RAPP/HEGER, S. 88)

SM nutzt das Bild des vielschichtigen Butterbrots, des Sandwich, um eine altbekannte Forderung an die methodische Gestaltung von Unterricht bildhaft und verständlich auszudrücken: Schülern sollte durchgehend ein Wechsel zwischen stärker aktiven und eher rezeptiven Lernphasen möglich sein; Lehrer sollten Unterricht dementsprechend abwechslungsreich planen. In das sandwichähnliche methodische Arrangement sind alle maßgeblichen weiteren Prinzipien einzuarbeiten, so u. a. das des →*Advance Organizer*, was dann bedeutet anschaulich zu verfahren, SM nicht bloß als Wechsel von einer verbalen zu einer anderen verbalen Arbeitsweise zu begreifen, sondern zu veranschaulichen durch z. B. Tafelskizzen, Plakate u. Ä. Das SM-Denken kann Lehrern besonders dabei helfen, zwischen für die Lernenden mehr rezeptiven und stärker aktiven Lernphasen zu unterscheiden und für solchen Wechsel von vornherein Sorge zu tragen.

Literatur
WAHL, D./WÖLFING, W./RAPP, G./HEGER, D., Erwachsenenbildung konkret, Weinheim 1993

Sa kom	So kom
Mo kom	Me kom

BEW	INF
EVA	PLA
AUS	BER

▶ **Schuldruck (SD):** Den SD als ausdrückliche Unterrichtsmethode eingeführt hat der französiche Reformpädagoge CÉLESTIN FREINET (1896–1966), als er 1923 erstmalig eine Druckerpresse in den Unterricht einband. SD ist eine Arbeitsform, in der freie Gestaltung mit Disziplin, wie sie der Druck verlangt, verbunden wird. Beim SD geht es um das Vervielfältigen – Setzen und Drucken – von frei gestalteten Texten und Bildern von Kindern *(Freier Text)*. »Der Kern ist ein Funktionsprinzip, das durch die zwischen dem *Drucken* und dem *Freien Ausdruck* bestehende Spannung gekennzeichnet ist. Beide entwickeln ihren *Eigen-Sinn*, sodass man von einer gegenläufigen Eigendynamik sprechen kann, die der Sache als Ganzem zukommt« (SCHREIER). Das Handwerkliche, die Disziplin und die Arbeit auf der einen Seite, dagegen Spiel und Spontaneität auf der anderen Seite. Dies steht in lebendiger Wechselbeziehung zueinander. Da die Schule grundsätzlich der Gefahr unterliegt, eine künstliche Welt aufzubauen und in zumeist bloß abstraktem und verbalem Lernen steckenzubleiben, zugleich durch ihre Art auch viele Disziplinprobleme heraufbeschwört, sollten selbstverantwortete Lern- und Arbeitsmöglichkeiten wo immer möglich gefördert werden; und das vermag SD.

SD ermöglicht Selbsttätigkeit, fördert Kreativität und verwirklicht *innere Differenzierung*. Beim SD wird mit allen Sinnen gelernt (→*ganzheitliches Lernen*) und durch die Einübung von Geschicklichkeit und Handfertigkeit besonders auch die Mikromotorik verbessert. Zudem bietet SD den Kindern Bewegungsfreiheit, was dem Grundbedürfnis der Kinder gerecht wird. SD wird als Instrument zur »Befreiung des kindlichen Denkens« begriffen: Die Kinder werden angeregt, sich schriftlich oder/und zeichnerisch mitzuteilen. Denken und Handeln werden dabei in gleicher Weise angesprochen und stets aufeinander bezo-

Schuldruck

gen. Worte und Gedanken werden ernst genommen. Der außerschulische Bereich wird in die Schule hineingezogen und so zum wichtigen Bestandteil von Schule und Unterricht. Nicht zuletzt tragen das Schreiben der Texte und das anschließende Drucken zur Förderung von sprachlicher Artikulation und Rechtschreibfähigkeit bei, wovon man sich übrigens zugleich therapeutische Hilfen für Legastheniker verspricht, da nicht nur visuell, sondern handelnd gelernt wird. Ein Ziel ist auch, bedrucktes Papier zu entmystifizieren und Gedrucktes als bearbeitbar und keineswegs als unantastbar zu begreifen.

SD folgt in der Regel mehreren Phasen:
- 1. *Schreiben des Textes* mit anschließender Korrektur durch den Lehrer
- 2. *Setzen des Textes*
  Nach dem Setzen des Textes helfen Spiegel oder Knetgummi, der auf die Buchstaben gedrückt wird, Fehler, die beim Setzen unterlaufen sind, zu erkennen.
- 3. *Drucken*
  Nach dem ersten Druckergebnis werden Fehler beseitigt. Anschließend wird die gewünschte Anzahl gedruckt.
- 4. *Reinigung und Ablegen der Lettern*

Die Vorgänge des Setzens und Druckens sind mit mehreren Personen schneller und effizienter zu erledigen. Die dabei praktizierte Kooperation schult die Teamfähigkeit (Rücksichtnahme, Hilfsbereitschaft und mitmenschliches soziales Verhalten). Die Organisation der einzelnen Arbeitsschritte planen die Kinder selbst. Dies fördert Rücksichtnahme, aber auch angemessenes Durchsetzungsvermögen, vor allem aber *Planungskompetenz*. Durch den SD wird der Klassenraum zur Werkstatt, zum notwendigen Erfahrungsraum von produktorientierten Lernvorgängen.

Gedruckt werden meist Berichte, die ein bestimmtes Thema zum Inhalt haben. Wichtig ist, dass ein Thema gemeinsam gefunden wird. Von den Druckergebnissen werden eine Klassenauflage hergestellt sowie zusätzlich einige Exemplare für Archiv und Austauschklassen (*Schulkorrespondenz*), sodass jedes Kind am Ende ein Buch der gesammelten Werke mit nach Hause nehmen kann. Doch können auch kollektive und individuelle Briefe mit einer Korrespondenzklasse ausgetauscht werden. Schlechte Handschrift kann dabei nicht zum Hindernis werden. Illustrationen verstärken die Aussage der Texte. Für welche Adressaten gedruckt wird, bleibt dem Ideenreichtum der Klasse überlassen. Von Bedeutung ist, dass das fertiggestellte Produkt an Adressaten gerichtet ist. Korrespondenz steigert die Motivation zu sauberer, exakter und vollständiger Arbeit. Durch eine gelungene Arbeit gewinnen die Kinder an Selbstvertrauen und Selbstwertgefühl. Zwar ist das Drucken zeitaufwendig, aber es bewirkt intensive Beschäftigung mit Text und Bild und lohnt sich auf jeden Fall.

Lernen ist hier Wechsel von lehrerorientiertem und lehrerfreiem Arbeiten. Lehrer nehmen sich zurück, sind offen für Fragen, lesen Korrektur (nur Verbesserung der Rechtschreibfehler!) und helfen bei der Einführung neuer Satz-

und Drucktechniken. Lehrer werden zu individuellen Gesprächspartnern ihrer Schüler. Ihre Rolle als Kritiker ist nicht entscheidend, da das Produkt selbst festlegt, wie gut und sauber gearbeitet worden ist. Das Zulassen der Spontaneität auf Seiten der Schüler erfordert von Lehrern Mut, auch einmal unvollständige Texte stehenzulassen. Um Anfragen von Eltern und Kollegen vorzubeugen, die der Meinung sind, Unterricht und Lernen spiegele sich vorwiegend in Heftaufschrieben und Arbeitsblättern wider, sollte rechtzeitig und umfassend informiert werden.

Ein *Arbeitskreis Schuldruckerei* (AKS) e.V. fördert die Umsetzung der pädagogischen Gedanken CÉLESTIN FREINETs im deutschsprachigen Raum. Ziel des Vereins ist u. a., mit dem SD die Grundprinzipien selbsttätigen, praktischen Lernens zu verwirklichen. SD eignet sich nicht bloß für Grundschüler. Seit der Schreibcomputer weite Verbreitung gefunden hat, sollten auch Lehrer der Sekundarstufe sich überlegen, wie sie mit Computerhilfe ihre Schüler zu neuartiger und eigenständiger Textverfassung und -gestaltung anleiten können. Heutzutage würde FREINET, der sich allen Neuerungen gegenüber positiv eingestellt zeigte, sicherlich neben der alten Druckerpresse durchaus auch die neuen Schreibhilfen einsetzen. Den Computer beispielsweise kann man Online schalten und so sogar per E-Mail Schulkorrespondenzen aufbauen.

Abb. 43: Fertiges Druckergebnis (KASPER)

Literatur
HONIG, GERHARD, Drucken in der Schule, 4. Auflage, Wolfsburg 1992; JÖRG, HANS, Schüler drucken ihre Fibel selbst. Einführung in die Schuldruckerei. Freinet-Päda-

Situiertes Lernen **263**

gogik im Erstlese- und -schreibunterricht in Theorie und Praxis, Wolfsburg 1991; KASPER, JOSEF (Hrsg.), Drucken. Schritt für Schritt mit der Freinet-Druckerei, KOTTKA, CHRISTINE, Freinet-Pädagogik. Unterrichtserfahrungen zu: Freier Text/Druckerei/Schulkorrespondenz/Musik/Lesen/Klassenzeitung/Rechnen/Selbstverwaltung, 2., überarb. Auflage, Berlin 1977; KORANDA, JOSEF, Die Druckerei als Zentrum der Unterrichtsarbeit und als Spiegel des gemeinsamen Plans; in: KÖHLER, B./SCHREIER, H., Sachunterricht Natur 1–4, München u. Wien u. Baltimore 1981, S. 116–140; KUSTNER, ANGELA, Die Schuldruckerei. Anregungen und Hilfen für eine lebendige Schreibpraxis, Donauwörth 1995; SCHREIER, HELMUT, Das Spannungsverhältnis von »Freiem Ausdruck« und »Drucken«, in: Grundschule 16, 1984, H. 10, S. 18–21; ZÜLCH, MARTIN (Hrsg.), Lehrer und Schüler verändern die Schule – Bilder und Texte zur Freinet-Pädagogik, Frankfurt am Main 1981

KARIN LANG

▶ **Situiertes Lernen (SiL):** SiL ist keine einzelne Methode, sondern vielmehr eine prinzipielle komplexe Forderung an die Gestaltung von Lernvorgängen im Unterricht. Sie ist aus Bemühungen um *selbstgesteuertes Lernen* im Unterricht heraus erwachsen, wie sie im deutschsprachigen Raum vor allem von MANDL – im Rahmen so genannter konstruktivistischer Lernpsychologie – durch Auswertung von Primäruntersuchungen zu selbstgesteuertem Lernen angestellt werden. Durch eine Gegenüberstellung traditioneller Unterrichtsgestaltung – als *systemvermittelnd* bezeichnet – und konstruktivistischen Konsequenzen für eine veränderte Unterrichtsgestaltung ist es zum SiL gekommen. Im traditionell gestalteten Unterricht wird zwar durchaus effektiv gelernt, aber das Gelernte bleibt i.d.R. bloß als *träges Wissen* vorhanden, d.h. es wird behalten und kann auch kognitiv reproduziert werden, doch es ist nicht anwendbar, steht nicht für Bewältigung von Problemen in Leben und Wirklichkeit bereit. Ohne Zweifel aber ist solche Art von Wissen heute nicht mehr bedeutsam genug für Heranwachsende; diese brauchen flexibel verfügbares, *intelligentes* Wissen, das sie selbstständig zur Lösung anstehender Probleme nutzen können und das ihnen Handlungskompetenz für ihr Leben verleiht. Eben das aber soll durch SiL erreicht werden.

Wo im traditionell gestalteten Unterricht *Instruktion* das maßgebliche Leitbild darstellt: Lehrer sind aktiv und instruieren – Schüler sind rezeptiv tätig und lassen sich instruieren, sind bei SiL die Schüler durchgehend – aber: nicht ausschließlich! – aktiv. Wo ihnen bisher Wissen geboten und vermittelt wurde, *konstruieren* sie jetzt ihr Wissen selbst.

Konstruktiv geht hier nicht auf die derzeit verbreiteten radikalen Vorstellungen des *systemisch-konstruktivistischen Denkens* zurück, das mit vehementer Forderung nach völligem Paradigmenwechsel in wissenschaftlichem wie alltäglichem Denken auftritt, sondern meint hier *aktives, selbstgesteuertes Lernen* in Unterscheidung von fremdgesteuertem Lernen. Keineswegs führt das aber zur

Forderung nach radikaler Eigen-Konstruktion, wie sie konsequenterweise von systemisch-konstruktivistischen Didaktikern vorgetragen wird. Die pragmatische Grundorientierung – statt der paradigmatisch-wissenschaftstheoretischen – lässt mit SiL ein Prinzip entstehen, das sich zwar ausrichtet auf selbstgesteuertes – subjektiv konstruierendes – Lernen, das aber instruktionale Einschübe und moderierende Eingriffe von außen für nötig erachtet, zumal solche Notwendigkeit in lernpsychologischen Untersuchungen offenbar nachgewiesen werden konnte.

SiL gründet in fünf Merkmalen für die Gestaltung der Lernumgebung im Unterricht, die bei Arrangements beachtet werden sollten (MANDL/REINMANN-ROTHENMEIER, 1995, S. 51):

»(1) Lernen ist nur über die aktive Beteiligung des Lernenden möglich. Dazu gehört, dass der Lernende zum Lernen motiviert ist und dass er an dem, was er tut und wie er es tut, Interesse hat oder entwickelt.

(2) Bei jedem Lernen übernimmt der Lernende Steuerungs- und Kontrollprozesse. Wenn auch das Ausmaß eigener Steuerung und Kontrolle je nach Lernsituation variiert, so ist doch kein Lernen ohne jegliche *Selbststeuerung* denkbar.

(3) Lernen ist in jedem Fall *konstruktiv*: Keine kognitiven Prozesse finden ohne den individuellen Erfahrungs- und Wissenshintergrund und eigene Interpretationen statt.

(4) Lernen erfolgt stets in spezifischen Kontexten, sodass jeder Lernprozess auch als *situativ* gelten kann.

(5) Lernen ist schließlich immer auch ein *sozialer* Prozess: Zum einen ist der Lernende mit all seinen Aktivitäten stets soziokulturellen Einflüssen ausgesetzt, zum anderen ist jedes Lernen ein interaktives Geschehen.«

Zur Gestaltung von so genannten *situierten Lernumgebungen* (abgeleitet aus *situated cognition*) sollten die fünf Forderungen aufgenommen und ihnen entsprochen werden. MANDL u. a. sind sich sicher: »Lernprozesse bewirken demzufolge nicht nur den Erwerb von Faktenwissen und spezifischen Fertigkeiten, sondern führen auch dazu, dass sich Lernende Denkmuster, Expertenkniffe, Überzeugungssysteme und ethische Standards der entsprechenden Expertenkultur aneignen« (1995, S. 38). Von den Vertretern dieses Prinzips wird dafür auf Methoden hingewiesen, die in den USA entwickelt und erprobt worden sind, vor allem →*Cognitive Apprenticeship*, →*Anchored Instruction* (vgl. dort auch Beispiele) und der *Cognitive-Flexibility-Ansatz*.

Über den *Cognitive-Flexibility-Ansatz* führen sie aus (1995, S. 40/41):
Zurückgehend auf JACOBSON/SPIRO und SPIRO/JEHNG besteht die »entscheidende Forderung dieser Theorie für die Gestaltung von Lernumgebungen ... darin, Übervereinfachungen zu vermeiden und den Lernenden stattdessen die realen Komplexitäten und Irregularitäten aufzuzeigen. Hierzu eignen sich z. B. Falldarstellungen sowie die Technik des *landscape crossing*: dabei wird dasselbe Konzept zu verschiedenen Zeiten in verschiedenen Kontexten unter veränderter Zielsetzung und aus verschiedenen Perspektiven beleuchtet. ... (So soll erreicht

werden,) ... dass Lernen multidirektional und multiperspektivisch erfolgt, dass das erworbene Wissen facettenreich ist, dass das Gelernte flexibel angewendet werden kann und schließlich, dass Fehlkonzepte und ›Schubladendenken‹ vermieden werden.«

Literatur
JACOBSON, M. J./SPIRO, R. J., Hypertext learning environments and cognititve flexibility: Characteristics promoting the transfer of complex knowledge, in: BIRNBAUM, L. (Ed.), The International Conference on the Learning Sciences. Proceedings of the 1991 conference, Charlottesville 1992, S. 240–248; MANDL, H./REINMANN-ROTHMEIER, G., Unterrichten und Lernumgebungen gestalten, Forschungsbericht Nr. 60, Ludwig-Maximilians-Universität München, Institut für Pädagogische Psychologie und Empirische Pädagogik, Nov. 1995; REINMANN-ROTHMEIER, G./MANDL, H., Wissen und Handeln. Eine theoretische Standortbestimmung, Forschungsbericht Nr. 70, Ludwig-Maximilians-Universität München, Institut für Pädagogische Psychologie und Empirische Pädagogik, 1996; SPIRO, R. J./JEHNG, J. C., Cognitive flexibility and hypertext: Theory and technology for the nonlinear and multidimensional traversal of complex subject matter, in: NIX, D./SPIRO, R. J. (Ed.), Cognition, Education and Multimedia: Exploring Ideas in High Technology, Hillsdale 1990, S. 163–205

Sa kom	So kom		BEW	INF
Mo kom	Me kom		EVA	PLA
			AUS	BER

▶ **Sokratisches Gespräch (SG):** Die durch PLATO bekannt gewordene Gesprächsform, deren sich SOKRATES bedient haben soll, hat sich bis heute in unserem methodischen Verständnis sehr gewandelt (vgl. →*Neosokratischer Dialog*). Anfangs war sie ein bloßes Frage-Antwort-Spiel, bei dem der Fragende so agierte, dass der Antwortende bloß noch mit ja oder nein reagieren konnte. Auch als →*Mäeutik* (Hebammenkunst) bekannt, sollte dieses Verfahren den Lernenden durch Bezug auf sich selbst zu Wissen und klaren Begriffen führen. Berühmt geworden ist jener Dialog, in dem der Lernende zur Einsicht und zur sprachlichen Formulierung des Pythagoräischen Lehrsatzes geführt wurde. Heute wird die Bezeichnung auch für *gute Gespräche* schlechthin verwendet, bei denen der Führende sich als bloßer Lenker des Gesprächs begreift und den Partner die inhaltlichen Aussagen machen lässt. Als Bezeichnung für sein auch →*genetisches Lehren* genanntes Verfahren hat M. WAGENSCHEIN den Begriff herangezogen. Allen Varianten zu Grunde liegt die Auffassung, dass Wissen und dessen Übersetzung in Sprache allen Menschen auf Grund ihrer Vernunftsausstattung selbst überlassen werden kann, dass es nicht notwendig ist, Wissen aufzuoktroyieren. Ob das auch heute noch akzeptiert werden kann, wo menschliches Wissen durch streng diversifizierte und hochspezialisierte Wissenschaften und das zudem noch in immer kürzerer Zeit zustande kommt, ist fraglich. Wo Schule und Unterricht Zeit haben und verweilen können, da bietet das *sokratische Gespräch* auch heute noch gute Bildungschancen. Aber: Eine Methode des Selbstlernens ist sie nicht, ganz im Gegenteil zeichnet sie sich durch straffe Führung durch Lehrende aus.

Literatur
WAGENSCHEIN, M., Verstehen lernen, 5. erw. Aufl., Weinheim u. Basel 1975; DAHMS, G., Nachdenken im Unterricht. Fragemethode und Anleitung zum argumentativen Gespräch, Königstein/Ts. 1979

▶ **Sortieraufgabe (SoA):** Die SoA ist eine *Technik*, die vor allem bei der Wiederholung bestimmter Lerninhalte angewendet wird. Sie kann nicht als eigenständige Methode bezeichnet werden, sondern stellt eine bloße Technik dar, die vor allem individueller Wissensverarbeitung dienen kann. Lernende erhalten am Ende einer Unterrichtseinheit oder einer Lernsequenz Gelegenheit, ihre individuellen Wissenslücken zu schließen. Diese Technik kann aber auch eingesetzt werden, um herauszufinden, welches Vorwissen die Lernenden mitbringen und auf welche Lerninhalte deshalb verzichtet werden kann oder besonders intensiv eingegangen werden muss. Die SoA kann sich auch an eine →*Netzwerk*phase anschließen, wenn die Kärtchen des Netzwerks an alle Lernenden verteilt werden und mit diesen Kärtchen dann die SoA durchgeführt wird. SoA kann auch einer →*Struktur-Lege-Technik* vorgeschaltet werden, damit sich die Lernenden zunächst einmal über die Bedeutung einzelner Begriffe Klarheit verschaffen können.

Bei der SoA schreibt die Lehrperson alle zentralen Begriffe einer Unterrichtseinheit auf verschiedene Kärtchen, sodass auf je einem Kärtchen ein Begriff steht. Diese Kärtchen werden für alle Lernenden vervielfältigt. Jede Schülerin/ jeder Schüler erhält einen Stapel mit Kärtchen. Die Aufgabe besteht nun darin, den Stapel in zwei Teile zu sortieren. Auf die linke Seite werden die Kärtchen mit jenen Begriffen gelegt, die der Lernende beherrscht, die er sicher kennt und auch erklären kann. Auf die rechte Seite kommen jene Begriffe, bei denen sich der Lernende unsicher ist oder die er nur teilweise oder gar nicht kennt. Dieser Sortiervorgang geschieht in Einzelarbeit, da die Lernenden in der Regel unterschiedliche Wissensstände aufweisen. Nach dem Sortieren nimmt sich der Lernende den rechten Stapel und befasst sich mit den entsprechenden Begriffen. Er versucht, die Begriffe zu klären. Dazu kann er alle greifbaren Informationsmaterialien verwenden. Ist ein Begriff ausreichend geklärt, wandert das entsprechende Kärtchen auf den linken Stapel. Ziel ist es, alle Kärtchen auf den linken Stapel zu bekommen.

Die Informationssuche kann auch in →*Partnerarbeit* durchgeführt werden. Dabei haben die Partner noch die zusätzliche Möglichkeit, sich Begriffe gegenseitig zu erklären. Die SoA hilft jedem Einzelnen, festzustellen, wo seine persönlichen Lernlücken in einer Unterrichtseinheit liegen, und er kann sie auch gleich zu schließen versuchen. Die zur Verfügung stehende Lernzeit wird so optimal zur Informationsverarbeitung genutzt. Für Lehrer bietet dies Verfahren eine gute

Sortieraufgabe

diagnostische Möglichkeit, Wissens- und Begriffslücken ihrer Schüler festzustellen und durch angemessene Maßnahmen gegenzusteuern, besonders auch zusätzliche Informationsschleifen oder gezielte Wiederholungen einzubauen.

> **Beispiel: Der Nationalsozialismus/Geschichte/9. Schuljahr**
> (Fortführung des Beispiels zum →*Netzwerk*)
> Folgende Begriffe stehen auf den Kärtchen:
>
> | 30. Januar 1933 | Ideologie Hitlers |
> |---|---|
> | Hitlerjugend | Propaganda |
>
> Die Schülerinnen und Schüler erhalten diese Kärtchen auf einem Stapel. Für jede Person muss ein Stapel vorhanden sein. Jede Person überlegt sich nun, was ihr zu den Begriffen einfällt. Weiß sie viel über einen solchen Begriff und kann sie sicher damit umgehen, kommt das Kärtchen mit diesem Begriff auf die linke Seite. Ist sich die Person unsicher, kommt das Kärtchen auf die rechte Seite. Am Ende der Sortierphase nimmt der Schüler/die Schülerin nun den rechten Stapel, vielleicht Kärtchen mit den Begriffen *Ideologie Hitlers* und *Propaganda*. Mit Hilfe des Schulbuches und des Schulheftes werden die Begriffe nun so geklärt, dass die Schülerin/der Schüler sich über diesen Begriff Klarheit verschafft hat. An diese Phase kann nun ein →*Netzwerk* angeschlossen werden, bei dem die Informationserarbeitungsphase bereits vorweggenommen wurde. So kann nochmals überprüft werden, ob alle Begriffe verstanden und erklärt werden können. Anstelle des →*Netzwerks* kann sich auch eine →*Struktur-Lege-Technik* anschließen.

Literatur
WAHL, D./WÖLFING, W./RAPP, G./HEGER, D. (Hrsg.), Erwachsenenbildung konkret, mehrphasiges Dozententraining. Eine neue Form erwachsenendidaktischer Ausbildung von Referenten und Dozenten, Weinheim 1991

SILKE TRAUB

▶ **Spiel (Sp):** Glücklicherweise haben sich nicht nur die Zeiten, sondern auch die Einstellungen zum Sp im Unterricht geändert, seit ARISTOTELES gesagt haben soll: »Beim Lernen spielt man nicht, Lernen tut weh!« Lernen muss nicht nur nicht weh tun, Lernen sollte – wo immer dies möglich ist – Spaß machen. Und was wäre dafür besser geeignet, als zu spielen? Die Verbindung von Lernen und Spielen sollte zudem nicht nur, wie bisher sogar durch Lehrpläne gefordert, in der Grundschule, sondern in allem Unterricht gesucht und gefördert werden. Warum sollte man Menschen nicht eine Zeit *in sich kreisenden, endlosen, leistungsfreien* und *entspannenden* Tuns – lauter Merkmale des Sps – gewähren, sie dabei aber gleichzeitig lernen lassen?! Das muss ja keineswegs geheimnisvoll erfolgen, sondern sollte den Lernenden sogar bewusst sein.

Formen spielerischen Lernens gibt es in großer Zahl: Kinderspiele können in den Unterricht übernommen werden, können je spezifische soziale Erfahrungen ermöglichen, Lernzeiten aufhellen und zeitweise Leistungsdruck verscheuchen; sportliche Varianten können eigene Regeln und Sozialverhalten einüben; ausgesprochene und für den Zweck entworfene Lernspiele und auch →*Planspiele* sind Vehikel für alle nur möglichen Inhalte, ob in Mathematik oder Sprachen oder ...; Spontanspiele lockern auf und verbinden einzelne Lernphasen miteinander, als *Standbilder*, als kleine →*Rollenspiele*, als mimische und gestische Darstellungen usw. Spe können aber auch als Fest- und Schauspiele zu großen Angelegenheiten werden. Gerade hinsichtlich von Sp sollten Lehrer sich ihrer Kreativität und Fantasie überlassen, auch auf Gelegenheiten bei ihren Schülern achten, diese aufgreifen und ihnen folgen.

Sp ist nicht nur methodisches Mittel für die Erreichung von Lernzwecken im Unterricht, sondern kann zum strukturellen Bestandteil von Schule und Unterricht werden. So hat beispielsweise PETERSEN seinerzeit das Sp als eine der vier von HÖRDT als Grundformen von Bildung bezeichneten Formen (daneben: Arbeit, Feier, Gespräch) aufgegriffen und zu einem elementaren Moment seines Jena-Plans gemacht. Danach wird Sp eben nicht bloß unter Zweck-Mittel-Denken, sondern als notwendige Bildungsform verwirklicht, wann immer Schule und Unterricht das möglich machen. So hat PETERSEN das Sp u. a. als Eröffnung wie als Abschluss jeder Lernwoche fest eingeplant.

Beispiel: Lehrstück für Grundschüler

In einem Video-Bericht über Jena-Plan-Schulen wird u. a. folgende Szene gezeigt: Lehrerinnen einer Grundschule wollen Schüler dazu anleiten ihre Arbeitsplätze nach dem Unterricht aufzuräumen und sauber zu hinterlassen. Sie spielen die Situation einer Putzfrau nach, die in einen Klassenraum kommt, in dem vorher gemalt worden ist und in dem alle möglichen Überreste kunterbunt herumliegen, wie Papierblätter, Flaschen, Einwickelpapier. Sie stönt laut auf »Ach du Schande, wie sieht das auch wieder einmal aus!« Die Kinder sehen zu und lachen laut. Man merkt aber auch, wie sie stutzen und nachzudenken beginnen.

Beispiel: Lernspiel Mathematik/2. Schuljahr
(Quelle: Roos, Udo, Operatortabellen – zum Üben viel zu schade! Grundschulmagazin 7–8/97, S. 23 ff.)

Spielregeln
Zwei Kinder (Parteien) spielen gegeneinander. A wählt eine Aufgabe, z.B. 5+5=10, nimmt eine rote Spielfigur, bedeckt damit das entsprechende Feld in der Tabelle und nimmt anschließend eine weitere rote Figur, um damit die entsprechende Ergebniszahl außen zu bedecken. Jetzt wählt B eine Aufgabe (z.B. 6+7=13), stellt eine andersfarbige Spielfigur in das entsprechende Feld in der Tabelle und belegt das Ergebnisfeld. Bis jetzt war das wenig spannend, aber was, wenn A nun 5+8 rechnet? Das Ergebnis ist ebenfalls 13, was A sehr freut, denn er darf B nun hinauswerfen, d.h. den Spielstein von dem Ergebnisfeld 13 oberhalb der Tabelle entfernen. Dies lässt B nicht ruhen, er findet 5+8 und freut sich, dass er nun A hinauswerfen kann. Wiederum ist A am Zuge und …? Das Spiel endet, wenn alle Felder in der Rechentabelle belegt sind. Gewonnen hat natürlich der Spieler, der die meisten äußeren Ergebnisfelder für sich gewonnen hat. Am Anfang spielen die Kinder sicherlich noch nach dem Zufallsprinzip; mit der Zeit erkennen die Kinder jedoch planvollere Strategien.

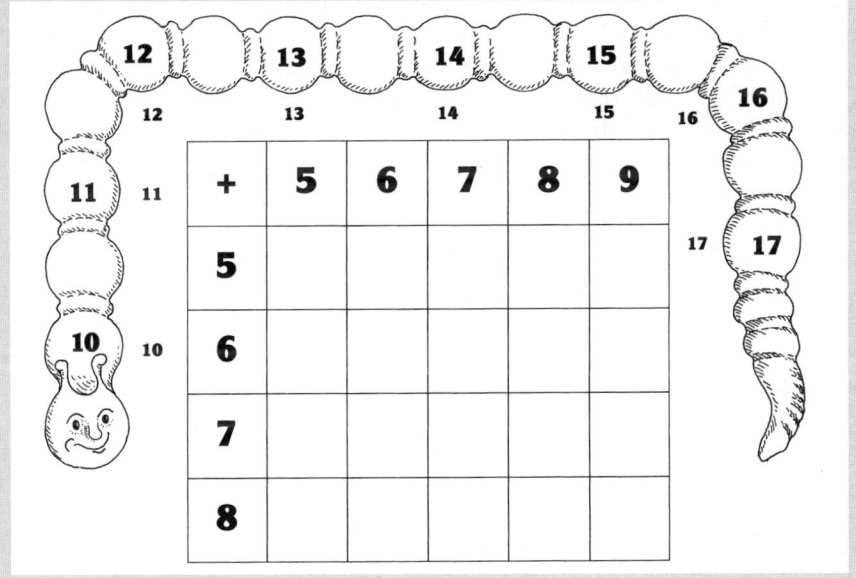

Literatur
BAER, U., Spielpraxis. Eine Einführung in die Spielpädagogik, Seelze 1995; DAUBLEBSKY, B., Spielen in der Schule, 2. Aufl. Stuttgart 1974; DÖRING, SABINE, Lernen durch Spielen, Weinheim 1997; FLUEGELMAN, A./TEMBECK, S., New Games. Die neuen Spiele, Bd. 1, Mühlheim 1996; FLUEGELMAN, A., Die neuen Spiele, Bd. 2, Mühlheim 1996;

HEIMLICH, U., Einführung in die Spielpädagogik, Bad Heilbrunn 1993; KRET, E., Spielend lernen, Linz 1989; RETTER, H., Spielzeug, Handbuch zur Geschichte und Pädagogik der Spielmittel, Weinheim u. Basel 1979; SCHIFFLER, H., Schule und Spielen, Ravensburg 1976; THIESEN, P., Freche Spiele, Weinheim u. a. 1994

BEW	INF
EVA	PLA
AUS	BER

Sa kom | So kom
Mo kom | Me kom

▶ **Stationenlernen (StL):** StL ist eine der methodischen Neuentwicklungen der letzten Jahrzehnte, deren systematische Ausarbeitung noch andauert. Die verschiedenen Erscheinungsformen des StL kann man als themenbezogene →*Freiarbeit* bezeichnen. Erste Anklänge finden sich bereits in der reformpädagogischen Bewegung (etwa die *Arbeitsateliers* bei C. FREINET oder die *subject corners* bei H. PARKHURST). Den Stationenbetrieb als Trainingsverfahren für den Sport initiierten die Engländer MORGAN und ADAMSON im Jahr 1952. Sie bauten verschiedene Stationen kreisförmig im Raum auf und nannten ihr System *circuit* (= Kreislauf, Umlauf, Abgerundetes). Die Trainingspartner bewegen sich in Kreisrichtung durch den Raum, um die Übungen an den Stationen allein oder in Gruppen durchzuführen. Bald entdeckte der Leistungssport dieses *Zirkeltraining* für sich.

Zwei weitere Vorläufer mache ich bei FFECHSIG und Mitarbeitern aus. In den siebziger Jahren erprobten sie am Göttinger Zentrum für didaktische Studien die *Infothek* als eine systematisch ausgewählte und übersichtlich gegliederte Zusammenstellung von Informationsmaterialien. Auch ihr *Lernkabinett* mit seinen organisierten Lernsituationen zielte auf angstfreies Lernen ohne Fremdbestimmung. Diesen Impuls nahm 1979 RAUCH auf. Mit seinem Lernkabinett zum Thema ›Wohnen‹ stellte er Lernstationen vor, an denen die Kinder einzeln, paarweise oder in Gruppen lehrerunabhängig arbeiten.

KRAFT und SCHMITZ betrachten 1986 das *Zirkeltraining* bereits als allgemeine Übungsform für den Grundschulunterricht. Entscheidende Impulse zur Systematisierung des StLs folgten aus dem Umfeld des Staatlichen Seminars Sindelfingen. Vor dem Hintergrund lernbiologischer (VESTER) und lernpsychologischer Erkenntnisse (PIAGET; BRUNER) und der aufkommenden Diskussion um die *Kindheit im Wandel* versuchten Lehrkräfte, eine Öffnung des Unterrichts voranzutreiben. Zudem brachte die betriebliche Ausbildung mit dem Begriff der *Schlüsselqualifikationen* die Diskussion über das Aufgabenspektrum der öffentlichen Schule neu in Gang. Das StL wurde als differenzierende Unterrichtsform weiterentwickelt, die Selbststeuerung und Selbstverantwortung der Schüler fördert. StL ermöglicht eine stärkere Einbindung individualisierenden Vorgehens in den Klassenunterricht, erhält Vermittlungsfunktion zwischen eher offenem und eher geschlossenem Unterricht. Ab Ende der achtziger Jahre wird die Bezeichnung *Zirkeltraining* durch weitere Begriffe ergänzt. Die Ausdifferenzierung und Systematisierung der verschiedenen Formen des StL ist noch nicht abgeschlossen. Bisher lassen sich die →*Lernstraße*, die →*Lerntheke*, der →*Lernzirkel* und die →*Lernzone* unterscheiden.

Die Förderung von Selbstständigkeit, Handlungsfähigkeit und Verantwortungsbereitschaft, von sozialen Haltungen und Methodenkompetenz treten beim StL in den Vordergrund. Als didaktische Prinzipien können Differenzierung und Individualisierung, →*fächerübergreifendes Lernen*, die Berücksichtigung von Objektganzheit (ganzheitliche Sicht auf das Unterrichtsthema) und Subjektganzheit (Einbezug verschiedener Lerneingangskanäle und Repräsentationsebenen) im →*ganzheitlichen Lernen* ausgemacht werden. Selbsttätigkeit und Selbstbestimmung sollen die sachbezogene Motivation erhöhen.

Beim StL lernen die Schüler weitgehend selbstgesteuert und eigentätig anhand von *Lernstationen*, die vorbereitete Aufgaben und Materialien gebündelt anbieten. Die Aufgabenstellungen zielen auf multisensorisches, →*handlungsorientiertes Lernen*. Innerhalb einer vorgegebenen Zeit können die Kinder zum Teil selbst den Umfang und Schwierigkeitsgrad ihrer →*Aufgaben* wählen, Bearbeitungsreihenfolge und -dauer, Arbeitsrhythmus und Sozialform festsetzen. StL setzt auf selbstverantwortliches, zielorientiertes Arbeiten in regelgeleiteter Arbeitsatmosphäre, auf Kooperation der Schüler in →*Partner-* oder *Gruppenarbeit*. Die geradezu zwangsläufig aufkommenden Konflikte bieten vielfältigen Anlass für erzieherisches Wirken der Lehrkraft und der Gruppe.

Lassen sich nun alle Unterrichtsthemen im StL umsetzen? Bisher wird nur selten die Frage nach der Inhaltsauswahl für das StL gestellt! Themen eignen sich meiner Meinung nach für eine Aufbereitung mittels Lernstationen, wenn
- sie sich unter vielen Facetten erfassen lassen, die als Teileinheiten in Lernstationen bearbeitet werden können, die aber nicht alle bearbeitet werden müssen,
- sie eine Erarbeitung auf möglichst vielen Wegen mit möglichst vielfältigen Sinneserfahrungen ermöglichen,
- sie individuell erarbeitet werden können und nicht der Verständigung im Klassenverband bedürfen,
- sie möglichst viele Varianten von Eigentätigkeit über →*entdeckendes Lernen*, experimentelles Vorgehen, kreative Aufgaben u.a.m. ermöglichen.

Also bloß jeweils verschiedene Arbeitsblätter kopieren und an Lernstationen auslegen? Die Verpflichtung auf ein Lernen mit vielen Sinnen und das Streben nach vielfältiger Eigentätigkeit verbieten dies. An die verwendeten Materialien werden folgende Ansprüche gestellt:
- Ästhetische und stabile Gestaltung sollen Aufforderungscharakter ausüben;
- Arbeitsaufträge sollen eindeutig formuliert sein und die Schüler aktivieren;
- multisensorischer und handelnder Umgang sollen angestoßen werden;
- differenziertes Vorgehen (nach Interesse, Sozialform, Aufgabenmenge und -schwierigkeitsgrad) soll angeboten werden;
- das Teilthema soll genau eingegrenzt sein, aber auch zur Weiterarbeit anregen;
- Selbst- oder Partnerkontrolle sind der Kontrolle durch die Lehrkraft vorzuziehen.

Für die verschiedenen Formen des StL lassen sich vier Unterrichtsphasen ausmachen:

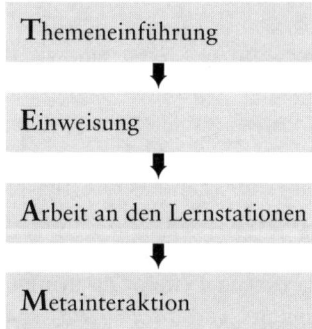

Die Anfangsbuchstaben der vier Phasenbezeichnungen ergeben hintereinander gelesen das Wort TEAM und verweisen auf ein wichtiges Merkmal des StLs: Teamarbeit gehört zu den Zielvorstellungen und Voraussetzungen des StLs, sowohl auf Seite der Lehrenden als auch der Lernenden. Die Teamarbeit der Lernenden und deren Reflexion zielt auf die Förderung sozialer Kompetenz. Zusammen mit der Lehrkraft bildet die Schulklasse ein Lernteam, das von gegenseitigen Hilfestellungen und Rückmeldungen geprägt ist. Die materialaufwendige Vorbereitung für das StL erfolgt sinnvollerweise im Team, klassen-, jahrgangs- oder gar schulübergreifend. Hierbei kann ein reger Austausch von Material einsetzen, das von jeder Lehrkraft weiter ergänzt wird. Die gemeinsame Vorbereitung, Durchführung und Nachbereitung des StL durch die Lehrkräfte fördern die organisatorische Weiterentwicklung der Organisation Schule und können das Schulleben grundlegend verändern. Neue Formen der Kooperation und der Organisation können erprobt werden, eingebunden in Neustrukturierungen innerhalb des Gesamtsystems Schule. Im Zuge der *inneren Schulreform* sehe ich das StL als einen Ansatz, den Unterricht zu vielfältigen Formen weiterzuentwickeln. Das StL konzipiert sich im Hinblick auf Öffnung des Unterrichts. Der mehrfache Wechsel von eher offenen und eher gelenkten Phasen bietet den Kindern sowohl Freiheit als auch begleitete Reflexion und Hilfestellung.

Das unterscheidende Charakteristikum zur →*Freiarbeit* besteht in der Themenorientierung. Sie bietet die Chance, die aktuelle Lebenswelt der Kinder in den Unterricht mit einzubeziehen und damit der Trennung zwischen Schulwelt und Alltagswelt entgegenzusteuern. Im Gegensatz zum →*Projektlernen* wird die Lerngruppe aber enger durch das Thema geführt. Gegenüber der Werkstattarbeit (→*Lernwerkstatt*) finden wir im StL eine Bindung an festgelegte Stationen, das Materialangebot ist strukturierter und weniger umfangreich. Die größere Wahlfreiheit, die umfangreichere Differenzierung in →*Einzelarbeit*, →*Partnerarbeit* und von Station zu Station variierende Gruppen unterscheiden vom →*Gruppenunterricht*.

In den praktischen Erprobungen und Veröffentlichungen werden m.E. oftmals Grenzen des StL übersehen:

Stationenlernen

- Nicht alle Themen eignen sich für das StL, auch wenn sie *bildungstheoretisch* für den Schulunterricht legitimiert wurden.
  - Inhalte mit starkem erzieherischem Anteil bedürfen einer verstärkten Unterrichtsführung. Gefragt sind dann erzieherische Vermittlungsfunktion, Lenkungskompetenz und Modellcharakter der Lehrkraft (z. B. in der Geschlechts- oder in der Gesundheitserziehung).
  - Bei solchen Problemstellungen kann die Kommunikation im Klassenverband oder in größeren Gruppen notwendig sein.
  - Ein Thema kann erst als geeignet für die Aufbereitung durch StL betrachtet werden, wenn es sich in einzelne curriculare Untereinheiten zerlegen lässt, die multisensorisch und handelnd erfahren werden können.
- Lernen vor Ort (→*Lerngänge*) und →*Realbegegnung* haben Vorrang! Reale Welterkundung vor symbolischer Weltbehandlung!
- StL hat sich bis in die einzelnen Lernstationen hinein lernzielorientiert zu rechtfertigen, um einem blinden Material- oder Methoden-Aktionismus vorzubeugen.
- Die Notwendigkeit ständiger Beaufsichtigung widerspricht der freien Selbststeuerung (z. B. Einführung in ›riskante‹ Versuchsapparaturen oder in Werkzeuggebrauch; Verkehrserziehung vor Ort im Straßenverkehr).
- Für den stufenweisen Aufbau eines Grundlehrgangs eignet sich allenfalls eine →*Lernstraße*.

Insgesamt ist zu sagen, dass zum einen noch sehr wenig empirische Forschungsergebnisse zum StL vorliegen. Zum anderen bedarf es m. E. einer stärkeren didaktischen Reflexion und Verankerung des StL.

Beispiele: finden sich bei den Begriffen →*Lernstraße*, →*Lerntheke*, →*Lernzirkel*, →*Lernzone*

Literatur
BAUER, ROLAND, Lernen an Stationen in der Grundschule. Ein Weg zum kindgerechten Lernen, Berlin 1997; DERS. Schülergerechtes Arbeiten in der Sekundarstufe I: Lernen an Stationen, Berlin 1997; FAUST-SIEHL, GABRIELE, Lernzirkel – Themenbezogene Freiarbeit im wahldifferenzierten Unterricht, in: CLAUSSEN, CLAUS (Hrsg), Handbuch freie Arbeit. Konzepte und Erfahrungen, Weinheim u. Basel 1995; HEGELE, I., Lernziel: Stationenarbeit. Eine neue Form des offenen Unterrichts, Weinheim u. Basel 1996; KREBS, HEIDI; FAUST-SIEHL, GABRIELE (Hrsg), Lernzirkel im Unterricht der Grundschule, Freiburg 1993; KNAPP, ANNELIE, Lernzirkel. In: POTTHOFF, WILLY, Lernen und Üben mit allen Sinnen, Freiburg 1991, S. 61–77; WALLASCHEK, UTA, Lernzirkel – eine Arbeitsform, die selbstständiges, individuelles Arbeiten ermöglicht, in: LEHMANN, BERND (Hrsg), Kinder-Schule: Lehrer-Schule. Konkrete Beispiele und Anregungen für die Gestaltung eines kindgerechten Unterrichts, Langenau 1990, S. 85–106
BERND REINHOFFER

Sa kom	So kom	BEW	INF
Mo kom	Me kom	EVA	PLA
		AUS	BER

▶ **Stillarbeit (SA):** SA bezeichnet Phasen im üblichen Unterrichtsablauf, in denen Schüler für sich und ohne explizit wahrnehmbare Lehrerlenkung arbeiten. SA muss streng von der bloßen *Stillbeschäftigung* unterschieden werden, bei der Schüler durch Aufgaben stillgestellt werden, damit Lehrer sich in Ruhe anderen Schülern zuwenden können (→*Abteilungsunterricht*). SA setzt ernsthafte Lernprozesse voraus, in denen Schüler eigentätig sind. SA kann sowohl als →*Einzelarbeit* wie auch als Gruppenarbeit (→*Gruppenunterricht*) organisiert sein. SA wird heute ausdrücklich zur Förderung der Fähigkeit von Kindern eingesetzt, sich selbst und Stille ertragen zu können, also zur Förderung einer bestimmten Komponente der *Sozialkompetenz*.

SA ist auf allen Schulstufen und in allen Unterrichtsfächern möglich. Sie bildet oft auch ein internes Moment umfassenderer Methodenkonzepte, wie z.B. →*Frontalunterricht*, →*Leittext-Lernen* u.a. SA erfolgt i.d.R. auf vorgegebene Arbeitsanweisungen von Lehrern, kann aber auch aus der weitgehend selbst organisierten Schülerarbeit folgen, wie bei →*Freiarbeit*, →*Wochenplanarbeit* usw. SA ist Methode und Technik zugleich; sie kann aber erst genutzt werden, wenn Schüler gezielt darauf vorbereitet und darin hinreichend geschult worden sind.

Für SA ist unerlässlich:
- dass die Lernaufgaben eindeutig gestellt werden,
- dass die angewandten Mittel einen hohen Anregungsgrad haben,
- dass geeignete Räumlichkeiten und passendes Mobiliar bereitgestellt werden.

Beispiel: Genaues Betrachten und Zeichnen einer Blüte/Biologie
BEATE RECK

Beim hier gewählten Beispiel handelt es sich um eine Unterrichtsphase im Fach Biologie zum Thema Blütenpflanzen, in der die Schüler den Aufbau einer Blüte kennenlernen sollen.

Als Unterrichtseinstieg wäre ein gemeinsamer Besuch im Schulgarten denkbar. Hier können die Schüler im Unterrichtsgespräch berichten, was sie bereits über blühende Pflanzen wissen, evtl. kann der Lehrer die Berichte der Schüler ergänzen und die Namen der Blütenpflanzen nennen.

Zum genauen Aufbau der Blüte sollen die Schüler in *Stillarbeit* Vorerfahrungen sammeln. Dazu bekommen sie vom Lehrer folgenden ›Forschungsauftrag‹, den sie alleine oder auch zu zweit erledigen können:

1. Wähle eine Blütenpflanze des Schulgartens, die dir besonders gefällt, und betrachte deren Blüte genauer. (Benutze eine Lupe, damit du auch kleinste Besonderheiten der Blüte erkennen kannst.)
   - Welche Farbe hat die Blüte?
   - Welche Form haben deren Blütenblätter und die ganze Blüte?
   - Wie groß ist die Blüte?
   - Wie sehen die Teile im Innern der Blüte aus und wie viele gibt es davon?

- Duftet deine Blüte?
- Wie fühlen sich die Teile der Blüte an?
- Was fällt Dir bei deiner Blüte besonders auf?
2. Versuche nun deine Blüte so genau wie möglich zu zeichnen. (Diese Aufgabe soll von jedem Schüler alleine durchgeführt werden.)

In der folgenden Unterrichtsphase stellen die Schüler ihre Ergebnisse ihren Mitschülern vor und erarbeiten mit dem Lehrer den schematischen Aufbau einer Blüte.

Literatur
FAUST-SIEHL, G./BAUER, E./BAUR, W./WALLASCHECK, U., Mit Kindern Stille entdecken, 5. Aufl., Frankfurt a.M. 1995

Sa kom	So kom
Mo kom	Me kom

BEW	INF
EVA	PLA
AUS	BER

▶ **Struktur-Lege-Technik (SLT):** Wie der Name bereits sagt, kann bei der SLT nicht von einer eigenständigen Methode, sondern es muss vielmehr von einer Arbeitsform oder eben -technik gesprochen werden. Sie ist im Rahmen der Erwachsenenbildung entwickelt worden, vor allem zu *subjektiver Theoriebildung*. Die SLT hat dort ihren Platz, wo eine gedankliche Ordnung und Wiederholung angebracht erscheint, in der Regel also am Ende einer Lernsequenz, wo es um begriffliche Zusammenfassung und systematisches Behalten geht. Sie ist üblicherweise eine Anschlussmethode an das →*Netzwerk* oder die →*Sortieraufgabe*.

Zunächst werden die zentralen Begriffe der erlernten Inhalte auf Kärtchen geschrieben, je ein Begriff auf ein Kärtchen. Die Begriffe sollten in einem engeren oder größeren Zusammenhang zueinander stehen. Die Lernenden erhalten einen Stapel Kärtchen. Sie haben die Aufgabe, die Begriffe strukturierend zusammenzulegen, sodass erkennbar wird, welche Begriffe inhaltlich zusammengehören oder von ihnen als zusammengehörig betrachtet werden. Diese Aufgabe kann in verschiedenen Sozialformen angegangen werden: →*Einzelarbeit*, →*Partnerarbeit* oder *Kleingruppenarbeit* bieten sich an. Die gelegten Strukturen werden anschließend miteinander verglichen und u.U. Begründungen über die vorgenommene Zuordnung ausgetauscht. Dabei gehen die Lernenden im Raum umher und betrachten die ausgelegten Strukturen.

SLT ist eine letzten Endes individualisierende Arbeitstechnik. Allen Lernenden wird durch sie Gelegenheit gegeben, Lerninhalte individuell verarbeiten und speichern zu können. Dabei werden in eher spielerischer Form die vielfältigen Verknüpfungsmöglichkeiten zwischen den Begriffen sichtbar. Durch den Vergleich gelegter Strukturen untereinander können die Lernenden sich anderen Denkformen öffnen, und die künftige Informationsverarbeitung kann dadurch noch flexibler werden.

Beispiel: Geschichte Thema Nationalsozialismus/9. Schuljahr
(Fortführung der →*Sortieraufgabe*)

So könnte der mögliche Anfang einer SLT aussehen:

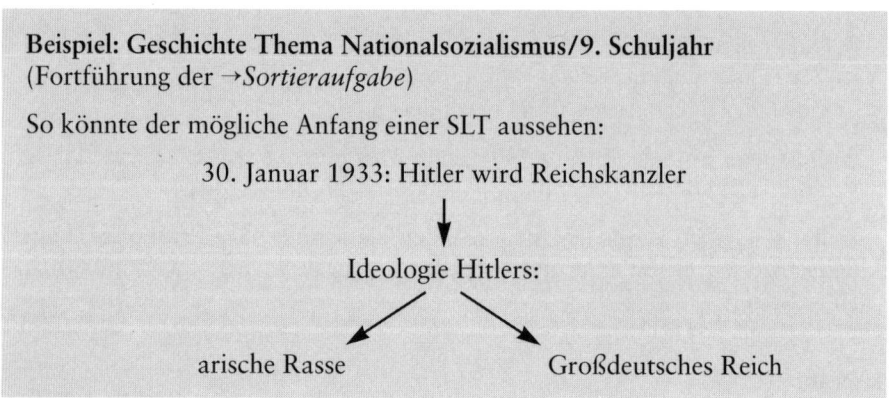

Literatur

WAHL, D./WÖLFING, W./RAPP, G./HEGER, D. (Hrsg.), Erwachsenenbildung konkret, mehrphasiges Dozententraining. Eine neue Form erwachsenendidaktischer Ausbildung von Referenten und Dozenten, Weinheim 1991
SILKE TRAUB

▶ **Suggestopädie (SU):** SU ist mit →*Superlearning* weitgehend identisch. Wo dieses jedoch – in der Eigenbezeichnung schon – mit dem methodischen Konzept zugleich ein Versprechen gibt, nämlich leichter und besser zu lernen, meint SU ein bestimmtes Vorgehen bei der Einrichtung und Steuerung von Lernprozessen. Dies von LOZANOV begründete Konzept ist darauf aus, solche Verfahren zu entwickeln, durch die menschliche Lernpotenziale bestmöglich erschlossen und genutzt werden können, eben suggestive Methoden (→*Superlearning*). Das verlangt nicht nur unmittelbare, auf Lernende gerichtete Maßnahmen von seiten der Lehrpersonen, sondern auch eine entsprechende Gestaltung der gesamten Lernumgebung: Räume in Größen und Farben, mit Einrichtungsgegenständen, mit einschmeichelnder Musik – ausschließlich klassische, zumeist barockale Musik –, die den ganzen Lernenden aktivieren, Umgangsformen ganzheitlicher Art, allerdings mit durchaus hierarchischen Strukturen, was die Beziehung von Lehrenden und Lernenden betrifft. Aber: Man sollte sich immer wieder vor Augen halten, dass dies ein technologisches Konzept ist, – ja ein *psycho-high-tech-Konzept*. Muss man jedes Mittel nehmen, das effizient im Sinne eines bloßen input-output-Denkens ist, wenn es darum geht, heranwachsende junge Menschen in ihrem Selbstfindungsprozess zu unterstützen?

Wie übertrieben und einseitig gegen übliches Lernen in Schule und Unterricht und für SU argumentiert wird, mag folgende Gegenüberstellung von DECKER verdeutlichen, der herkömmliches Lernen rigoros schwarzmalt, um SU davon als positiv abheben zu können. Ich halte eine solche Argumentation für nicht mehr redlich.

herkömmlichem Lernen	Vergleich zwischen und	suggestopädischem Lernen
bewusste, rationale, computerähnliche Informationsaufnahme	1	entspannt-vernetzte Informationsaufnahme auch durch unbewusstes Lernen
ängstlich, zwanghaft, mit Drill und Herrschaft	2	frei, gelöst, selbstgesteuert
ohne Berücksichtigung der emotionalen Lage	3	Förderung von Emotion, Wohlbefinden der Lernenden
ohne Spaß und Lust, oft Frust	4	Förderung von Spaß und Lernfreude
einseitig-rationale Zielsetzung	5	ganzheitliche Zielsetzung (Körper, Geist und Psyche)
körperlich verspannt	6	körperlich entspannt
mit Erfolgsdruck	7	ohne Druck, mit positiven Erwartungen
unter Zeitdruck	8	kein Zeitdruck
hoher Energieaufwand und -verbrauch	9	Förderung des körperlichen, geistigen, emotionalen Gleichgewichts
geringe Lerneffektivität	10	hohe Lernerfolge

Quelle: DECKER, 1995, S. 141

Literatur

BAUR, R., Superlearning und Suggestopädie. Grundlagen – Anwendung – Kritik – Perspektiven, Berlin 1990; BÖHM-OFFERMANN, B., Suggestopädie. Sanftes Lernen in der Schule, Lichtenau 1989; DECKER, F., Die neuen Methoden des Lernens und der Veränderung, München 1995; RIEDEL, K., Persönlichkeitsentfaltung durch Suggestopädie. Suggestopädie im Kontext von Erziehungswissenschaft, Gehirnforschung und Praxis, Baltmannsweiler 1995; RIEDEL, K., Suggestopädie in Ost und West. Wurzeln, Menschenbild, Akzeptanz, Hohengehren 2001; SENSENSCHMIDT, B., Bio-Logisch Lernen. Beispiele für suggestopädischen Unterricht, Lichtenau 1993

Sa kom	So kom
Mo kom	Me kom

BEW	INF
EVA	PLA
AUS	BER

▶ **Superlearning (SL):** SL wurde von dem Arzt und Psychiater G. LOZANOV begründet, auf der Suche nach Wegen das vorhandene Lernpotenzial von Menschen höchstmöglich auszunutzen. Allerdings erhebt SL mit der Eigenbezeichnung *super* einen Anspruch, den es gar nicht einlösen kann. SL meint im Grunde nichts anderes, als ein Lernen auszulösen, das in jeder Hinsicht allen aktuellen neurophysiologischen Einsichten in Lernprozesse entspricht, wobei vor allem Ganzheitlichkeit erreicht werden soll, d. h. Lernende sollen in ihrer Ganzheit angesprochen werden. Leider bleibt diese i. d. R. auf das Gehirn beschränkt, links- wie rechtsseitig soll angeregt werden, wohingegen Herz, Hand und Bauch nur gering aktiviert werden. Um solche Hirnhemispärenganzheitlichkeit zu erreichen, wird sanfte Musik zu geradezu suggestiver Entspannung verwendet.

Im seinerzeit von LOZANOV aufgestellten Konzept tauchen noch weitere Forderungen an die Gestaltung von Lernprozessen auf, die nach meinen Beobachtungen oft vergessen werden: Lernen sollte stets so angelegt werden, dass es Spaß und Freude macht, dass eine insgesamt positive Einstimmung den Lernenden beherrscht. Dadurch sollen nicht nur bewusste Lernakte ausgelöst werden, sondern auch – zumeist ungenutzte – unbewusste maßgebliche Potenzen der Lernenden in Anspruch genommen werden. Hierfür spielt die erwähnte Musik eine besondere Rolle. Lernende sollten in enger – auch emotionaler – Beziehung zu den Lehrenden stehen, wobei diese besonders darauf achten sollten, dass sie ihre Autorität wahren. Ganz bewusst sollten Lernende als Kinder genommen werden, weil diese über besondere Lernfähigkeiten verfügen, die es zu aktualisieren gilt. SL bedient sich durchgehend suggestiver Beeinflussungen (→*Suggestopädie*), um Lernende in jene Verfassung zu versetzen, in der sie – so wird angenommen – leichter und besser lernen als im üblichen formalen Unterricht. Kurzzeitige Erfolge, besonders beim Erlernen von Sprachen, sind durchaus erkennbar; längerfristige Auswirkungen sind bisher nicht untersucht worden.

M.E. steht SL in Gegensatz zur allgemeinen Absicht pädagogischer Bemühungen um die Autonomie von Heranwachsenden. Selbst wenn instrumentelle Zielsetzungen dadurch möglicherweise gut verwirklichbar werden, so halte ich auch bloß zeitweise über-autoritäre Lehr-Lern-Beziehungen nicht nur für überflüssig, sondern für schädlich. Hier liegt ein typisches Beispiel der Verselbstständigung eines methodischen Konzepts vor; der Zweck rechtfertigt in meinen Augen eben doch nicht immer das Mittel.

Literatur
PELKE, S.E., Sanftes Lernen. Superlearning und andere moderne Lernmethoden, Bremen 1984; TEML, H., Entspannt lernen, 2. Aufl., Linz 1990; SCHIFFLER, L., Superlearning und Suggestopädie – empirisch geprüft, Frankfurt 1989

Sa	So		BEW	INF
kom	kom			
Mo	Me		EVA	PLA
kom	kom			
			AUS	BER

▶ **Team Teaching (TT):** TT wurde in den fünfziger Jahren in den USA entwickelt und dort ab 1956 zunehmend praktisch erprobt. TT wird als ein zugleich ökonomischer und demokratischer Weg aufgefasst, Unterricht in einer Schule zu organisieren. Demokratisch vor allem deshalb, weil Lehrer selber über Grundsätze und Form ihrer Zusammenarbeit zu entscheiden haben; ökonomisch, weil angenommen wird, dass hier mit geringerem Lehraufwand ein höherer Lernerfolg erzielbar wird.

Beim TT arbeiten zumindest zwei Lehrer – es können aber je nach Konzept auch mehrere sein – zusammen und unterrichten ein- und dieselbe Lerngruppe. WARWICK definiert TT: »Team Teaching ist eine Organisationsweise, bei der einzelne Lehrer beschließen, sich zu einer gegenseitigen Helfer- und Interessengemeinschaft zusammenzuschließen, um gemeinsam einen solchen Unterricht in flexiblen Schülergruppierungen zu planen und durchzuführen, der den Nöten ihrer Schüler und den Möglichkeiten der Schule gerecht wird.«

Konstitutiv für TT sind in jedem Fall die Kooperation einer Lehrergruppe und die Flexibilität in der Unterrichtsorganisation. Der Unterricht soll in der sozialen Lernorganisation durch Differenzierung bis hin zur Individualisierung flexibel gestaltet werden, um den individuellen Leistungsdispositionen der Schüler gerecht werden zu können; →*Gruppenunterricht*, Kleingruppendiskussionen und Selbststudium sind dabei je nach Situation zu verwirklichen. Zusammenarbeit der Lehrer schafft Gelegenheit, Methoden und Wege zu vergleichen, die methodische Vielfalt zu erweitern und eine Helfergemeinschaft – u. U. sogar auf Dauer – einzurichten, was zudem Lehrer aus ihrer gewöhnlichen Isolation herauszuführen vermag. Lehrer können ihre Interessen, spezielles Wissen, Geschicklichkeiten, Erfahrungen im Teamarrangement besser im Unterricht einsetzen, das führt mit Sicherheit zu einer Bereicherung von Lehren wie Lernen. TT bietet die Möglichkeit zum Engagement und zur Tätigkeit über die Enge der eigenen Klasse hinweg. Eine Berücksichtigung der Schülerinteressen und -bedürfnisse ist ebenso möglich wie eine Integration von Fächern (→*fächerübergreifender* und *fächerverbindender Unterricht*).

Vier Modelle von TT werden von WARWICK unterschieden:
1. *Das fachspezifische Team*
   Eine Gruppe von Lehrern gleicher Fachrichtung unterrichtet ihr Fach gemeinsam, z. B. alle Englischlehrer unterrichten ihr Fach gemeinsam in der Oberstufe.
2. *Das fächerübergreifende Team*
   Eine Gruppe von Lehrern verschiedener Fachrichtungen unterrichtet verschiedene Fächer gemeinsam, z. B. alle Geschichts-, Erdkunde- und Sozialkundelehrer lehren ihre Fächer kooperativ in der Grundschule.
3. *Das Gesamtfächer – Team*
   Eine Gruppe von Lehrern verschiedener Fachrichtungen unterrichtet alle Fächer gemeinsam. Beispielsweise bilden alle Lehrer einer Schule 10 Teams von jeweils 6 Lehrern, und diese unterrichten jeweils als Team dann 3 Klassen.
4. *Das Gelegenheitsteam*
   Hier ist keine feste Organisationsform sichtbar, die Lehrer unterrichten versuchsweise und ad hoc kooperativ.

Einsatzmöglichkeiten dieser 4 TT-Modelle können im Hinblick auf die betreuten Lerngruppen
- *vertikaler* Art (z. B. Klasse 8a, 9a, ...) oder
- *horizontaler* Art (z. B. Klasse 4a bis 4c) sein.

Die TT-Modelle können hinsichtlich der Lehrerzusammenarbeit entweder
- *hierarchisch* (mit ausdrücklichem *Teamleader*) oder
- *partnerschaftlich* strukturiert sein.

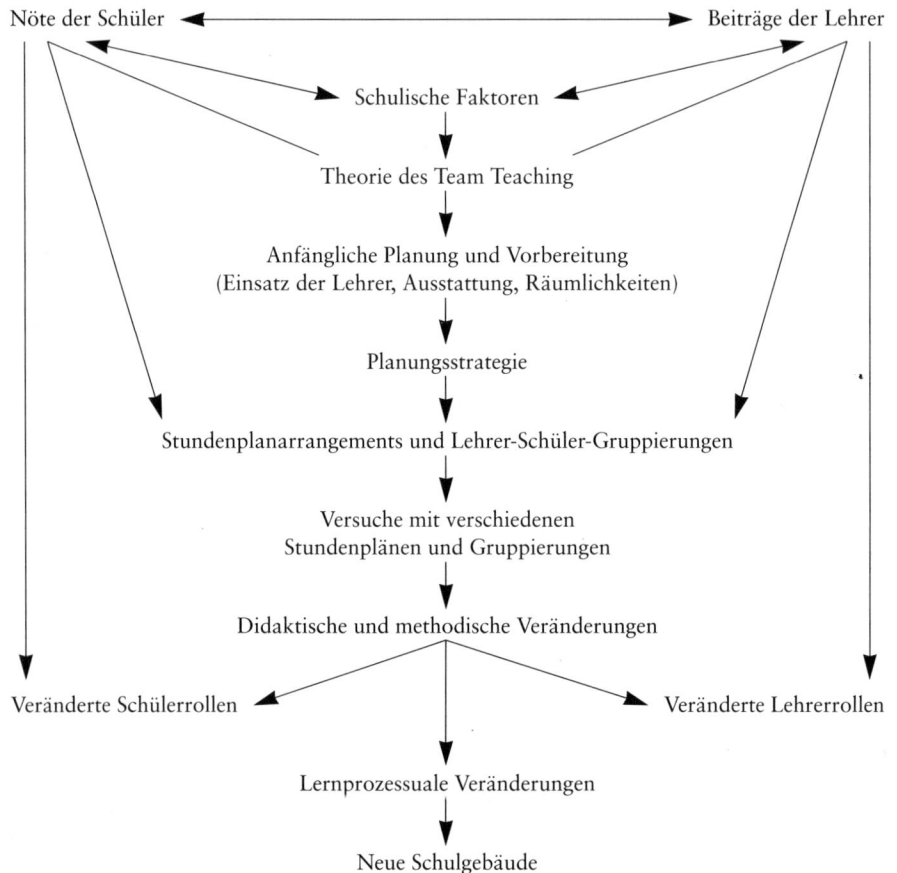

Abb. 44: Theoretische Grundlegung der Teamteaching-Theorie nach WARWICK

HOFFELNER hält u. a. folgende Voraussetzungen beim TT für notwendig:
- *organisatorisch*
    1. TT darf nicht von »oben« verordnet werden; Kommunikation und Kooperation können nicht verordnet werden.
    2. Die Teamfindung sollte soweit wie möglich den Mitgliedern überlassen werden, denn Sympathien sind ganz entscheidend für das Klima und die Leistungsfähigkeit eines Teams.
    3. Den Mitgliedern der Teams muss eine regelmäßige und bezahlte Planungszeit zur Verfügung stehen.
    4. Supervision muss angeboten werden.
    5. Genügend Räumlichkeiten für flexible Schülergruppierungen müssen vorhanden sein.
- *inhaltlich-sachlich*
    1. Die Mitglieder des Teams müssen verschiedene Planungsstrategien kennen.
    2. Es ist unerlässlich zu wissen, wie beispielsweise die zweite Lehrkraft sinn-

voll eingesetzt werden kann (z. B. zur gezielten Förderung einzelner Schüler, oder sie/er führt Unterrichtsbeobachtungen durch ... usw.).
3. Die verschiedenen Differenzierungsmöglichkeiten müssen bekannt sein
4. Notwendigerweise müssen auch Konfliktlösungsmöglichkeiten bekannt sein
5. Kenntnisse über konstruktive Feedback-Möglichkeiten sind unerlässlich.

Beispiel: Jugend und Rauschmittel/7./8. Klasse/Hauptschule
(verändert nach: WARWICK)

Beteiligte:
Sechs Lehrerinnen und Lehrer und sonstige Personen (MedizinerIn, MitarbeiterIn der Drogenberatung, PolizistIn)

Zeitplan:
Dem Team stehen jeweils vier Stunden pro Woche zur Verfügung, für insgesamt sechs Wochen.

1. Informationen über die gängigsten Rauschmittel in drei aufeinanderfolgenden Großgruppenveranstaltungen (MedizinerIn, BiologielehrerIn, ChemielehrerIn)
2. Film über das Thema: Rauschdrogen – Ersatz für Träume.
   1. Darbietung des Films.
   2. Diskussion in Kleingruppen zu je 20 SchülerInnen
3. Bildung von Arbeitsgruppen: Subkulturen in unserer Stadt, Jugend und Kriminalität, ...
4. Vorstellen der Arbeitsergebnisse in einer Großgruppenveranstaltung mit Kurzvorträgen der einzelnen Gruppensprecher
5. Kritische Auswertung des Unterrichtsmodells durch LehrerInnen und Schülervertreter. Um ein Feedback der geleisteten Arbeit zu bekommen wird eventuell eine Befragung oder ein informeller Test durchgeführt

Literatur
BRINKMANN, GÜNTER, Team Teaching, Erfahrung – Modelle – Praktische Beispiele, Ratingen 1973; HOFFELNER, RENATE, Teamteaching, Frankfurt am Main u. a. 1995; MEYER, ERNST, Team Teaching, Versuch und Kontrolle, Heidelberg 1971; WARWICK, DAVID, Team Teaching. Grundlegung und Modelle, Heidelberg 1971; WINKEL, RAINER, Theorie und Praxis des Team Teaching, Braunschweig 1974

BEATE HANISCH

▶ **Tempo-Duett (TD):** TD hat immer mit der Erarbeitung oder Bearbeitung von Texten zu tun, wobei diese Texte selbst das Lernziel sein, aber auch einen Zwischenschritt zu einem umfassender gesetzten Lernziel darstellen können. Prinzipiell soll allen beteiligten Schülern Gelegenheit gegeben werden, sich eigenständig mit den jeweiligen Texten zu befassen und das dazu noch in einem Tempo, das ihren individuellen Voraussetzungen entspricht.

In der Regel werden beim TD folgende Phasen durchlaufen:

> Die Schüler setzen sich in zwei Reihen einander gegenüber.

⬇

> Jede Schülerreihe erhält einen eigenen Text.

⬇

> Der Lehrer gibt die Aufgabe aus: *Den Text lesen! Den Text lesen und ausgewählte Fragen dazu beantworten!* U. Ä.

⬇

> Jeder einzelne Schüler befasst sich – in seinem Lerntempo – mit dem Text, wie es die Aufgabe verlangt.

⬇

> Wer seine Textaufgabe gelöst zu haben meint, deutet dies an und steht z. B. auf und wartet, bis sich ein weiterer Schüler dazu gesellt.

⬇

> Das Schülerpaar sucht einen ruhigen Arbeitsraum (-ecke) auf und erläutert sich gegenseitig die jeweilige Aufgabe und den Lösungsansatz o. Ä.

⬇

> Nach dem Informationsaustausch kehrt das Schülerpaar an seine Plätze zurück und kann dort, wenn vorgesehen, eine weitere Aufgabe bearbeiten.

Als Einzeltechnik ist TD vielfach und in allen Fächern einsetzbar. TD kann vor allem dort sehr wirksam werden:
- wo Schüler lernen sollen, sich ihre eigenen Gedanken über ein Problem, einen Tatbestand o. Ä. zu machen und diese an andere heranzutragen, sie verständlich zu machen;
- wo ein umfassendes Thema unterschiedliche Meinungen zulässt oder gar erfordert;
- wo ein Thema nicht mit bloß einer Meinung o. Ä. abgeschlossen, sondern offen beendet werden soll.

Ob dies zur Einführung, während der Sequenz oder zum Abschluss geschieht, TD ist überall verwendbar.

Literatur
WAHL, D./WÖLFING, W./RAPP, G./HEGER, D. (Hrsg.), Erwachsenenbildung konkret, mehrphasiges Dozententraining. Eine neue Form erwachsenendidaktischer Ausbildung von Referenten und Dozenten, Weinheim 1991

Sa kom	So kom
Mo kom	Me kom

BEW	INF
EVA	PLA
AUS	BER

▶ **Übungsfirma (ÜF):** ÜFen sind besondere Organisationsformen (Lernorte) der beruflichen Bildung, die durch Simulation kaufmännischer Tätigkeiten und Modellierung betrieblicher Realität ganzheitliches sowie Theorie und Praxis miteinander verbindendes Lernen intendieren. Diesem Ziel haben fiktive Geschäftsvorfälle und fingierte Aufträge im Rahmen des Übungs- und Musterkontors (Schulungs-, Lehr- und Simulationsbüro usw.) des kaufmännischen Unterrichts von Anfang an gedient. Innerhalb der methodischen Funktion der *übenden Anwendung* sollte das vorab erworbene theoretische Wissen gefestigt und umgesetzt werden (Idee des praxisnahen Übens und der Konzentration bzw. Verzahnung der einzelnen kaufmännischen Unterrichtsfächer). Die eigentlichen ÜFen (auch *Schein*firmen genannt) haben ihre Wurzeln in berufsverbandlichen und gewerkschaftlichen Initiativen der 20er-Jahre dieses Jahrhunderts. Lehrlingen und Jungkaufleuten sollte Gelegenheit geboten werden, an möglichst wirklichkeitsgetreuen Situationen kaufmännische Funktionen zu erlernen und zu trainieren. Die ÜF der Gegenwart, die über ihre Gründer hinaus von Berufsförderungswerken, Berufsbildungswerken, Wirtschaftsunternehmen und beruflichen Schulen (dort auch einbezogen in die →*Lernbüro*arbeit) unterhalten werden und die in unterschiedlichem Ausmaß dem *Deutschen Übungsfirmenring* angeschlossen sind, erfüllen in Aus- und Fortbildung, Umschulung und Rehabilitation wichtige *Ergänzungs*funktionen, die aus didaktischen und arbeitsstrukturellen Gründen resultieren, und *Ersatz*funktionen, wenn z.B. die praktische Erprobung im Betrieb fehlt. Zum Teil haben Übungsfirmen reale Elemente (wirkliche Produkte und Dienstleistungen) aufgenommen (→*Juniorenfirmen*), zunächst als Ergänzung der betrieblichen Ausbildung. Inzwischen sind →*Juniorenfirmen* auch an kaufmännischen Schulen eingerichtet worden. Konzepte der Handlungsorientierung und der Schlüsselqualifikationen eröffnen diesen schulischen und außerschulischen Formen neue Begründungen und Gestaltungsmöglichkeiten mit anderen Begrifflichkeiten: statt Bürosimulation bzw. Simulationsbüro als bloße Nachahmung betrieblicher Ernstsituationen ÜF bzw. Lernfirma als dynamisches Simulationsmodell eines Betriebes. Dieser Begriff lässt sich sicher auch leichter für den gewerblich-technischen Bereich verwenden, wo gegenwärtig Lernfirmen (und Lernfabriken) entstehen mit der Zielsetzung, an industriellen Anlagen typische Produktionsabläufe sichtbar zu machen und praktisch einzuüben.
Beispiel: (vgl. →*Juniorenfirma*!)

Literatur

ACHTENHAGEN, F./TRAMM, T., Übungsfirmen als Beispiel handlungsorientierten Lernens in der kaufmännischen Berufsbildung, in: FRIEDE, C.K./SONNTAG, K. (Hrsg.), Berufliche Kompetenz durch Training, Heidelberg 1993, S. 161–184; CZYCHOLL, R., Die Lernfirma als dynamisches Simulationsmodell in der kaufmännischen Berufsbildung. Ihre praktische und konzeptive Ambivalenz zwischen Praxistraining, nationalsozialistischer Schulung und ganzheitlicher Bildung, in: SOMMER, K.-H./Twardy, M. (Hrsg.), Berufliches Handeln, gesellschaftlicher Wandel, pädagogische Prinzipien, Esslingen 1993, S. 213–224; KAISER, F.-J./WEITZ, B.O. u. KAISER, F.-J./WEITZ, B.O./SARRAZIN, D., Arbeiten und Lernen in Schulischen Modellunternehmen, 2 Bde., Bad Heilbrunn 1990 u. 1991; REETZ, L., Die Übungsfirma in der kaufmännischen Berufsausbildung – didaktische Möglichkeiten und Grenzen einer Organisationsform wirtschaftlichen Lernens, in: KUTT, K./SELKA, R. (Hrsg.), Simulation und Realität in der kaufmännischen Berufsausbildung, Berlin 1986, S. 219–239

KARL-HEINZ SOMMER

▶ **Vier-Stufen-Methode (VStM):** Sie ist als eine besondere Variante allgemeiner →*Artikulation* von Lern- und Lehrvorgängen zur charakteristischen Methode für den betrieblichen Teil der beruflichen Erstausbildung entwickelt worden. Dort wird sie eingesetzt, wo es gilt, spezifische Fertigkeiten, wie sie berufstypisch sind, zu vermitteln. Und dafür kann sie in Schule und Unterricht ebenfalls verwendet werden: *Fertigkeiten* beispielsweise, wie sie in Fächern wie Sport, Technik, HTW (Hauswerk und Textiles Werken) u.a. zu vermitteln sind, lassen sich so effektiv weitergeben, überprüfen, korrigieren und korrigiert üben.

Kein Berufsausbilder kam bisher darum herum, diese Methode zu erlernen und zu beherrschen. Doch hat die seit Ende der achtziger Jahre erweiterte Zielsetzung beruflicher Erstausbildung sie in den Hintergrund treten lassen. War näm-

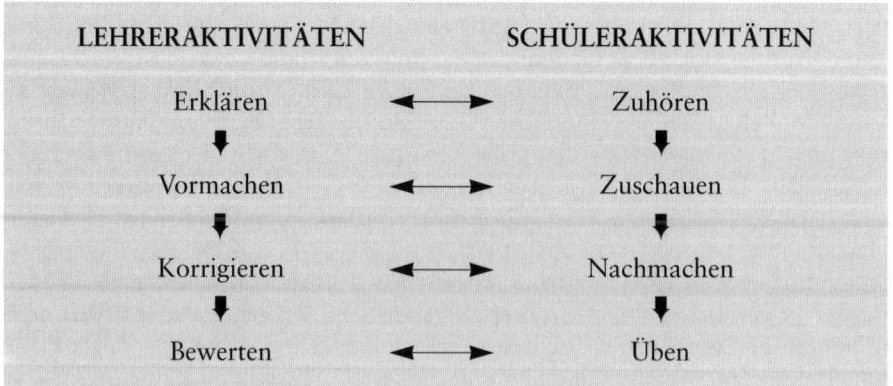

Abb. 45: Vier-Stufen-Methode

Vorhaben

lich bis dahin die bloße Beherrschung berufsspezifischer Kenntnisse und Fertigkeiten ausschließliches Ziel der Ausbildung, das bis zu deren Abschluss erreicht werden musste, so wird heute zusätzlich der selbstständige Umgang damit verlangt, anders ausgedrückt: selbstständiges Planen, Ausführen und Kontrollieren beruflicher Tätigkeiten mit Hilfe der maßgeblichen Kenntnisse und Fertigkeiten bilden heute das Ziel. Das aber setzt zusätzlich zur bloßen Vermittlung immer auch eine qualifizierte Vermittlung in Form weitgehend selbstständigen Erarbeitens voraus. Und das verlangt neue und zusätzliche Methoden zur VStM, die nur rezeptives Lernen auslöst, nämlich selbstständigkeitsfördernde, wie u.a. →*Leittext-* und →*Projektausbildung*. Allerdings kann und sollte auf die VStM auf keinen Fall verzichtet werden.

Literatur
Vier-Stufen-Methode, in: SCHUHMANN, AdA, Aufstieg durch Ausbildung, Europa-Lehrmittel (o.J.), 2. Teil, H. Methodik, S. 91 ff.

▶ **Vorhaben (V):** V kann man als *kleines Projekt* (→*Projektlernen*) begreifen. Das sind nach KRETSCHMANN/HAASE »Anliegen, die noch nicht erledigt sind, die noch in Ordnung gebracht werden müssen«. M.a.W.: Im Unterricht treten immer wieder Fragen auf, die auch vom Lehrer nicht gleich beantwortet werden können, die man sich für eine gemeinsame Erledigung vornimmt, an die man auch von A bis Z – Lösungsvorschläge, Planung, Bearbeitung, Überprüfung – gemeinsam und mit allen in Frage kommenden Aktionsformen herangeht. V erfordern nicht den didaktischen Aufwand von *Projekten*, sie können oftmals in kurzer Zeit und im Rahmen eines Faches durchgeführt werden. Wichtig ist, dass man auch tatsächlich konsequent alle V aufgreift und erledigt, und dazu legt man am besten ein Vbuch an, in das alle maßgeblichen offenen Fragen eingetragen werden, bis Zeit für ihre Erledigung gegeben ist.

So ergaben sich beispielsweise an V: *Instandsetzung der Sprunggrube bei der Schule; Beteiligung an der Sammelaktion während Drei-Könige; Arbeitslosenzahl in der Stadt* usw.

Literatur
KRETSCHMANN, J., Natürlicher Unterricht, neubearb. v. O. HAASE, Wolfenbüttel u. Hannover 1948

▶ **Wandertag** (WT): In der pädagogischen Literatur wird die Bedeutung des Wanderns offensichtlich gering geachtet. Die Neigung zum Wandern ist wohl in der Zeit der Romantik entstanden. Es ist empfehlenswert, Kindern bereits möglichst früh diese Form von Aktivität nahezubringen, zumal Kinder im Grundschulalter besonders empfänglich für neue Eindrücke und Erfahrungen und auch noch am ehesten dazu fähig sind, sich auf neue Verhaltensregeln und -ordnungen umzustellen. Der WT gehört im übrigen zu den selbstverständlichen, regelmäßigen Aktionstagen in Schulen, ob er nun tatsächlich zum Wandern oder zum Skifahren o.Ä. genutzt wird.

Ein WT fördert neben dem sozialen Lernen in der Gruppe und der darin benötigten Kommunikationsfähigkeit besonders auch Ausdauerleistungen, Gesundheit und Wohlbefinden, Naturerleben und Umweltbewusstsein, Ruhe und Besinnlichkeit und befriedigt das Bewegungsbedürfnis. Wandern stiftet Beziehungen zu Räumen und Landschaften, zu Pflanzen und Tieren, zu den Menschen einer Region und zu den eigenen Klassenkameraden.

Der WT sollte zwar nicht vornehmlich wegen des ›bloßen Unterwegsseins‹ veranstaltet werden, doch sollte die inhaltlich-didaktische Absicht Schülern eher als bloßer Nebenertrag erscheinen. Grundsätzlich gilt: Soviel Freiheit für die Kinder wie möglich, soviel Planung und Lenkung von Seiten des Lehrers wie nötig. Um das Gelingen abzusichern, ist eine sorgfältige *inhaltliche* wie *organisatorische* Vorbereitung notwendig, darüber hinaus die rechtzeitige Absprache mit Schülern, Eltern sowie Schulleitung und Kollegen. Ein WT ist mit der Rückkehr zur Schule keineswegs beendet. Wenn er didaktisch sorgfältig geplant wurde, ordnet er sich inhaltlich in den unterrichtlich organisierten Lernprozess ein. Um ihn tatsächlich wirksam werden zu lassen, muss er in einem oder mehreren Fächern, möglicherweise auch fächerübergreifend ausgewertet werden. Es bietet sich beim WT grundsätzlich die Möglichkeit, Schüler in allen Phasen – Vorbereitung, Organisation, Durchführung, Auswertung – mit in die aktive Arbeit einzubeziehen, was eine ganzheitliche erzieherische Förderung unterstützt. Der WT kann zum Baustein für viele fachsprengende Lernformen werden, wie z.B. →*Projektlernen*; →*fächerübergreifendes* und →*fächerverbindendes Lernen*; →*Problemunterricht*.

Literatur

BECKMANN, HANS-KARL, Wanderungen und Wanderfahrten als unersetzlicher Teil des Schullebens, in: Pädagogische Welt, 42 (1988) 7, S. 307–310; GAMPE, HARALD/ RIEGER, GERALD, Schulwanderungen und Schulfahrten. Hinweise zur Planung, Organisation u. Durchführung, in: Schul-Management, 20 (1989) 6, S. 29–38 ; GRÖSSING, STEFAN, Schulwandern, in: Sportpädagogik, 13 (1989) 3, S. 19–29

BRIGITTE DAIBER/IRIS HAGENLOCHER

Sa kom	So kom	BEW	INF
		EVA	PLA
Mo kom	Me kom	AUS	BER

▶ **Wochenplanarbeit (WA):** Entwickelt zur Zeit der Reformpädagogik, wo sie besonders im *Dalton-Plan* nach H. PARKHURST, in der *Jena-Plan-Schule* von P. PETERSEN und bei C. FREINET in seiner *Arbeitsschule* zu einem wesentlichen methodischen Bestandteil des Unterrichts erhoben wurde, hat sie zusammen mit der →*Freiarbeit* allgemeinen Einzug in den heutigen Unterricht gehalten. Absicht ist, Schülern einen frühen und vorausschauenden Überblick über ihre Lernarbeit für mindestens eine Woche zu geben sowie ihnen eine möglichst weitgehend eigene und freie Gestaltung ihrer Wochenlernarbeit einzuräumen. Lehrer geben dabei die durch Lehr- und andere Pläne für eine bestimmte Woche bereits vorgesehenen Fachziele und -inhalte sowie den Zeitplan bekannt und überlassen Schülern die Entscheidung, wann sie sich mit welchen Zielen und Inhalten befassen wollen. Es kommt dabei gleichsam zu einem Vertrag des einzelnen Schülers mit dem Lehrer über die Lernarbeit in der einen Woche. Zusätzlich zur Selbstorganisation der eigenen Lernarbeit sollte es dabei auch zu Absprachen über die Organisation der Arbeit aller Angehörigen der Lerngruppe kommen, wobei zeitliche Abmachungen z. B. über die Nutzung von Ressourcen getroffen werden und u. U. arbeitsteilige und ökonomische Verfahren vereinbart werden. Die Pläne können an der Wandtafel oder auch auf Meta-Plänen oder Packpapier o. Ä. bekannt gegeben werden.

Wochenplan und Freiarbeit

Name _____
Klasse _____ Aufgabe der _____ Woche

Pflichtaufgaben	Erledigt
Deutsch _____	
Englisch _____	
Gesellschaftslehre _____	
Kunst _____	
Musik _____	
Naturwissenschaften _____	
Religion _____	
Sport _____	
Technik _____	

Auf der anderen Seite geht es weiter! 👉

Weitere Aufgaben	Erledigt
Thema _____	
→ Englisch _____	_____
→ Gesellschaftslehre _____	_____
→ Kunst _____	_____
→ Musik _____	_____
→ Naturwissenschaften _____	_____
→ Religion _____	_____
→ Sport _____	_____
→ Technik _____	_____

In dieser Woche hat mir gut gefallen, dass … _____

In dieser Woche ist mir schwer gefallen, _____

Ansonsten möchte ich noch mitteilen, dass … _____

Bemerkungen der Lehrer
_____
_____

Unterschrift der Eltern   Deine Unterschrift

Abb. 46: Der Vertrag für die Wochenplanarbeit (nach: A. STRATER, in: JÜRGENS, 1994, S. 230/231)

Literatur

CLAUSEN, CLAUS, Unterrichten mit Wochenplänen. Kinder zur Selbstständigkeit begleiten, Weinheim u.Basel 1997; HUSCHKE, P., Grundlagen des Wochenplanunterrichts. Von der Entdeckung der Langsamkeit, Weinheim u. Basel 1996; HUSCHKE, P./MANGELSDORF, M., Wochenplan-Unterricht, 5., unver. Aufl., Weinheim u.a. 1994; JÜRGENS, EIKO (Hrsg.), Erprobte Wochenplan- und Freiarbeits-Ideen in der Sekundarstufe I, Heinsberg 1994; VAUPEL, DIETER, Das Wochenplanbuch für die Sekundarstufe, Weinheim 1995

Sa kom	So kom	BEW	INF
		EVA	PLA
Mo kom	Me kom	AUS	BER

▶ **Zielerreichendes Lernen (ZL):** ZL ist die deutsche Bezeichnung für →*Mastery Learning*, das an anderer Stelle vorgestellt wird (vgl. dort) und das als wohl konsequentester Versuch zur Individualisierung des Lernens in Schule und Unterricht angesehen werden muss.

Literatur

INGENKAMP, FRANK-D., Zielerreichendes Lernen – Mastery Learning, Grundlagen – Forschungsbericht – Praxis, Ravensburg 1979

Sa kom	So kom	BEW	INF
		EVA	PLA
Mo kom	Me kom	AUS	BER

▶ **Zukunftswerkstatt (ZW):** Die Methode ZW entstand in den 60er-Jahren in der Gesellschaft. In dieser Zeit gab es vielerlei Bürgerinitiativen, durch die Bürger die Demokratisierung sowie die Mitbestimmung in Entscheidungen, die sie betrafen, erreichen wollten. Sie waren mit den gegebenen Lebensbedingungen nicht mehr einverstanden und suchten nach Alternativen. Der bekannte Zukunftsforscher, Friedenskämpfer und Humanist ROBERT JUNGK forschte in dieser Zeit nach einer Möglichkeit den Menschen die Mitbestimmung an ihrer Zukunft zu ermöglichen. Daraus entstand schließlich nach und nach die Idee der ZW. In den letzten Jahren wurde die Methode der ZW immer bekannter und bewährter. Sie hat in der Zwischenzeit ihren festen Platz in der Hochschule und freien Bildungsbereichen. In der Schule ist diese Methode noch selten anzutreffen, vielleicht auch aus Gründen der Praktikabilität. Doch sie sollte auch in diesem Bildungsbereich ihren festen Platz bekommen, da sie wie kaum eine andere die Schüler in ihrer Ganzheit – mit ihren zeitaktuellen Bedürfnissen und Problemen – anzusprechen und so in ihrer zeitgemäßen Handlungsfähigkeit zu fördern vermag.

Die ZW weicht stark von üblichen Lehr- und Lernmethoden ab, sie integriert aber viele bekannte didaktische Prinzipien, z.B. Situationsorientierung, Problemorientierung, Interessen- und Bedürfnisorientierung, Handlungsorientierung, Betroffenheitsprinzip.

Zukunftswerkstatt

Ziele und Merkmale der ZW:
- sie dient der Demokratisierung, da sie eine Beteiligung aller Betroffenen an zukünftigen Entscheidungen ermöglicht
- sie versucht alle Menschen als gleich zu sehen und Gegensätze nicht zuzulassen
- sie ist ganzheitlich
- sie fordert die Kreativität der Teilnehmer
- sie bietet allen Teilnehmern Kommunikationsmöglichkeit
- sie stellt eine Herausforderung für die Institutionen dar, da diese Lösungsvorschläge aus der ZW ernst nehmen und darauf eingehen sollten.

Der Lehrer kann für die ZW die Rolle des *Moderators* übernehmen, d. h. er ist Organisator, Initiator, Anreger, Vermittler und guter Zuhörer. Es ist sehr sinnvoll, wenn der Lehrer diese Rolle übernimmt, da mit dieser Methode doch ein großer Vorbereitungsaufwand verbunden ist: es müssen die Arbeitsmaterialien beschafft, der Zeitrahmen gesetzt und das Thema abgegrenzt werden. Der Zeitbedarf einer ZW ist je nach behandeltem Thema unterschiedlich, gewöhnlich zwischen drei Stunden (Kurzwerkstätten) und 5 Tagen (Wochenwerkstätten), wobei sich die Wochenendwerkstatt (Zwei-Tages-Werkstatt) inzwischen außerhalb der Schule als eine Art Standard herausgebildet hat. Es ist für die Teilnehmer oft angenehm, wenn sich die Phasen nicht alle unmittelbar aneinander anschließen. Pausen dazwischen dienen zum Nachdenken und Verarbeiten des Erlebten. *Kurzwerkstätten* können in Schule und Unterricht durchgeführt werden, ohne dass großer Aufwand erforderlich würde. Die ZW fasst immer intuitiv-emotionale mit rational-analytischen Arbeitsstimmungen zusammen.

Die ZW besteht aus fünf Phasen, wobei die Phasen 2 und 4 die zentralen Teile der ZW darstellen:

1. *Vorbereitungsphase*
Die Vorbereitungsphase weist verschiedene Gestaltungsmomente und -aufgaben auf, die möglichst streng beachtet werden sollten!
Bei der *Themenfindung* entscheiden sich die Teilnehmer für ein Thema, das sie alle betrifft. Allerdings kann man in der Schule das Thema getrost vorgeben, denn manchmal wünscht man sich eine ZW zu einem bestimmten Thema, außerdem wird die Planung dadurch erleichtert, besonders im Hinblick auf den zeitlichen Rahmen.
Die *Raumausstattung* spielt eine wichtige Rolle. Es muss genügend Bewegungsfreiheit für die Teilnehmer vorhanden sein. Im Idealfall führt man die ZW in Tagungsräumen durch: dort hat man einen großen Plenumssaal sowie mehrere kleinere Gruppenräume, Nischen etc. zur Verfügung, um Kleingruppen ruhig arbeiten zu lassen. Für die folgenden Phasen sind eine Vielzahl von Tafeln, Stellwänden und auch Zimmerwände notwendig.
Dies ist vor allem durch die *Arbeitsmaterialien* bestimmt: man benötigt große Papierbögen, Klebebänder und Stifte. Eine Schreibmaschine sowie ein Kopierer sollten ebenfalls vorhanden sein.

Die optimale *Gruppengröße* liegt bei ca. 20 Personen. Bei mehr als 30 Teilnehmern benötigt man einen zweiten Moderator.

Falls sich die Teilnehmer nicht kennen, sollte man die Gruppenmitglieder in einer *Einstimmungsphase* aufeinander zugehen lassen. Dies ist natürlich auch möglich, wenn sich die Gruppenmitglieder bereits kennen. In diesem Fall dient die *Einstimmungsphase* dazu, noch mehr Vertrauen zueinander zu fassen. Da man sich in der ZW oft sehr persönlich kennen lernt, sollte der Moderator schon im voraus den Vorschlag machen, dass die Teilnehmer sich duzen. So kann die engere, persönlichere Atmosphäre schon in der ersten Phase geschaffen werden. Bevor die weiteren Schritte folgen, wird noch ein bißchen über die Geschichte der ZW sowie über den Ablauf des Verfahrens informiert. Außerdem sollten die verschiedenen Spielregeln der einzelnen Phasen durch Plakate klargemacht werden, die anschließend während des gesamten Verlaufs im Plenumsraum hängen bleiben.

2. *Kritikphase*
Hier ist präzise und radikale Kritik gefragt.

Im ersten Teil, der so genannten *Kritiksammlung,* werden provozierende Leitfragen gestellt (z. B.: »Was stört Dich? Wovor hast Du Angst?«), die die Teilnehmer dazu anregen sollen, schonungslos alle Kritikpunkte vorzubringen, die ihnen am Herzen liegen. Die Kritikpunkte werden auf einem Papierbogen protokolliert oder auf ein DIN A4-Blatt geschrieben und in die Kreismitte gelegt.

In einer zweiten Unterphase, der *Systematisierung und Bewertung,* werden die Kritikpunkte nach Problembereichen zusammengefasst.

Anschließend bekommt jeder Teilnehmer 3–5 Klebepunkte, die er an die Papierbögen mit der Kritik darauf verteilen kann (z. B. durch Aufkleben an der jeweiligen Stelle). So können schließlich *Thematische Schwerpunkte* gebildet und zusammengestellt werden. Im Anschluss an diese Phase fühlt man sich sehr oft deprimiert und traurig, da einem die eventuellen Missstände erst so richtig deutlich werden.

3. *Fantasiephase*
In der Fantasiephase versuchen die Teilnehmer die aufgelisteten Probleme, Schwierigkeiten, Ängste und Befürchtungen ins Positive zu verändern. Dabei sollte der Fantasie freien Lauf gelassen werden. Es gibt keine Grenzen, weder politischer noch finanzieller Art. Niemand hat das Recht zu sagen: »Das geht nicht!«, denn in dieser Phase muss alles möglich sein, Gedankenspiele haben keine Grenzen!

Es gibt wiederum mehrere aufeinander folgende Schritte:

Zunächst werden zu allen *Kritikpunkten positive Alternativen* gesucht, um diese freundlicher darzustellen. Anschließend werden in einem →*Brainstorming* fantasievolle Vorschläge zur Lösung der Probleme gesammelt. Hierbei ist die Grenzenlosigkeit besonders wichtig.

Nun erfolgt (wie aus der *Kritikphase* bereits bekannt) eine *Systematisierung und Bewertung* der Ideen. Die Ideen mit den meisten Punkten werden von Kleingruppen im letzten Schritt der Fantasiephase möglichst vollständig ausgearbeitet und zur Präsentation vorbereitet. Die konkretisierten ›utopischen Entwürfe‹ können in jeder beliebigen Weise präsentiert werden. Möglichkeiten: Kurzgeschichte, →*Rollenspiel,* →*Pantomime,* Gedicht, Gesang, Collage, Comic, Gruppenbild etc.

Im Anschluss an diese Phase fühlen sich die Teilnehmer oft wie auf einer Wolke, sie sind auf einem seelischen Höhepunkt angelangt. Oftmals kann man gar nicht mehr aufhören mit dem Fantasieren und dem Entschwinden in eine andere Welt.

3. *Verwirklichungsphase*
Dies ist die wohl schwierigste Phase, denn es gilt nun die Frustration der ersten Phase und das Hochgefühl der zweiten Phase unter einen Hut zu bekommen. Nach Beenden der Fantasiephase muss man zuerst einmal wieder in die Realität zurückkehren und die Entwürfe und Fantasien mit den realen Verhältnissen in Zusammenhang bringen. In dieser Phase darf auch wieder Kritik geübt werden, aber ohne die Entwürfe zu demolieren. Die Fantasie und die Kreativität spielen immer noch eine große Rolle, da durch sie Wege gefunden werden müssen, die Ergebnisse der Fantasiephase erfolgversprechend zu verwirklichen.

Dies geschieht zunächst durch *kritische Prüfung der utopischen Entwürfe*: Ihre Durchführbarkeit im Moment sowie in naher Zukunft wird hinterfragt. Im zweiten Schritt geht es dann um die Entwicklung von Durchsetzungsstrategien. Man überlegt sich, woran man unbedingt festhalten möchte, wie man vorgeht und taktiert, welche Voraussetzungen gegeben sind, ob man bereits Partner in der Sache hat usw.

Im letzten und wichtigsten Schritt der Verwirklichungsphase wird die *Planung eines gemeinsamen Projekts bzw. einer Aktion* angesprochen. Keine ZW sollte ohne Folgen bleiben, und im Idealfall wird wirklich ein Projekt oder eine Aktion zur jeweiligen Utopie durchgeführt. Dabei spielen solche Fragen wie Finanzierung, Öffentlichkeit, Absicherung, Repressionen usw. eine wichtige Rolle. Allerdings muss nicht bei jeder ZW am Ende eine Aktion stehen, denn sie kann ihr Ziel auch erreichen, wenn man sich auf die Entwicklung einer *realen Utopie* einigt und diese – z. B. aus organisatorischen Gründen – dann nicht durchführen kann. Sie sollte den Teilnehmern jedoch in Erinnerung bleiben. Vielleicht lässt sich die Idee eines Tages doch noch durchführen.

4. *Nachbereitungsphase*
In der letzten Phase wird über die *Permanenz und Weiterführung* der ZW gesprochen. Es wäre wünschenswert, dass sich ZW mit denselben Teilnehmern wiederholen. Es reicht aber auch aus, sich zu treffen, um zu vergleichen, welche angestrebten Ziele nun schon verwirklicht werden konnten. Wichtig ist besonders ein Adressenaustausch unter den Teilnehmern, damit ein produktives Nachtreffen auch möglich wird.

Ein zweites Ziel der Nachbereitungsphase ist die Evaluation der gesamten ZW. Dies kann geschehen durch die spontane mündliche Methode des →*Blitz-*

lichts, polare Auswertungsbögen oder auch eine offene oder verdeckte Aussprache. Im Rahmen der Evaluation kann frei Kritik an der ZW geübt werden. Vielleicht hat der eine oder andere auch Lust, einmal selbst eine ZW als Moderator durchzuführen.

> **Beispiel: Schule der Zukunft/Fächerübergreifender Unterricht**
>
> Als Zeitrahmen wird die Zwei-Tages-Werkstatt angesetzt. Um den Schulbetrieb nicht zu sehr zu stören, werden als Arbeitstage der Freitag und der Samstag gewählt. Damit ein repräsentatives Ergebnis für die Schule erzielt werden kann, kommen die Teilnehmer aus verschiedenen Klassenstufen. Es sollten jedoch nicht mehr als 20, aber mindestens 15 SchülerInnen teilnehmen. Der Lehrer übernimmt die Moderation der ZW, er muss deshalb im Voraus für einen passenden Raum und genügend Arbeitsmaterialien sorgen.
>
> - Am Freitagmorgen kommt die Gruppe zum ersten Mal zusammen. Da sich die SchülerInnen noch nicht so gut kennen, muss zuerst durch Kennenlernspiele eine vertrauensvolle Atmosphäre geschaffen werden, in der sich die SchülerInnen wohl fühlen können. Dann wird zu Beginn auch über den Ablauf und die Regeln der Zukunftswerkstatt gesprochen, damit die SchülerInnen wissen, was auf sie zukommt.
> - Nach ca. einer Stunde der Einführung kann die Kritikphase beginnen. Die SchülerInnen werden aufgefordert, ganz frei und schonungslos alles einzubringen, was ihnen an ihrer Schule nicht gefällt. Der Lehrer provoziert diese Aussagen durch Leitfragen. Alle Kritikpunkte werden auf DIN A4-Bögen geschrieben und gesammelt. Im nächsten Schritt werden die Kritikpunkte nach Themen zusammengefasst und durch das Punktesystem bewertet. Somit werden Schwerpunkte für die späteren Phasen gebildet, mit denen sich die SchülerInnen im Fortgang der ZW besonders beschäftigen werden.
> - Nach einer ausreichenden Pause von ca. einer Stunde beginnt die Fantasiephase. Zunächst werden alle negativen Kritikpunkte gemeinsam in positive Alternativen umformuliert. Anschließend bilden sich Kleingruppen, und jede Kleingruppe entscheidet sich für einen der Themenbereiche. Dieser wird von ihnen mit aller Fantasie zu einem konkreten, jedoch utopischen Konzept ausgearbeitet und anschließend im Plenum der gesamten Gruppe in einer frei gewählten Form vorgestellt. Nach diesem Höhenflug ist es notwendig, etwas Ruhe zu finden, deshalb wird der erste Tag mit dieser Phase beendet.
> - Am nächsten Morgen steigt die Gruppe sofort in die Verwirklichungsphase ein: Auf der Basis der utopischen Entwürfe werden mit der gesamten Gruppe durchführbare Aktionen oder Projekte ausgearbeitet, die dann an der Schule als Folge dieser ZW auch durchgeführt werden sollen. Deshalb müssen sie bei allen Innovationen doch einigermaßen realistisch sein.

Zukunftswerkstatt

• Wichtig ist, dass die Gruppe dieser ZW sich innerhalb des Schuljahres mehrere Male trifft um die Ergebnisse der ZW bzw. deren Folgen noch einmal genau durchzusprechen und zu analysieren. Somit ist gewährleistet, dass die Ergebnisse umgesetzt werden.

Literatur
BUROW, OLAF-AXEL/NEUMANN-SCHÖNWETTER, MARINA (Hrsg.), Zukunftswerkstatt in Schule und Unterricht, Hamburg 1995; JUNGK, ROBERT/MÜLLER, NORBERT R., Zukunftswerkstätten. Mit Phantasie gegen Routine und Resignation, München 1995; KLOSE, VERONIKA, Zukunftswerksattt Lebensplanung, in: Schulmagazin 5–10, 1998, H. 5, S. 37–41; KUHNT, BEATE, Moderationsfibel Zukunftswerkstätten: verstehen – anleiten – einsetzen, Das Praxisbuch zur Sozialen Problemlösungsmethode Zukunftswerkstatt, hrsg. v. EVANGELISCHE LANDJUGENDAKADEMIE ALTENKIRCHEN, Münster: Ökopatia Verl., 1996
SONJA SCHAPPERT

Sa kom	So kom
Mo kom	Me kom

BEW	INF
EVA	PLA
AUS	BER

3 Methoden-Literatur
Eine Auswahl

ADL-AMINI, BIJAN (Hrsg.), Didaktik und Methodik, Weinheim u. Basel 1981
AEBLI, HANS, Grundformen des Lehrens, 6. Aufl., Stuttgart 1969
AEBLI, HANS, Zwölf Grundformen des Lehrens, 2. Aufl., Stuttgart 1985
ASCHERSLEBEN, KARL, Einführung in die Unterrichtsmethodik, 4. Aufl., Stuttgart u. a. 1984
BÖNSCH, MANFRED, Variable Lernwege – Ein Lehrbuch der Unterrichtsmethoden, 2. Aufl., Paderborn 1995
EINSIEDLER, WOLFGANG, Lehrmethoden, München u. Wien u. Baltimore 1981
FLITNER, WILHELM, Theorie des pädagogischen Wegs und der Methode, Weinheim 1950
GEISSLER, GEORG (Bearb.), Das Problem der Unterrichtsmethode, 8. Aufl., Weinheim u. Berlin 1970
GRELL, JOCHEN/GRELL, MONIKA, Unterrichtsrezepte, Weinheim 1983
GUDJONS, HERBERT, Methodik zum Anfassen. Unterrichten jenseits von Routinen, Bad Heilbrunn 2000
GUDJONS, HERBERT/TESKE, RITA/WINEKL, RAINER (Hrsg.), Unterrichtsmethoden, Grundlegung und Beispiele, Hamburg 1989
GUGEL, GÜNTHER, Methoden-Manual I: »Neues Lernen«, Weinheim u. Basel 1997
HAGE, KLAUS/BISCHOFF, HEINZ/DICHANZ, HORST u. a., Das Methoden-Repertoire von Lehrern, Eine Untersuchung zum Schulalltag der Sekundarstufe I, Opladen 1985
HAUSMANN, GOTTFRIED, Didaktik als Dramaturgie des Unterrichts, Heidelberg 1959
KLIPPERT, HEINZ, Methodentraining, Übungsbausteine für den Unterricht, 5. Aufl., Weinheim 1996
KRISS-RETTENBECK, L./LIEDTKE, M. (Hrsg.), Erziehungs- und Unterrichtsmethoden im historischen Wandel, Bad Heilbrunn 1986
LASKA, J.A., The Four Basic Teaching Methods, in: Educational Technology, 24, 1984, S. 42–45
MENCK, PETER/THOMAS, GÖSTA (Hrsg.), Unterrichtsmethode – Intuition, Reflexion, Organisation, München 1972
MEYER, HILBERT, UnterrichtsMethoden, I: Theorieband, II:Praxisband, 6. Aufl., Frankfurt a. M. 1994
MEYER, MEINERT A./RAMPILLON, UTE/OTTO, GUNTER/TERHART, EWALD (Hrsg.) Lernmethoden – Lehrmethoden, Wege zur Selbständigkeit, Friedrich Jahresheft XV, Seelze 1997
OTTO, GUNTER/SCHULZ, WOLFGANG (Hrsg.), Methoden und Medien der Erziehung und des Unterrichts, Enzyklopädie Erziehungswissenschaft, Bd. 4, Stuttgart 1985
PALLASCH, WALDEMAR/ZOPF, DIETER, Methodix, 250 Übungen für den Unterricht, 8., neu ausgestattete Aufl., Weinheim 1995
POTTHOFF, WILLY, Methodische Lernhilfen, Ravensburg 1976
ROTH, ALOIS, Die Elemente der Unterrichtsmethode, 2. Aufl., München u. Frankfurt u. a. 1969

ROTH, LEO, Effektivität von Unterrichtsmethoden, Hannover 1971
SCHULZE, THEODOR, Methoden und Medien der Erziehung, München 1978
SEIBERT, NORBERT (Hrsg.), Unterrichtsmethoden kontrovers, Bad Heilbrunn 2000
TERHART, EWALD, Unterrichtsmethode als Problem, Weinheim u. Basel 1983
TERHART, EWALD, Lehr-Lern-Methoden, Eine Einführung in Probleme der methodischen Organisation von Lehren und Lernen, 2., überarb. Aufl., Weinheim u. München 1997
WAHL, DIETHELM/SCHLEE, JÖRG u. a., Naive Verhaltenstheorie von Lehrern, Oldenburg 1983
WIECHMANN, JÜRGEN (Hrsg.), Zwölf Unterrichtsmethoden, Weinheim u. Basel 1999

Abbildungen auf S. 197, 198, 207, 208
Für die freundliche Genehmigung zum Abdruck danken wir: Neuland GmbH, Eichenzell; Neuland & Partner, Künzell; Neuland Verlag, Künzell.

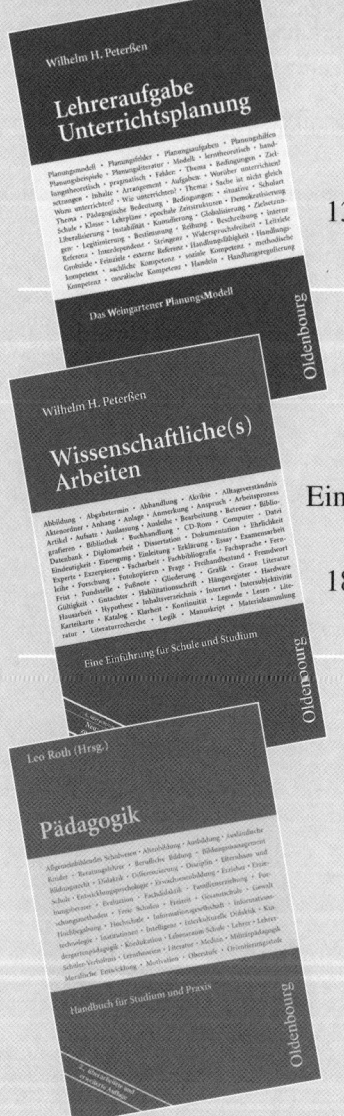